중국경제와 금융의 이해

: 국유은행과 핀테크 은행의 공존

서봉교

圖書出版 오래

저자 서문

저자가 중국 금융 분야에 대한 본격적인 연구를 시작한 것은 중국 상장기업의 지배구조에 대한 계량분석으로 경제학 박사학위를 받은 이후 삼성금융연구소에 입사한 2006년부터였다. 중국 금융이라는 분야를 새롭게 시작할 때는 매우 생소했고 어려웠지만, 충분히 도전해 볼 가치가 있는 분야라고 생각했다. 그리고 연구를 할수록 중국 금융 분야가 더 재미있고 중요하다는 것을 알게 되었다.

중국 금융 분야는 너무나 빠르게 변화하고 있고, 복잡하고 어려운 내용들이 많다. 다행히 저자가 대학교에서 배웠던 경제학 지식, 중국 칭화대학교 박사과정의 현지 유학생활 경험, LG경제연구원과 삼성금융연구소에서 몇 년간의 혹독한 트레이닝, 그리고 지난 10년의 시간 덕분에 후학들에게 중국 금융에 대한 책을 쓸 용기를 가질 수 있었다.

그럼에도 중국 금융에 대해서 책을 쓴다는 것은 정말 쉽지 않은 일이었다. 광범위한 중국 금융 분야 중에서 한 권의 책에 무슨 내용을 담아야 할지 결정하는 것부터, 책을 쓰는 시간을 낸다는 것도 쉽지 않은 일이었다. 사실 한국에서는 교수가 책을 쓰는 것보다 논문 한 편을 쓰는 것이 비교할 수도 없을 만큼 시간이나 효율성에서 합리적인 선택이기 때문이다.

그래도 막연하게 생각하고 있었던 중국 금융에 대한 책을 진짜로 써야겠다고 마음을 다잡게 만들어 주신 여러 고마운 분들 덕분에 이 책이 나올 수 있었음을 감사하게 생각한다.

먼저 생각나는 것은 대학원 때부터 대단하다고 존경했었던 선배님이고, 중국 정치 분야에서 이미 여러 권의 훌륭한 책을 내신 서울대 국제대학원의 조영남 교수님과의 대화이다. 선배님은 교수에게 논문과는 달리 책은 '공공재'라고 하셨다.

학자로서 사회에 기여하는 마음으로 잘 정리된 중국 금융 분야의 책을 하나 써보라고 하신 말씀은 바쁘다는 핑계로 미루고 있었던 나의 게으름을 반성하게 해 주셨다.

또한 저자는 2016년 수출입은행 프로젝트로 여러 전문가 분들과 『북한의 금융』이라는 책을 출판하면서 "체제전환국의 금융개혁 사례"로 중국의 금융 변화를 하나의 장으로 정리할 수 있었던 좋은 기회를 가졌다. 이 책의 1부 앞부분이 그때 체계를 잡을 수 있었다. 당시 중국 금융시스템의 변화를 정리하면서 느낀 점은, 국내외에 2000년대 초중반까지는 중국 금융 부문을 비교적 잘 정리한 연구서나 책이 많았지만, 그 이후를 체계적으로 정리하는 책이나 연구서가 부족하다는 것이었다.

아마 그 이전과는 달리 2000년대 중후반 이후에는 중국 금융뿐만 아니라 중국 경제, 아니 중국 전체로 너무 광범위한 변화와 사건들이 동시다발적으로 진행되었기 때문일 것이다. 또한 너무나 많은 정보들이 넘쳐나기 때문에 한 권의 혹은 하나의 보고서로 정리하기에는 어려운 것도 사실이다. 이 책의 1부 후반부나 2부는 이러한 광범위한 사건과 현상들 중에서 저자의 개인적인 견해로 필요하다고 생각되는 내용들을 정리한 것이다. 따라서 이후에도 저자와는 다른 시각과 접근법으로 중국 금융을 정리한 책들과 연구들이 많이 보완되기를 희망한다.

또한 지난 수년간 저자에게 중국 금융에 대한 여러 프로젝트를 함께할 수 있는 귀중한 기회를 주셨던 서울대 국제대학원의 정영록 교수님의 배려가 없었다면, 이 책이 나올 수 없었을 것이다. 이 책의 후반부에는 정 교수님과 함께 했던 프로젝트의 연구 성과들이 다수 포함되어 있다.

뿐만 아니라 저자는 지난 수년간 여러 건의 중국 금융에 대한 프로젝트를 정 교수님과 진행하는 과정에서 교수님의 높은 식견과 중국 금융 분야에 대한 탁월한 혜안, 중국 현지 전문가들과의 인터뷰 등을 접할 수 있는 귀한 기회를 가질 수 있었다. 이러한 경험들이 저자에게 중국 금융에 대한 책을 정리하는 데 너무나 많은 도움이 되었음을 잘 알고 있다. 중국 금융에 대한 이 책으로 정 교수님께 진심으로 감사하는 저자의 마음이 조금이나마 전달되었으면 한다.

또한 석사, 박사 과정에서 저자에게 중국 경제를 전공하는 길을 지도해 주셨던 서울대 경제학부의 이근 교수님의 가르침이 이 책의 밑거름이 되었음을 잘 알고 있다. 이근 교수님은 지금도 진정한 연구하는 학자의 자세가 무엇인지 몸소 실천하시면서 연구에 대한 저자의 마음을 다잡게 만드신다.

또한 언제나 저자에게 삶의 등대가 되어 나아갈 길을 알려 주시는 중국 금융의 전문가, 금융연구원 지만수 선배님의 지도와 조언이 이 책의 든든한 밑거름이 되었다.

또한 2017년 미국으로 연구년을 올 수 있는 기회를 주신 애크론 대학교 경영학과의 김일운 교수님과 도와주신 많은 분들이 없었다면 이 책이 나오지 못했을 것이다. 지난 몇 년간 강의와 논문, 프로젝트, 각종 기고에 지쳐서 책을 쓸 여력이 없었는데, 그 모든 것에서 한발 물러나 지금까지 저자가 썼던 논문들을 다시 읽고 생각을 정리할 수 있는 여유를 가졌기 때문에 이 책에 어떤 내용을 써야 할지 정리할 수 있었다.

마지막으로 저자에게 삶의 이유와 원동력이 되어 주는 사랑하는 아내와 주연이 은채의 든든한 지지로 이 책이 무사히 나올 수 있었음에 감사한다.

2017년 10월 서봉교

프롤로그

이 책은 중국 금융시스템을 2부로 구성하여 정리하고 있다. 1부는 1949년 이후부터 2015년까지 시기를 구분하여 중국 금융시스템의 변화를 정리하였고, 2부는 저성장 시대 중국 금융시스템의 새로운 변화를 주제별로 정리하였다.

1부의 1장은 1949년부터 1993년까지의 시기를 ① 계획경제 시기(49년~78년), ② 시스템 전환의 시작 시기(78년~83년), ③ 시장경제 도입 시기(84년~88년), ④ 인플레이션 위기와 시스템 정비 시기(89년~93년)로 구분하여 각 시대의 중요한 사건과 특징, 금융시스템 변화의 핵심적인 내용들을 정리하였다.

중국은 기존의 계획경제 시스템에 새로운 시장경제 시스템의 요소를 점진적으로 도입하는 이원화된 시스템 전환정책을 채택하였다. 이에 따라 중국의 금융시스템은 '계획경제의 금융시스템'과 새롭게 도입된 '시장경제의 금융시스템'이 공존하는 이원화된 금융시스템이 형성되었다.

이 시기 중국정부는 국유기업 같은 기존의 계획경제 부문에 자금을 공급하는 계획금융 시스템의 비효율성을 개선하기 위해 노력하면서 동시에 새롭게 발전하는 시장경제 부문에 자금을 공급하는 새로운 비은행 시장금융 시스템을 점진적으로 도입하였다.

하지만 이러한 이원화된 금융시스템은 90년대 후반 인플레이션 위기와 경제적 혼란을 초래하였고, 1998년 이후 강력한 금융긴축 정책과 시장금융 부문의 구조조정으로 이어졌다. 중국이 다시 시장경제 시스템으로의 전환을 시작한 것은 1992년 이후였다.

2장은 1994년부터 2000년까지의 시기를 ① 시장경제 시스템의 전면적인 도입 시기(94년~98년)와 ② 동아시아 금융위기와 금융부실 조정 시기(98년~2000년)로 구분하여 각 시대의 중요한 특징과 금융시스템 변화의 핵심적인 내용들을 정리하였다.

이 시기 중국은 글로벌 국제분업 시스템에 편입되면서 경제-사회 전반을 시장경제 시스템에 적합하게 전환하는 획기적이고 종합적인 정책을 추진하였다. 특히 수출주도형 경제성장 모델을 추진하기 위해 위안화의 상당한 평가절하를 동반하는 단일환율 시스템으로 전환하였다. 또한 국유기업 등에 대한 정책대출 기능을 기존 국유은행에서 분리하여 전담하는 '정책은행'을 신설하여 계획금융 부문의 비효율성을 개선하고자 노력하였다.

하지만 이러한 노력에도 불구하고 부실한 국유기업에 대한 국유은행의 부실대출 문제는 매우 심각한 상황이었다. 중국정부는 동아시아 금융위기 이후 대규모 재정투입과 구조조정을 통한 국유은행 부문의 부실채권 해결을 추진하였다.

3장은 WTO 가입 이후 금융개방 시기(2001년~2007년)의 중요한 사건들과 은행업, 증권업, 보험업, 자산운용업의 각 금융업별 특징, 규제환경 변화 등의 내용을 정리하였다.

2000년대 이후 중국 금융시스템 전환의 핵심은 WTO 가입에 따른 글로벌 개방경제 시스템으로의 전환과 금융시장 개방에 대비하여 중국 금융사들의 "시장 경쟁력"을 높이는 부분에 집중되었다. 은행부문에서는 정부의 지분을 축소하고 대신 시장지향적인 외부 투자자가 주주로 참여하여 은행의 경영을 감시하도록 하는 "소유-지배구조 전환 정책"을 시작하였다. 이 과정에서 중국정부가 100% 지분을 소유하고 있던 '국유독자 상업은행'의 정부지분을 축소하는 정책을 추진하였다. 하지만 중국정부의 지배력이 상실될 정도로 약화되는 것은 용인하기 어려웠기 때문에 상당히 신중하고 여러 안전장치를 마련하면서 진행되었다. 증권업에서는 국유기업에 대한 중국정부의 통제권을 유지하기 위해 국가가 대주주로 다수지분을 소유하면서 일부 지분만을 매각하여 거래하게 하는 문제를 해결하기 위한 '비유통주의 유통주 전환 정책'이 추진되었다.

4장은 글로벌 금융위기 이후 중국금융의 건전성이 악화되던 시기(2008년~2010

년)의 중요 사건들과 특징을 정리하였다.

글로벌 금융위기 이후 중국은 고용 창출과 성장을 위한 수출경쟁력을 유지하기 위해 위안화의 대폭적인 절상을 억제하였다. 동시에 미국이 추진했던 국채 발행을 통한 경기부양 정책인 양적완화에 협조하면서 달러의 가치가 어느 정도 안정적으로 유지되도록 협조하였다. 이는 중국이 외환보유고로 막대한 달러 자산을 보유하고 있었기 때문이었다.

이 시기 중국은 대규모 확장적 재정정책과 통화 완화정책을 통한 양적완화 정책을 추진하였는데, 이는 이후 중국의 경제와 금융시스템에 상당히 심각한 부작용을 안겨주었다. 중국정부가 주도한 확장적 재정정책으로 추진된 대규모 투자들은 주로 비효율적인 국유부문에 집중되면서 중복과잉 투자문제가 심화되었다. 특히 국유은행을 통해 국유기업과 지방정부 '융자플랫폼'에 대규모 대출이 이루어지면서 부실채권 문제가 다시 심화되었다.

5장은 2010년 이후 중국 금융부문에서 나타난 중요한 변화인 위안화 국제화와 중국 금융의 국제화 현상의 배경과 사례를 정리하였다.

중국은 2010년 이후 경기과열 현상이 나타나면서 긴축정책을 실시하였다. 반면 글로벌 경제는 글로벌 금융위기와 유럽 재정위기 등으로 지속적으로 어려움을 겪었다. 이에 따라 미국은 대규모 추가적인 양적완화 정책을 실시하여 달러 공급을 확대하였다. 이는 중국 위안화의 평가절상 압력으로 나타났지만, 중국정부는 위안화를 매우 점진적으로 절상하였다. 이로 인해 중국은 외환보유고가 급증하고 달러 외환보유고의 자산가치가 하락할 가능성이 커졌다.

이후 중국정부는 해외진출이나 해외투자 등을 통한 달러 유출 확대정책과 적극적인 위안화 국제화 정책을 추진하였다. 미국의 추가적인 양적완화로 달러 약세가 지속될 것으로 우려되는 상황에서 장기적으로 대외 부문에서 달러에 대한 의존도를 약화시키는 시스템의 근본적인 전환정책을 준비한 것이다. 이러한 위안화 국제화 정책은 중국 금융사들의 국제화를 견인하였다.

6장은 2010년 이후 중국 금융부문에서 나타난 중요한 변화인 핀테크 금융의 발전과 중국금융 부문의 혁신에 대한 배경과 사례를 정리하였다.

글로벌 금융위기 이후 중국은 경제성장에서 수출의 기여도가 약화되면서 내수 소비형 성장모델로의 전환을 추진하였다. 중국정부는 금융부문에서 민간소비를 견인할 수 있는 새로운 금융사의 설립을 적극적으로 유도하고 있다.

텐센트의 '위뱅크'와 알리바바의 '마이뱅크' 같은 신설 핀테크 온라인 은행들은 소비자금융을 선도하고 있는 혁신적인 금융사들이다. 이들 핀테크 은행들은 현재 중국 금융업에서 차지하는 비중은 적지만 향후 이들 소비자금융 중심의 신설 금융 사들의 혁신 역량과 성장 가능성이 상당히 높다는 측면을 주목할 필요가 있다.

예를 들면 알리바바는 온라인 자산운용 펀드상품인 '위어바오'를 활용하여 비 (非)금융 온라인 전자상거래 플랫폼이 은행 예금을 대체할 수 있는 가능성이 있다 는 것을 보여주었다. 나아가 중국의 금융시스템에서 모바일 지급결제가 은행카드 지급결제 규모에 가까울 정도로 급성장하고 있을 만큼 중국의 금융환경은 급속하 게 변화되고 있다. 이들 비(非)금융 모바일 플랫폼들이 기존 은행들에서 상대적으 로 중시하지 않았던 소액 거래 고객기반을 경쟁력으로 중국 금융시스템의 혁신을 유도하여 효율적이고 저렴한 금융 서비스가 제공된다면 중국 금융업의 경쟁력 강 화에 기여할 수 있을 것이다.

2부는 저성장 시대 중국 금융시스템의 역할 변화와 주목할 필요가 있는 새로운 변화들을 주제별로 정리하였다. 7장은 2부의 내용을 전체적으로 정리하였다. 중 국은 계획경제에서 시장경제로 점진적으로 전환되었기 때문에 '계획금융'과 '시장 금융'이 공존하는 이원화된 금융시스템이 형성되었다. 중국의 이원화된 금융시스 템의 구조, 혹은 낙후된 과거 계획금융의 특성이 여전히 존재하고 있다는 것은 중 국의 정치-경제 시스템의 구조적 한계에서 기인한다. 그럼에도 불구하고 새로운 시장금융 부문의 지속적인 확대와 혁신이 기존 금융시스템과의 경쟁을 통해 전반 적인 중국 금융시스템의 효율성 개선과 발전에 기여하는 방식이 지난 40여 년간 중국 금융시스템의 효율성이 개선되었던 중요한 원동력이다.

이제 중국은 저성장 시대 금융부문이 경제성장에 기여하는 새로운 원동력을 필요로 하고 있다. 과거 고속성장 시대 금융은 대규모 기업대출이 위주였다면, 저성장 시대의 금융은 소액 가계대출과 구조조정 금융의 중요성이 커지고 있다. 이들 분야에서 중국정부가 새롭게 추진하고 있는 금융의 변화들을 2부에서 살펴보면서 이로 인해 향후 중국 금융시스템이 어떻게 변화될 것인지 전망하고자 하였다.

8장에서는 민간 소비 확대를 위한 금융부문의 새로운 움직임으로 소비자금융을 중심으로 하는 핀테크 은행에 대해서 설명하였다. 최근 신설된 핀테크 은행들은 기존 은행들보다 편리하고 낮은 이자율로 소비자 대출을 확대하여 소비확대를 통한 경제성장에 기여하는 역할을 담당하고 있는 것으로 보인다.

9장에서는 M&A 펀드에 대해서 설명하였다. M&A 펀드는 국유기업 구조조정에 필요한 자금조달을 원활하게 하여 구조조정의 비용을 낮추어 원활한 구조조정이 가능하게 할 수 있다. M&A펀드에 민간 금융자금을 조달하여 중국정부가 추진하는 산업 구조조정에서 정부의 재정적인 부담을 완화시켜주는 효과가 기대되기 때문이다. 향후 M&A 펀드가 효율적으로 기능한다면 국유기업의 구조조정에 민간 투자자금을 적극적으로 동원하여 투자에 의한 성장원동력을 확대하는 데 기여할 것으로 보인다.

10장에서는 PPP 펀드에 대해서 설명하였다. 저성장 시대 정부지출의 효율성 중요해지고 있는 상황에서 중국정부는 '일대일로'와 같은 대규모 정부지출 사업에서 민간부문의 참여를 통해 투자의 효율성을 높이고자 한다. 또한 PPP 펀드는 정부지출에 다양한 분야의 투자자금을 보완적으로 활용하여 효율적이고 지속가능한 정부지출이 가능하도록 할 수 있을 것이다. 정부의 역할이 여전히 매우 중요한 중국에서 정부지출의 효율성을 높이는 것은 경제성장에 기여할 것으로 보인다.

11장에서는 대외부문과 관련된 중국 금융의 변화로 글로벌 금융시스템의 룰 메이커(rule maker)로 도약하고자 하는 움직임을 설명하였다. 과거 중국은 글로벌 금융시스템의 룰을 추종하는 입장이었지만, 점차 자본수출국으로 변화되면서 글로벌 금융시스템의 룰을 만들어 가는 데 참여하고 있다. 이는 중국 경제성장에 크게 기여할 수 있을 것으로 보인다. 이 책에서는 그 사례로 중국 신용평가사의 국제화와 글로벌 금융 국제표준을 만들어 나가는 가능성에 대해서 살펴보았다.

이 책에서는 각주를 통해 본문의 내용을 보다 자세히 보완하여 설명하였다. 참고문헌이나 데이터의 출처 등은 각 장의 마지막에 미주로 정리해 두었다. 본문의 내용 중에서 중요한 금융용어에 대한 설명이나 중국 금융을 이해하는 데 필요한 내용들을 별도로 처리하여 독자의 이해를 돕도록 하였다. 중요한 중국 금융관련 데이터를 로그인 없이 이용할 수 있는 금융기관이나 통계관련 사이트는 별도의 박스로 처리하여 데이터 이용에 도움을 주고자 하였다.

차 례

제1부

중국 금융시스템의 변화

제 6 장　핀테크 금융의 발전과 중국금융의 혁신(2010년~2015년)

제 2 부

뉴노멀 시대의 중국 금융

제11장 국제금융 룰 메이커로서의 역량 강화

제 1 부

중국 금융시스템의 변화

제 1 장

경제시스템 이행과 시장금융의 형성
(1949년 ~ 1993년)[1]

1. 계획경제의 금융시스템(49년~78년)

1) 계획경제 시스템

중국은 1949년 중화인민공화국 수립 이후 **시장경제(market economy)**가 아닌 '계획경제(planned economy) 시스템'을 구축하였다. '계획경제'라는 것은 생산과 소비, 유통 등 모든 경제활동에서 시장경제 원리가 배제되고 국가의 '계획'과 '지시, 명령'에 의해 경제가 운영되는 시스템을 지칭한다.

물론 이 시기의 경제운영 시스템을 보다 세분화하자면 〈표 1-1〉과 같이 정치-경제적 상황에 따라 일정 정도 변화가 있기는 하였다. 하지만 기본적으로 당시의 중국은 ① 자원배분 방식으로 중앙집권적 계획경제와 ② 소유 방식에서 공유제 시스템을 기반으로 운영되었다.

〈표 1-1〉 계획경제 시기 경제운영 시스템의 변화

시기	주요 사건과 특징	경제 운영 형태
48년 ~ 52년	중화인민공화국 건국, 경제 부흥 기반 조성	계획과 시장의 절충
53년 ~ 57년	1차 5개년 계획, 농업 집단화, 중공업 우선 발전전략 추진	계획 우선
58년 ~ 60년	대약진운동과 농촌의 인민공사 정책 추진	극단적 계획경제
61년 ~ 62년	류샤오치(劉少奇), 덩샤오핑(鄧小平) 스타일의 경제 조정 추진	계획과 시장의 절충
66년 ~ 76년	문화대혁명 추진과 혼란 시기	극단적 계획경제
77년 ~ 78년	신(新)대약진 경제정책 추진	계획 우선

자료: 유희문 외(2003), pp.14~55를 바탕으로 저자 정리

2) 계획경제의 금융시스템

이러한 계획경제 시스템에서는 자원의 배분이 정부 지시에 의해서 집행되었기 때문에 현대적인 의미에서의 금융시스템은 존재하지 않았다.

당시 중국의 금융시스템을 중국인민은행(中國人民銀行 : PBOC : People's Bank of

China)에 의한 "단일은행(mono banking) 시스템"이라고 한다. 인민은행은 1949년 중국정부의 산하기관으로 설립되었고, 중국의 화폐인 위안화(人民幣; RMB)를 통일적으로 발행하였다.

인민은행은 중국정부의 산하기관으로 통화정책과 재정정책, 금융부문의 관리감독, 외환정책까지 포괄하는 사실상 중국 내 **"유일한 독점은행"**이었다.

예를 들면 현재의 중국은행(中國銀行)은 당시 인민은행의 외환담당 부서가 나중에 은행으로 독립되면서 설립되었다. 또한 1949년 이전에 존재했던 몇몇 은행들[1]과 보험사들은 모두 폐쇄되어 인민은행의 산하조직으로 편입되었다.

하지만 당시의 인민은행은 현대적인 의미의 상업은행이라기보다는 재정부와 **'국가계획위원회'**의 계획에 따라 자금을 배분하는 단순한 '창구' 역할만을 수행하는 조직이었다. 계획경제 시스템에서의 금융은 정부의 계획에 따라 실물경제가 원활하게 운영되도록 자금을 지원하는 역할만을 수행하였기 때문이다.[2]

> **'국가계획위원회(国家计划委员会)'**는 1952년 설립되었고, 중국정부의 종합적인 계획경제 운영을 담당하였다. 이후 1998년 명칭이 '국가발전계획위원회(国家发展计划委员会)'로 변경되었다. 2003년에는 명칭에서 계획이라는 용어가 빠지고 개혁이라는 용어가 추가되면서 '국가발전과 개혁위원회(国家发展和改革委员会, 약칭 파가이웨이: 发改委)'로 변경되었다.

---

1 중국은 청나라 말기에 어음교환 역할을 주로 담당하는 은행이 존재했었다. 근대적 의미의 은행은 외국계 은행 지점이었는데, 1890년까지 동방은행(Oriental Bank), Chatered Bank, 홍콩상하이은행이 활발하게 영업을 하였다. 1900년 이후에는 시티은행(Citibank), American Express, Chase Bank 등도 진출하였다. 중국계 근대적 상업은행으로는 1905년 설립된 국유은행인 호부(戶部)은행이 있으며 이를 중국은행으로 개명하였다. 1907년에는 철도, 우편, 통신, 해운을 지원하는 교통은행이 설립되었다. 1928년에는 국민당 정부가 상해에 중앙은행을 설립하여 당시 중화민국의 중앙은행 역할을 담당하였다. 1935년에는 농민은행을 설립하였다. 유희문 외(2003), p.329
2 당시 중국 계획경제에서 금융 시스템의 자금조달은 다른 사회주의 계획경제 시스템과 유사하게 '신용계획(信用計劃: credit plan)'과 '현금계획(現金計劃; cash plan)'으로 나누어 양자를 모두 인민은행이 관할하는 방식으로 운영되었다. 이근 외(2000), p.384

BOX 1-1

중국인민은행의 홈페이지는 http://www.pbc.gov.cn/이다. 인민은행의 홈페이지에서는 금융관련 주요 법률과 시행령 등이 게시되어 있다. 정보공개(信息公开) 항목의 법률(法律法规) 항목이다. 중국의 법률은 국가법률(○○法), 행정법규(○○조례, ○○결정, ○○방법, ○○규정 등), 각 부서의 시행령(部门规章; ○○방법, ○○규정 등)으로 구분되어 있다.

인민은행의 홈페이지에는 금융시장의 현황과 통계자료를 로그인 없이 찾을 수 있다. 금융시장(金融市场) 항목과 금융안정(金融稳定) 항목에서는 주요 금융시장 동향과 정책 방향에 대한 중국정부의 입장을 제시하고 있다. 조사통계(调查统计) 항목 내의 통계데이터(统计数据) 항목에서는 통화량, 예금과 대출, 환율, 금융회사들의 현황, 주식 및 채권시장 동향, 금리, 물가지수, 경기지표 등의 년도별, 월별 통계를 찾아볼 수 있으며, 이를 엑셀파일 등으로도 다운받을 수 있다.

데이터제공서비스(服务互动) 항목 내의 시장동향(市场动态) 항목에서는 실시간 금융시장 동향에 대한 자료를 찾아볼 수 있다. 환율, 외환시장동향, 콜금리, 채권시장동향 등의 통계를 실시간 또는 기간을 설정하여 엑셀 파일 등으로 다운받을 수 있다.

중국 금융시장 동향에 대한 보고서로는 인민은행에서 발간하는 중국 금융시장에 대한 종합적이고 분석적인 금융안정보고서(金融稳定报告: China Financial Stability Report)가 1년에 1차례 발표되고, 인민은행연도보고(中国人民银行年报)나 중국내 각 지역별 금융시장 현황 보고서(中国区域金融运行报告), 지급결제 시스템 보고서(支付体系发展报告) 등도 중국 금융시스템을 분석하는 데 유용한 보고서로 정기적으로 발간된다.

다만 영어버전은 항목이나 자료가 중국어 버전에 비해 불충분하고 자료의 업데이트도 빠르게 이루어지지 않는다. 영어 이외의 언어 버전은 제공되지 않는다.

2. 중국 시스템 전환의 시작과 특징(78년~83년)

1) 중국 시스템 전환의 특징

(가) 점진적 시스템 전환 방식

중국은 1978년 말 동유럽 사회주의 국가들보다 먼저 계획경제에서 시장경제 시스템으로 전환하는 '시스템 이행(transition)'을 시작하였다.

중국의 경제 시스템 전환은 매우 특별한 의미를 가졌다. 90년대 초 경제 시스템 이행을 추진했던 동유럽의 다른 사회주의 국가들은 그 과정에서 극심한 경제적, 사회적, 정치적 혼란을 경험하였다. 하지만 이와 달리 중국은 1978년 경제 시스템 이행을 시작한 이래 지금까지 큰 경제적 혼란 없이 고속성장을 지속하였기 때문이다.

중국이 채택했던 시스템 전환 방식은 기존의 계획경제 시스템에 새로운 시장경

[그림 1 - 1] **중국과 다른 사회주의 국가들의 경제 성장률 추이**　　　　　(단위: %)

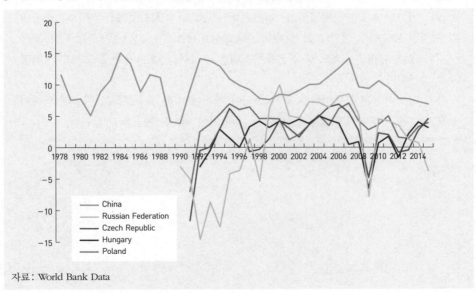

자료 : World Bank Data

글로벌 경제관련 데이터는 세계은행 사이트(http://www.worldbank.org/)에서 로그인 없이 찾을 수 있다. 세계은행 사이트의 DATA indicator의 GDP(current US$)를 통해 각국의 경제 성장률을 비교할 수 있다.

중국의 경제성장률은 78년 이래 현재까지 큰 경제적 위기 없이 안정적인 성장을 지속하였고, 초기 30년 동안은 연평균 성장률이 10%에 근접하였다. 하지만 구소련의 붕괴와 동유럽 사회주의 국가들의 경제 시스템 이행이 시작된 90년대 초반 이들 국가(러시아, 체코, 헝가리, 폴란드 등)의 경제성장률은 마이너스 10% 이상 급락하는 등 극심한 경제적 혼란으로 어려움을 겪었다. 그리고 그 이후에도 중국보다 경제성장률이 낮았다.

제 시스템의 요소를 점진적으로 도입하는 "이중(dual-track) 시스템" 또는 "이원화된 전환 정책"[3]을 특징으로 한다.

일반적으로 시스템 전환 방식은 ① 새로운 시스템을 점진적으로 도입하여 일정 기간 이중 시스템이 공존하도록 허용하는 방식과, ② 새로운 시스템으로 기존 시스템을 전면적으로 대체하는 방식(일명 쇼크요법)으로 구분할 수 있다.

당시 시장경제와 계획경제를 절충하는 점진적 시스템 전환방식은 매우 나쁜 체제전환 방식이라는 의견이 지배적이었다. 왜냐하면 두 시스템이 공존하면서 부정부패가 발생할 수 있는 여지가 크고, 기존의 시스템으로 회귀하려는 힘과 새로운 시스템을 지지하는 힘이 충돌할 가능성이 크기 때문이다.

예를 들면 IMF나 World Bank 등의 국제금융기관들은 구(舊)소련과 동유럽 사회주의 체제이행 국가들이 계획경제에서 시장경제로 시스템 이행을 추진할 때 민영화, 가격자유화, 규제완화 등의 정책을 동시에 적용하는 '급진적인 이행 방식'[4]

---

3 중국에서는 이를 두 개의 궤도라는 의미의 **"쌍궤제(双軌制 : dual track system)"**라고 지칭한다.
4 구소련과 동유럽 사회주의 국가들이 채택했던 급진적인 경제시스템 이행 방식은 ① 국유기업의 전면적인 민영화, ② 시장가격의 전면적인 자유화, ③ 경제활동에 대한 전면적인 규제완화 등을 주요 내용으로 한다. 하지만 급진적인 시스템 이행을 선택했던 구소련과 동유럽 국가들은 상당히 오랫동안 심각한 인플레이션과 마이너스 경제성장, 대규모 실업자 발생 등 극심한 경제 악화로 어려움

을 사용할 것을 주장하였다.

반면 중국은 경제 시스템을 전환하는 정책들을 단계적으로 추진하는 '점진적인 시스템 전환 방식'을 사용하였다. 점진적 시스템 전환 방식을 채택했기 때문에 중국은 계획경제 시스템과 시장경제 시스템이 하나의 국가 시스템 내에 공존하는 이중 시스템이 형성되었다.

더구나 수십 년이 지난 현재까지도 이러한 이중 시스템의 특징들은 여전히 일정부분 남아있다. 따라서 현재의 중국경제의 본질을 이해하기 위해서는 지금까지 중국이 계획경제에서 시장경제로 시스템이 전환되어왔던 과정을 살펴볼 필요가 있다.

(나) 점진적 시스템 전환과 이원화된 금융시스템

이처럼 중국이 계획경제에서 시장경제 시스템으로 점진적으로 전환하였기 때문에 금융시스템 역시 "이중의 혹은 이원화된 금융시스템"이 형성되었다. '이원화된 금융시스템'이라는 것은 과거 계획경제의 금융시스템(이하 계획금융이라 지칭)과 새롭게 도입된 시장경제의 금융시스템(이하 시장금융이라 지칭)이 공존하고 있다는 것을 의미한다.

이러한 이원화된 중국 금융시스템의 본질을 이해하는 것은 중국 금융시스템을 분석하고 전망하는 데 매우 중요하다. 일견 현재의 중국 금융시스템은 과거 계획금융의 특징들이 거의 없어지고, 미국 등 다른 자본주의 시장경제의 금융시스템과 크게 차이가 없는 것처럼 보인다. 하지만 다른 자본주의 시장경제 금융시스템의 분석방법을 이용으로 중국 금융시스템을 분석했던 많은 연구들이 중국 금융시스템의 변화를 정확하게 예측하는 데 실패했던 사례가 적지 않았다. 이는 다른 자본주의 시장경제 금융시스템의 운영방식과는 본질적으로 상이한 과거 계획금융의 특징들이 여전히 중국 금융시스템에 일정 부분 존재하고 있기 때문이다.

을 겪었다. 더구나 급진적 정책 변화에서 야기된 경제 불황은 사회불안과 치안부재로 이어졌고, 이들 국가의 경제-사회적 기반까지 흔들리게 하는 등 심각한 후유증을 안겨주었다. 미나미 료신 외 (2007), p.52

이제 저자는

① 중국이 어떠한 과정을 거치면서 과거 계획경제에서 시장경제 시스템으로 전환되었는지,

② 또 그 과정에서 과거 계획경제의 특징들이 어떻게 이러한 시스템 이행과정에서도 존속되어 왔는지를 설명하고자 한다.

③ 그리고 이러한 점진적인 경제시스템의 이행이 금융시스템의 변화에는 어떤 영향을 주었는지를 설명하고자 한다.

이를 통해 독자들이 중국 금융시스템의 본질을 더욱 잘 이해할 수 있을 것이라 기대한다.

2) 78년~83년: 실질적인 금융시스템의 변화 부재

(가) 농업생산 시스템의 전환

중국의 경제시스템 전환이 시작된 1978년[5]부터 1983년까지는 주로 농촌지역에서 새로운 정책들이 시행되었고, 대량의 금융자원 투입이 필요한 도시지역에서는 정책 변화가 거의 없었다. 따라서 이 시기 금융시스템에도 실질적인 변화는 없었다.

1978년 이전 중국의 농업생산 시스템은 사회주의 공유제 이념에 따라 형성된 '협동조합'이나 '인민공사' 같은 집단생산 방식을 바탕으로 구성되었다. 하지만 이러한 집단생산 방식은 경제적인 효율성이 매우 낮았다. 1978년부터 점진적으로 진행되었던 농업시스템의 전환정책은 기존의 집단 농업생산 시스템을 해체하고, 개별농가 단위의 농업생산 시스템으로 대신하는 과정이 핵심이었다.

---

5 중국은 1978년 12월 중국공산당 11기 중앙위원회 3차 전체회의(11기3중전회) 이후 진행된 시스템 전환 정책들을 개혁개방(改革開放)이라고 지칭한다.

협동조합(合作社)은 1953년 조직된 집단 농업생산 조직(初級合作社)과 1955년부터 조직된 보다 대규모의 집단 농업생산 조직(高級合作社)을 포괄하는 개념이다. 인민공사(人民公社)는 1958년부터 사회주의 이상의 실현을 위해 조직된 협동조합보다 더 대규모로 조직된 집단농장이다.

이 시기 농업생산 시스템의 전환은 사회주의 공유제의 이념적인 측면에서는 매우 과감하고 획기적이었다.[6] 하지만 경제 시스템 측면에서는 비용이나 리스크가 크지 않는 전환이었다. 왜냐하면 개별농가 단위의 농업생산 시스템이 집단생산 방식보다 효율적이라는 것은 이미 그 이전의 경제운영 시스템의 변화(예를 들면 61년에서 65년의 류샤오치와 덩샤오핑의 경제조정시기 등)를 통해 경험하였기 때문이다. 또한 개별농가들이 청부제[7] 방식으로 생산 리스크를 부담하였기 때문에 중국정부가 추가적으로 재정을 투입하는 부담을 감당할 필요도 거의 없었기 때문이다.

① 개별농가 단위의 생산으로 농업생산량이 크게 증가한 상황에서, ② 농업 생산물에 대한 정부의 수매가격을 높이고, ③ 잉여 농산물의 판매를 허용하는 농촌 시장 시스템까지 도입되면서 농민들의 실질소득이 크게 증가하였다. 이에 따라 농촌지역에서는 시장경제 시스템을 도입하는 시스템 전환정책을 지지하는 튼튼한 기반이 형성되었다.

반면 도시지역에서는 국유기업의 이윤유보정책 등 일부 시스템 전환정책이 도입되기는 하였지만 성과를 거두지는 못했기 때문에,[8] 기존의 계획경제 시스템이

---

6 집단 농업생산 방식은 사회주의 이상을 실현하는 방법으로 마오쩌둥(毛澤東)이 적극적으로 추진했었다. 하지만 1960년대 급진적인 사회주의 운동인 **문화대혁명(文化大革命)**의 대혼란을 겪으면서 사회주의 이상보다는 덩샤오핑의 실용주의적인 정책이 받아들여질 수 있는 사회적 분위기가 형성되었다. 따라서 이 시기 점진적으로 집단 농업생산 방식이 해체되고 개별농가 단위의 농업생산 방식으로 대체되었을 때 사회주의 이념적인 저항이 크지 않았다.

7 당시 농촌지역의 농업생산 청부제(承包制) 방식은 초기 호별생산책임제(包产到户)에서 농민들의 자율성이 더 높은 호별경영책임제(包干到户) 방식으로 전환되었다. 1983년말 호별경영책임제가 전체 농가의 98%를 차지하였다.

8 당시 국유기업 경영자에게 기업경영의 자율성을 일부 허용하고, 이윤의 일부(초기에는 증가된 이윤의 12%)를 정부에 납부하지 않고 국유기업 내에 유보하여 인센티브로 활용하게 하는 **"분권화 개**

지속되었다.

(나) 인민은행의 역할 분할

이 시기 금융시스템에서는 은행조직이 일부 변화했을 뿐이고, 금융시스템의 실질적인 변화는 없었다.

당시 국유기업 중심의 계획경제 시스템에 근본적인 변화가 없었기 때문에 비효율적인 국유기업에 대한 '계획금융' 부문의 자금지원이 여전히 필요하였다. 이런 상황에서 만약 은행에게 자금조달의 자율성이 부과되는 현대적인 '시장금융' 시스템이 도입된다면 중국정부가 계획경제 시스템을 유지할 수 있는 수단을 상실할 수 있었기 때문이었다.

다만 이 시기에는 이전의 '단일은행 시스템의 비효율성'을 보완하기 위해 **"인민은행의 역할을 분할"**하는 부분적인 은행 시스템의 변화는 진행되었다.

1979년 2월 인민은행이 담당하고 있던 농촌지역 자금조달의 역할을 분할하여 중국농업은행(中國農業銀行: ABC: Agricultural Bank of China)을 설립하였다. 1979년 3월에는 인민은행의 외환거래 부문을 분할하여 중국은행(中國銀行: BOC: Bank of China)을 설립하였다. 1979년 10월에는 기업의 장기 투자자금 조달을 전담하는 중국인민건설은행(中国建设银行: CCB: China Construction Bank)이 설립되었다. 이렇게 신설된 은행들은 인민은행과는 독립적으로 중국정부(재정부)에 의해 운영되었다.

당시 인민은행과 신설된 국유은행들은 정부의 지시에 따라 국유기업이나 특정 산업에 자금을 제공하는 수동적인 역할을 수행하였다. 따라서 이들 은행의 대출은 이전과 마찬가지로 시장경제 기반의 상업성을 고려하기보다는 계획경제 시스템이 원활하게 운영되도록 자금을 지원하는 역할에 중점을 두었다.

혁(放權讓利)"을 시도하였다. 하지만 이런 개혁은 일부 국유기업에 제한적으로 실시되었을 때는 성공적이었지만, 1980년대 전국적으로 확대되었을 때는 관리감독의 문제로 국가의 이윤과 세금 납부가 오히려 감소하는 문제가 발생하였다. 박찬일(2003), pp.113~117

3. 시장경제의 도입과 '계획금융' 시스템의 변화 (84년~88년)

1) 비(非)국유 부문의 급성장

㈎ 국유기업의 비효율

중국정부는 1984년부터 도시지역에서도 시장경제 시스템을 도입하는 정책 전환을 시작하였다. 당시 국유기업은 정부의 계획에 따라서 생산하고 납품하는 수동적인 조직이었고, 이윤이나 적자는 정부의 책임이었다. 따라서 국유기업은 매우 비효율적으로 운영되었는데, 생산요소는 낭비되었고 품질개선을 위한 노력은 거의 없었다.[9]

> 계획경제하에서 국유기업의 모든 수입은 국가 재정에 상납하고, 필요한 지출은 정부에서 할당받았던 제도를 중국에서는 **'통수통지(統收統支)'**라고 지칭하였다. 따라서 당시의 국유기업은 기업이 아니라 공장(廠; factory)으로 지칭되었다. 1983년부터는 국유기업의 이윤을 모두 정부에게 상납하는 것이 아니라 **이윤의 일부를 세금의 형태로 납부('이개세: 利改稅')**하도록 하였지만, 국유기업의 효율성 개선에는 효과가 거의 없었다.

중국정부는 이러한 국유기업의 비효율성 문제를 해결하기 위해 ① 당근과 ② 채찍 정책을 사용하였다.

국유기업 경영자에게 인센티브를 부여하는 ① 당근 정책은 부분적으로 시장경제 시스템을 도입하는 것이었다. 이 정책은 국가가 국유기업 경영자와 계약을 체결하여 담당하고 있는 국유기업의 경영에 일정정도 자율권을 부여하여, 국유기업 경영자가 국유기업의 생산성을 높이는 등의 방법으로 초과 이익을 얻었을 때 이를

---

9 중국의 1위 가전업체 "하이얼(海尔)"은 원래 국영기업이었던 '칭다오 냉장고'였다. 장루이민이 1984년 이 국영냉장고의 공장장으로 임명된 이후 400대의 냉장고 중 품질에 문제가 있는 76대의 냉장고를 망치로 부수고 품질우선 경영을 선언했던 것은 유명한 일화이다. 당시 국유기업에서는 이러한 비효율성 문제가 매우 일반적이었다.

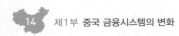

인센티브로 제공하는 것이다. 하지만 이러한 "청부경영책임 제도"는 초기 일부 시범기업에 실시되었을 때는 효과를 거두었지만, 전국적으로 정책이 확대된 이후에는 국유기업 경영자들을 충분히 감시 감독하지 못해 사실상 실패하였다.

> **"청부경영 책임제도(承包經營責任制)"**는 국가가 경영자와 계약을 체결하여 인센티브를 부여하지만, 국유기업의 경영이 실패한 경우 경영자를 처벌하지는 못하는 권리와 의무의 불균형 문제가 존재하였다. 따라서 국유기업 경영자는 국유기업의 경영을 개선하여 인센티브를 받기보다는 국유기업을 이용하여 사적인 이익을 추구하였다. 예를 들면 국유기업 경영자가 친척, 친구 또는 자신의 위장된 개인회사로부터 비싼 가격에 원자재를 구입하여 국유기업 이윤이 경영자와 밀접한 관계가 있는 회사로 불법적으로 이전되었다.

국유기업의 비효율성을 개선하기 위한 ② 채찍 정책은 국유기업이 필요한 자금에 제약을 가하는 정책이다. 계획경제 시스템에서는 국유기업이 필요한 자금을 국가예산에서 지원하였는데, 이는 국유기업이 비효율적으로 방만하게 운영되어 적자가 발생하는 원인이 되었다.

1985년 1월부터 중국정부는 국유기업이 필요한 자금의 일정 부분을 국가예산이 아니라 은행대출로 충당하는 정책을 전국적으로 실시하였다. '국가예산에서 은행대출로 전환하는 정책'은 경제성장에서 금융의 역할이 확대되는 계기를 마련하였다. 하지만 당시 국유기업에 대한 은행대출을 담당했던 국유은행들이 시장경제 원칙에 따라 대출심사를 했던 것이 아니라, 여전히 계획경제의 일환으로 국유기업에게 자금을 제공했었기 때문에 국유기업의 경영성과 개선에 실질적으로 기여하지는 못했다.

> 국유기업이 필요한 자금의 조달을 **'국가예산에서 은행대출로 전환하는 정책'**을 중국에서는 **"뽀가이다이(拨改贷)"**라고 하였다. 당초 국유기업의 설비투자 등의 자금조달은 정부예산을 사용한 무상투자 방식으로 이루어졌는데, 이를 건설은행의 대출로 전환하는 방식으로 시작되었다. 80년대 초 시범적으로 시행된 이후 1985년 1월부터 전국적으로 시행되었다.

(나) 효율적인 비(非)국유기업의 등장

반면 이 시기 가장 뚜렷한 성과가 나타난 부문은 **"비(非)국유기업"**이었다. 비국유기업은 중국정부가 점진적으로 허용하기 시작한 시장경제 시스템 영역에서 활동하였다.

비국유기업은 계획경제 시스템이 아니라 시장경제 시스템에서 활동하면서 시장경쟁에 직면하였기 때문에 경영의 효율성을 추구하는 확실한 내부 인센티브 구조를 가질 수밖에 없었다. 시장경쟁에서 생존하기 위해 노력하였던 비국유기업은 계획경제 하에서 비효율적으로 운영되었던 국유기업에 비해 급성장할 수 있었다.

이 시기 급성장한 가장 대표적인 비국유기업 유형은 농촌경제를 기반으로 발전한 '향진기업'이었다.

"향진기업(鄕鎭企業 : township and village enterprises)"은 농촌지역의 집단소유제 기업을 지칭하는 용어로 향촌기업, 농촌기업이라고도 불린다. 일반적으로 농촌지역 주민들이 중소기업을 설립하여 경영과 생산, 판매를 자율적으로 결정하는 마을 공동체 기업의 성격을 가졌다. 이는 향진기업의 설립부터 자금 마련, 공장용지의 제공, 경영진과 기술자의 초빙, 원재료 조달과 제품 판로의 확보 등에서 해당 농촌지역의 향진정부가 주도적인 역할을 하였기 때문이다. 향진기업은 농촌지역의 잉여노동력을 해당 지역에서 흡수하였고, 농촌 노동력이 자유롭게 도시지역으로 이주하는 것을 제한하는 **호구(戶口)제도**와 결합되어 중국 특색의 '도시화 없는 공업화'를 가능하게 하였다.

또한 특정 지역을 선정하여 외국인 투자를 유치하고 시장경제 시스템으로 운영하는 **'경제특구(SEZ)'** 정책도 성과를 나타내기 시작하였다. 1984년 중국정부는 경제특구를 4개에서 연해지역 18개 도시로 대폭 확대하였다.

경제특구(SEZ)는 Special Economic Zone의 약자이다. 중국의 경제특구는 1979년 광동성(廣東省)의 선전(深圳)과 주하이(珠海), 1980년 광동성의 샨토우(汕頭)와 푸젠성(福建省)의 샤먼(廈門)이 최초의 경제특구로 지정되었다.

2) '시장금융' 시스템의 발전과 이원화된 금융시스템의 형성

80년대 중반 중국에서는 계획경제 시스템이 지속되고 있는 상황에서 시장경제 시스템을 부분적으로 도입하는 점진적인 시스템 전환이 진행되었다. 이에 따라 국유기업 중심의 계획경제와 새롭게 등장한 '비국유기업 중심의 시장경제'가 **"공존(共存)"**하였다.

이러한 이원화된 경제 시스템에서 계획경제 시스템의 비효율성은 개선되지 못한 반면, 새롭게 등장한 시장경제 부문은 매우 빠르게 성장하기 시작하였다.

빠르게 발전하는 비국유 시장경제 시스템에서는 금융자금에 대한 수요도 크게 증가하였다. 하지만 당시 국유은행 중심의 계획금융 시스템은 비국유 시장경제 시스템이 필요로 하는 자금수요를 충족시키지 못했다. 따라서 금융 부문에서도 새롭게 발전하는 비국유기업들의 자금지원을 담당하면서 시장경제 원칙으로 운영되는 **"비(非)국유은행 부문"**이 새롭게 등장하기 시작하였다.

이에 따라 당시 중국에서는 국유은행이 계획경제와 국유기업을 지탱하는 금융 시스템의 근간을 형성하면서, 비국유은행 부문이 시장경제 시스템의 금융수요를 보완하는 '이중 금융시스템(dual-track financial system)'이 형성되었다.

3) 금융시스템의 변화

아래에서는 이 시기 금융시스템의 변화를 대략적으로 분류하여
① 기존 계획금융 시스템의 비효율성을 개선하기 위한 정책들
② 비국유 시장경제 부문의 발전을 지원하는 정책들
③ 대외부문의 시장경제 발전을 지원하는 정책들
④ 계획금융과 시장금융이 혼합된 정책들로 구분하여 설명하고자 한다.

(가) 계획금융 시스템의 비효율성 개선 노력

이 시기 중국정부는 계획금융 시스템의 비효율성을 개선하기 위해 인민은행을 중앙은행으로 격상하고, 그 아래 4개의 국유은행이 존재하는 중국 계획금융 시스

템의 기본적인 구성을 완성하였다.

당시 인민은행은 중국정부의 계획에 따라 국유기업에 자금을 지원하는 산하기관으로 건설은행, 중국은행, 농업은행 등 인민은행에서 분리되었던 다른 은행들과 비슷한 지위를 보유하고 있었다. 1984년 중국정부는 인민은행의 지위를 중앙은행으로 격상시키고 화폐발행, 신용관리, 금리결정, 외환관리 등 중앙은행 고유의 업무만을 담당하여 금융시스템이 보다 효율적으로 운영될 수 있는 기반을 구축하였다. 물론 인민은행이 이러한 업무를 수행할 때는 여전히 중국정부의 통제와 지시를 받았다는 의미에서 기존과 실질적인 차이는 없었지만, 다른 은행들과는 다른 지위를 가지게 된 것이다.

인민은행이 중앙은행으로 격상되면서 기존에 인민은행이 담당하고 있던 개인예금 수취업무, 기업에 대한 여수신업무를 분리하여 1984년 네 번째 국유은행인 중국공상은행(中國工商銀行 : ICBC : Industrial and Commercial Bank of China)을 설립하였다. 공상은행은 인민은행의 기존 전국 지점망을 인수하였기 때문에 신설된 4대 국유은행 중에서 가장 큰 규모의 국유은행으로 탄생하였다.

이로서 중국 금융시스템은 중앙은행인 인민은행 아래 4개의 국유은행이 존재하는 기본적인 형태가 구축되었다. 당시 4개의 국유은행(공상은행, 중국은행, 건설은행, 농업은행)은 업무영역 또는 지역적으로 전문적인 영역이 구분되는 전문화된 은행이었다.

① 공상은행은 주로 도시지역 상공업 관련 기업에 대한 여수신을 담당하였다.
② 중국은행은 수출입 기업에 대한 대출과 외환거래를 전문적으로 담당하였다.
③ 건설은행은 주로 국유기업의 장기설비투자 같은 자본투자에 자금을 지원하였다.
④ 농업은행은 농촌지역에서 여수신 업무를 담당하면서, 농업부문에 대한 정책성 자금지원을 담당하였다.

이렇게 전문화되고 분화된 업무특성 때문에 당시 4대 국유은행 시스템을 "전업은행 시스템(specialized banking system)"이라고도 하였다.

(나) 시장금융 시스템의 형성

이 시기에는 빠르게 발전하고 있던 비국유기업의 자금조달을 전담하는 ① 농촌신용조합, ② 도시신용조합, ③ 신탁투자회사, ④ 재무공사 등 '시장금융' 시스템으로 운영되는 새로운 "비은행 금융회사(Non-Bank Financial Institutions)"들이 급성장하였다. 이들은 빠르게 성장하고 있던 비국유기업들에게 자금을 공급하여 중국의 경제성장에 기여하였다.

첫째, "농촌신용조합(農村信用合作社)"은 농민들의 자금출자에 의해 설립된 '신용조합(credit association)' 성격의 금융사로 1987년 전국적으로 6만 개 이상에 달했다. 농촌신용조합은 농민들의 여유자금을 예금 형태로 수취하여 주로 해당 농촌지역의 향진기업 등에 대출하였다.

둘째, "도시신용조합(城市信用合作社)"은 도시지역 非국유기업 발전에 매우 중요한 역할을 담당하였다. 도시신용조합은 공상은행 등 국유은행들과 달리 개인과 非국유기업으로 구성된 예금자들에게 더 나은 금융서비스를 제공하여 자금을 수취하였고, 국유은행으로부터 대출받기 어려운 민영기업들에게 자금을 대출하면서 급성장하였다. 1988년 말에 도시신용조합은 3,200개가 넘었다.

셋째, "신탁투자회사(信托投资公司 : Trust and Investment Corporation)"는 신탁회사와 개발은행의 기능이 혼합된 非은행 금융기관이었다. 신탁투자회사는 국유은행이나 국유기업에서 1년 이상의 장기 신탁예금을 수취하여 정부에서 승인한 프로젝트에 투자하였다. 신탁투자회사의 대출은 국가의 신용계획에 포함되지 않았기 때문에, 대출 신용상한에 제한을 받고 있던 국유은행이 신탁투자회사를 통해 국가의 신용계획을 우회하여 대출을 확대하는 방법으로 많이 사용되면서 1988년 말 745개로 증가하였다.

신탁투자회사의 범주에는 해외에서 자금을 조달하는 업무를 담당하는 국제신탁투자회사도 포함되었는데, 국제신탁투자회사는 1980년대 이후 주로 경제특구지역을 중심으로 다수 설립되었다.

넷째, "재무회사(財務公司 : Finance Company)"는 1987년부터 국유기업들의 관리를 위해 기업집단(Group)으로 재편하면서 그룹 내 계열회사 간의 금융거래를 담당하기 위해 설립되었다. 원칙상 재무회사의 여수신 대상은 계열사의 자금거래와 은행간 거래시장[10]에 국한되었다. 재무회사가 소속된 기업집단이 아닌 기업이나 개인의 예금 수취는 금지되었다. 1988년 이후에는 각급 지방정부가 주도하여 산하의 국유기업을 재편하면서 추가로 다수의 재무회사가 설립되었는데, 이들 지방 국유기업 산하의 재무회사에서는 많은 문제점이 발생하였다.[11]

(다) 대외부문의 시장금융 발전

중국의 경제특구는 외국 투자자금을 유치하기 위해 그 지역에 한해 예외적으로 계획경제가 아닌 시장경제 시스템으로 운영되었다. 1980년대 중반 이후에는 이런 특정 경제특구 지역만을 대상으로 시장경제 원칙에 따라 영업하는 '지역기반 상업은행'들이 설립되기 시작하였다.

1986년 8월 선전 경제특구의 경제개발 수요를 충족시키기 위해 홍콩금융사의 주도로 짜오상은행(招商銀行 : China Merchant Bank)[12]이 설립되었다. 1987년에는 선전시 투자관리공사, 선전시 국제신탁투자회사 등이 주축이 되어 선전발전은행

---

10 은행간 거래시장(inter-bank market)이란 금융기관 상호간에 단기자금의 대차거래가 이루어지는 시장을 말한다. 예를 들면 콜시장(call market) 등 금융기관의 단기자금이 거래되는 시장은 금융기관이 중앙은행에 예치한 자금을 하루 또는 수일 정도의 짧은 기간 동안 거래하는 시장을 지칭한다.

11 1988년 각급 지방정부 주도로 설립된 38개의 재무회사는 주로 콜시장 거래, 상업어음의 할인, 증권거래, 금융컨설팅 등을 담당하였다. 그러나 재무회사에 대한 설립 및 감독이 적절하게 수행되지 못하여 단기자금을 차입하여 무분별하게 장기대출을 실행하는 등 각종 문제점이 노출되었다. 이에 따라 1989년 모든 재무회사를 취소하려고 시도하기도 하였지만 강력한 반발로 무산되었다. 한편 기업집단 재무회사(集團財務公司)는 1987년~1990년 20여 개가 설립되었다. 이들은 계열회사로부터 자금을 동원하여 다른 계열회사에 대출하는 기업집단 내 은행처럼 활동하였다. 이장규 외(1998), p.39

12 당시 물류유통, 금융, 부동산업에 종사하는 홍콩짜오상쥐그룹(香港招商局集團有限公司)의 100% 출자로 설립되었던 짜오상은행은 1989년 중국자본이 대규모 투자되면서 전국을 영업지역으로 가지는 주식제 은행으로 승격되었다. 이 과정에서 다양한 주주구성을 가진 주식제 상업은행으로 전환되었다.

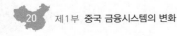

(深圳發展銀行)을 설립하였다. 1988년에는 광둥성에도 주식제 상업은행의 형태로 광둥발전은행(廣東發展銀行)이 설립되었다.

선전과 광둥 지역은 각각 홍콩과 대만에 인접해 해외 화교자본 유치와 수출가공산업의 발전에 유리한 입지를 가지고 있었다. 이로 인해 80년대 초부터 경제특구로 지정되었고, 가장 발전된 지역이기 때문에 상업은행이 성장할 수 있었던 기반이 구축되었다. 이들 경제특구의 상업은행들은 경제특구 내의 경제발전을 위한 자금조달을 지원하였는데, 일부는 해외 투자자금을 유치하여 설립되기도 하였다.

(라) 계획금융과 시장금융의 혼합

마지막으로 계획금융과 시장금융의 성격이 혼합된 금융기관도 신설되었다. 1986년에는 교통은행(交通銀行 : Bank of Communications)이 설립[13]되었다. 교통은행은 중국 최초의 주식제 은행으로 설립되었으며 설립초기 인민은행이 지분을 50% 보유하였고, 나머지 50%는 지방정부와 국유기업이 보유하여 중앙정부가 100% 지분을 보유하고 있던 나머지 4대 은행과는 성격이 다른 은행으로 출발하였다. 교통은행은 중국 최초로 전국적 영업망을 갖춘 상업은행이면서 동시에 정부의 계획금융 시스템의 일환으로도 운영되었다. 본부는 상하이에 두었다.

1987년에는 중신실업은행(中信實業銀行 : China CITIC Bank)이 신설되었다. 중신실업은행은 중국정부의 대외 금융창구인 중국국제신탁투자회사(CITIC)[14]의 자회사였다. 중국국제신탁투자회사의 대외 금융업무, 외환 거래, 국제결제, 해외채권 발행 등을 담당하던 부서를 1985년부터 독립하여 운영하였고, 이 부서가 전국적

---

13 교통은행은 원래 국민당 정권 시절 설립되었던 4대 은행의 하나로 1908년 철도, 전보, 우편, 항운 등의 사업에 필요한 자금조달을 목적으로 설립되었던 은행이었다. 이에 따라 중국에서는 1988년 교통은행이 신설되었다는 말보다는 재건(重新組建)되었다고 표현한다.

14 중국국제신탁투자회사(China International Trust and Investment Corporation)는 1979년 중국정부의 대외 금융창구로 해외 투자자금을 유치하고 선진기술을 도입하기 위해 설립되었다. 덩샤오핑의 지원으로 중국 공산당 고위 간부인 룽이런(荣毅仁)이 설립하였다. 그는 중국공산당 설립 이후 해외로 도피한 기존 자본가들과 달리 공산당에 재산을 기부하는 등 공산당에 적극 협조하였고, 이후 화교자본 유치에 앞장섰다. 이런 이유로 소위 '붉은 자본가'의 대표적인 인물로 언급된다.

영업이 가능한 상업은행인 중신실업은행으로 설립되었다. 본부는 베이징에 두었으며, 중국 국내지점과 해외지점을 갖추고 시장경제 원칙으로 운영된 상업은행이었다.

[그림 1-2] **중국의 금융시스템 개요**(1988년 기준)

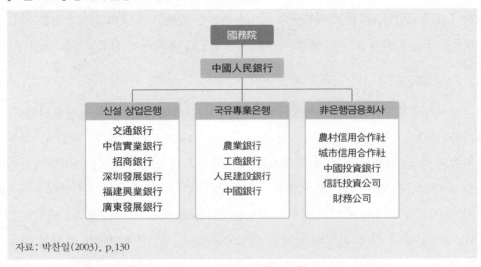

자료: 박찬일(2003), p.130

4. 인플레이션 위기와 이원화된 금융시스템의 정비
(89년~93년)

1) 이원화된 경제시스템과 인플레이션 문제

(가) 인플레이션과 1989년 톈안먼 사건

계획경제 시스템과 시장경제 시스템이 공존하는 '이원화된 경제시스템'에서 심각한 부정부패와 극심한 사회불안이 발생했던 사례는 역사적으로 사회주의를 포함한 여러 경제 시스템에서 무수히 많이 발생하였다. 중국에서도 계획경제에서 시장경제 시스템으로 점진적으로 전환하는 방식을 채택하면서 이원화된 경제시스템이 형성되었고, 그 부작용이 심각하게 나타났다.

가장 심각했던 부작용은 '인플레이션'과 '부정부패로 인한 빈부격차의 확대'였다. 1988년과 1989년에는 공식적인 인플레이션이 20% 정도였고, 실제 일반인들이 느꼈던 체감 인플레이션은 그보다 훨씬 심각하였다. 심각한 인플레이션과 일부 상품에 대한 수급불균형 등의 경제적인 불안과 만연한 부정부패 문제는 결국 1989년 반부패 시위인 **'톈안먼 사건'**[2]으로 이어졌다. 하지만 톈안먼 시위가 민주화와 반(反)공산당 시위로 확대되면서 정치적인 위기가 발생하여 유혈충돌로 이어졌고, 결국 경제 시스템의 전환을 주도하던 덩샤오핑이 퇴진하고 공산당 내 강경 보수파가 전면에 등장하였다.

1989년 베이징의 톈안먼(天安門) 광장에서 개혁개방 과정에서의 부패문제, 급격한 인플레이션과 빈부격차 확대와 같은 문제들을 비판하는 시위가 시작되었다. 초기의 반부패 시위는 지식인들과 학생들까지 참여하면서 민주화 운동으로 발전하였다. 이러한 시위가 중국 공산당에 반대하는 정치투쟁으로 확대될 것을 우려한 정부는 5월 베이징에 계엄령을 선포하였지만, 시위는 더욱 격화되었다. 결국 6월 3일 밤 중국정부는 군대를 동원하였고, 시위를 무력으로 진압하는 과정에서 톈안먼 광장과 베이징 곳곳에서 유혈충돌이 발생하였다.

BOX 1-3

　중국의 물가지수 데이터는 통계국 홈페이지에서 로그인 없이 찾을 수 있다. 통계
국의 홈페이지는 http://www.stats.gov.cn/이다. 특히 통계국의 통계데이터항목(统
计数据) > 统计出版物 항목의 중국통계연감(中国统计年鉴)에서는 연도별 각종 경
제 데이터가 집중되어 있다.

　통계연감의 5장 가격(价格) 항목에서 소비자가격지수(CPI), 도시/농촌소비가격
지수, 생산자가격지수, 지역별가격지수, 산업별생산자가격지수, 수출입가격지수 등
의 지표를 찾을 수 있다. 이 데이터는 영어버전으로도 동일하게 제공되며 엑셀로 다
운을 받을 수 있다.

　텐안먼 사건 이후 주도권을 장악한 공산당 내 강경 보수파들은 기존의 시장경
제 시스템으로 전환하는 정책들에서 후퇴하는 일련의 '조정정책'[15]을 실시하였다.
이에 따라 금융부문에서도 과거 계획경제 시대에 사용되었던 중앙집권적인 금융

[그림 1-3] **중국의 인플레이션과 경제성장률 추이**　　　　　　　　　(단위: %)

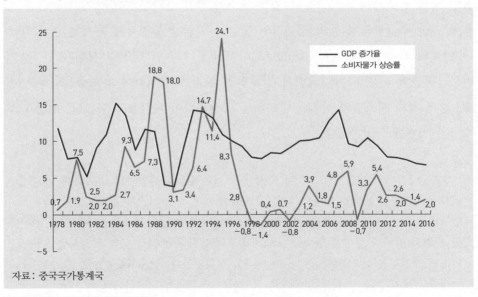

자료: 중국국가통계국

───────────

15 중국에서는 이 시기의 조정정책을 치리정돈(治理整頓)이라고 지칭한다.

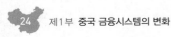

통제 정책이 다시 사용되었고, 계획금융 시스템으로 회귀하는 현상이 나타났다.

1980년대 후반 중국에서 인플레이션 문제가 심각해졌던 이유는 시스템 전환 과정의 구조적인 문제점이 있었기 때문이다. 예를 들면 당시 계획경제 부문의 기초산업 상품 공급은 정부에 의해 낮은 가격으로 통제되고 있었지만, 낮은 가격으로 공급하려는 기업이 적었기 때문에 심각한 공급부족 문제에 직면하였다. 일부 산업의 이러한 심각한 "공급부족"은 산업간 성장 불균형을 야기하여 경제전반의 인플레이션으로 연결되었다.

수요측면에서는 ① 소득증가로 인한 소비의 증가, ② 기업의 투자확대, ③ 은행의 초과대출 관행, ④ 정부의 재정지출 확대 등으로 **"초과수요"** 문제가 발생하였다. 특히 당시 국유기업은 경영손실에 대한 책임이 없는 **'연성예산제약'[3]**으로 인한 비효율적인 과잉투자와 국유자산 빼돌리기 문제가 발생하여 인플레이션을 유발하였다.

연성예산제약(soft budget constraint)이란 원래 사회주의 국가의 국유기업이 국가에서 쉽게 보조금이나 세금혜택을 받을 수 있기 때문에 기업의 수익성이나 효율성에 신경을 쓰지 않는 현상을 지칭하였다. 이를 보다 일반적인 상황으로 공기업이 정부의 보조를 받으면서 예산의 수지균형을 중요한 제약조건으로 생각하지 않는 상황을 지칭하는 개념으로도 사용한다.

(나) 이원화된 금융시스템에 의한 인플레이션

한편 당시 계획금융 시스템과 시장금융 시스템이 공존했던 '이원화된 금융시스템의 불안정성'도 심각한 인플레이션 발생의 중요한 원인이었다. 구체적으로는

① 계획금융 부문의 금융시스템을 담당하고 있던 인민은행이 대출통제를 실패했었고,

② 계획금융 부문에서 시장금융 부문으로 우회하여 대출을 확대하는 문제가 만연하였기 때문에 대출이 과도하게 발생하였다.

첫째, 인민은행이 당시 통화금융 정책에 실패했던 이유는 근본적으로 중앙은행으로서의 독립성이 충분하지 않았기 때문이다.

당시 인민은행은 여전히 국가의 직접적인 지시나 압력에 따라 국유은행을 통해 국유기업에 자금을 지원하는 수동적인 역할을 수행하고 있었다. 특히 인민은행은 지방정부의 대출압력에서 자유롭지 못했다. 지방정부는 지역경제 발전을 위해 인민은행의 지역 지점에 압력을 행사하여 지역 내 은행들이 지역 내에서 신용대출을 확대하도록 요구하였기 때문에 과도한 대출확대 문제가 발생하였다.[16]

둘째, 계획금융 부문에서 시장금융 부문으로 우회하는 대출은 80년대 중반 이후 새롭게 등장했던 비은행 금융기관, 특히 신탁투자회사가 주된 역할을 담당하였다.

국유은행들이 국유기업에 대출할 경우는 정부의 계획 시스템에 통제를 받아 이자율이나 대출 총액의 규제를 받지만, 비은행 금융기관인 신탁투자회사를 통해 우회하여 대출할 경우에는 이러한 규제를 받지 않았다. 이에 따라 국유은행들은 정부가 설정한 신용상한과 이자율 규제를 우회하여 수익을 추구하고, 신탁투자회사는 국유은행의 자금을 활용하여 수수료와 투자수익을 추구하는 양자의 이해가 일치되면서 신탁투자회사들이 급성장하였다.

하지만 신탁투자회사들의 이러한 과열과 난립은 부실한 대출심사와 신탁투자회사들의 경영부실로 연결되는 부작용을 야기하였다.

(다) 1988년의 금융긴축 정책과 신탁투자회사의 정리

이런 배경에서 1988년 하반기부터 심각한 인플레이션 문제를 해결하기 위한 중앙집권적인 금융통제 정책들이 다시 도입되었고 금융긴축 정책이 시작되었다.

---

16 당시 인민은행이나 중앙정부의 수직적 통제력(條; 티아오)이 약화되고, 지방정부의 수평적 통제력(塊: 콰이)이 강화된 배경은 다음과 같다. 첫째, 개혁 以前 전액 국가재정에 의존하던 투자자금 조달에서 예산외자금(extra-budgetary funds)의 비중이 확대되었다. 둘째, 인사조직 관리 측면에서 지방정부가 지역내 인민은행 지점과 각 은행들의 지점에 대해 수평적인 영향력을 행사할 수 있게 되었다. 셋째, 외국인투자 유치에 대한 권한도 상당부분 지방정부에게 이양되었다. 정재호(1999), p.82

당시 행정적인 정책수단을 통한 강력한 가격안정화 정책이 실시되면서 이전에 실시되었던 시장경제 시스템의 도입도 일부 취소되었다. 또한 금융부문에서는 강제적인 '신용할당'을 통해 대출의 총량을 통제하는 정책도 실시되었다.

신용할당(credit rationing)이란 일반적으로 금리가 균형수준보다 낮게 결정되어 자금의 공급이 수요에 비해 부족할 때 정책당국이 자금의 수요자에게 한정된 자금을 지정하여 나누어주는 것을 지칭한다. 중국에서는 연성예산제약에 직면해 있던 국유기업들이 대출금리에 민감하지 않기 때문에 항상 초과 대출의 수요가 있었다. 이에 따라 중국 금융당국은 국유은행들에게 대출 총량을 할당하는 형태로 대출 확대를 통제하였다.

나아가 1988년 가을부터는 국유은행들이 신용상한을 우회하는 방안으로 활용하던 신탁투자회사들을 대대적으로 정리하였다. 신탁투자회사들이 국유기업과 합병되거나 폐쇄되면서 전국의 신탁투자회사 수는 745개에서 300개로 대폭 감소하였다.

1989년에는 도시신용조합에 대한 정리작업도 진행되었다. 당시 도시신용조합은 대출이나 지급준비금에 대한 규정을 정확하게 준수하지 않았는데, 금융당국이 구조조정을 진행하여 75개가 청산되었고, 58개는 합병되었다.

2) 남순강화와 시장경제 시스템으로의 전환 재개

(가) 1992년 덩샤오핑의 남순강화

공산당 내 보수파들의 이러한 강력한 조정정책은 중국의 물가를 안정시키는 데는 성공하였다. 하지만 중앙집권적인 통제정책으로 인해 경제활동이 급격히 위축되는 문제가 발생하였고, 계획경제의 비효율을 우려하는 목소리도 커졌다.

1992년 1월 당시 톈안먼 사건으로 일선에서 물러나 있던 덩샤오핑(鄧小平)은 톈안먼 사건 이후의 보수회귀 국면을 타파하기 위해 개혁개방으로 지칭되는 시장경제 시스템으로의 전환의 산물인 남쪽 지방의 발전된 경제특구들을 순시하였다.

이때 일명 '남순강화(南巡讲话)'라고 표현되는 덩샤오핑의 시장경제 시스템으로의 지속적인 전환을 주장하는 발언들은 지방정부들의 큰 호응을 얻었고, 그해 가을 공산당 대표대회에서 장쩌민(江澤民) 주석의 '사회주의 시장경제론'으로 체계화되었다.

이후 중국 정부의 정책방향은 1988년 톈안먼 사건 이후의 보수회귀 국면에서 탈피하였고, 시장경제 시스템으로의 전환이 가속화되었다.

톈안먼 사건 이후 중단되었던 시장경제 시스템으로의 전환 정책들이 다시 추진되기 시작하면서, 금융긴축 정책도 종료되었다. 당시 다시 추진된 주요한 시장경제 전환 정책들은 ① 계획가격의 철폐(1993년 말까지 모든 지역에서 공산품 계획가격 철폐), ② 대외개방의 확대, ③ 국유기업에 대한 청부계약제 정책 확대와 ④ 비국유기업 부문의 확대 등이 있었다.

(나) 시장금융 시스템 도입의 재개

금융부문에서도 시장금융 시스템 도입이 다시 시작되었다. 이 시기 금융시스템에서는

(1) 시장금융의 기능이 강화된 신규 은행의 확대와

(2) 비은행 금융기관들의 성장 등 80년대 중반부터 진행되었던 정책 변화도 다시 진행되었고,

(3) 주식시장의 도입과 같은 획기적인 변화도 있었다.

이를 보다 자세히 살펴보자.

첫째, 1992년 전국적인 영업이 가능한 주식제 상업은행인 광다은행(光大銀行 : China Everbright Bank)이 설립되었다. 광다은행은 1997년 해외금융기관인 아시아 개발은행(ADB : Asian Development Bank)이 3대 주주로 지분을 참여하였다.

1992년 10월에는 중국 최대 국유 철강회사인 쇼우두강철(首都鐵鋼)이 100% 지분을 출자하여 만든 또 다른 전국영업망의 상업은행인 화샤은행(華夏銀行 : HuaXia Bank)이 설립되었다. 화샤은행은 1995년 주식제 상업은행으로 재편되면서 30여개

국유기업이 주주로 참여하는 상업은행으로 지배구조가 전환되었다. 이후에도 전국영업망을 갖춘 상업은행들은 지속적으로 확대되었다. 일부는 선전발전은행이나 짜오상은행의 경우와 같이 원래 해당 지역에 국한되어 허용되었던 상업은행이 전국영업망의 상업은행으로 승격되기도 하였다.

둘째, 경제특구를 기반으로 하는 지역기반 상업은행 설립도 계속되었다. 당시 설립된 지역기반 상업은행 중에서는 상하이 푸동경제특구의 발전을 지원하는 역할을 담당하기 위해 1993년 설립된 상하이푸동발전은행(上海浦東發展銀行)이 있었다.

셋째, 이 시기 중국 금융부문의 가장 주목할 만한 변화는 "주식시장의 등장"이다. 일반적으로 주식시장은 기업이 주식을 일반인들에게 공개하는 '**상장**(IPO: Initial Public Offering)'을 통해 필요한 투자자금을 조달하는 것이 주된 목적이다. 하지만 중국에서 주식시장은 국유기업의 효율성을 개선하기 위한 정책으로 도입되었다.

80년대 중반 국유기업의 효율성을 개선하기 위해 도입된 청부계약제 정책은 사실상 성과를 거두지 못했고, 80년대 후반부터는 국유기업 재산권(property right)과 연계된 '**지배구조**(corporate governance)' 문제를 해결할 필요성이 제기되었다.

하지만 당시 중국에서는 정부가 국유기업에 대한 통제권을 잃지 않으면서도 국유기업의 지분을 민간부문에 효과적으로 매각할 수 있는 금융시스템이 존재하지 않았다. 이에 따라 중국정부는 ① 국유기업을 현대적인 주식회사 형태의 '법인회사(公司; corporation)'로 재편하고, ② 국가가 대주주로 지분을 소유하면서 ③ 일정 지분만을 민간부문에 매각하는 국유기업 시스템 전환정책을 마련하였다.

이를 위해 국유기업의 국가 지분(國有株)이나 법인 지분(法人株)는 거래되지 않고(이를 '비(非)유통주'라고 함), 일부 지분(이를 '**유통주**'라고 함)만 상장-거래하는 독특한 시스템으로 주식시장이 도입되었다.

1990년 12월 상하이에 증권거래소를 개장하였고, 1991년 7월 선전에도 증권거래소를 개장하였는데, 이 두 거래소는 규정이나 성격이 거의 동일하였다. 다만 각

거래소에 상장되는 기업의 성격이 다소 차이가 있는데, 상하이 거래소에 대형 국유기업이나 대형 국유금융회사가 보다 많이 상장되었다.

또한 이들 주식시장의 감독기관인 「증권감독관리위원회(中國證券監督管理委員會: CSRC: China Securities Regulatory Commission)」는 1992년 설립되었다.

1992년 말부터는 인민은행, 4대 국유은행 등을 주주로 하는 화샤증권(华夏证券公司), 궈타이(國泰)증권, 난팡(南方)증권 등 대형 증권회사가 설립되었다. 이들은 현재 중국의 대표적인 대형 증권회사로 성장하였다. 1988년 말까지 전국 각 성(省)에는 인민은행이 비준한 33개 증권회사와 재정부가 비준한 다수의 증권회사가 설립되었다.

BOX 1-4

증권감독관리위원회 홈페이지는 http://www.csrc.gov.cn/이다. 홈페이지에서는 증권시장 관련 동향기사가 제공된다. 또 법률(政策法规) 항목에서는 금융관련 법률이 국가법률, 행정법규, 부처/관련 시행령 그리고 법률의 해석으로 분류되어 제공된다.

통계자료(统计数据) 항목에서는 주식시장 동향, 주식 및 펀드(基金) 통계, 선물(期货)시장 등의 월별, 연도별 통계 데이터를 엑셀로 다운받을 수 있다. 상장기업 분석자료(上市公司行业分类结果)나 상장 국유기업 지배구조개혁(股权分置改革) 등의 중국경제를 이해하는 데 도움이 되는 분석 보고서도 제공한다.

참고문헌

- 린이푸 저, 서봉교 번역 (2012), 『세계은행 부총재 린이푸 교수의 중국경제입문』, 도서출판 오래
- 미나미 료신, 마키노 후미오 (2007), 박정동 역, 『중국경제 입문』, 생능출판사
- 박찬일 (2003), 『중국 금융제도의 발전』, 한국금융연구원
- 서봉교 (2016), "체제전환국의 금융 개혁 사례 - 중국", 한국수출입은행 북한 동북아연구센터 저 (2016), 『북한의 금융』, 의 10장, 도서출판 오름
- 성균중국연구소 엮음 (2014), 『차이나핸드북』, 김영사
- 유희문, 한흥석, 허흥호, 박상수, 이일영, 김시중, 서석흥, 고정식, 정영록, 오승렬, 백권호, 박정동 (2003), 『현대중국경제』, 교보문고
- 이근, 한동훈 (2000), 『중국의 기업과 경제』, 21세기 북스
- 이장규, 김태준, 류재원 (1998), 『중국 금융개혁의 현황과 과제』, 대외경제정책연구원, 정책연구 98-02
- 정재호 (1999), 『중국의 중앙-지방 관계론; 분권화 개혁의 정치경제』, 나남출판사

Endnotes

[1] 이 장의 내용은 서봉교(2016), "체제전환국의 금융 개혁 사례 - 중국", 한국수출입은행 북한 동북아연구센터 저(2016), 『북한의 금융』의 10장 내용 일부가 포함되어 있다. 중국 금융시스템의 시기구분은 박찬일(2003)을 기본으로 하여 수정하였다.

[2] 성균중국연구소(2014), p.107

[3] 린이푸(2012), p.236

제 2 장

사회주의 시장경제와 금융의 발전
(1994년 ~ 2000년)

1. 시장경제 시스템의 전면 도입(94년~97년)

1) '사회주의 시장경제'와 시장경제 시스템

(가) 공유제와 시장경제 시스템의 결합

1992년 덩샤오핑의 남순강화가 장쩌민의 '사회주의 시장경제'로 체계화되었다는 것은 시장경제 시스템에 대한 중국내 이념적인 논쟁이 사실상 해소되었다는 것을 의미한다.

중국은 ① **"소유제"** 측면에서 '공유제(public ownership)'를 기본으로 하는 사회주의 정치 – 사회 시스템을 채택하고 있다. 반면 80년대 중국의 시스템 전환과정은 주로 이러한 소유제 측면에서는 큰 변화가 없이 ② **"자원배분"** 방식을 국가의 계획에서 시장경제에 의한 방식으로 전환하는 과정이 핵심이었다.

하지만 이러한 자원배분 방식의 전환이 사회주의 공유제의 기본 이념을 침해하는 것은 아닌지 근본적인 우려는 계속 존재했다. 따라서 사회주의 공유제와 시장경제 시스템의 결합에 대한 점진적이고 신중한 접근이 진행되었다. 따라서 이러한 점진적인 시장경제 시스템의 전환을 사회주의 소유제 측면에서 옹호하기 위한 이론적인 논쟁도 단계별로 발전하면서 진행되었다.[1]

1994년에 정부차원에서 공식적으로 '사회주의 시장경제' 이론이 채택된 것은 시장경제 시스템이 사회주의 이상을 구현하는데 적절한 수단이라는 것을 중국정부가 공식적으로 인정하였다는 의미로 해석해야 한다. 이에 따라 중국은 기존의 계

---

1 1950년대 중국의 전통 사회주의 이론에서 사회주의는 공유제이고 계획경제인 반면, 자본주의는 사유제이고 시장경제라는 이분법이 사용되었다. 하지만 급진적인 사회주의 운동인 '문화대혁명'의 실패 이후 1978년 '계획경제를 위주로 하고 시장의 조절 기능이 보조가 되는' 이념적인 유연성이 수용되었다. 1984년부터는 '공유제를 기초로 하는, 계획이 있는 상품경제(有计划的商品经济)'라는 용어로 시장경제 시스템으로의 전환을 이념적으로 용인하였다. 1987년에는 '국가가 시장을 조절하고 시장은 기업을 인도한다(国家调节市场, 市场引导企业)'는 정책이 채택되면서 시장경제의 역할이 강화되는 것을 허용하였다.

획경제 시대의 사회 – 경제 시스템을 시장경제 원리에 적합한 시스템으로 바꾸기 위한 획기적이고 종합적인 정책 전환을 진행하였다.

(나) '사회주의 시장경제' 이후의 시장경제 전환 정책

1994년 '사회주의 시장경제'가 공식적으로 채택된 이후 중국경제 전반에서 시장경제 시스템을 전면적으로 도입하는 정책이 매우 다양하게 진행되었다.

먼저 계획경제 시스템에서 시장경제 시스템으로 전환하면서 과거 계획경제 시스템에 관련되었던 정부조직의 역할과 기능을 조정하였다. 예를 들면 정부가 경제를 운영하는 방식이 과거에 사용했던 명령[2]과 행정수단으로 기업을 직접 통제하는 방식에서 **'간접적으로 관리'하는 방식으로 전환**하기 위한 정책들을 추진하였다.

둘째, 중국정부는 중국경제의 근간을 이루고 있는 국유기업에 대한 관리방식도 시장경제 시스템에 부합할 수 있도록 전환하였다.

중국정부는 상대적으로 비효율적이었던 국유기업이 시장경제 시스템에서 경쟁력을 확보할 수 있도록 국가의 역량을 대중형 국유기업에 집중적으로 투입하였다. 즉, 대중형 국유기업의 부실문제를 해결하고 자금을 투입하여 경쟁력을 높이는데 주력한 것이다. 반면 중소형 국유기업은 매각, 합병, 파산 등 다양한 방식으로 비효율성 문제를 해결하기 위해 노력한다는 정책방향을 제시하였다. 이러한 정책을 '큰 것은 틀어쥐고, 작은 것은 풀어준다'라고 지칭하였다.

중국에서는 '큰 것은 틀어쥐고, 작은 것은 풀어준다'는 정책을 '**좌다팡샤오(抓大放小)**'라고 한다. 이 정책으로 중국정부는 1,000개의 중점 국유기업을 선정하고 경쟁력을 높일 수 있는 다양한 정책을 추진하였다. 이를 큰 것은 틀어쥐는 정책(抓大)이라고 하였다. 반면 중소형 국유기업에 대한 매각, 합병, 파산 등의 작은 것은 풀어주는 정책(放小)은 큰 성과를 거두지 못했다. 일부 중소형 국유기업은 부정부패와 연결되어 헐값에 민간부문에 매각되는 등의 문제가 발생하였고, 일부는 지방정부의 반대로 부실한 국유기업의 파산추진에 어려움을 겪기도 하였다.

---

2 중국에서는 이를 일반적으로 지령성계획(指令性计划)이라고 지칭하였다.

셋째, 시장경제 시스템의 전면적인 도입으로 경제 운영에서 정부의 역할이 감소하고 재정 비중이 축소될 가능성이 있었다. 이에 대비하여 중앙정부의 세원을 확대하기 위한 조세제도 개혁을 추진하였다.

특히 당시의 조세제도 개혁에서는 중앙정부와 지방정부의 세금의 범주를 새롭게 구성하여 중앙정부의 세원을 확대하고, 재정 관리에서 중앙정부의 통제권을 강화하는데 중점을 두었다. 이러한 조세제도의 개혁을 '분세제'[3]라고 하였다.

넷째, 시장경제 원칙으로 운영되는 '비국유기업의 법적인 지위'를 향상시켰다.

중국정부는 '공유제를 기본으로 하면서도, 다양한 소유제의 경제가 공동으로 발전할 수 있는 것이 사회주의 초급단계의 기본적인 경제 시스템'이라는 것을 명시하였다. 이에 따라 향진기업, 민영기업, 외국인 투자기업[4] 등의 다양한 비국유기업이나 혼합소유제 기업의 발전에 확고한 법적인 토대가 마련되었다.

2) 글로벌 국제분업 편입과 외환관리 시스템의 전환

(가) 글로벌 국제분업과 시장경제 시스템

당시 중국이 이처럼 시장경제 시스템을 전면적으로 수용할 수 있었던 배경 중의 하나는 한국이나 대만 등 주변 **'동아시아 신흥공업국들'**[5]**의 눈부신 경제성장**이

---

3 1994년 추진된 '분세제(分稅制; tax sharing system)' 정책의 주요 내용은 다음과 같다. 첫째, 중앙정부와 지방정부의 세금의 범주를 새롭게 구성한다. 둘째, 외자기업이나 합자기업들에게만 혜택을 주던 기업 소득세율 혜택을 모든 기업들에게 단일세율로 적용하여 세금 포탈의 여지를 줄이고, 면세 특권도 중앙정부 국무원에게 귀속된다. 셋째, 지방정부가 세금수취에서 주도적인 역할을 하면서 중앙의 재정관리 권한이 약화되는 것에 대응하기 위해 지방세국(地方稅局)과 별도의 중앙 국세국(國稅局)을 신설하여 재정관리의 수직적 통제권(條)을 강화한다. 넷째, 국민소득에서 국가재정수입 특히 중앙재정세입의 비중을 높여서 중앙정부의 거시경제 통제능력을 강화한다. 정재호(1999), pp.170~173

4 중국에서는 외국인 투자기업의 유형을 합자기업(中－外 合資), 합작기업(合作), 독자기업(外商獨資) 3가지 유형으로 분류하였고, 이를 합쳐서 삼자기업(三資기업)이라고 통칭하였다.

5 신흥공업국(NICS)는 Newly Industrializing Countries의 약칭이다. 한국, 대만, 홍콩, 싱가포르를 지칭하였다. 이후 1990년대에는 홍콩, 대만을 국가로 인정할 수 없다는 중국의 주장을 수용하여 신흥공업경제지역(NIES; Newly Industrializing Economies)이라는 용어로 대체되었다.

있었다.

동아시아 신흥공업국들은 70년대 이후 글로벌 국제분업 시스템에 편입되었다. 이들 국가는 선진국에서 자본과 기술을 도입하고 자국의 저렴한 노동력을 이용한 노동집약적 공산품을 생산하여 이를 수출하는 경제성장 방식을 사용하였다. 신흥 공업국에서 성공적으로 추진되었던 이러한 경제성장 방식은 '수출주도형 경제성장 모델'이라고 지칭되었다.

중국은 80년대 경제특구 지역을 선정하고, 이곳에 홍콩 등 화교자본을 도입하고 자국의 저렴한 노동력을 이용한 노동집약적 공산품을 생산하였다. 그리고 이런 노동집약적 공산품은 다시 홍콩 등을 통해 해외로 수출하는 경제성장 모델을 시범적으로 실시하였다. 덩샤오핑의 남순강화는 이러한 경제특구와 노동집약적 공산품의 수출을 통한 경제성장 모델이 성공적이었음을 인정하고, 이를 중국 전체 지역으로 확대하는 계기가 되었다.

하지만 이러한 수출주도형 경제성장 모델을 중국 전체 지역에서 사용하기 위해서는 경제특구에 한정하여 적용했던 시장경제 시스템을 중국 전체로 확대해야 했다. 즉, 중국 경제 시스템을 전면적으로 시장경제 시스템으로 전환해야 했던 것이다.

이에 따라 당시 중국은 유연한 노동시장을 포함한 경제 – 사회 전반의 매우 다양한 분야에서 시장경제 시스템을 전면적으로 도입하였다. 특히 이 중에서 수출주도형 경제성장 모델과 관련하여 금융부문에서 가장 주목할 필요가 있는 분야는 외환관리 시스템의 전환이었다.

(나) 80년대의 이중환율 시스템

1980년대 이전 중국의 외환관리 시스템은 정부가 통제하는 계획경제 부문에서 환율과 외환의 사용이 결정되었다.[6]

하지만 80년대 이후에는 외환관리 시스템에서도 시장경제 요소를 부분적으로

---

6 1978년 이전 환율 시스템은 중국정부가 통일적으로 관리하면서 통제하는 고정환율 시스템을 사용하였다. 당시 중국은 중공업 우선발전전략의 추진에 유리하도록 위안화의 가치를 비교적 높게 (高) 평가하였고, 1달러 당 2위안 정도의 환율로 위안화 환율을 유지하였다.

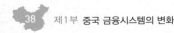

도입하기 시작하였다. 80년대의 외환관리 시스템에서 환율은 계획경제 시스템 기반의 '공식환율'에 시장경제 시스템에 적용되는 '시장환율'이 부분적으로 사용되는 **'이중 환율 시스템'**이 운영되었다.

80년대 이중 환율 시스템이 사용되었던 이유는 수출기업들에게 인센티브를 제공하기 위해서였다. 80년대 계획경제 부문에 적용되었던 공식환율은 위안화가 지나치게 고평가되어 있어서 수출기업에게 불리하였다. 따라서 수출기업에게 인센티브를 제공하는 시장경제 시스템을 일부 도입하여, 수출기업이 확보한 외화의 일부를 외화가 부족한 부문으로 이전할 수 있도록 허용하였던 것이다.

당시 중국 내에서 수출기업에서 수입기업으로 외화를 이전하는데 적용되는 '내부결산 환율'은 일정부분 외환시장의 수요와 공급 상황이 반영되었던 시장환율이다. 이 내부결산 환율은 공식환율보다 위안화가 저평가되어 수출기업에게 유리하였다.[7]

(다) 1994년 '단일환율 시스템'으로의 전환

1994년 중국정부는 기존에 계획경제 시스템과 시장경제 시스템이 혼재되어 있던 이중환율 시스템을 폐지하고, 전면적으로 시장경제 시스템에서 사용되는 "단일환율 시스템"으로 전환하는 정책을 실시하였다.

특히 1994년 이전의 공식환율은 시장환율에 비해 상당히 고평가되어 있었는데, 단일환율 시스템 도입으로 위안화의 공식환율은 1993년 1달러당 5.75위안에서 1994년 8.62위안으로 50% 가까이 '평가절하'되었다.[8] 이러한 위안화 환율의 절하

---

7 80년대 후반 수출업자의 입장에서 1달러를 공식환율로 환전하면 3위안밖에 얻지 못하지만(위안화의 가치가 고평가), 시장에서 내부거래환율로 환전하면 6위안을 얻을 수 있었다(위안화의 가치가 저평가). 이러한 이중 환율제도로 인한 부정부패와 투기 문제가 심각해지면서, 1985년 외화의 내부결산제도가 잠시 폐지되기도 하였다. 하지만 1986년 외환거래센터(外汇调节中心)가 설립되어 내부결제제도와 유사한 이중환율제도가 계속 운영되었다. 유희문 외(2003), p.390

8 1994년 단일환율제도로 전환하는 과정에서 위안화 공식환율이 50% 가까이 절하되었지만, 실제로는 당시에 이미 상당한 외환거래가 시장환율을 적용하고 있었고, 공식환율로 적용되는 비중이 20% 정도밖에 되지 않았기 때문에(박찬일,2003; p.168) 실질적인 위안화 절하효과는 10~20% 정도였다고 한다.

는 이후 중국이 수출을 확대하기에 상당히 유리한 조정이었다.

또한 기존의 외화 유보제도나 외화사용 허가제도 등 계획경제 시스템에서 정부가 외환거래를 통제하던 정책들을 폐지하고, 기업과 은행이 외환거래센터를 통해 자유롭게 외화를 거래할 수 있도록 허용하는 시장경제 기반의 외환관리 시스템도 전면적으로 도입하였다.

나아가 1996년부터는 무역결제 등 '경상계정'에 대한 외환거래 자유화를 전면적으로 실시하였다. 이러한 시장경제 기반의 외환거래 시스템으로의 전환은 90년대 이후 중국의 수출이 폭발적으로 증가하는데 크게 기여하였다.

> 국제수지 계정은 **경상계정**(current account)과 **자본계정**(capital account)으로 나뉜다. 경상계정의 거래는 수출입의 수지를 의미하는 무역수지와 관광/운임/보험료 등의 무역외(外) 수지, 송금/무상경제협력 등의 이전수지(移轉收支)로 구분된다. 중국은 경상계정의 외환거래는 자유롭게 허용하였으나, 주식이나 부동산 투자를 위한 외환거래인 자본계정의 외환거래는 아직 자유화하지 않았다.

BOX 2-1

중국 국가외환관리국(国家外汇管理局)은 국무원 산하기관으로 국제수지, 외환, 국제결제 등과 관련된 외환시장과 환율의 관리를 담당하고 있다. 또한 외환관련 위법행위의 처벌, 외환보유액 관리, 환율정책 건의 등도 담당하고 있다. 홈페이지는 http://www.safe.gov.cn/인데, 외환뉴스(外汇新闻) 항목에서는 정부 정책이나 통계데이터의 해석이 제공된다. 법률항목에서는 경상수지, 자본수지, 국제결제 등의 항목별로 관련 법률들이 정리되어 있다.

외환관리국의 통계데이터(统计数据) 항목에서는 국제수지, 무역, 해외 금융투자, 금융기관 해외직접투자, 외환보유고, 위안화 환율(人民币汇率中间价), 외환시장의 거래현황, 대외부채, 장단기 대외부채 현황 등의 최신 통계 데이터를 엑셀로 다운 받을 수 있다. 위안화 환율 데이터에서는 위안화대 20여개 화폐의 환율을 일별 데이터로 다운 받을 수 있다.

위안화 환율의 연도별 데이터는 국가통계국의 통계연감에서 다운 받을 수 있다.

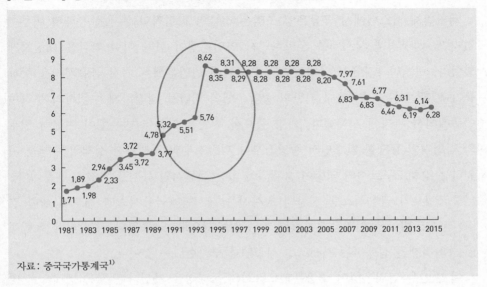

[그림 2-1] **중국의 위안화 환율 추이**(1달러당 명목 위안화 환율)

자료: 중국국가통계국[1]

3) 전면적인 시장금융 시스템의 구축

1994년 이후 중국 금융 분야에서는 시장금융 시스템 구축을 위한 종합적이고 다양한 정책들이 도입되었다. 중국 정부는 새롭게 구축하고자 하는 시장경제 기반의 금융시스템에 대한 법률적인 기초를 제시하는 중요한 법률을 1993년 12월 말에 제정하였는데, 이것이 **〈금융시스템 개혁에 대한 결정〉**[2] 법률이다.

이 법률은 7개 조항으로 구성되어 있는데, 은행부문과 비은행부문 전반에 대해서 시장경제에 적합한 '현대적인 금융시스템'으로 전환하기 위한 방향성을 제시하였다. 이후 이 법률에 기초하여 세부적인 관련규정들이 제정되었고 정책 전환이 추진되었기 때문에, 이 법률을 기본으로 당시 중국이 전면적인 시장금융 시스템을 구축하기 위해 어떤 정책들을 추진하였는지 살펴볼 필요가 있다.

(가) 중앙은행 개혁: 중앙은행의 독립성 강화

시장경제 기반의 금융시스템이 원활하게 운영되기 위해서는 시장경제 기반의 금융운영 조절기관의 역할도 반드시 필요하였다.

계획경제 시스템에서 금융운영 조절은 정부의 직접적인 통제를 통해서 이루어졌지만, 시장경제 시스템을 도입하면서 인민은행이 점차 이런 역할을 대신하게 되었다. 하지만 1장에서 설명하였듯이 80년대 인민은행은 거시 금융정책을 통해 물가를 관리하는 시장경제 기반의 중앙은행의 역할을 적절하게 수행하지 못하여 인플레이션 관리에 실패했다. 가장 중요한 원인은 당시 인민은행이 여전히 정부의 직접적인 통제를 받으면서 중앙정부나 지방정부의 경제발전 정책의 수행을 지원하는 정책도구로서의 역할이 혼재되어 있는 이중적인 특성을 가졌기 때문이다.

중국정부가 금융시스템 전환의 청사진을 제시한 〈금융시스템 개혁에 대한 결정〉의 1조 법안은 인민은행이 진정한 중앙은행으로, 국무원의 지도[9]하에 독립적인 통화정책을 집행하는 거시조절 시스템을 구축한다는 것이다.

이 법안은 인민은행이 중앙은행으로서의 독립성을 가진다는 것을 법적으로 명문화하였다는 의미가 있었다. 특히 인민은행에 대한 지방정부의 간섭을 명백하게 금지하여 80년대 많은 문제점을 야기하였던 인민은행 지방 지점에 대한 해당 지방정부의 간섭을 법적으로 차단하였다.

물론 인민은행은 이 법안이 도입된 이후에도 여전히 통화정책을 결정하는 과정에서 중앙정부의 최고 행정부서인 '국무원'의 승인을 받아야 하는 불완전한 수준의 독립성을 가졌다. 하지만 과거와 같은 정부의 '직접적인 통제'가 아니라 **간접적인 조정(지도)**'을 받는다는 내용이 명문화되면서 통화정책 집행과정에서의 독립성도 일정부분 마련되었다.

동시에 인민은행의 산하 금융기관에 대한 감독관리 기능도 강화되었다. 이로서 인민은행이 금융시스템의 운영을 조절하는 중앙은행으로서의 기능을 실질적으로 수행할 수 있게 되었다.

---

9 지도(領導)라는 의미는 직접적인 명령(指令)이 아니라 간접적인 방향성 제시라는 의미로 정부의 간섭에서 보다 독립적이라는 것을 의미한다.

(나) "정책은행" 도입: 국유은행의 정책금융 기능 분리

〈금융시스템 개혁에 대한 결정〉의 2조 법안은 정책은행의 설립에 대한 내용이다.

80년대 인민은행에서 분리되었던 4개의 국가전업은행(공상은행, 중국은행, 건설은행, 농업은행)들은 시장경제 원리의 '상업대출'과 계획경제 시스템의 계획금융인 '정책대출'을 동시에 수행하였다. 더구나 전업은행은 국유은행이었기 때문에 국유기업이나 특정산업, 농촌지역 지원과 같은 정부의 정책을 지원하는 역할을 수행하는 것이 은행의 상업적 이익을 추구하는 것보다 더 중요하였다.

당시 원칙상 정부의 정책을 지원하는 정책금융은 재정자금이나 중앙은행 차입을 통해 지원되어야 했다. 하지만 국유기업에 대한 정책대출이 전업은행들의 상업은행 역할과 혼재되면서 국유기업에 대한 부실대출 규모가 확대되는 등 많은 문제점들이 발생하였다.

중국정부는 이러한 문제점을 해결하기 위한 방안으로 정부의 정책금융을 전담하는 3개의 "정책은행(政策性银行: policy non-commercial bank)"을 설립하고, 기존 전업은행이 담당하고 있던 정책금융의 역할을 새롭게 담당하게 하였다. 정책은행은 3개가 신설되었다.

1994년 3월 "국가개발은행(国家开发银行: China Development Bank)"이 설립되었다. 국가개발은행은 기존의 건설은행이 담당하던 국가의 중요 사회간접자본(SOC)[10] 건설프로젝트나 기간산업 등 국가전략산업에 자금을 제공하는 정책금융 역할을 전담하였다. 최초 등록 자본금은 500억 위안이었다.[11]

1994년 7월 "중국수출입은행(中国进出口银行: The Export-Import Bank of China)"이 설립되었다. 수출입은행은 기존 중국은행이 주로 담당했던 대형 기계설비나 제품의 수출입 신용대출, 해외투자에 대한 정책대출 등의 역할을 전담하였다. 등

10 사회간접자본(SOC; social overhead capital)이란 경제활동에 간접적인 기반이 되는 도로, 항만, 철도, 통신 등의 시설을 지칭한다.
11 2007년 중앙훼이진공사(中央汇金公司)가 200억 달러의 자본금을 추가로 투입하였고, 재정부가 추가로 자금을 투입하여 2015년 말 기준 자본금은 3,000억 위안이다. 지분은 재정부가 51.3%, 중앙훼이진공사가 48.7%를 보유하고 있다.

록 자본금은 33억 위안이었다.

1994년 11월 "중국농업발전은행(中国农业发展银行: Agricultural Development Bank of China)"이 설립되었다. 농업발전은행은 기존 농업은행과 다른 전업은행들에서 지원되었던 농업관련 대출금을 모두 인수하였고, 농산품 국가수매와 농산품 가격정책 수행에 필요한 자금을 지원하였다. 최초 등록 자본금은 200억 위안이었다.

(다) 전업은행의 국유독자 상업은행으로의 전환

〈금융시스템 개혁에 대한 결정〉의 3조 법안은 전업은행을 국유독자 상업은행으로 전환하는 내용으로 구성되어 있다. 즉, 기존에는 전업은행에 상업금융 기능과 정책금융 기능이 혼재되어 있었지만, 정책금융 기능이 신설된 정책은행으로 이전되었으니 앞으로는 전업은행을 순수하게 시장경제 기반의 상업금융의 기능을 수행하는 상업은행으로 전환하겠다는 내용이다.

다만 은행들의 지분은 여전히 국가가 100% 소유하고 있기 때문에 이들을 "국유독자 상업은행"[12]이라고 지칭하였다. 법안에서 국유독자 상업은행은 상업은행으로 기능하기 위해서 ① 은행의 자율적인 경영, ② 리스크와 손실에 대한 자기부담 원칙에 의해 시장경제 시스템에 맞게 운영되어야 한다고 규정되어 있다.

나아가 1995년에는 〈**상업은행법**〉을 제정하여 시장경제 기반의 은행시스템을 전반적으로 체계화하였다. 상업은행법에서는 은행의 예금과 대출 같은 자금배분 업무에서 기존과 달리 정부 개입을 배제하여 사회주의 시장경제의 발전을 촉진할 수 있는 안정적인 금융시스템 운영을 담보하고자 하였다.

〈상업은행법〉에서는 중국내 은행 조직을 4가지 범주로 규정하였다. 그 범주는

① '**국유독자 상업은행**(**國有獨資商業銀行**)',

---

12 이 장에서 국유독자 상업은행(國有獨資商業銀行 : State Wholly Owned Bank)이라는 용어는 정부가 100% 지분을 소유하고 있다는 말을 강조하기 위해, 국유상업은행(State Owned Bank)이라는 용어와 구분하여 사용하였다. 당시 중국에서는 국유은행, 국유상업은행, 국유독자 상업은행이라는 용어가 엄격하게 구분되어 사용되지는 않았다.

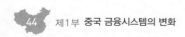

② '전국적 영업망을 가진 상업은행(全国性商业银行)',

③ 영업지역이 해당 도시지역으로 제한되는 '**도시상업은행(城市合作商业银行)**',

④ 영업지역이 해당 농촌지역으로 제한되는 '**농촌상업은행(农村合作商业银行)**'
으로 구성되었다.

동시에 각각의 범주에 따른 최소 자본금 규정도 제정[3]하는 등 은행 시스템의 안정성을 확보하기 위한 기본적인 제도들을 구축 하였다.

두 번째 범주인 전국 영업망을 갖춘 상업은행은 시장경제 기반의 금융시스템의 법제도적인 장치가 마련됨에 따라 매우 빠르게 발전하였다. 1996년에는 중국 최초로 非국유 기업이 주주가 된 전국적 영업망을 갖춘 상업은행인 민성은행(民生銀行, China MINSHENG Bank)[13]이 설립되었다. 민성은행의 경우 설립 당시 주주 대부분이 비국유기업으로 구성되었기 때문에 중국 최초의 민영은행이라고 불리어지기도 하였다.

세 번째 범주인 도시상업은행은 기존 도시신용조합(城市信用合作社)들의 합병을 통해 설립되었다. 1996년 설립된 베이징시 상업은행(北京市商業銀行)은 지역 내 90여 개 기존 도시신용조합의 합병을 통해 설립되었다. 이후 상하이, 천진, 선전 등 주요 도시를 중심으로 도시상업은행으로의 재편이 진행되었고, 2001년 말까지 전국에 도시상업은행이 109개가 설립되었다.[14]

네 번째 범주인 농촌상업은행은 법률적인 제도는 도입되었지만, 기존 농촌신용조합의 부실문제 해결이나 구조조정이 쉽지 않았다. 따라서 당시에는 농촌신용조합의 농촌상업은행으로의 전환과정이 순조롭게 진행되지는 못했다.

---

13 민성은행(民生銀行)의 주요 주주는 식품, 화학업종 등에 기반하는 신시왕(新希望)그룹, 물류, 자원업종 등의 동방(东方)그룹 등이다. 1996년 설립 당시 50여 주주는 대부분 非국유기업으로 구성되었다. 따라서 설립 초기 중국정부의 암묵적인 예금보장을 받지 못한다는 우려를 극복하기 위해 국제적으로 공인된 회계법인의 감사를 통해 재무제표를 공개하였다. 민성은행은 주주 구성상 민영은행이지만, 여전히 금융기관이나 국유기업에 의해 간접적인 형태로 중국정부의 영향력이 행사되었기 때문에 완전한 민영은행은 아니라는 견해도 있었다.
14 1995년 국무원은 도시신용조합을 도시상업은행으로 재편하는 법률(关于进一步加强城市信用社管理的通知)을 발표하여 이러한 전환을 촉진하였다.

한편 당시 상업은행법의 특징 중 하나는 은행과 기타 非은행 금융사업의 업무 영역을 구분하고, 상업은행들이 非은행 금융회사에 대한 지분투자를 금지하는 "분업(分業)경영 원칙"을 명시[15]한 것이다. 이러한 분업경영 원칙을 통해 80년대 은행이 신탁업무나 자산운용업무를 병행하면서 발생했었던 문제점들을 해결하고자 하였던 것이다.

이러한 금융 산업별 분업경영은 이후 중국 금융시스템의 특징을 규정짓는 중요한 기본원칙이 되었다.

4) 비(非)은행 금융시스템 구축

'금융시스템 개혁에 대한 결정'의 6조 법안은 비(非)은행 금융시스템 구축에 대한 내용이다. 일반적으로 금융업의 범주는 은행업, 보험업, 증권업, 자산운용업 등으로 분류된다. 따라서 비은행 금융시스템은 주로 보험업, 증권업, 자산운용업을 지칭한다.

1장에서 설명하였듯이 계획경제 시기 중국은 금융자금을 효과적으로 관리하기 위해 단일은행 시스템을 구축하면서, 비은행 금융업들은 인민은행에서 통합 관리되었다. 이후 80년대 일부 비은행 금융업들이 정부의 필요에 의해 단계적으로 허용되면서 점진적으로 발전하기는 하였다. 하지만 여전히 중국의 금융업은 은행이 중심이 되고 비은행 금융업은 보조적인 위치에 국한된 시스템으로 운영되었다.

1994년 이후 중국정부는 시장경제 원리에 적합한 금융시스템의 구축을 위해 보험업, 증권업, 자산운용업 등 비은행 금융시스템을 구축하는 작업을 진행하였다.

(가) 보험업의 발전

과거 계획경제 시스템에서는 정부가 경제운영의 리스크에 대한 책임을 부담하

---

15 은행은 신탁투자와 주식관련 업무에 종사할 수 없고, 특별한 예외 규정을 제외한 非업무용 부동산 투자, 非은행 금융회사에 대한 투자, 非금융 회사에 대한 투자를 원칙적으로 금지하였다(商業銀行法, 43조).

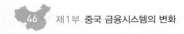

기 때문에 보험업의 필요성이 크지 않다. 하지만 80년대 이후 점차 시장경제 시스템으로 전환하여 경제운영에서 정부의 참여가 축소되면서 리스크를 부담하는 보험업이 필요해졌다.

당시에는 계획경제 시스템의 '정책보험'과 시장경제 시스템의 '상업보험'의 기능을 분리하는 작업이 진행되면서[16] 보험업이 점진적으로 발전하였다.

과거 계획경제 시기 중국의 보험업은 인민은행 산하의 부속기관에서 국제보험 업무만을 수행하였다. 이후 1979년 국내보험 업무가 부활되면서 국유보험사인 "인민보험회사(人民保險公司 : PICC : Peoples Insurance Company of China)"가 인민은행에서 분리되어 설립되었다. 하지만 인민보험회사는 사실상 계획금융 시스템의 일환으로 정부의 산하기관으로서 정책보험을 제공하는 역할을 수행하였다.

80년대 후반부터는 '인민보험회사'에 의한 독점적인 보험업 운영의 비효율성을 해결하기 위해 국유지분이 포함된 주식회사 형태의 신규 보험회사 설립을 허용하였다.[17] 1988년에는 평안보험회사(平安保險公司 : Ping An Insurance)가 설립되었고, 1991년에는 타이핑양보험회사(太平洋保險公司 : China Pacific Insurance)가 설립되었다. 이들 3대 보험사는 현재 중국 보험업의 선두 그룹을 형성하고 있다. 하지만 당시 보험업은 여전히 주로 국유기업 대상의 손해보험이나 직원 단체생명보험 위주의 초보적인 보험 기능에 국한되어 운영되었다.

이런 상황에서 중국은 시장경제 시스템에 적합한 보험시스템 구축을 위해 1995년 〈보험법〉을 제정하였다. 당시 제정된 보험법의 특징은 생명보험과 손해보험 업무의 분리를 법률로 명시한 것이다. 그 이전까지의 중국 보험업은 기업보험 중

---

16 '금융시스템 개혁에 대한 결정'에서는 사회보장보험과 상업보험의 분리, 정부와 기업의 분리, 정책성 보험과 상업보험의 분리를 통해 보험 시스템의 개혁을 추진해야 한다고 설명하고 있다(6조 1항).

17 90년대 후반 신설된 보험사도 국유금융사로 분류되었다. 1998년 설립 당시 평안보험의 주주는 공상은행(49%)과 자오상쥐그룹(招商局; 51%)이었지만, 1992년 선전시의 재정부서(財政局) 등 다양한 주주가 추가로 참여하였다. 1997년 당시 기준으로 공상은행(15%), 자오상쥐그룹(15%)에 이어 선전시 재정부서가 3대 주주로 지분은 5.2%를 차지하였다. 타이핑양보험은 1991년 설립 당시 상하이 국유자산관리공사가 2대 주주로 참여하였다.

[그림 2-2] 중국 생명보험과 손해보험 보험료 수입　　　　　(단위: 억 위안)

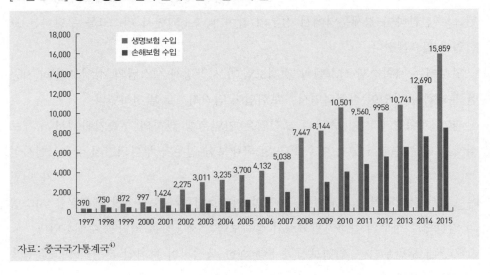

자료: 중국국가통계국[4]

심의 손해보험 위주로 기형적으로 발전하였기 때문에 보험법의 제정은 생명보험 산업의 발전을 유도하는 계기를 마련하였다.

이에 따라 1996년 인민보험회사에서 생명보험 업무를 분리하여 전담하는 중국 생명보험사(中國人壽保險公司: China Life)가 독립되었다. 2000년대 이후에는 핑안 보험사와 타이핑양보험사도 생명보험사와 손해보험사로 분리되었다.[18]

90년대 이후에는 군소규모의 보험사 설립도 활발하게 진행되면서 보험업이 전 반적으로 빠르게 발전할 수 있었다. 특히 [그림 2-2]에서 보듯이 생명보험업이 손 해보험업에 비해 더욱 빠르게 발전하여 90년대 후반이 되면서 생명보험업의 규모

---

18 2000년대 이후 핑안보험사는 핑안생명보험사(平安人壽保險公司)와 핑안손해보험사(平安財産 保險公司)로 분리되었고, 타이핑양보험사도 타이핑양생명보험사(太平洋人壽保險公司)와 타이 핑양손해보험사(太平洋人壽保險公司)로 분리되었다. 생명보험업무만을 담당하던 중국생명보험 사는 2006년 다시 손해보험업무를 전담하는 자회사 중국人壽財産회사(China Life P&C; Property & Casualty Insurance Company)를 설립하였다. 동시에 손해보험업무를 전담하였던 중국인민보 험회사(PICC)도 2005년 생명보험업무를 담당하는 자회사 중국人民人壽保險股扮유한공사(PICC Life)를 설립하였다. 이는 2000년대 이후 이들 생명보험사의 금융지주회사체제로의 전환과 자회 사 설립 과정을 설명하는 3장에서 보다 자세히 설명하겠다.

가 손해보험업의 규모를 월등히 추월하게 되었다. 하지만 이러한 보험업의 성장에도 불구하고 전체 금융업에서 보험업이 차지하는 비중은 여전히 미미한 수준이었다.

(나) 증권업의 발전

중국의 주식시장은 90년대 초 상하이 거래소와 선전 거래소가 공식적으로 개장한 이후 양적인 측면에서는 빠르게 성장하였다. 상장기업의 수는 1990년 10개에서 1997년 745개로 증가하였고, 주식시장 시가총액도 1992년 1,048억 위안에서 1997년 1조7,529억 위안으로 크게 성장하였다.

하지만 주식시장의 이러한 양적인 성장에도 불구하고, 주식시장 운영시스템이 정비되지 못하여 많은 문제를 야기하였다.

당시 가장 문제가 되었던 것은 주식시장이 국유기업의 지배구조 개선을 통한 경영효율성 개선이라는 당초 설립목적에 부합하지 못하는 방향으로 운영되었다는 것이다. 당시에는 주식시장의 운영시스템이 정비되지 못한 상황이었기 때문에 ① 기업 경영실적의 조작, ② 내부자 거래, ③ 주가조작, ④ 투기조장 등의 문제가 빈번하였다.

더구나 ⑤ 중국 금융당국이 주식시장에 빈번하게 개입하여 불법행위 단속을 하거나 반대로 주식시장 부양정책을 빈번하게 사용하면서 주가 변동성이 과도하게 발생하기도 하였다.

이에 따라 주식시장에 참여하는 투자자들도 자신이 투자한 기업의 경영성과에 따른 배당수익을 기대하거나 경영실적의 개선에 따른 주가상승을 기대하기 보다는 단기 시세차익을 추구하면서 주식투자를 일종의 도박처럼 인식하는 문제가 발생하였다.

또한 주식 상장을 통해 자금을 조달하는 기업들이 증가하기는 하였지만, 여전히 기업들은 대부분의 자금 조달을 은행대출에 의존하였다. 주식시장이 전체 금융업에서 차지하는 비중은 여전히 미미한 수준으로 전체 기업 자금조달에서 주식

[그림 2-3] 중국 주식시장 상장 기업 수 추이 (단위: 개)

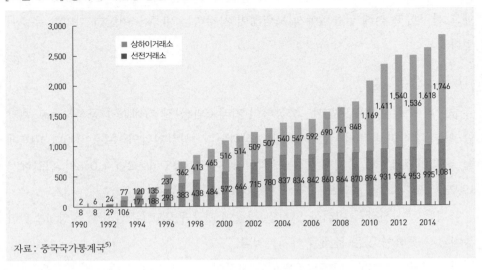

자료: 중국국가통계국[5]

시장을 통한 자금조달 비율은 2%도 되지 않았다.[19]

(다) 자산운용업의 부진

이 시기 자산운용업의 발전은 다른 산업에 비해 매우 정체되어 있었다. 당시 중국 자산운용업의 발전이 정체되었던 가장 중요한 이유는 자산운용 관련 운영시스템이 명확하게 정비되지 않은 상황에서 자산운용업과 관련된 제도가 도입되었기 때문이다. 당시에는 자산운용업의 주체도 명확하지 못했고 적절한 투자금융 상품도 부족하였다.

자산운용업(asset management business)이란 일반적으로 불특정 다수의 투자자로부터 투자자금을 모집하여 유가증권 등의 금융자산에 투자하고 그 운용실적에 따라 투

---

19 1993년에서 2000년 사이 중국 기업의 고정자산투자형성(총투자에서 재고증가분을 제외한 값)에서 은행대출 의존도는 평균 43.5%인 반면, 주식시장을 통한 자금조달은 같은 기간 2%도 되지 않았다. 나머지는 기업의 유보자금 재투자나 친척이나 친지 등의 사금융을 이용하였다. 박찬일(2003b), p.122

자자에게 투자수익을 배분하는 금융업을 지칭한다. 중국에서 자산운용업은 일반적으로 펀드산업(基金業)을 지칭한다. 많은 경우 자산운용업은 증권업에 속하는 금융업으로 분류되기도 한다. 중국에서 일반적인 자산운용업의 관리는 증권감독관리위원회에서 담당하고 있다.

중국의 자산운용업은 90년대 초 주식시장이 등장하면서 시작되었다. 자금을 모집하여 주식시장에 투자하는 '펀드(fund; 基金)'가 도입되면서 자산운용업이 시작된 것이다. 하지만 당시에는 자산운용업의 운용 주체조차 명확하게 규정되지 않는 상황에서 무분별하게 펀드가 운영되어 많은 문제가 발생하였다.

당시 자산운용업의 운용 주체로는 신탁투자회사가 가장 많았다. 하지만 이들은

[그림 2-4] **중국의 금융시스템 개요**(1990년대 말 기준)

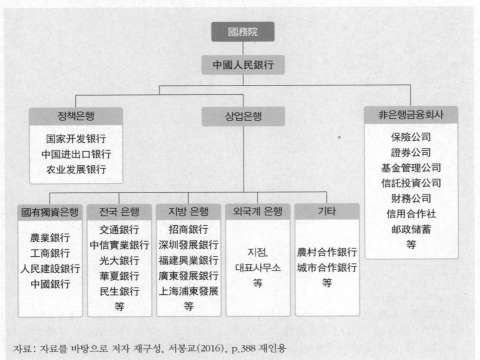

자료 : 자료를 바탕으로 저자 재구성, 서봉교(2016), p.388 재인용

주식투자 펀드를 만들면서 일반인을 대상으로 투자자금을 모집할 뿐만 아니라 은행의 대출을 불법적으로 유용하여 주식에 투자하는 등 많은 문제를 야기하였다.

또한 은행의 지점이나 지방정부 차원에서도 무분별하게 펀드를 설립하였다.[20] 이렇게 무분별하게 설립되었던 펀드는 규모가 영세하고 자산운용에 관한 규제가 미비하여 투자운용 실패가 빈번하게 발생하였다.

이처럼 전반적으로 자산운용업의 발전이 초보적인 수준이었기 때문에 전체 금융업에서 차지하는 비중도 미미한 수준이었다.

---

20 최초의 주식투자 펀드는 1991년 8월 주하이(珠海)국제신탁투자회사가 만든 주신펀드(珠信基金)였다. 같은 해 10월 설립된 우한(武漢)펀드는 인민은행 우한시 지점이 설립 주체였다. 역시 같은 해 10월 설립된 난산(南山)펀드는 선전시 난산구 지방정부가 설립 주체였다. 서봉교 (2008), p.274

2. 동아시아 금융위기와 금융부실의 조정(98년~2000년)

1) 동아시아 금융위기의 영향

(가) 수출둔화와 위안화 평가절하 압력

1997년의 **'동아시아 금융위기'**는 태국, 말레이시아, 인도네시아 등의 동남아시아 국가들을 거쳐 한국에도 엄청난 경제적 충격을 안겨주었다.

흔히 동아시아 금융위기를 **'외환위기'**라고도 한다. 당시 동아시아 국가들에서 경제위기가 발생하면서 국제투자자들이 해당 국가에 투자했던 자금을 급격하게 회수하는 등의 과정에서 해당 국가가 보유한 외환이 부족하였다. 이에 따라 각국 통화가 급격히 절하되었고, 결국 대외부채 상환을 위해 국제기구(IMF)에서 해외 차관을 도입하는 등의 사건이 발생하였다.

> **IMF는 국제통화기금(International Monetary Fund)**의 약자이다. 국제통화 시스템의 안정을 위해 1947년 설립된 국제기구이다. 회원국이 출자하여 설립된 자금으로 외환이 부족한 국가에 단기 외화자금을 제공한다. IMF는 국제수지가 균형을 이루고 다자간 결제를 통해 자유로운 외환거래가 가능하도록 국제협력을 위해 노력하는 국제기구이다.

동아시아 금융위기는 당시 중국에도 엄청난 충격을 주었는데, 가장 중요한 충격은 중국의 수출 증가율이 급격히 둔화된 것이다.

동아시아 금융위기 이후 동아시아 각국 통화의 평가절하로 중국 위안화의 가치가 상대적으로 절상되었다. 이러한 중국 위안화의 상대적인 가치 상승은 중국의 수출에 불리하게 작용하였는데, 중국 상품의 수출 경쟁력이 상대적으로 약화되었기 때문이다.

중국의 수출 증가율은 [그림 2-5]에서 보듯이 1998년 1%, 1999년 6%로 둔화되었다. 1990년부터 1997년까지 중국의 연평균 수출 증가율이 17%에 달할 정도로

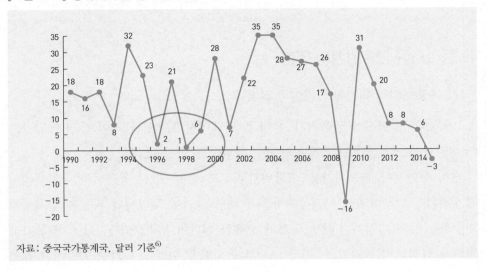

[그림 2-5] **중국의 수출 증가율 추이**　　　　　　　　　　　　　　　　(단위: %)

자료: 중국국가통계국, 달러 기준[6]

수출은 중국 경제성장에 중요한 원동력이었다. 이런 상황에서 동아시아 금융위기로 수출 증가율이 급격히 둔화됨에 따라 중국의 경제성장률도 90년대 중반의 10%대에서 1998년과 1999년 7%대로 급격히 둔화되었다.

당시 해외 언론에서는 중국의 경제성장률 둔화가 매우 심각한 정치-사회적인 시스템 위기로 연결될 가능성이 높다고 전망하였다. 또한 중국정부가 위안화 평가절하를 통해 수출 경쟁력 회복을 추진할 수밖에 없을 것이라고 전망하기도 하였다. 하지만 중국은 위안화 평가절하를 하지 않고 당시의 위기를 극복하였다.

동아시아 금융위기로 인한 혼란이 안정된 2000년 이후에는 중국의 수출증가율도 20%로 회복되고, 경제성장률도 10%에 근접하는 고속 성장 추세를 회복하였다.

(나) 동아시아 금융위기와 중국의 '이원화된 시스템 전환' 문제의 유사점

동아시아 금융위기로 인해 중국은 수출과 경제성장률이 둔화되는 어려움을 겪었지만, 한편으로는 중국 경제시스템의 근본적인 문제점을 인식하는 계기가 되었다.

동아시아 금융위기가 발생했던 중요한 원인으로 기존 동아시아 개발도상국들의 전형적인 성장모델인 **"양적인 투입확대 모델의 한계"**가 지적된다. 동아시아 개발도상국들에서는 경제성장을 위해 기업들이 과도하게 투자를 확대하였는데, 이 과정에서 금융부문이 매우 낙후되었기 때문에 위기가 발생하였다는 것이다.

예를 들면 노벨 경제학상을 받은 폴 크루그먼(Paul Krugman)은 동아시아 정부들이 금융기관을 암묵적으로 보호해주었기 때문에 금융기관들이 기업에 대출할 때 투자위험을 제대로 평가하지 않았다고 주장하였다. 이로 인해 기업들의 심각한 과잉투자와 부실이 발생하였고, 이는 금융기관들의 부실대출 문제, 나아가 경제 시스템의 위기로 연결되었다는 것이다.

중국의 경제시스템 전환 과정에서 형성된 계획금융과 시장금융이 공존하는 '이원화된 금융시스템'으로 발생한 문제점도, 금융위기를 경험한 다른 동아시아 개발도상국들의 경제성장 모델의 금융시스템이 가지고 있던 문제점과 매우 유사하였다.

중국은 점진적으로 경제시스템을 전환하였기 때문에 계획경제 시스템을 유지한 상황에서 시장경제 시스템을 도입하였다. 이 과정에서 비효율적인[21] 계획경제 부문인 국유기업에 적자가 누적되었다.

하지만 중국정부는 이러한 비효율적인 국유기업을 파산시키거나 매각하여 민영화 하는 등의 근본적인 해결 정책을 사용하지는 못하였고, 다만 부분적인 국유기업 효율성 개선을 위한 청부경영 책임제도와 같은 정책들만 도입하였다. 그러나 이러한 정책들은 큰 성과를 거두지는 못했고, 국유기업들의 적자는 매우 심각한 수준으로 확대되었다. 1997년 말 기준으로 대형 국유기업의 40% 정도가 적자

---

21 당시 중국 국유기업 비효율성 원인은 다음과 같이 정리된다. ① 국유기업이 너무 많고, 그 업종과 지역 및 규모의 분포가 非효율적이다. 다시 말해 계획경제의 유산인 국유기업이 시장경제 하에서 생존하기에는 너무 많은 국유기업이 존재하였다. ② 개혁에도 불구하고, 정부와 기업이 완전히 분리되지 못해 연성예산제약 문제가 있었다. 지속적으로 적자를 보는 국유기업도 퇴출이 미비하였기 때문에 경영이 비효율적이고, 내부자 지배문제를 통한 국유자산 유실(流失) 문제가 광범위하게 발생하였다. ③ 국유기업은 과다한 잉여 종업원을 고용하고 있고, 전현직(前現職) 직원에 대한 주택, 의료, 연금, 탁아, 교육 등의 서비스를 제공하는 부담을 안고 있었다. 유희문 외 (2003), p.198

였고, 지방 중소형 국유기업의 적자는 그보다 훨씬 심각한 상황이었다.[7]

당시 중국정부가 이처럼 비효율적이고 적자가 누적되고 있던 국유기업에 대한 근본적인 해결 정책을 사용하지 못한 이유는 ① 경제성장을 지속하고, ② 체제의 안정성을 유지하기 위해서였다. 국유기업을 파산시키거나 매각했을 때 국유기업 노동자들의 실업문제나 사회주의의 이념을 주장하는 정치적 갈등 같은 정치 – 사회적 혼란이 체제의 안정성에 위협이 될 수도 있었기 때문이다.

결과적으로 중국정부는 경제성장의 지속과 체제의 안정성을 위해 적자가 누적되고 있던 국유기업을 퇴출시킬 수가 없었고, 이러한 비효율적인 국유기업을 유지하기 위해 이들에 대한 자금지원과 투자를 지속할 수밖에 없었다.

적자 국유기업에 대한 자금지원과 투자는 결국 국유은행이 담당할 수밖에 없었다. 80년대 중반 이후 적자 국유기업에 대한 지원이 정부의 재정지출에서 은행대출로 점차 전환되었기 때문이었다. 특히 국가의 정책금융을 담당하는 전업은행으로 출발했던 4대 국유상업은행의 부실대출은 매우 심각한 수준이었다.

이러한 당시 중국의 국유은행이 적자 국유기업을 지원하고 이로 인해 금융부문의 부실이 누적되는 시스템은 금융위기를 경험한 다른 동아시아 개발도상국들과 매우 유사하였던 것이다.

결론적으로 중국은 동아시아 금융위기를 겪은 다른 개발도상국들의 경험을 통해 "이원화된 경제시스템 전환 방식의 근본적인 변화"가 시급하다는 것을 인식하였을 것이다.

이에 따라 중국정부는 기존의 점진적인 시스템 전환 방식과는 다른, 보다 근본적이고 과감한 형태의 경제 시스템 전환 정책을 도입하였다. 동시에 금융시스템의 부실문제를 적극적으로 해결하는 정책을 추진하였다.

2) 90년대 말의 국유기업 구조조정

1998년 3월 중국 행정부의 최고 의사결정 기구인 국무원의 총리가 되어 경제운영의 사령관이 된 주룽지(朱鎔基)가 선택한 경제 시스템 전환정책의 핵심은

(1) 국유기업에 대한 과감한 구조조정과

(2) 국유기업의 체질 전환이었다.

(3) 그리고 이를 위해 정부가 적극적으로 재정을 지원하였다.

이러한 과감한 정책 추진으로 2000년 말에는 전체 적자 국유기업의 70%가 흑자로 전환되는 성과를 거두었다.

이를 보다 자세히 살펴보자.

(가) 국유기업 구조조정

주룽지 총리가 당시 추진했던 국유기업 구조조정은 1994년 국유기업 효율성 개선을 위해 추진되었지만, 큰 성과를 거두지는 못했던 '큰 것은 틀어쥐고, 작은 것은 풀어준다'는 정책과는 큰 차이점이 있었다.

90년대 초의 국유기업에 대한 정책은 대중형 국유기업에 대한 관리 방식을 효율적으로 추진하여 이들의 경쟁력을 높이는데 중점을 두었다. 반면 중소형 국유기업에 대한 매각, 합병, 파산은 많은 문제점이 발생하면서 사실상 추진의 원동력이 약해졌고 뚜렷한 성과를 거두지는 못했다.

반면 주룽지 총리는 1998년 이후 대중형 국유기업을 포함한 국유기업 전체에 대한 과감한 구조조정에 역량을 집중하였다.

당시 중국의 국유기업 구조조정의 핵심은

① 국유기업 재무구조 조정을 통한 부실채권의 해결과

② 국유기업 노동자에 대한 과감한 정리해고,

③ 그리고 이를 바탕으로 한 국유기업의 적극적인 합병과 정리였다.

첫째, 국유기업의 부채를 해결하기 위한 정책으로는 국유기업에 대한 국유은행의 대출금을 국유기업에 대한 출자로 전환하여 지분을 소유하는 '대출금 출자전환'이나, 정부가 국채를 발행하여 국유기업에 자금을 지원하면서 국유기업의 지분으로 전환하는 '채권 출자전환' 등 다양한 방식의 "채무의 주식 출자전환(debt equity swap)"이 사용되었다. 이 외에도 국유기업을 주식시장에 상장하여 자본금을 확충하고 이를 국유기업 재무구조 개선에 활용하기도 하였다. 또한 국유기업의 합병을 유도하면서 이 과정에서 부채를 탕감해주는 등의 적극적인 재정지원 정책 등도 사용되었다.

둘째, 고용안정성이 보장되었던 국유기업의 노동자들을 감원하는 정리해고에도 대규모 재정자금이 투입되었다. 보통 3년 정도의 유예기간 동안 월급의 일정 부분을 지속적으로 지급하면서 재취업의 기회를 가질 수 있도록 배려하는 '정리해고'가 사용되었다. 이러한 온건한 방식의 국유기업 노동자 정리해고 방식이 사용되었기 때문에, 1996년 250만 명, 1997년 330만 명, 1998년 739만 명, 2000년 512만 명의 대규모 국유기업 노동자의 정리해고를 진행[8]하면서도 극심한 사회불안을 야기하지 않을 수 있었다.

당시 중국 국유기업 노동자의 정리해고를 중국용어로는 '시아강(下岗)'이라고 지칭하였다. 국유기업 노동자 개개인의 입장에서 정리해고는 매우 심각한 문제였지만, 당시 중국경제가 연평균 10% 가까운 고도성장을 지속하면서 재취업의 기회가 많았다. 또한 비국유부문에서는 시장경제 기반의 유연한 노동관행이 이미 보편화되어 있었다. 이에 따라 당시 사회여론도 국유기업 노동자들의 특권을 유지하는데 동정적이지 않았고, 정부의 개혁정책을 지지하는 분위기였기 때문에 정리해고가 극심한 사회불안으로 이어지지 않을 수 있었다.

셋째, 국유기업에 대한 강력한 구조조정으로 합병을 유도하거나 지방 중소 국유기업을 매각하는 방식으로 국유기업의 수가 급격히 감소하였다.

[그림 2-6]에서 보듯이 제조업 분야의 국유기업의 수는 1997년 이전 10만 개 수준에서 1998년 6만 개 수준으로 감소하였고, 이후에도 지속적으로 감소하였다.

(나) 국유기업 체질 전환: 현대적인 법인회사로 전환

국유기업에 대한 구조조정과 함께 국유기업의 체질을 전환하는 정책도 추진되었다. 당시 국유기업이 체질적으로 비효율적이고 경영 적자를 볼 수밖에 없었던 이유 중에는

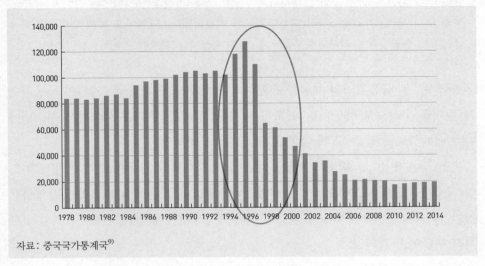

[그림 2-6] 제조업 분야의 국유기업 수 추이 (단위: 개)

자료 : 중국국가통계국[9]

① 계획경제 시대의 사회보장 기능을 여전히 수행하고 있었고,

② 경영 의사결정이 빠르게 변화하는 시장경제 시스템에 부합하지 못한 이유가
    있었다.

이에 따라 1998년 이후 국유기업의 체질을 시장경제 시스템에 적합하도록 전환
하는 과감한 정책이 추진되었다.

첫째, 중국정부는 시장경제 시스템에 부합하는 새로운 사회보장 시스템을 도입
하여 국유기업의 사회보장 부담을 경감시키는 정책을 추진하였다.

국유기업은 과거 계획경제 시스템에서 정부의 사회보장 기능을 수행하는 주체
로 기능하였는데, 이를 국유기업 '단웨이' 시스템이라고 지칭하였다. 국유기업은
소속 노동자에게 일자리뿐만 아니라 육아, 교육, 주택, 보험, 의료, 문화, 노후보
장 등의 전반적인 사회보장을 제공해야 했다. 국유기업의 이러한 사회보장 부담
은 시장경제 시스템의 도입 이후 조금씩 경감되기는 하였지만 기본적으로 유지되
어 왔고, 이러한 부담은 국유기업 적자의 원인 중 하나였다.

단웨이(單位)란 원래 중국의 도시지역 주민들이 소속된 직장을 지칭하는 말이지만, 정부가 도시 관리 시스템으로 이러한 단웨이를 이용하였다. 단웨이를 통해 생필품을 공급하거나 주민들을 관리하면서 전반적인 사회 시스템을 지칭하는 용어가 되었다.

중국정부는 국유기업의 체질을 전환하기 위해 1998년 7월 국유기업이 노동자에게 주택을 무상으로 제공하던 제도를 폐지하고, 모든 주택을 시장경제 시스템에 따라 매매하도록 하는 "주택 상품화 정책"[22]을 도입하였다.

또한 국유기업이 부담하던 연금, 의료 등의 사회보장 기능은 정부가 새롭게 도입하는 사회보장 시스템으로 대체되었다. 이에 따라 기존에 국유기업이 운영하던 병원이나 학교 등의 사회복지 시설은 소속 지방정부에게 인계되어 국유기업의 사회적 부담이 경감되었다.

둘째, 국유기업의 경영 의사결정에 정부의 직접적인 간섭을 배제하여 국유기업의 시장경쟁력을 높일 수 있는 정책을 도입하였다.

당시 중국정부가 100% 지분을 소유한 국유독자기업은 경영 의사결정과 관계된 기업지배구조(corporate governance)에서 정부와 경영진의 역할과 책임관계가 명확하지 못하였다. 이는 국유기업이 빠르게 변화하는 시장 환경에서 경쟁력을 확보하기 어려웠던 원인 중의 하나였다.

중국정부는 국유기업을 시장경제 시스템에 따라 운영되는 현대적인 의미의 법인 기업인 "회사(corporate; 公司)"로 체질을 전환하는 정책을 법으로 정하였다. 중국에서 회사는 일반적으로 기업(企業) 범주 중에서 독립적인 법인으로 회사법에 따라 영리를 목적으로 운영되는 기업을 지칭한다. 1999년 중국정부는 〈회사법(公

---

22 1998년 6월 도입된 주택 상품화(商品房) 정책, 〈国务院关于进一步深化城镇住房制度改革加快住房建设的通知〉으로 사회주의 혁명 이후 40여 년 동안 지속되었던 중국의 주택 무상분배(福利分房) 정책이 사실상 끝나게 되었다. 당시 주택상품화 조치의 주된 내용은 국유기업에 의한 복지주택 분배를 폐지하고, 대신 주택보조금을 지급하였다. 또한 기존 단웨이 소유의 복지주택도 개인에게 매각하고 이를 거래할 수 있게 하였다. 동시에 주택금융제도를 정비하여 주택 구매를 촉진하였다. 이 정책은 중국내 부동산 시장의 구조적 변화를 가져와 도시지역 주택건설 투자의 활성화를 유도하였다.

司法)〉을 **수정**하였는데, 그 핵심은 국가가 100% 지분을 소유한 국유독자기업에 대해 정부의 직접적인 경영간섭을 배제하는 기업지배구조의 전환이다.

중국에서 기업(企業)은 일반적으로 ① 개인기업(个人独资企业)과 ② 파트너십 형태의 기업(合伙企业) 그리고 ③ 회사 형태의 기업(公司)으로 구분된다. 회사는 다시 유한책임회사(有限責任公司)와 주식제회사(股份有限公司)로 분류된다.

1993년 제정된 회사법에서는 정부가 행정명령으로 국유독자기업의 중요한 경영 의사결정(합병, 분사, 증자, 채권발행 등)을 관리감독할 수 있도록 하였다. 하지만 1999년 회사법에서는 이를 수정하여 정부가 국유독자기업의 이사회에 이사를 파견하여 경영 의사결정에 간접적인 영향력만 행사할 수 있도록 제한하였다.[10]

이는 국유기업에 대한 중국정부의 직접적인 경영간섭을 배제하고 이사회를 통한 간접적인 경영 관리감독으로 전환하는 기업지배구조 개선 정책을 추진하여 국유기업의 체질을 전환하는 것이 목적이었다.

3) 금융 부실 문제의 조정

1997년 동아시아 금융위기의 혼란 속에서 이들 개발도상국의 금융사들은 부실채권 문제로 심각한 경영위기에 직면하였다. 이에 따라 일부 금융사들이 파산, 합병되거나 해외 금융사들에게 매각되는 등 금융시스템 전반에 심각한 위기가 발생하였다.

당시 중국의 금융사들 역시 적자 국유기업에 대한 부실대출이 누적되면서 부실채권 문제가 매우 심각한 상황이었다. 따라서 중국 금융시스템의 안정성에 대한 위기감은 매우 심각한 수준이었다.

이에 따라 중국정부는 금융시스템 전반에 대한 강력한 구조조정을 통해 부실채권 문제를 해결하기 위해 노력하였다. 당시의 금융시스템의 부실문제를 해결하기 위한 구조조정은

(1) 금융부문에 누적된 부실채권을 재정투입을 통해 해소하고,

(2) 시장경제 시스템에 적합한 금융사들로의 전환을 추진하고,

(3) 시장경제 시스템에 적합한 금융 감독시스템을 정비하는 방향으로 진행되었다.

이를 자세히 살펴보자.

(가) 국유독자 상업은행의 부실채권 처리

금융부문에 누적된 부실채권을 재정투입을 통해 해소하는 정책은 국유독자 상업은행에 집중되었다. 1994년 국유독자 상업은행의 정책금융 기능을 신설된 정책은행으로 분리하는 시스템이 도입되었지만, 이는 신규 정책금융 부실을 예방하는 것일 뿐이고 기존에 국유독자 상업은행들에 누적된 부실채권은 해소되지 못했다. 중국정부는 1999년부터 국유독자 상업은행부문의 금융부실을 대규모 재정투입으로 해결 해주는 새로운 정책을 도입하였다.

당시 중국정부가 사용한 방법은 부실채권만을 인수하여 처리하는 배드뱅크 형태의 특수 非은행 금융회사인 "자산관리공사(AMCs: Asset Management Corporations: 资产管理公司)"를 설립하는 것이다.

중국에서 자산관리공사는 4개가 설립되었는데, 각각 4개의 국유독자 상업은행의 부실채권을 전담하여 인수하였다. 창청(长城)자산관리공사는 농업은행의 부실채권을 인수하였고, 신다(信达)자산관리공사는 건설은행, 화룽(华融)자산관리공사는 공상은행, 동팡(东方)자산관리공사는 중국은행의 부실채권을 인수하였다.

배드뱅크(bad bank)는 금융기관의 부실자산을 정리하는 방법의 일종으로, 금융기관의 부실채권이나 부실자산을 사들여 이를 전문적으로 처리하는 금융기관이다. 일반적으로 부실대출이나 담보로 잡혀있는 부동산, 가동이 중단된 공장 등을 장부가격보다 낮은 가격으로 인수한 뒤, 추가적인 투자를 통해 자산의 가치를 높인 뒤에 높은 가격으로 팔거나 현금화가 가능한 자산을 분리 매각하는 등의 방법으로 자금을 회수하는 것이 주된 업무이다.

자산관리공사가 국유독자 상업은행의 부실채권을 인수하는 자금은 정부의 재정자금에서 투입되었다. 중국 재정부는 각각의 자산관리공사에 100억 위안씩을 자본금으로 출자하였다. 이 자금으로 설립된 4개의 자산관리공사는 다시 재정부의 보증을 받아 부실채권 인수 채권을 발행하거나, 인민은행으로부터 대출을 받아서 국유독자 상업은행의 부실채권을 인수하였다.

이러한 부실채권 인수과정에서 주목할 필요가 있는 것은 자산관리공사가 은행의 부실채권을 장부가격으로 그대로 인수한 것이다. 일반적으로 부실채권은 대출금을 회수하기 어렵기 때문에 장부가격보다 상당히 낮은 가격으로 인수하는데, 장부가격 그대로 인수하는 방식의 부실채권 처리는 국유독자 상업은행에게 매우 유리한 조건이었다.

2000년까지 자산관리공사가 인수한 부실채권은 4개 국유독자 상업은행 대출 전체의 18%에 달하는 규모였다. 이를 통해 국유독자 상업은행의 부실비율은 크게 낮아졌고, 은행들의 건전성이 즉각적으로 개선되었다. 반면 자산관리공사는 인수받은 부실채권의 일부만을 처리하여 회수할 수 있었다.[23]

(나) 부실 금융사들의 구조조정

중국정부는 금융시스템의 안정성을 높이기 위해 국유독자 상업은행에 대해서는 재정지원을 통해 은행의 건전성을 높이는 정책을 사용하였지만, 다른 금융사들의 부실에 대해서는 강도 높은 구조조정과 청산을 추진하는 대조적인 정책을 사용하였다.

가장 많은 문제가 누적되었던 신탁투자회사에 대해서 가장 강도 높은 구조조정을 추진하여 부실이 심각한 일부 신탁투자회사는 폐쇄되기도 하였다. 1998년 중국정부가 중국내 2번째로 규모가 컸던 광동국제신탁투자회사(广东国际信托投资公

---

23 자산관리공사는 2000년까지 국유독자상업은행의 부실채권 1조3,939억 위안을 인수하였고, 이는 대출 총액의 18%였다. 박찬일(2003), p.179. 하지만 자산관리공사가 이렇게 인수한 부실채권을 공개경매, 판매, 자산유동화 등을 통해 처리한 금액은 2002년 말까지 인수한 부실채권의 10% 정도밖에 되지 않는 1,013억 위안밖에 되지 않았다(바이두 검색).

司: GITIC)의 영업을 정지시킨 사건은 당시 금융시장에서 큰 파장을 일으키기도 하였다. 왜냐하면 이는 중국 내에서 국유금융회사가 파산한 최초의 사건이었기 때문이다.[24] 중국정부는 이러한 강력한 구조조정 정책을 통해 금융시장 참가자들과 지방정부에게 불법적인 금융활동에 대한 경고의 메시지를 전달하였다.

이후 중국정부는 몇 개의 대형 신탁투자회사를 포함한 부실 신탁투자회사들의 영업을 정지시켰다. 중국의 신탁투자회사는 가장 많았을 때는 1,000여 개에 달했는데, 구조조정을 통해 1998년 말 정식으로 법인으로 등록되어 있는 신탁투자회사의 수는 239개로 감소하였다.

도시신용조합들을 합병하여 도시상업은행으로 전환하는 구조조정도 계속되었다. 1999년 말까지 2,300여 개의 도시신용조합이 90여개의 도시상업은행으로 재편되었다. 2000년 말까지 도시신용조합은 1,689개로 감소하였다.

농촌신용조합의 구조조정도 1998년 이후 본격화되었다. 2002년까지 전국에서 1만여 개의 농촌신용조합 법인을 폐쇄하였고, 1만여 명의 직원과 3만여 명의 비정규직 직원을 감원하였다. 이러한 노력으로 2003년 농촌신용조합은 전국적으로 3만4,900개로 정리되었다.[11)]

자산운용사의 구조조정도 강력하게 진행되었다. 1998년에는 펀드 운용에 대한 새로운 법률을 제정하고 이 규정에 맞게 설립된 새로운 펀드를 이전 펀드와 엄격하게 구별하였다. 이에 따라 1998년 이전에 설립되었던 펀드에 대한 강력한 구조조정을 추진하여 2000년까지 대부분 신규 펀드로 통폐합하였다. 이 규정에서는 자산운용사 설립 주체를 증권사와 신탁회사로 제한하였다. 또한 많은 문제를 야

---

24 광둥국제투자신탁회사는 90년대 초 1억 달러 이상의 채권을 발행하여 해외투자자금을 조달하였다. 당시 국제신용평가사들은 광둥국제투자신탁회사의 신용등급을 매우 높이 평가하기도 하였다. 그러나 1998년 광둥국제투자신탁회사가 경영실패로 해외채권의 지급불능 사태에 빠졌을 때 국제금융시장이 기대와는 달리 중국정부가 전격적인 파산을 선언하면서 중국에 대한 국제투자자들의 신뢰가 크게 흔들리게 되었다. 당시 국제투자자들은 중국정부의 전격적인 파산 조치는 중국 금융시스템 전반에 대한 국제신뢰를 상실하게 하여 중국의 대형은행을 포함한 연쇄적인 중국 금융사들의 파산으로 이어질 것이라고 경고하기도 하였다.

기하였던 펀드 자금의 부동산 투자나 기업대출 등의 편법적인 자금운용도 엄격하게 금지하는 등 자산운용사의 건전성을 높이도록 정책을 정비하였다.[25]

(다) 금융감독 시스템의 정비: 금융업권간 방화벽 강화

이 시기 중국정부는 금융감독 시스템을 정비하여 "금융시스템의 안정성"을 높이는데 주력하여 많은 법률이 제정되고 감독기관들이 설립되었다. 당시 중국정부의 방향성은 ① 서로 다른 금융업들 간의 분리를 명확히 하면서 ② 각 금융업권을 전담하는 금융감독 기관을 독립적으로 설립하고, ③ 이를 중국정부가 총괄하는 형태의 금융감독 시스템을 정비하는 것이다.

첫째, 은행과 주식, 보험 등 각 금융업을 총괄하여 금융시스템 전반에 대한 수직적인 조절 기능을 강화하기 위해 국무원 부총리 직할의 「중앙금융공작위원회(中共中央金融工作委員会)」를 1998년 6월 신설하였다.

둘째, 은행 부문에서는 1998년 인민은행이 은행들의 내부 지배구조에 대한 감시감독을 강화하여, 내부 책임과 권한을 명확하게 정비하도록 하였다. 동시에 은행들의 자기자본 충족률도 국제 기준에 맞는 수준인 8%로 강화하였다. 또한 리스크에 따른 대출 분류기준도 기존 4단계에서 국제수준에 맞추어 5단계로 확대하여 리스크 관리를 강화하였다.

동시에 1998년 재정부는 2700억 위안의 **'특별국채'**를 발행하여 국유독자 상업은행의 자본금을 확충하는 방법으로 은행의 건전성을 높였다.

셋째, 증권업 부문에서의 감독 시스템 정비는 이 시기 가장 두드러진 성과를 보였다. 1998년 초부터 중국정부는 주식시장의 내부자거래, 주가조작 등의 위법 행

---

25 중국 자산운용업의 본격적인 발전은 1997년 말 국무원이 펀드관리임시법(〈證券投者基金管理暫行辦法〉)을 발표하면서 시작되었다. 이 법안에는 ① 자산운용사 설립 주체를 증권사와 신탁회사로 제한하는 규정, ② 펀드의 운용에 대한 규정이 제정되었다. 펀드의 운용에서는 자산운용 투자범위를 국내 주식주자와 정부채권 투자로 엄격하게 제한하여, 과거 문제가 되었던 펀드 자금의 부동산 투자나 기업대출 등의 편법적인 자금운용을 금지하였다. 또한 ③ 중도 환매가 가능한 개방식(open-ended) 펀드의 설립을 허용하였다. 이전에는 중도 환매가 제한된 폐쇄식(closed-ended) 펀드만이 허용되었다. 서봉교(2008), p.273

위들에 대한 처벌을 강화하였다.

또한 1998년 말 주식, 회사채, 기타 유가증권 등의 발행과 거래에 대한 중국 최초의 기본법인 〈증권법〉[12]을 제정하였다. 이 법에서 1992년 설립되었던 「증권감독관리위원회(CSRC)」가 국무원의 권한을 위임받아 주식시장에 대한 수직적인 감독관리를 실시하도록 위상을 높이고, 법적인 권한을 강화하였다.

특히 증권법의 6조에서 증권업과 은행업, 신탁업, 보험업의 **'분업경영, 분업관리 원칙'**을 명시하여 각 금융업의 설립 주체가 분리되도록 명시하였다. 이는 금융업 간의 방화벽을 강화하여 금융시스템의 안정성을 높이기 위한 정책이었다.

이러한 원칙은 자산운용 부문에서도 적용되었는데, 1997년 말 제정된 최초의 〈주식펀드 관리법〉에서는 기존에 문제가 되었던 은행의 자산운용사 지분참여를 원천적으로 차단하고, 자본금 1,000만 위안 이상의 대형 증권사나 신탁회사에게만 자산운용사 설립을 허용하였다. 또한 증권감독관리위원회 산하에 「펀드관리부서(基金監督部)」를 신설하여 자산운용 부문의 관리감독을 담당하게 하였다.

BOX 2-2

중국보험감독관리위원회(CIRC)의 홈페이지는 http://www.circ.gov.cn/이다. 홈페이지의 주요 뉴스 항목에는 보험산업 관련 뉴스가 업데이트 된다. 정책 법률(政策法規) 항목에서는 법률(보험법 등), 법규(조례나 결정 등), 규정(규정이나 방법 등), 관련 문건(통지 등)이 정리되어 있고, 주요 법규에 대한 해석이 제공된다. 주요 법률은 영어 버전도 제공된다.

보험관련 통계 데이터(统计数据) 항목에서는 생명보험과 손해보험 각 산업의 보험료 수입, 보험지출, 보험자산의 현황과 자산운용에 대한 월별, 연도별 데이터가 제공된다. 특히 손해보험과 생명보험업의 보험회사별 보험료 수입 데이터가 월별로 제공되는데 중국계 보험사와 외국계 보험사로 구분하여 분류하고 있다. 각 지역별 보험산업 관련 데이터도 손해보험과 생명보험으로 구분되어 월별로 제공된다.

보험감독위원회의 홈페이지는 중국어 버전만 제공되고 로그인 없이 자료와 데이터를 찾을 수 있다.

넷째, 보험업에서는 1995년 제정된 〈보험법〉에 명시된 보험사 보험료 수입의 운용에 대한 규제를 엄격하게 적용하였다. 이전에는 보험사들이 보험료 수입을 부동산이나 주식, 신탁 등에 투자하여 대량의 투자 손실이 발생하는 등 문제가 되었는데, 보험료 수입의 운용을 예금과 국채투자로 엄격하게 제한한 것이다.

또한 1998년 11월 보험사에 대한 감독기능을 인민은행에서 독립시켜 별도의 전문적인 감독기관인 「보험감독관리위원회(保險管理監督委員会: CIRC: China Insurance Regulatory Commission)」를 신설하였다. 이는 은행업과 보험업을 엄격하게 분리하면서 관리감독 기능도 분리하여 담당하는 분업감독 시스템을 구축하기 위한 것이었다.

은행부문의 관리감독을 전담하는 「은행감독관리위원회(中国银行业监督管理委員会: CBRC: China Banking Regulatory Commission)」는 다소 늦은 2003년 인민은행에서 독립되어 설립되었다. 이는 은행부문의 역할이 복잡하고 광범위하여 감독기관을 인민은행과 분리하는 작업에 시간이 많이 소요되었기 때문이다.

이로서 중앙은행인 인민은행이 총괄적으로 감독하고 그 산하에 은감위(CBRC: 2003년), 보감위(CIRC: 1998년), 증감위(CSRC: 1992년)가 독립적으로 각 금융업의 감독기관으로 존재하는 존재하는 소위 "일행삼회(一行三會)의 분업 금융감독 시스템"이 구축되었다.

BOX 2-3

중국은행감독관리위원회(CBRC)의 홈페이지는 http://www.cbrc.gov.cn/이다. 홈페이지에는 주요 관련 뉴스(要闻导读)나 공지사항(公告通知) 등의 정보가 제공된다. 정책 법률(政策法规) 항목에서는 은행 및 금융업 관련 각종 법률, 법규와 해석 등이 제공된다.

통계 정보(统计信息) 항목에서는 월별 분기별 은행업 총자산과 부채 데이터가 제공된다. 이 데이터는 대형은행, 주식제은행, 도시은행, 농촌은행, 기타유형의 은행으로 구분된 세부항목도 제공된다.

또한 분기별 데이터로 각 유형별 은행들의 부실대출 비율, 자산수익률(ROA), 대손충당비율, 자기자본충족률 등의 데이터도 제공된다.

은행감독위원회 년도보고서(银监会年报)는 중국 은행산업의 개황, 은행업 관련 정책 변화, 주요 이슈에 대한 분석과 통계 분석 등이 담겨 있어 해당 연도의 주요 이슈를 파악하고 중국 은행산업의 트렌드 변화를 이해하는 데 큰 도움이 된다.

은행감독위원회의 홈페이지는 영어버전이 비교적 상세하게 제공되기는 하지만 통계데이터나 보고서의 경우는 업데이트가 상당히 늦게 이루어진다.

참고문헌

- 박찬일 (2003), 『중국 금융제도의 발전』, 한국금융연구원
- 박찬일 (2003b), 중국 주식시장의 형성배경, 발전과정, 구조적 결함 및 제도적 제약; 고정비용 개념의 적용을 통한 분석, 『비교경제연구』, Vol.10 No.2: 115-146
- 서봉교 (2008), "중국 자산운용업 발전의 특징과 문제점", 『현대중국연구』, 46권: 261-303
- 서봉교 (2016), "체제전환국의 금융 개혁 사례 – 중국", 한국수출입은행 북한 동북아연구센터 저 (2016), 『북한의 금융』, 의 10장, 도서출판 오름
- 유희문, 한홍석, 허흥호, 박상수, 이일영, 김시중, 서석흥, 고정식, 정영록, 오승렬, 백권호, 박정동 (2003), 『현대중국경제』, 교보문고
- 정재호 (1999), 『중국의 중앙 – 지방 관계론; 분권화 개혁의 정치경제』, 나남출판사
- 李利明 曾人雄 (2007), 『中国金融大变革』, 上海人民出版社
- 张卓元, 郑海航 (2008), 『中国国有企业改革30年回顾与展望』, 人民出版社

Endnotes

1) 위안화 연도별 중간환율 데이터는 국가통계국 통계연감 18-8. 人民币汇率(年平均价) 항목에서 다운받을 수 있다.

2) 중국의 중앙 행정부서인 국무원(国务院)의 1993년 91호 법안(关于金融体制改革的决定). 중국 법률체계에서 결정은 중요한 상위법에 해당한다.

3) 전국 영업망의 상업은행은 자본금 10억 위안, 도시상업은행은 자본금 1억 위안, 농촌상업은행은 자본금 5천만 위안으로 규정하였다(商業銀行法, 13조).

4) 중국국가통계국의 중국통계연감 통계자료(18-19항, 保险公司业务经济技术指标)에서는 연도별 세분화된 보험산업별 데이터가 제공된다.

5) 중국국가통계국의 중국통계연감 통계자료(18-15항, 上市公司数量)에서는 연도별 거래소별 상장기업 수 데이터가 제공된다.

6) 중국국가통계국의 중국통계연감 통계자료(11-2항, 货物进出口总额)에서는 연도별 중국 수출 데이터가 위안화와 달러로 제공된다.

7) 1997년 말 중국내 국유 또는 국유지주 회사 산하의 1만6,784개 대중형(大中型) 공업기업 중에서 적자기업은 6,599개에 달해 전체의 39%에 달했고, 적자 금액도 666억 위안에 달했다. 张卓元 外(2008), p.38

8) 바이두 검색 http://baike.baidu.com/item/%E4%B8%8B%E5%B2%97/744815?fr=aladdin

9) 중국통계국 통계연감 데이터의 13-4(按行业分国有控股工业企业主要指标)의 기업 수 데이터가 제조업 분야의 국유 및 국유지주회사의 수 데이터이다.

10) 국유독자기업의 이사회에는 국무원에서 파견한 이사와 회사측 대표가 반드시 포함된 3인 이상으로 구성되도록 명시되었다.(中华人民共和国公司法, 1999년, 67조)

11) 이러한 구조조정은 1988년 국무원이 농촌신용조합 구조조정에 대한 법안(中国人民银行关于进一步做好农村信用社管理体制改革工作意见的通知) 이후 본격화되었다. 李利明 外(2007), p.129, p.160

12) 〈中华人民共和国证券法〉, 중화인민공화국주석령, 43호

제 3 장

중국의 WTO 가입과 금융시장 개방
(2001년 ~ 2007년)

1. WTO 가입과 점진적 시장개방

1) '글로벌 개방경제 시스템'으로의 전환

(가) 중국의 WTO 가입

중국은 수년간의 협상을 거쳐 마침내 2001년 12월 WTO(세계무역기구)에 가입하여 정식 회원국이 되었다. WTO는 회원국 간의 '관세인하'와 '무역 자유화'를 위해 노력하는 국제기구로 중국은 WTO 회원국이 되면서 기존 회원국에 상품을 수출할 때 관세인하의 혜택을 받게 되었다. 90년대 이후 중국경제에서 수출은 매우 중요한 경제성장 원동력이었는데, 동아시아 금융위기 이후 수출 증가율이 둔화된 상황에서 WTO 가입으로 중국의 수출이 다시 급성장하는 계기가 마련되었다.

> WTO는 World Trade Organization의 약자이다. WTO는 1995년 발족되어 회원국 간의 다자간 무역협상을 통해 통상문제를 협의하는 국제기구이다. 기존 GATT(관세 및 무역에 관한 일반협정) 체제를 대신하여 국제무역 분쟁의 조절과 무역자유화를 확대하기 위한 목적으로 설립되었다.

하지만 중국은 WTO 가입으로 상품수출에서 혜택을 받는 대신에 기존 회원국들이 요구하는 대외개방을 수용해야 했다. 중국 내수시장을 개방하여 수입관세를 인하하고 외국인투자 기업이 중국 내에서 자유롭게 영업활동을 하는 것을 수용한 것이다.

이러한 내수시장 개방은 중국 경제시스템에 상당한 변화를 가져올 수밖에 없었다. 그 이전까지 중국은 계획경제 시스템에서 시장경제 시스템으로 전환을 진행하였지만, 이는 주로 중국 국내 경제주체들 간(국유부문과 비국유부문)의 경쟁에 국한되었기 때문에 상당히 점진적으로 진행될 수 있었다. 하지만 WTO 가입으로 당시 중국 로컬기업들에 비해 월등한 경쟁력을 가진 글로벌 기업들이 중국 내수시장에 진출할 것으로 예상되면서 중국기업들의 위기감은 상당하였다.

이에 따라 중국 로컬기업들이 글로벌 기업들과 경쟁할 수 있을 정도의 경쟁력을 단기간에 확보하는 것이 당시 중국정부의 중요한 당면 과제가 되었다. 결과적으로 WTO 가입은 중국이 시장경제 시스템, 나아가 '글로벌 개방경제 시스템'으로 전환하는 속도를 더욱 가속화하였다.

(나) WTO 가입과 금융시장 개방 압력

선진국들은 중국과의 WTO 가입 협상 과정에서 중국내 서비스 시장을 외국기업들에게 개방하도록 요구하였다. WTO는 ① 상품교역뿐만 아니라 ② 서비스교역과 ③ 투자에 대한 개방을 포괄[1]하고 있는데, 선진국들은 중국이 WTO 가입으로 상품교역에서 혜택을 받는 대신 서비스교역과 투자 부문에서 중국 내수시장을 개방할 것을 요구한 것이다.

미국 등 선진국들이 중국에게 개방을 요구했던 서비스 분야는 유통업이나 정보통신업 등 매우 다양하였지만, 가장 강력하고 광범위한 개방을 요구했던 서비스 분야는 선진국들이 독보적인 경쟁력을 가지고 있던 금융부문이었다.

중국의 금융시스템은 그 이전까지 사실상 정부의 '보호'하에서 계획경제 시스템과 국유기업을 지원하는 정책금융을 수동적으로 수행하는 국유금융사들이 주도하였다. 이에 따라 상당히 비효율적이고 많은 부실이 누적되어 있었다.

80년대 이후 정부 주도로 시장금융의 '경쟁원리'를 일부 도입하였지만, 이는 매우 불완전한 경쟁이었다. 주로 중국내 국유금융사와 비국유금융사 간의 경쟁이었고, 글로벌 금융사들과의 경쟁은 사실상 제한되어 있었기 때문이다. 이러한 폐쇄적인 금융시스템이었기 때문에 중국 금융사들이 비효율적이고, 경쟁력이 약해도 생존할 수 있었다.

---

1 WTO 협정은 ① 관세와 무역에 대한 일반협정(GATT: General Agreement on Tariffs and Trade), ② 서비스교역에 대한 일반협정(GATS: General Agreement on Trade in Service), ③ 무역관련 투자협정(TRIMs: Trade Related Investment Measures)으로 구성된다. 이 중에서 GATS의 주요 내용은 모든 서비스교역에 대한 최혜국 대우(MFN: Most Favored Nation treatment) 및 공개주의, 서비스교역의 점진적 자유화, 시장개방 등에 대한 양허계획(Offer List)의 제출과 이행 등이다.

하지만 금융시장 개방으로 글로벌 금융사들과 직접적으로 경쟁하는 상황에 직면하게 된다면 중국 금융사들의 생존 자체가 위협받게 되는 것이었다.

2000년대 초반에는 중국의 금융시장 개방 이후 서비스 경쟁력이나 자산건전성, 자산운용 역량 등이 뛰어난 선진 글로벌 금융사들의 중국 시장점유율이 급격히 높아질 것이라는 전망이 상당히 우세하였다. 과거 중남미나 동아시아의 금융시장 개방 이후 글로벌 금융사들의 시장점유율이 급상승하였던 경험은 이러한 전망의 근거가 되기도 하였다.[2] 나아가 이러한 글로벌 금융사들의 시장점유율 급상승이 중국 금융산업의 건전한 발전에 악영향을 미칠 것이라는 우려도 제기 되었다.

2) 중국의 점진적 금융시장 개방 정책

중국은 금융시장을 개방하면서 자국 금융산업의 경쟁력을 강화하기 위해 크게 다음의 3가지 방향으로 정책을 추진하였다.

(1) 금융시장 개방을 최대한 점진적으로 추진하면서 중국 로컬 금융사들이 이에 대비할 수 있는 시간을 확보하였다.

(2) 동시에 중국정부는 로컬 금융사들이 글로벌 금융사들과 경쟁할 수 있도록 시장 경쟁력을 높이는 과감한 지원정책들을 추진하였다.

(3) 마지막으로 중국 금융산업의 전반적인 규제환경을 점진적으로 개선하여 글로벌 금융사들의 진출에 대비하였다.

이를 보다 자세히 살펴보자.

(가) 시장개방 유예기간의 확보

먼저 중국 금융시장 개방은 다음과 같은 특징이 있었기 때문에 "점진적인 금융

---

2 당시 많은 연구에서 중국 금융시장의 개방으로 외국 금융사들의 중국 금융시장 점유율이 급격히 상승하여 10년 후에는 20~60%에 이를 것이라는 전망이 제기되었다. 70~80년대 경제위기 이후 금융시장을 개방했던 중남미 국가들은 외국 금융사들의 시장 점유율이 80% 이상에 달했고, 동아시아 금융위기 이후 동남아시아 국가들에서 외국 금융사들의 시장 점유율도 50% 정도로 높아졌다. 이러한 개발도상국들의 금융시장 개방 경험은 중국에서도 금융시장 개방 이후 외국 금융사들의 시장 점유율이 급격히 높아질 것이라는 전망의 바탕이 되었다.

시장 개방"이라고 정의할 수 있다.

첫째, 중국은 WTO 가입협상 과정에서 금융시장 개방에 대한 '**유예기간**'을 이례적으로 길게 확보하였다. 유예기간이라는 것은 시장개방 정책의 시행을 일정정도 미루어 두는 기간을 의미한다. 중국은 자국 금융업의 경쟁력이 약하고 시장개방에 대비할 시간이 필요하다는 논리로 협상과정에서 유예기간을 매우 길게 확보하였다.

예를 들면 은행업의 개방에 대해서는 단계적인 개방을 진행하여, 외국계 은행이 중국내 모든 지역에서 위안화 업무를 할 수 있게 허용되는 것은 WTO 가입 이후 5년이 지난 2006년 12월에야 가능하도록 합의하였다.[3]

(나) 외국계 지분비율의 제한

둘째, 보험업이나 증권업, 자산운용업은 전면 개방이 아닌 '**부분적인 개방**'만을 허용하여, 외국계 지분비율을 제한하였다. 각 금융업에서 외국계 지분비율은 생명보험 50%, 증권 33%, 자산운용 49%로 제한되었다. 손해보험은 가입 후 2년 내에 100% 외국계 지분의 손해보험사 설립을 허용하였지만, 손해보험업에서 가장 큰 비중을 차지하는 자동차보험에 대해서는 외국계 손해보험사의 진입을 2012년까지 제한하였다.[1]

당시 중국정부는 글로벌 금융사들에게 중국 금융시장을 개방하였지만, 중국 로컬 금융사가 글로벌 금융사와 함께 금융 사업을 진행하여 그 영업성과를 공유하고 선진 금융기법을 학습하여 경쟁력을 높일 수 있도록 유도하였다.[4] 중국의 경제성

---

3 중국은 WTO 가입 양허안에서 가입 직후에는 상하이, 선전, 톈진, 다롄에서 외국계 기업에 한해 외환업무만을 개방하였다. 가입 1년 개방 지역을 광저우 등으로 확대하였다. 가입 2년 후인 2003년 12월에는 고객을 중국기업으로 확대하여 위안화 업무를 허용하였고, 개방지역을 지난 등으로 확대하였다. 가입 3년 후에는 개방지역을 베이징 등으로 확대하였다. 가입 4년 후에는 개방지역을 산터우 등으로 확대하였다. 가입 5년 후인 2006년 12월에야 지역제한을 폐지하고 영업대상 고객을 중국 개인으로 확대하여 위안화 업무가 가능하였다.

4 이러한 중국정부의 내수시장 개방 정책을 중국에서는 **시장과 기술의 교환(市場換技術) 정책**이라고 지칭하였다. 이 정책은 과거 자동차산업 등 제조업 분야의 내수시장 개방 정책에서도 많이 사용되었다.

장에 따른 금융시장 발전의 성과를 로컬 금융사들도 공유하면서 중국 금융업의 경쟁력이 높아질 수 있는 기반을 마련할 수 있도록 한 것이다. 이를 위해 글로벌 금융사들이 50% 이상의 다수 지분을 보유하여 글로벌 금융사들에게 유리한 일방적인 경영활동[5]을 하지 못하도록 일정 정도 제한하였다.

또한 외국계 금융사들이 기존 중국계 금융사의 지분을 인수하는 상한을 25%로 제한하고, 단일 외국계 금융사가 인수할 수 있는 지분 인수 한도는 20%로 제한하였다. 일반적으로 글로벌 금융사들이 해외 금융시장에 진출할 때 단기간에 시장 점유율을 높이는 방법으로 가장 많이 사용했던 전략이 기존 로컬 금융사에 대한 인수합병(M&A)이었다. 인수합병으로 로컬 금융사의 기존 영업네트워크나 고객기반, 인력을 단기간에 확보함으로서 글로벌 금융사의 로컬 금융시장 경쟁력이 급상승할 수 있기 때문이다.

M&A는 합병이란 뜻의 Merger와 인수란 뜻의 Acquisition을 의미한다. 인수란 한 기업이 다른 기업의 주식이나 자산을 취득하여 경영권을 획득하는 것이며, 합병이란 두 개 이상의 기업들이 법률적으로나 실질적으로 하나의 기업으로 합쳐지는 것을 말한다.

중국정부가 기존 금융사에 대한 외국계 지분을 25%로 제한한 것은 글로벌 금융사들이 경영권을 장악하여 단기간 내에 중국 금융시장에서 점유율을 높이는 것을 원천적으로 차단한 효과가 있었다.

(다) 자본시장 개방 거부

나아가 중국정부는 중국 금융시장의 안정성에 심각한 위협이 될 수 있다고 판단되는 부분에 대해서는 끝까지 **'개방을 거부'**하였다. 특히 중국정부는 외국자본

---

5 예를 들면 글로벌 기업과 중국 로컬 기업의 합작기업의 경우 중국측 파트너가 가장 경계하는 부분은 중국 내수시장에서의 경영활동 성과인 이윤을 일방적으로 해외 본국으로 이전하는 것이라고 한다. 중국측 파트너는 중국 내수시장에서 얻은 이윤을 다양한 중국내 재투자를 통해 중국 소비자들이 그 성과를 향유할 수 있도록 요구한다고 한다. 이는 글로벌 파트너의 입장에서는 기업의 자유로운 의사결정을 제약하는 것이지만 중국정부도 공식, 비공식적으로 이윤의 중국내 재투자를 강력하게 요구하고 있다.

이 중국 부동산이나 주식시장 등에 자유롭게 투자하도록 허용하는 자본시장 개방에 대해서는 매우 경계하면서 개방을 거부하였다.[6]

이는 중국정부가 다른 나라들의 자본시장 개방 경험을 통해 중국내 자본시장과 금융업이 충분히 성숙하지 못한 상황에서 자본시장을 개방하는 위험성을 극히 경계하였기 때문으로 보인다. 자국 금융업이 충분히 성숙되지 못한 상황에서 성급하게 자본시장을 개방하면 자칫 부동산과 자본시장의 버블로 이어지고, 나아가 이러한 버블의 붕괴로 인한 경제위기를 겪을 수 있다고 우려하였다.

(라) 점진적 금융시장 개방의 효과

중국정부가 WTO 협상 과정에서 금융시장 개방을 점진적으로 추진할 수 있도록 협정을 체결하였기 때문에, 중국 금융사들은 금융시장 개방에 대비할 수 있는 시간을 상당히 확보할 수 있었다. 이러한 점진적인 개방은 WTO 가입에 따른 금융시장 개방에도 불구하고 글로벌 금융사들의 시장점유율이 급격히 상승하여 중국 금융업에 충격을 주는 것을 막을 수 있었던 '긍정적인 측면'이 있었다.

하지만 이러한 **'점진적인 개방'**이 진행되었기 때문에 중국의 금융시스템이 '완전히 새로운 글로벌 개방금융 시스템으로 전환되지 못하고, 계획경제 시대부터 이어져 내려왔던 과거 시스템의 모순들이 연장되어진 부정적인 측면'도 있다. 이는 향후 중국 금융업이 지속적으로 발전하는 데 장애요인이 될 수 있다.

또한 중국정부가 점진적인 금융시장 개방을 추진하는 과정에서 **"내국민 대우"** 조항에 합의했음에도 불구하고, 외국계 금융사들과 중국 금융사들을 상당히 차별적으로 대우하였다. 이러한 외국계 금융사들에 대한 차별적인 규제는 비공식적으로 행사되었으며, 중국 금융시장에서 외국계 금융사들이 충분한 경쟁력을 확보하지 못하도록 제한하였다. 이러한 '외국계 금융사들에 대한 차별적인 규제는 중국 금융시스템에 관행적으로 정착'되어 오랫동안 지속되고 있다.

---

6 중국정부는 자본시장 개방은 극단적으로 경계하면서 자본시장 개방문제는 IMF의 관할사항이지 WTO의 관할사항이 아니라는 입장을 표명하였다. 이에 따라 WTO 가입 5년의 유예기간이 끝난 후에도 자본시장 개방은 극히 일부만을 허용하였다. 문준조(2003), p.19

내국민 대우(national treatment)란 국가가 타국의 국민이나 기업에 대해 자국민과 자국기업과 차별없이 동등하게 대우하는 규정을 지칭한다. 내국민 대우 관련 사항은 WTO의 '관세와 무역에 대한 일반협정(GATT)'의 3조 내용에 포함되어 있다.

예를 들면 중국 금융당국은 2006년 12월 이후 은행업의 전면적인 개방에도 불구하고 다양한 중국 국내의 규제를 통해 여전히 외국계 은행의 중국 은행업 진출을 규제하였다.[7]

외국계 금융사들에 대한 차별적인 규제는 외국계 금융사들의 시장점유율이 급

[그림 3-1] **외국계 은행의 총자산과 시장 점유율 추이**　　　　　　(단위: 조 위안, %)

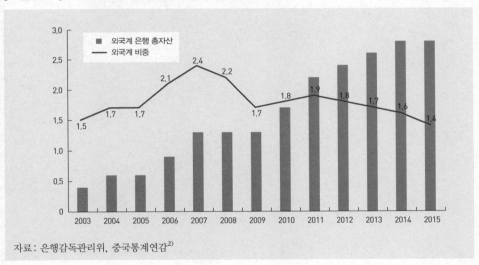

자료: 은행감독관리위, 중국통계연감[2]

---

7 중국 금융당국은 다양한 방법으로 외국계 은행의 중국 은행업 진출을 규제하고 있다. 첫째, 외국계 은행의 지점 확대에는 제약이 따른다. 한 도시에서 지점을 확대할 경우 1년에 1개 지점만을 개설하도록 하여 외국계 은행이 전략적으로 중요한 지역에 대규모로 투자하기 어렵게 만들었다. 둘째, 외국계 은행이 취득할 수 있는 중국계 은행의 지분한도를 25%로 제한하여 경영권을 취득하지 못하도록 하였다. 셋째, 외국계 은행 지점에 대해서는 법인과 달리 은행카드 업무가 허용되지 않고, 위안화 예금도 100만 위안 이상에 대해서만 허용된다. 넷째, 은행에서 취급하는 위안화 업무가 허용되기는 하였지만, 개별 은행업무가 각각 중국 금융당국의 인허가 사항으로 되어 있고, 인허가를 취득하는 데 상당한 시간이 소요된다. 구기보(2012), p.114

격하게 높아지지 않았던 중요한 원인의 하나가 되었다. 외국계 은행 총자산이 은행 총자산에서 차지하는 비중으로 계산한 외국계 은행의 중국 시장점유율은 2003년 1.5%에서 2007년 2.4% 수준으로 상승하였으나, 이후 점차 감소하여 2015년 기준 1.4% 수준으로 감소하였다.

물론 중국 금융시장에서 외국계 은행의 시장점유율이 높지 못한 이유 중에는 ① 이러한 외국계 금융사에 대한 규제당국의 차별적인 규제적용 이유 이외에도 ② 글로벌 금융위기로 인한 외국계 은행 본점의 경영상황 악화와 ③ 외국계 은행에 비해 중국 은행들이 상대적으로 더욱 빠르게 성장한 측면도 있다.

2. 금융 업종별(別) 경쟁력 강화 정책

1) 은행업: 소유 – 지배구조 전환 정책

(가) 정부지분 축소 정책

2000년대 이후 중국 금융개혁의 핵심은 WTO 가입에 따른 금융시장 개방에 대비하여 중국 금융사들의 **"시장 경쟁력"**을 높이는 부분에 집중되었다. WTO 가입 유예기간 내에 중국 로컬금융사들의 시장 경쟁력을 글로벌 금융사들만큼 높이지 못할 경우 중국 내수시장을 잠식당할 수 있다는 절박함은 그동안 미루어왔던 금융시스템에 대한 근본적인 정책전환에까지 착수하도록 하였다.

중국정부는 2000년대 이후 은행부문에 대한 정부의 지분을 축소하고 대신 시장지향적인 외부 투자자가 주주로 참여하여 은행의 경영을 감시하도록 하는 "소유 – 지배구조 전환 정책"을 시작하였다.

특히 2000년대 이후 '소유 – 지배구조 전환정책'이 과거 금융시스템 전환정책과 다른 특징은 그동안 허용하지 않았던 '국유독자 상업은행'의 정부지분을 축소하는 정책을 시작한 것이다. 중국정부가 국유독자 상업은행의 지분을 100% 소유한 주인으로 존재하는 기존의 지배구조하에서는 중국 로컬은행의 시장경쟁력을 높일 수 없다고 판단한 것이다.

하지만 이러한 소유 – 지배구조 개혁으로 국유독자 상업은행에 대한 중국정부의 지배력이 상실될 정도로 약화되는 것은 용인하기 어려웠다. 왜냐하면 국유독자 상업은행은 여전히 중국정부의 경제운용 기반이 되는 **"국유기업 자금운용 시스템의 핵심"**이었기 때문이다. 중국정부가 그 이전에 다른 은행들에 대해서는 정부지분을 축소하는 정책을 추진하면서도 국유독자 상업은행은 100% 지분을 유지했던 것도 이런 이유였다. 따라서 당시 중국정부가 추진한 국유독자 상업은행의 정부지분을 축소하는 정책은 상당히 신중하고 여러 안전장치를 마련하면서 진행되었다.

중국정부가 추진했던 중국 금융사들의 소유-지배구조 전환은 대략적으로 분류할 때

(1) 중앙훼이진공사의 출자,

(2) 해외 전략적 투자자 유치,

(3) 주식상장을 통한 지분매각 등 3가지 방향으로 추진되었다.

(나) 중앙훼이진공사의 출자

"중앙훼이진공사(中央汇金有限责任公司)"는 2003년 중국 재정부가 외환보유고를 출자하여 설립한 국유독자 **"투자지주회사"**이다. 훼이진공사의 주된 설립목적은 중국 금융시스템의 안정성을 높이고 리스크를 방지하기 위해 중국 금융사들의 전략적 투자자로 활동하는 것이다.

> 투자지주회사(investment holding company; 投资控股公司)란 주식투자의 목적이 시세차익을 추구하는 것이 아니라 해당기업의 지배를 목적으로 다른 회사의 주식을 소유하고 경영권을 행사하는 회사를 지칭한다. 지주회사는 기업지배만을 주된 목적으로 하는 순수지주회사와 자신도 어떤 사업을 영위하면서 지주회사로 활동하는 사업지주회사로 구분되는데, 중앙훼이진공사는 순수지주회사로 분류될 수 있다. 중앙훼이진공사는 이후 2007년 설립된 중국의 대표적인 국부(Sovereign Wealth)투자회사 중국투자공사(China Investment Corporation; 中国投资有限责任公司)의 자회사로 편입되었다.

훼이진공사는 2003년 건설은행과 중국은행에 각각 225억 달러, 2005년 공상은행에 150억 달러의 자금을 출자하였다. 이를 통해 중국은행, 건설은행의 1대 주주, 공상은행의 2대 주주가 되었다. 교통은행에도 2004년 30억 위안을 출자하여 4대 주주가 되었다. 그 외에도 여러 은행과 보험사, 증권사에 출자하여 이들 금융사의 소유-지배구조 전환정책에 참여하였다.[8]

---

8 중앙훼이진공사가 투자한 금융사들은 광다은행 등 은행, 중국재보험(再保险)그룹과 같은 보험, 인허(银河)금융지주, 궈타이진안(国泰君安)증권, 션인완궈(申银万国)증권 등을 포함한 대형 증권사 등으로 매우 다양한 금융업을 포괄하고 있다.

훼이진공사의 출자금은 전액 중국정부의 것이지만, 국가를 대표하는 '독립법인'의 투자지주회사였다. 훼이진공사는 주요 금융회사 주식에 투자하여 독립법인으로 합법적인 출자인의 권리와 의무를 행사하였다.

훼이진공사는 지분을 투자한 법인주주였기 때문에 시장경제 시스템에 의해 국유은행들에서 배당을 받고, 이사 파견과 감사를 통해 은행들의 경영에 참여하는 등 지배구조 개선에도 참여하였다.[9] 이것이 과거 정부가 주도하던 계획경제 시스템이 아니라 **시장경제 시스템으로 금융사들의 소유 – 지배구조에 참여하는 방식의 핵심적인 차이점**이다.

이러한 훼이진공사를 통한 국유은행에 대한 출자는 기존의 국유은행에 대한 중국정부의 자금지원 방식과 유사한 것 같지만, 소유 – 지배구조의 전환정책 측면에서는 큰 차이가 있다.

90년대 말 중국정부는 자산관리공사(AMCs)를 통한 부실채권 인수 형태의 자금지원이나 2,700억 위안의 국채발행을 통한 자본금 확충 등을 통해 국유은행의 부실채권 해소를 위해 노력하였다. 하지만 이러한 자금지원은 일시적으로 부실채권 비율을 낮추었을 뿐이고, 추가적인 부실채권 발생을 방지하는 근본적인 해결책은 되지 못했다. 이는 국유은행의 주주가 정부인 상황에서는 '연성예산제약 문제'로 인한 국유은행의 비효율성을 해결하기는 어려웠기 때문이다.

반면 훼이진공사라는 독립법인의 투자전문 지주회사가 주주로 참여하여 경영활동을 견제하고 감시하는 것은 '연성예산제약 문제'에서 상당히 자유로울 수 있었기 때문에 국유은행들의 경영 효율성을 높이는 데 일정정도 기여할 수 있었다.

(다) 해외 전략적 투자자 유치

둘째, 중국정부는 2004년부터 국유독자 상업은행을 포함한 국유금융사들의 지

---

9 예를 들면 당시 중국은행과 건설은행의 경우 각각 전체 13명의 이사 중에서 중앙훼이진공사는 6명의 이사와 국유주 대표의 이사장 1명을 포함하는 총 7명의 이사를 파견하였다. 그중 3명의 집행이사는 직접 경영에 참여하였다. 또한 3~4명의 감사를 감사위원회에 파견하였다. 李利明 外 (2007), p.225

분 일부를 해외 전략적 투자자에게 매각하는 소유-지배구조 전환 정책도 시작하였다. 이러한 지분 매각을 추진하기 위해서 국유금융사들을 주주의 지분 비율에 따라 재구성하는 "주식(股份)회사로 전환하는 정책"을 추진하였다. 중국에서 주식회사로의 전환은 2장에서 설명한 90년대 국유기업 '법인회사로의 전환'과 달리 지분의 일부를 매각하는 일종의 국유기업 민영화 개념을 포함하고 있다고 이해할 수 있다.[10]

당시 공상은행은 글로벌 투자은행 골드만 삭스, 보험사 알리안츠, 신용카드사 아메리칸 익스프레스에 전체 지분의 10%를 매각하였다. 중국은행은 투자은행 RBS(Royalbank of Scotland), 메릴린치 인터내셔날, 싱가포르 리카싱 펀드, 스위스 은행에 전체 지분의 12%를 매각하였다. 건설은행은 미국계 은행 BOA(Bank of America)와 싱가포르 국부펀드 테마섹에 전체 지분 14%를 매각하였다.[3]

당시 해외 전략적 투자자에 대한 지분 매각은 국유독자 상업은행뿐만 아니라 전국적 영업망을 가진 상업은행이나 도시상업은행에서도 광범위하게 추진되었다.

해외 전략적 투자자들이 중국계 은행에 투자한 이유는 매우 다양하였다.

① 단순한 재무투자자로 중국계 은행에 지분을 투자한 이후 상장에 따른 투자수익, 시세차익, 배당 등을 추구한 경우도 있고,

② 글로벌 금융사들이 중국 금융사업의 업무 다각화를 위한 전략적 제휴를 목적으로 투자한 경우도 있으며,

③ 중국 금융사들에게 금융기술을 이전하고 이에 대한 보상으로 지분을 받는 경우 등 다양한 목적으로 중국계 은행의 지분을 소유하였다.[11]

---

10 주식회사로 전환(股份制改造)은 그 이전 단계의 법인회사제(公司化) 전환에 비해 소유구조의 전환을 전제하고 있다는 측면에서 차이가 있다. 다시 말해 **법인회사제 전환**은 소유구조를 명확히 정의하여 중국정부나 국유, 비국유 부문의 지분을 정의하여 의무와 권리를 명확히 하는 것이 중요했다. 반면 **주식회사로의 전환**의 핵심은 중국정부나 국유부문의 지분 일부를 비국유부문이나 외국투자자들에게 매각하는 목적이 있다. 사회주의 국가인 중국에서 국가소유의 지분을 일정 부분 민영화(privatization)하는 의미에서 주식회사로의 전환은 매우 중요한 의의가 있다.

11 ① 투자수익 목적의 투자는 아직 상장되지 않은 중국계 은행의 지분을 인수하고 향후 상장에 따른 주식투자 수익을 실현하는 형태의 투자이다. 대표적인 사례가 IFC(International Finance

다만 몇몇 도시상업은행에 대한 예외적인 경우를 제외하고는 당시 이러한 해외 전략적 투자자들의 지분투자가 중국계 은행에 대한 실질적인 경영권 참여로 이어진 경우는 없었다. 대부분의 경우 해외 전략적 투자자들의 역할은 중국계 은행의 경영에 대한 감시와 감독 기능에 국한되었을 뿐이다. 이는 중국정부가 외국계 금융사들이 중국계 금융사들의 지분을 인수하여 자신들의 중국 금융사업 진출확대 수단으로 활용하는 것을 견제하였기 때문이다.

(라) 국유금융사들의 주식 상장

셋째, 국유금융사들의 지분 일부를 '주식시장에 상장'하여 주식시장을 통한 감시와 감독 기능을 활용한 소유 – 지배구조 선진화를 추진하였다. 주식시장에 상장한 기업은 정해진 기간마다 경영실적에 대한 상세한 **'공시'**를 해야 하고, **'외부감사'**를 받아야 하기 때문이다.

특히 중국정부는 전략적으로 대형 국유은행과 대형 금융사들을 홍콩 주식시장에 상장하였다. 이는 당시 중국 국내 주식시장보다 홍콩 주식시장이 공시제도가 발전하였고, 외부 투자자금 모집기반도 충분하였기 때문이다.

중국 금융사들에 투자했던 해외 전략적 투자자들도 홍콩 주식시장 상장을 통해 자신들의 투자지분을 회수하기를 선호하였는데, 이는 중국 자본시장이 개방되지 않은 상황에서 중국내 주식시장에서는 투자자금을 회수하기가 어려웠기 때문이다. 홍콩 주식시장에 상장하는 지분은 일반적으로 외국계 지분한도 25%를 넘지 않는 범위에서 상장하였다.

Corporate)의 북경은행 지분 투자 및 상장 이후에 투자수익 실현이다. Temasek의 경우 민생은행(4.55%), 건설은행(50.%), 중국은행(5.0%)에 각각 지분을 투자하였다. ② 업무 다각화를 위한 전략적 제휴 목적의 투자가 있다. 중국계 은행이 기존에 보유하고 있는 네트워크나 사업권을 이용하는 방식이다. ING나 Allianz 등의 외국계 보험사의 경우 중국계 은행에 대한 지분 참여를 통해 방카슈랑스 보험상품 판매를 시도하였다. HSBC나 Citi은행 등은 카드사업이나 소매금융업(Private Banking) 진출을 위해 중국계 은행에 대한 지분참여와 전략적 제휴를 활용하였다. ③ 소수지분을 투자하고 금융 기술이전에 대한 보상을 받는 형태이다. RBS(Royal Bank of Scotland)나 BOA(Bank of America) 등이 주요 사례이다. 서봉교(2007)

〈표 3-1〉 중국 주요 은행의 상장(IPO) 시기

	중국 내 상장 시기	해외 상장 시기
工商은행	2006년 10월 상하이	2006년 10월 홍콩
中國은행	2006년 7월 상하이	2006년 6월 홍콩
建設은행	2007년 9월 상하이	2005년 10월 홍콩
農業은행	2010년 7월 상하이	2010년 7월 홍콩
交通은행	2007년 5월 상하이	2005년 6월 홍콩
中信은행	2007년 4월 상하이	2007년 4월 홍콩
興業은행	2007년 2월 상하이	2007년 4월 홍콩
招商은행	2002년 4월 상하이	2002년 9월 홍콩
華夏은행	2003년 9월 상하이	–
民生은행	2000년 12월 상하이	2009년 11월 홍콩
光大은행	–	2013년 12월 홍콩
北京은행	2007년 9월 상하이	–

자료: 百度 인터넷 검색

2005년 건설은행의 홍콩 주식상장을 시작으로, 2006년 공상은행과 중국은행이 세계적인 규모의 투자자금을 모집하면서 홍콩 주식시장에 상장되었다.[12] 〈표 3-1〉에서 보듯이 국유독자 상업은행뿐만 아니라 전국적 영업망을 가진 상업은행이나 도시상업은행의 홍콩 주식시장 상장도 계속되었다.

한편 홍콩 주식시장 상장과 동시에 중국 국내 주식시장에서도 상장이 진행되었다. 특히 이러한 중국 국내 주식시장 상장은 다음 장에서 자세히 언급하는 정부가 소유하고 있던 비유통 국유주식을 일반 투자자들에게 매각하여 보통의 유통주식으로 전환하는 주식시장 개혁과 연계되어 진행되었다.

이와 같은 다양한 방식으로 중국정부가 100% 소유하고 있던 국유독자 상업은

---

12 2006년 6월 중국은행의 기업공개에는 홍콩 증시 사상 최대 규모의 자금이 모집되었다. 공모주 청약에는 청약 과열현상까지 일어나면서 387억 달러의 자금이 투입되었다. 이 기록은 10월 공상은행의 홍콩상장 과정에서 다시 갱신되었는데, 공상은행이 기업공개로 모집한 투자자금은 당시 세계 최대의 금융주 발행기록을 갱신하였다.

행의 지분을 외부 투자자들에게 매각하면서 마련된 신규 투자자금은 은행들의 경쟁력 확대를 위해 전략적으로 투입되었다. 동시에 외부 경영 감시와 감독 기능을 강화하여 중국 은행들의 경영 효율성 향상에도 기여하였다.

이러한 지배구조의 다양화는 일종의 국유은행의 **부분적인 '민영화'**라고 이해할 수도 있으며, 중국정부도 이후 국유은행이라는 용어를 사용하지 않게 되었다. 국유독자 상업은행이라는 용어는 "대형 주식제상업은행(大型股份制商业银行), 또는 대형상업은행"이라는 용어로 대체되었다. 물론 이러한 지분 매각에도 불구하고 중국정부는 다양한 안전장치를 마련하여 이들 대형 상업은행에 대한 직간접적인 영향력은 지속적으로 행사할 수 있었기 때문에 실질적으로 국유은행의 특징은 상당히 유지되었다.

2) 증권업: 국유주식 유통주 전환

이 시기 주식시장에서도 WTO 가입에 따른 금융시장 개방에 대비하여 주식시장의 경쟁력을 강화하기 위한 정책들이 추진되었다. 주요 정책으로는

(1) 상장기업 주식거래와 관련된 국유 비유통주의 유통주 전환,

(2) 중소기업거래소 신설,

(3) 적격외국인기관투자가(QFII) 제도 도입 등이 있다.

이를 자세히 살펴보자.

(가) 비유통주의 유통주 전환 정책

이 시기 주식시장에서는 상장된 국유기업의 소유 – 지배구조 개선을 통해 경쟁력을 높이고 이를 통해 주식시장 전반의 경쟁력을 높이는 정책이 추진되었다. 이 정책의 핵심은 국유기업에 대한 중국정부의 지분을 축소하고 지분의 일부를 외부 투자자들에게 매각하는 것이다. 이를 통해 국유기업 경쟁력 강화를 위해 투자할 수 있는 자금을 모집하고, 다른 한편으로는 외부 주주에 의한 감시 감독이라는 주식시장의 경영감시 기능을 강화하는 것이 목적이었다.

앞장에서 언급하였듯이 90년대 초 중국정부가 주식시장 시스템을 처음 도입했던 중요한 이유는 국유기업의 지배구조 개선이었다. 하지만 동시에 국유기업에 대한 중국정부의 통제권을 유지하기 위한 방법으로 국가가 대주주로 다수지분을 소유하면서 일부 지분만을 매각하여 거래하게 하는 이원화된 시스템을 구축하였다.

문제는 전체 주식의 30% 정도만이 유통주식으로 거래되는 형태의 당시의 주식시장 시스템에서는 상장 기업에 대한 감시 감독이라는 주식시장 본래의 기능이 제대로 작동되기 어려웠다는 것이다. 전체 주식의 일부만이 거래되는 상황에서는 작은 외부 충격에도 해당기업의 주가가 급등락할 수밖에 없었기 때문이다. 이로 인해 기업의 성장성이나 장기적인 경영성과에 투자하는 건전한 장기투자자보다는 주가조작과 내부자거래로 일확천금을 노리는 단기투기세력이 당시 중국 주식시장을 지배하였다.

더구나 중국의 WTO 가입으로 주식시장의 대외 개방이 불가피한 상황에 직면하였기 때문에, 왜곡되고 낙후된 주식시장을 단기간에 발전시킬 획기적인 정책을 도입할 필요가 있었다. 이에 따라 2005년부터 중국정부는 주식시장에서 "비유통주를 유통주로 전환하는 정책"[13]을 추진하였다.

한편 중국정부는 이러한 주식시장 유통주 전환 정책을 추진하면서 사회보장제도를 구축하기 위한 자금을 마련하기 위해 비유통 국유주식을 매각한다는 명분을 내세웠다. 이는 상장 국유기업의 주식을 유통주로 매각하는 일종의 부분적인 민영화에 반대하는 의견을 차단하는 효과가 있었다고 판단된다.

하지만 상장 국유기업의 비유통 주식(국유주나 법인주)을 일반인들을 대상으로 매각하는 유통주 전환은 결코 쉬운 일이 아니다.

① 무엇보다도 주식시장에서 투자자들이 새롭게 유통되는 기존의 비유통 주식들을 기꺼이 구매해야 했고,

② 동시에 주요 상장 국유기업에 대해서는 국유주식을 유통주로 전환한 이후

---

13 이를 중국에서는 일반적으로 구첸가이거(股权改革, 또는 股权分置改革)라고 한다. 또 이러한 유통주 전환이 완료된 주식을 G주(G股)라고 지칭하기도 하였다.

에도 중국정부가 여전히 영향력을 행사할 수 있는 제도적 장치를 마련해야 했다.

③ 마지막으로 국유주식의 유통주 전환 과정에서 최대한 많은 국가의 자산이 확보되어 이를 사회보장 시스템을 구축하는 재원으로 투입되어야 했다.

중국정부는 대략 다음과 같은 방식으로 비유통주의 유통주 전환 정책을 추진하였다.

첫째, 중국정부는 비유통 주식을 유통 주식으로 전환하는 조건으로 '**기존 유통주 주주들에게 상당한 보상**'을 제공하였다. 유통주 전환 과정에서 가장 문제가 되는 것은 기존 유통주의 2배가 넘는 비유통주가 주식시장에서 유통되면서 주식 물량의 공급확대로 인해 주가가 폭락하는 것이었다. 실제로 중국정부가 1999년과 2001년에도 비유통주의 유통주 전환 정책을 계획하였으나, 이 계획이 알려지면서 두 차례 모두 주가가 폭락했었기 때문에 이를 철회한 경험이 있었다. 따라서 2005년 유통주 전환 정책을 추진할 때는 기존 유통주를 보유한 주주들에게 현금 또는 주식으로 보상[14]하고 비유통주를 유통주로 전환하는 방식을 사용하였다.

뿐만 아니라 비유통주가 일시에 유통주로 전환되고 주식시장에서 판매되면 주식 물량 공급확대로 주가가 폭락할 가능성이 있었다. 따라서 비유통주가 유통주로 전환된 이후에도 일정 기간 시장에서 판매되지 못하도록 하는 '**보호예수 기간**'을 설정하여 유통을 제한하는 장치도 마련하였다.[15] 이러한 방식의 유통주 전환 정책은 기존 유통주 주주들에게는 매우 유리한 방식이었다.

14 당수 대다수 국유기업들은 비유통주를 보유한 주주(국가나 지방정부, 법인 등)가 유통주 보유 주주(일반인)에게 현금 또는 주식을 부여하는 방식으로 유통주 주주의 손실을 보상하거나, 비유통주 주식을 감자(減資)한 뒤 전체 주식을 증자하는 등 매우 다양한 방법을 사용하였다. 예를 들면 三一重工은 비유통주가 75%, 유통주가 25%였는데, 유통주 주주에게 10주당 3.5주를 증자(增發)의 방법으로 지급하였고, 추가로 8위안을 지급하였다. 이에 따라 유통주는 전체의 33.8%로 늘어났고, 기존 비유통주가 유통주로 전환된 주식의 비율은 66.2%로 감소하였다.

15 비유통주가 유통주로 전환된 이후에도 일정 기간 매각을 제한하였다. 대다수 국유기업의 경우 1년 이내에는 매각이 금지되었다. **비유통주를 5% 이하로 소유한 소수지분 주주(샤오페이; 小非)**는 1년 이후부터 점진적으로 매각이 허용되었고, **비유통주를 5% 이상 소유한 대주주(다페이: 大非)**는 일반적으로 2~3년 이후부터 점진적으로 매각이 허용되었다.

더구나 2005년 당시 주식시장의 주가 흐름도 이러한 비유통주 전환에 유리하였다. 중국의 상하이 주가지수는 2000년대 초반 2,000포인트 수준이었으나 2005년까지 지속적으로 하락하여 1,000포인트 수준까지 하락하였다. 이는 당시 중국의 경제성장률이 매년 10% 수준에 육박하였던 실물경제 상황을 고려하면 이해하기 어려운 주가의 움직임이었다. 결국 2005년까지 중국 주식시장의 주가하락은 상당 부분 비유통주 유통주 전환 정책에 대한 불확실성에 기인하였던 것이다.

하지만 2005년 이러한 불확실성이 해소되고 유통주를 보유한 주주들에게 매우 유리한 방식으로 정책이 추진되면서 주가가 급등하기 시작하였다. 일반인 투자자들 중에서 유통주 전환 정책을 기회로 수십 배의 투자수익을 얻는 경우가 증가하면서 많은 일반인 투자자금이 주식시장으로 유입되었기 때문이다. 2006년 상하이 주가지수는 2,000포인트를 넘어 3,000포인트에 달했고 2007년에는 상반기 4,000포인트, 하반기 5,000포인트를 넘었다. 2007년 10월에는 상하이 주가지수가 6,092포인트로 최고치를 달성하였다.

당시 이러한 주가지수의 이상 과열 현상은 많은 투자자들을 주식시장으로 유인하여 비유통주의 유통주 전환을 소화해 낼 수 있게 하는 원동력이 되었다. 동시에 중국정부가 추진한 유통주 전환 정책을 지지하는 기반이 되었다. 2005년 7월 시작된 유통주 전환 정책은 2007년 상반기까지 대부분의 상장기업에 대해서 완료되었다.[16]

둘째, 중국 주식시장에 상장된 국유기업 중에서는 중국 산업의 기간이 되는 주요 국유기업들도 많았다. 중국정부는 다양한 방법을 사용하여 이러한 국가 기간

---

16 대부분의 상장 국유기업에 대해 국유주식의 유통주 전환이 완료되었다는 것은 상당히 중요한 의의가 있는 것이었다. 중국의 상장 국유기업 중에서는 해당 산업에서 과점 체제를 구축한 핵심 국유기업도 있지만, **경쟁력이 매우 떨어지는 부실 국유기업도 상당히 많았기 때문이다.** 이는 중국에서 국유기업이 상장되는 기준에 객관적인 경제적 지표 이외에도 해당 지방정부와의 관계와 같은 비경제적인 요인이 작용했던 측면이 있기 때문이다. 이러한 부실한 국유기업의 국유주식을 유통주로 전환하는 과정에서 발생할 수 있었던 많은 장애요인들이 당시 중국 주식시장의 전반적인 상승 추세로 인해 쉽게 해결될 수 있었던 측면이 있었다.

[그림 3-2] 중국 상하이 주가지수 추이(1999.3~2016.4)

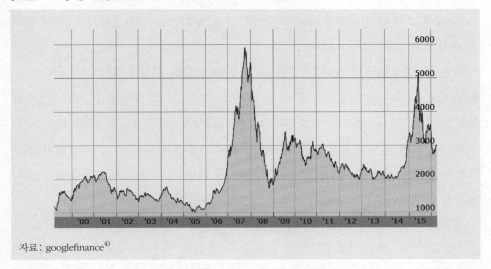

자료 : googlefinance[4]

산업의 상장 국유기업에 대해서는 비유통 국유주의 유통주 전환 이후에도 중국정부가 직간접적으로 최대 지분을 보유하였다.

예를 들면 ① 정부의 「국유자산관리위원회(国务院国有资产监督管理委员会)」가 100% 지분을 보유하고 있는 비상장 모(母)기업이 산하의 상장기업 자회사의 다수 지분을 보유하는 방법으로 중국석유(PETRO China)나 중국석유화학(SINOPEC) 등에 사용된 방법이 있다.[17]

또한 앞에서 언급한 ② 금융산업의 경우 상장된 대형 금융기관에는 정부가 출자하여 설립한 투자지주회사인 '중앙훼이진공사'가 다수지분을 보유하고 있다. 또한 ③ 정부가 소유하고 있는 비상장 모(母)금융그룹 등이 지분의 50% 이상을 보유하고 있는 경우도 있다. 나아가 ④ 중요 대형 금융사는 중앙정부의 재정부가 여

---

17 중국 시가총액 상위의 중국석유(PETRO China; 中国石油天然气)나 중국석유화학(SINOPEC; 中国石化)은 사실상 중국 석유화학산업을 과점체제로 운영하고 있는 회사이다. 이들의 지분은 2015년 기준으로 각각 중국석유그룹과 중국석유화학그룹이 87%와 71%를 보유하고 있다. 하지만 이 국유주는 사실상 정부가 보유하고 있는 것과 다름이 없는데, 비상장 모기업인 중국석유그룹과 중국석유화학그룹의 지분 100%를 정부의 국유자산관리위원회가 보유하고 있기 때문이다.

전히 다수지분을 직접 보유하고 있다.

⑤ 정부의 영향력이 작용하는 대기업이나 금융회사들이 복잡하게 서로의 지분을 보유하고 있는 경우도 많다.

한편 ⑥ 중국정부가 채택한 방법 중 정부의 영향력이 작용하는 기관투자가(institutional investor)들에게 기존에 정부기관이 보유하고 있던 국유기업의 **'국유주를 양도'**했던 정책5)도 주목할 필요가 있다. 중앙정부와 지방정부는 각각 산하 국유지주회사나 정부 관련기관, 산하 단체 등에서 기존에 보유하고 있던 상장기업 국유주식을 매우 다양한 방법으로 양도하였다.[18] 다만 이때 반드시 국무원이나 지방정부의 국유자산관리기관에서 비준을 받도록 하였다.

국유자산관리기관은 중앙정부의 경우 국가국유자산관리국(国家国有资产管理局)이고, 지방의 경우 각급 지방정부의 국유자산관리 부문(省级人民政府国有资产管理部门)이다. 이후 국무원국유자산관리위원회(国务院国有资产监督管理委员会)와 각급 정부의 국유자산관리위원회(国资委)로 명칭이 바뀌었다. 2009년 기준으로 국무원 국유자산관리위원회는 155개의 대형 중앙국유기업을 관리하였다.

셋째, 국유주식 유통화 전환 과정에서 확보한 재원을 사회보장 시스템 구축으로 활용하겠다는 국유주의 유통화 전환 정책의 당초 도입취지는 정책의 시행과정에서는 크게 부각되지 못했다. 저자는 이에 대해서 사회보장 재원을 마련하기 위해서는 국유주를 높은 가격에 매각해야 하는데, 이는 국유주를 양도받는 법인이나 유통화 과정에서 이를 매입하는 일반인들에게 사회보장 시스템 재원 조달의 부담이 전가되는 문제가 있었기 때문이 아닐까 판단된다.

18 국유주 양도는 2000년대 이전부터 부분적으로 시행되었으나, 2005년 국유주 유통화 정책 시행 이후 사례가 크게 증가하면서 관련 규정을 정비하였다. 당시 언론에 보도된 국유주 양도 사례를 보면 매우 다양한 양도 방식의 사용되었음을 알 수 있다. 国际实业의 1대 주주인 新疆대외무역집단은 보유 국유주를 무상대출(零付款) 방식으로 신장투자회사에 양도하였다. 成都국유자산국이 보유하고 있던 국유주를 청두국유자산경영회사에 조직부서간 무상양도(划转)하였다. 三九생물화학의 1대 주주인 산지우 그룹의 법인주를 주당 3.94위안에 산지우의약회사에 양도(转让)하였다.

오히려 국유주의 유통주 전환 정책 과정에서 정작 큰 문제가 되었던 것은 국유주식을 너무 낮은 가격에 양도하거나 매각하는 '국유자산 유실' 문제였다.

국유기업의 소유 - 지배구조 전환 과정에서 일부 부패한 경영진이나 정부관료가 불법적인 방법으로 국가의 자산을 빼돌려 개인적인 부를 축적하는 경우는 2000년대 이후 지속적으로 문제가 되었다. 이런 현상은 지방정부 소속의 국유기업에서 더욱 심각하였는데, 지방정부 소속의 수많은 중소규모 국유기업의 정확한 자산 가치를 평가하기는 매우 어려운 일이었기 때문이다. 이런 어려움이 있었는데도 불구하고 단기간에 수백 개의 상장기업에 대해 유통주 전환 정책이 추진되었기 때문에, 관리감독이 소홀해진 틈을 이용하여 국유자산의 유실이 많이 발생하였던 것으로 보인다.[19]

(나) 중소기업거래소 신설

이 시기 중국 주식시장의 경쟁력을 강화하기 위한 정책 중에서는 중소기업을 상장시키고 거래하는 "중소기업거래소(中小企业板)" 설립이 있었다. 중소기업 거래소는 선전거래소에 2003년 설립되었다.

중소기업거래소는 원래는 미국 나스닥 시장과 유사하게 유망 벤처기업의 상장과 거래를 허용하는 거래소가 될 것이라는 기대가 있었다. 하지만 결국 기존 상하이나 선전거래소에서 상장되고 거래되는 기업에 비해 다소 규모가 작은 중소기업이 상장 대상이 되었고, 벤처기업은 제외되었다. 유망 벤처기업에 대한 투자로 높은 투자수익을 달성했던 외국의 경험으로 중국에서도 벤처기업 투자를 통한 수익을 기대하던 투자자들의 기대에는 미치지 못했던 것이다.

---

19 중국 국유기업의 소유 - 지배구조 전환과정에서의 국유자산 유실 문제에 대해서는 홍콩 중문대 랑셴핑(郎咸平) 교수가 가장 강력하게 비판적인 의견을 제시하였다. 그는 TCL이나 하이얼 등 대형 국유기업의 국유주 매각이나, 비유통주의 유통화 전환 정책 과정에서의 국유자산 유실이 심각하게 발생하였다고 비판하였다.

벤처(venture)기업은 첨단기술과 아이디어를 바탕으로 창업하는 창조적인 중소기업으로, 모험기업 또는 위험기업이라고도 한다. 많은 투자자금이 필요한 설비투자가 아니라 위험성은 크지만 성공할 경우 높은 기대수익이 예상되는 '신기술과 아이디어'를 바탕으로 창업하기 때문에 초기 투자자금이 많지 않고, 반면 성공했을 때 높은 투자수익을 얻을 수 있었다. 최근에는 스타트업(startup)기업이라는 용어로 혼용되어 사용되고 있다.

더구나 당시 중소기업거래소에 상장된 중소기업들은 성장성이나 수익성, 안정성 등의 측면에서 투자가치가 그다지 높지 않다고 평가되었다. 2003년 당시의 주식시장 상황도 지속적으로 주가가 하락하던 상황이었기 때문에 중소기업거래소는 기대했던 것보다 활성화되지 못했다.

2005년부터는 앞에서 언급한 국유 비유통주의 유통주 전환 정책에 중국정부가 집중하면서 중소기업거래소는 사실상 주목을 받지 못했다. 결국 당시 중소기업거래소에 상장되는 기업의 수도 많지 않았고, 투자자들의 관심도 높지 않아서 크게 활성화되지 못했다.

(다) 적격외국인기관투자가(QFII) 제도 도입

2002년 11월 해외 기관투자가들이 중국 국내 주식시장에 투자할 수 있도록 허용하는 "적격외국인기관투자가(이하 QFII)" 제도를 도입한 것도 중국 주식시장을 활성화하고 경쟁력을 강화하기 위한 정책이었다.

QFII는 Qualified Foreign Institutional Investors의 약자이고, 중국 용어로는 合格境外机构投资者이다. 이를 한국에서는 일반적으로 적격외국인기관투자가 또는 역외기관투자가라고 번역하고 있다. 외국인 투자가 제한된 중국 국내 주식시장에 일정한 자격을 가진 기관투자가들을 선별하여 투자할 수 있도록 허용하였다.

원래 중국은 자본시장을 개방하지 않았기 때문에 외국인들은 중국 주식시장에서 특별히 외국인 전용으로 허용된 일부 주식(B주)만을 매매할 수 있었다. 따라서 원칙적으로 외국인 투자자들이 중국의 일반 주식(A주)[20]을 매매할 수는 없다.

하지만 2002년부터 일정한 자격을 갖추어 중국 금융당국이 허가한 외국인 기관투자가에게는 상하이와 선전의 중국인 전용 주식(A주)도 매매할 수 있도록 허용하였다. 그리고 이러한 자격을 획득한 외국인 기관투자가를 QFII라고 하였다.

2003년 5월 글로벌 금융그룹인 UBS[21]와 노무라증권 등을 시작으로 많은 외국 금융사들이 QFII 자격을 획득하여 중국 주식시장에 투자하기 시작하였다. 초창기 QFII 자격을 획득한 외국인 기관투자가들은 2005년부터 시작된 중국 주식시장의 유통주 전환과 주식시장 급등 상황에서 상당한 투자수익을 올린 것으로 알려져 있다.

하지만 전체 중국 주식시장의 규모에 비해서는 QFII 투자가 허용된 금액은 1%도 되지 않는 등 매우 제한적[22]으로 주식시장 투자를 허용하였다.

3) 보험업: 외국계 변액보험의 급성장

(가) 보험업 개방과 배경

보험업은 중국의 WTO 가입 이후 내수시장 개방이 가장 빠르게 진행된 금융업이었다. 국유기업의 자금조달 문제와 관련된 은행산업이나 국유기업의 소유 – 지배구조와 관련된 증권업은 개방을 최대한 늦추는 대신 상대적으로 금융업에서의 비중이나 중요성이 낮은 보험업의 개방 요구를 많이 수용하였기 때문이다.

---

20 A주는 중국 주식시장에서 외국인만 매매할 수 있는 B주와 구분되어 사용되었던 용어이다. B주는 1992년 당초 중국내 외국인들의 투자자금을 유치하기 위해 설립되었지만, 거래 제한 규정도 까다롭고, 상장되어 있는 기업들도 얼마 되지 않아 활성화되지 못했다. 이에 따라 2001년 2월부터는 B주를 외국인들뿐만 아니라 중국인들도 매매할 수 있도록 허가하였다. 하지만 여전히 B주가 활성화되지 못해 A주와 B주를 통합해야 한다는 주장이 계속되고 있다. 중국 기업 주식 중에서 홍콩 거래소에 상장된 주식은 H주, 뉴욕 증권거래소에 상장된 주식은 N주라고 한다.

21 UBS는 스위스 금융그룹을 지칭하는데, Union Bank of Switzerland의 약자이다.

22 QFII 제도가 2002년 도입될 당시 투자허용 금액은 40억 달러였는데, 2005년 100억 달러로 점진적으로 확대하였다. 이후 2007년 300억 달러로 확대하였다. 또한 QFII 기관투자가가 중국 A주식에 투자할 때 한 기업의 지분 비율을 10% 이상 보유할 수 없도록 제한하였고, 중국 상장회사의 외국인 지분비율 한도도 20%로 제한하는 등 여러 제약을 두었다.

생명보험업은 WTO 가입 즉시 외국계 지분 50%의 합작 생명보험사 설립이 허용되었다. 손해보험업은 WTO 가입 2년 후부터 외국계 지분 100%의 손해보험사 설립이 허용되었다. 다만 기존 중국계 보험사의 지분을 인수하는 경우에는 외국계 지분의 비율을 25%로 제한하여 M&A를 통해 단기간 내에 중국 보험시장 진출을 확대하는 것을 제한하여 합작 생명보험사나 외국계 손해보험사의 신설을 유도하였다.

다만 생명보험업의 경우 원칙상 외국계 지분을 50%로 제한하였지만 예외가 적용되었다. 외국계 생명보험사 중 AIA(美國友邦保險)는 미국 AIG의 아시아지역 생명보험 사업담당 자회사인 홍콩 AIA의 지점(分公司) 형태로 운영되었기 때문에 예외적으로 외국계 지분이 100%인 상황에서 영업하도록 허용하였다. 또한 중국의 WTO 가입 이전에 중국내 보험법인을 설립하였던 Manulife(中宏人寿: 1996년 설립), AXA(金盛人寿: 1999년 설립), Allianz(中德安联: 1999년 설립) 3개 합작사에 대해서는 외국계 지분이 예외적으로 51%까지 허용되어 외국계 파트너가 안정적으로 경영권을 행사할 수 있도록 허용하였다.

2000년대 초반 당시 중국 생명보험 시장은 상위 3사 국유 생명보험회사(中國人壽, 平安人壽, 太平洋人壽)가 90% 이상의 시장점유율을 차지하는 과점체제를 구축하고 있었다. 이에 따라 당시 중국의 보험상품이나 서비스 수준은 상당히 낙후되어 있었다. 이런 상황에서 외국계 합작 생명보험사의 등장은 중국 보험시장에서 경쟁을 통한 발전을 유도하는 효과가 있었다.

손해보험 시장 역시 상위 3사 국유 손해보험회사(中国人保, 太平洋财产, 平安财产)가 80% 이상의 시장점유율을 차지하는 과점체제를 구축하고 있었다. 특히 당시 손해보험업은 화재보험, 해상보험 등 기업관련 보험상품이 주를 이루었는데, 중국 기업들은 개별 보험상품의 경쟁력을 고려하기보다는 기존에 거래관계가 있는 금융사나 거래의존도가 높은 국유기업과의 관계를 고려하여 국유 손해보험회사를 선택하는 경향이 있었다. 따라서 외국계 손해보험사들이 중국 기업을 대상으로 영업을 확대하는 것은 쉽지 않은 일이었다.

(나) 국유 보험사의 지분 매각

중국 정부는 보험시장 개방에 대비하여 과점 체제로 운영되면서 경영 효율성이 낮았던 상위 3사 국유보험사의 경영 효율성을 높이기 위한 정책들을 중점적으로 추진하였다. 가장 중점을 두었던 정책은 이들 국유보험사의 지분을 외국계 금융사에 매각하거나 주식시장에 상장하여 외부 주주에 의한 경영 감시를 통해 경영 효율성을 높이는 '소유 – 지배구조 전환'정책이었다.

중국생명(China Life)은 원래 정부가 100% 지분을 소유했던 국유독자 보험회사였는데, 2003년 비상장 금융지주회사 형태의 모회사인 중국생명보험그룹(中国人寿保险 集团)과 자회사인 중국생명보험주식회사(中国人寿保险股份有限公司)와 기타 보험사 등으로 지배구조를 재편하였다. 2004년 뉴욕 증권거래소와 홍콩 증권거래소에 자회사인 중국생명보험주식회사의 지분 일부[23]를 상장하였다. 2007년에는 상하이 증권거래소에도 중국생명보험주식회사를 상장하였다.

중국인민보험(PICC) 역시 정부가 100% 지분을 소유했던 국유독자 보험회사였는데, 2003년 지배구조 재편을 통해 비상장 모회사인 중국인민보험지주회사(中国人保控股公司; PICC)[24]와 중국인민손해보험주식회사(中国人民财产保险股份有限公司; PICC P&C), 중국인민보험자산운용사 등으로 재편하였다. 자회사인 중국인민손해보험주식회사는 2003년 11월 홍콩 증권거래소에 상장하였다.

핑안보험은 2002년 외국계 은행 HSBC의 투자를 받아 주요 국유보험사 중에서는 최초로 외국계 투자자가 1대 주주가 되었다. 핑안보험과 HSBC는 전략적 파트너로 방카슈랑스 등 서로의 금융사업에 시너지 효과를 추구하였다. 2003년에는 금융지주회사인 핑안보험그룹(中国平安保险 集团)과 산하의 핑안생명보험(平安人寿), 핑안손해보험(平安财产保险) 등의 금융사로 지배구조를 재편하였다. 2004년

---

23 2012년 당시 중국생명보험주식회사의 지분 68%를 중국생명보험그룹이 보유하고 있고, 중국생명보험그룹의 지분 100%를 중국 재정부가 소유하고 있다.
24 중국인민보험지주회사는 2007년 다시 중국인민보험그룹(中国人民保险集团公司; PICC)으로 이름이 바뀌었다. 중국인민보험그룹은 2012년 홍콩 주식시장에 상장하였다.

6월에는 핑안보험그룹을 홍콩 증권거래소에 상장하였는데, 당시 홍콩 증권거래소 주식은 전체 핑안보험그룹 주식의 41%였다. 이후 2007년 상하이 증권거래소에도 상장하였다. 핑안보험그룹은 이러한 지배구조의 변화로 국유보험사의 성격이 거의 없어지고, 시장환경의 변화에 매우 능동적으로 적응하여 이후 빠른 속도로 성장하였다.

타이핑양보험은 2001년 금융지주회사인 타이핑양보험그룹(中国太平洋保险 集团)과 산하의 타이핑양생명보험(太平洋人寿), 타이핑양손해보험(太平洋财产保) 등의 금융사를 자회사로 재편하였다. 타이핑양보험그룹은 2007년 상하이 증권거래소에 먼저 상장하였고, 이후 2009년 홍콩 증권거래소에도 상장하였다.[25]

(다) 신규 보험사 설립을 통한 경쟁 유도

중국 보험업의 경쟁력을 강화하는 방법으로는 외국계 보험사나 중국계 중소 보험사의 신규 설립을 확대하여 시장경쟁을 통한 보험업의 발전을 유도하는 정책도 사용되었다. 이에 따라 상위 3사 국유보험사들의 시장점유율도 점차 낮아졌고, 경쟁이 치열해지면서 고객서비스나 보험상품의 경쟁력도 향상되었다.

생명보험업에서는 글로벌 보험사와의 합작 생명보험사가 2002년 10개사에서 2007년 24개사로 급격히 증가하였다. 외국계 생명보험사의 경우는 AIA를 제외하고는 모두 합작 생명보험사였다. 보험시장 개방 초기단계에 중국 생명보험 시장에 진출한 합작 생명보험사들은 주로 미국이나 유럽에 기반을 둔 글로벌 보험그룹이었다. 이들은 중국 생명보험 시장의 잠재력이 매우 크다고 평가하고 초기부터 적극적인 투자를 통해 시장을 선점하기 위해 노력하였다. 글로벌 생명보험사들은 자신들의 브랜드파워나 경영역량을 적극적으로 활용하여 중국 일반 고객들을 대상으로 영업을 확대하였다.

중국계 생명보험사의 설립도 확대되었다. 2002년 중국계 생명보험사는 상위 3

---

25 2010년 당시 타이핑양보험그룹의 지분은 국무원 국자위 산하의 바오강그룹이 15%, 상하이 국자위 산하의 선능그룹이 14%, 재정부 산하의 상하이투자회사가 5%, 상하이 국자위 산하의 투자회사가 5%, 글로벌 투자그룹인 칼라일(CARLYLE)이 5% 등으로 구성되어 있었다.

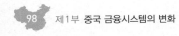

사 국유보험사를 제외하고는 5개사에 불과하였는데, 2007년 말에는 25개사로 급격히 증가하였다.

이러한 외국계 합작생명보험사와 중국계 생명보험사의 신규 설립 확대로 전체 보험료 수입위에서 상위 3사 국유생명보험사의 보험료 수입이 차지하는 비중은 2002년 90%에서 2007년 67%로 감소하였다.

손해보험업에서 글로벌 보험사들은 2002년 9개 사에서 2007년 15개사로 증가하였다. 당시 손해보험업은 기업보험 위주였기 때문에 글로벌 기업들의 중국 진출이 확대됨에 따라 본국에서부터 연계가 있던 글로벌 보험사들도 100% 지분의 현지법인을 설립하면서 중국 시장에 진출하였다. 하지만 글로벌 손해보험사들이 브랜드 파워나 경영우위를 점할 수 있었던 자동차보험 분야는 외국계 손해보험사의 진출이 제한되었기 때문에 생명보험사에 비해서는 적극적인 투자를 하지는 않았다.

중국계 손해보험사의 설립도 확대되었다. 2002년 중국계 생명보험사는 상위 3사 국유보험사를 제외하고는 6개사에 불과하였는데, 2007년에는 중국계 중소 손해보험사의 수가 24개사로 급격히 증가하였다.

이러한 외국계 손해보험사와 중국계 손해보험사의 신규 설립 확대로 전체 보험

⟨표 3-2⟩ 중국 보험산업 점유율(%)과 보험사 수(개) 추이

		2002	2004	**2007**	2008	2010	2012	2014	2016
생명보험	상위 3사 점유율	90	83	67	63	55	55	48	42
	외국계 점유율	1.8	2.6	7.9	4.9	5.6	4.8	5.8	6.8
	외국계 보험사 수	10	19	24	26	28	26	28	28
	중국계 보험사수	8	9	29	30	33	42	43	49
손해보험	상위 3사 점유율	80	79	64	64	66	65	65	63
	외국계 점유율	0.9	1.2	1.2	1.2	1.1	1.2	2.2	2.0
	외국계 보험사 수	9	12	15	16	19	21	22	22
	중국계 보험사수	9	14	27	31	34	41	43	59

자료: 중국보험감독관리위원회[6]

료 수입에서 상위 3사 국유 손해보험사의 보험료 수입이 차지하는 비중은 2002년 80% 이상에서 2007년에는 64%로 감소하였다.

(라) 변액 생명보험 상품의 급성장

당시 중국 보험시장에서 특징적인 변화는 외국계 생명보험사들이 새로운 보험 상품과 영업전략으로 중국 생명보험 시장에 진출하면서 시장점유율이 급격히 상승한 것이다.

중국 보험시장에 진출한 외국계 생명보험사들은 단기간에 시장점유율을 확대하기 위해 전통적인 보장형 생명보험 상품보다는 혁신적인 **'투자형 생명보험 상품'** 판매에 주력하였다. 당시 중국에서는 사망보험 등 보장형 보험상품에 대한 이해가 부족한 상황에서 국유기업 단체보험 등의 보장형 상품을 기존 상위 국유보험사들이 선점하고 있었기 때문에 전통적인 보장형 상품으로는 경쟁우위를 확보하기가 어려웠기 때문이다.

반면 당시 중국에서는 저금리의 은행예금을 대체할 수 있는 투자형 금융상품이 거의 없던 상황이었기 때문에 투자형 금융상품인 '변액보험' 판매에 매우 유리하였다.

변액보험 금융상품의 등장이 가능했던 이유는 보험료 수입의 운용이 예금과 국채로 엄격하게 제한되어 있던 규정이 완화되어 주식과 채권에도 투자할 수 있도록 허용되었기 때문이다. 더구나 2005년 이후 중국 주식시장이 상승국면으로 전환되면서 변액보험의 예상수익률도 급격히 상승하면서 변액보험에 대한 인기가 급상승하였고 판매도 확대되었다.

이에 따라 변액보험 판매에 주력한 외국계 생명보험사의 시장점유율이 급격히 상승할 수 있었다. 2007년 말 기준으로 외국계 생보사의 전체 보험료 수입 중에서 변액보험 등 투자형 보험상품의 비중은 66%로 중국계 생보사의 투자형 보험상품 판매비중 21%를 3배 이상 크게 상회하였다. 이는 외국계 생보사가 그만큼 투자형 보험상품 판매에 주력하였음을 보여주는 것이다.[7]

> **변액보험(variable insurance)**이란 보험료의 일부를 주식이나 채권 등의 금융상품에 투자하여 그 운용 실적에 따라 보험 가입자에게 투자성과를 나누어주는 보험상품이다. 따라서 보험사의 투자 성과에 따라 보험 가입자가 받게 되는 보험금이 변화한다.

또한 당시 중국 보험사들은 은행을 통한 보험상품 판매 방식인 '**방카슈랑스**'를 확대하기 위해 중국계 은행에 지분을 참여하는 등 전략적 제휴를 체결하여 적극적인 시장확대 전략을 사용하였다.

중국의 생명보험 판매에서 은행 방카슈랑스 비중은 2004년 24%에서 2008년 50%로 급격히 증가하였다. AIA 등 일부 외국계 보험사들은 보험판매인을 활용한 보험상품 판매에도 주력하면서 중국인 보험판매인들을 대규모로 모집하기도 하였다.

> **방카슈랑스(Bankassurance)**는 은행에서 판매되는 보험상품을 지칭하는 용어로 Bank와 Assurance가 합쳐진 용어이다.

4) 자산운용업 경쟁력 강화 정책

중국의 자산운용업은 WTO를 계기로 큰 변화가 발생하였다. 금융시장 개방 이행 약속에 따라 자산운용업에 대한 개방도 불가피한 상황에서 낙후된 중국 자산운용업과 중국 자산운용사의 경쟁력 확보가 당시 시급한 과제였기 때문이다.

중국정부는

① 은행이나 보험사 등 경쟁력 있는 중국 금융사들이 자산운용사를 자회사로 소유할 수 있도록 허용하였고,

② 글로벌 금융사와 합작 자산운용사 설립을 확대하면서 자산운용업에서 경쟁을 통한 발전을 유도하였다.

③ 동시에 새로운 유형의 간접투자 금융상품 도입을 확대하고,

④ 연기금이나 보험자산의 자산운용사를 통한 주식시장 투자를 확대하면서 자산운용업의 경쟁력 강화를 위해 노력하였다.[8]

이를 보다 자세히 살펴보자.

첫째, 중국정부는 경쟁력 있는 금융사들이 자산운용사를 자회사로 소유할 수 있도록 허용하였다. 2장에서 설명하였듯이 1997년 동아시아 금융위기 이후 중국정부는 자산운용사에 대한 강력한 구조조정을 추진하면서 자산운용사 설립 주체를 증권사와 신탁투자회사로 제한하였다.

하지만 당시 증권사는 2000년 이래의 주식시장 침체와 부실경영 문제로 어려움을 겪고 있었고, 대부분의 증권사가 중소 규모였다. 신탁투자회사도 구조조정이 진행되는 상황이었기 때문에 자회사인 자산운용사의 경쟁력 강화를 위해 투자하기가 쉽지 않았다.

이에 따라 중국정부는 ① 2002년부터 외국 금융사와 합작 자산운용사를 설립할 수 있도록 허용하였다. ② 2003년에는 보험사도 자산운용사를 자회사로 설립할 수 있도록 허용하였다. ③ 2005년에는 은행에 대해서도 자산운용사를 자회사로 소유할 수 있도록 허용하면서 경쟁력 있는 자산운용사들이 등장하여 중국 자산운용업이 발전할 수 있도록 유도하였다.

둘째, 글로벌 금융사들의 중국 자산운용업에 대한 진출이 급격히 확대되었다. WTO 가입에 따른 금융시장 개방 일정에 따라 2002년부터 외국계 금융사의 지분한도가 33%로 제한된 합작 자산운용사 설립이 허용되었다. 2005년에는 외국계 금융사의 지분한도가 49%로 확대되었다.

자산운용업에서 다른 금융업과 차이가 있는 특이한 사항은 외국계 금융사가 기존 중국계 자산운용사의 지분을 인수할 때도 외국계 지분한도가 49%까지 허용되었다는 것이다.

다른 금융업의 경우 외국계 금융사가 중국계 금융사의 지분을 인수할 때는 지분한도를 25%로 엄격히 제한한 것과 대조된다. 이는 당시 기존 중국계 자산운용사들이 대부분 경영상황이 매우 좋지 않았고, 자산운용업의 특성상 외국계 금융

<표 3-3> 중국내 합자 자산운용사의 비중

	2002	2003	2004	2006	2007	2008	2009	2010	2011
외국계 비율(%)	0	20.6	28.9	41.4	47.5	55.0	56.7	58.7	55.1
전체 자산운용사 수	21	34	45	58	59	60	60	63	69
외국계 자산운용사	0	7	13	24	28	33	34	37	38

자료: 중국 증권감독위원회

사가 중국계 자산운용사를 인수하는 것이 중국 금융시장에 별다른 영향을 주지 않았기 때문에 중국정부가 이를 허용한 것으로 판단된다.

2007년 기준으로 중국내 자산운용사는 59개에 달했는데, 그중 절반 이상인 28개사가 외국계 금융사의 신설 합작 자산운용사이거나 외국계 금융사가 기존 중국계 금융사를 인수한 경우였다. 당시 절반 이상의 외국계 자산운용사가 외국계 지분허용 한도인 49%를 보유하고 있었다.

셋째, 중국정부는 다양한 자산운용 상품의 도입을 허용하였다. 주식투자 펀드의 경우 1999년 개방식 펀드 도입이 허용되었고, 2002년부터는 기존 주식형 펀드 이외에 MMF,[26] 채권형 펀드, ETF[27] 원금보장형 펀드 등의 새로운 펀드상품 도입이 허용되었다. 2006년부터는 국내투자자들의 자금을 모아 해외에 투자하는 'QDII' 해외투자형 펀드상품도 도입되었다.

QDII는 Qualified Domestic Institutional Investor(合格境內機構投资者)의 약자이다. 자격을 갖춘 중국 국내기관투자자를 선정하여 해외 자본시장에 투자할 수 있는 자격을 부여하고 일정한 투자 한도를 부여하는 제도이다.

26 MMF는 머니마켓펀드(Money Market Fund)로 은행의 예금처럼 수시로 입출금이 가능한 간접투자 상품으로 주로 기업어음(CP), 양도성 예금증서(CD), 은행간 콜 시장 등 단기 투자상품에 투자한다. 비교적 투자위험성이 낮은 금융상품이다. 중국에서는 2003년 도입되었다.
27 ETF는 상장지수펀드(Exchange Traded Fund)로 종합주가지수 등에 기반하는 지수펀드(Index Fund)를 거래소에서 주식처럼 거래하는 금융상품이다. 중국에서는 2004년 도입되었고, 상하이 지수 50ETF, 상하이 지수 180ETF 등의 상품이 있다.

넷째, 중국의 연기금 운용은 원래 국채와 은행예금으로 엄격하게 제한되어 있었는데, 2003년부터 연기금 자산을 자산운용사를 통해 주식시장에 투자하는 것이 허용되었다. 2006년 말 기준으로 전체 연기금의 37%가 자산운용사를 통해 위탁운용 되었다.

보험사의 보험료 수입 역시 은행예금과 국채 등으로 운용이 제한되었으나 자산운용사를 통해 주식시장에 투자하는 것이 허용되었다. 2000년 보험사 보험료 수입의 10%를 자산운용사의 펀드상품에 투자할 수 있도록 허용되었는데, 2005년에는 펀드상품이나 주식시장에 직접투자할 수 있는 비율을 15%로 확대하였다.

3. 규제환경 개선과 금융 경쟁력 강화

1) 금융업권간 경쟁과 겸업화

(가) 금융겸업화의 장점

중국의 금융 규제환경은 WTO 가입에 따른 금융시장 개방을 계기로 큰 변화가 발생하였다. 글로벌 금융사들의 중국 금융시장 진출에 대비하여 중국 금융사들의 경쟁력 강화에 걸림돌이 되었던 규제들이 완화되었고, 시장경제 시스템에 부합하는 경쟁을 촉진하는 다양한 정책들이 도입되었다.

"금융업 겸업화"의 도입은 금융사들의 경쟁을 유도하는 대표적인 규제완화 정책이었다. 2장에서 언급하였듯이 90년대 중국정부는 금융시스템의 안정성을 강화하기 위해 금융업권 간의 방화벽을 강화하는 '금융 분업정책'들을 도입하였다.

은행들이 은행업에만, 보험사들이 보험업에만 종사하는 형태로 각각의 금융업에만 활동하도록 하는 분업(또는 전업) 정책들은 특정 금융업의 리스크가 다른 금융업으로 전이되는 것을 방지하는 효과가 있다. 하지만 반대로 금융업권간의 경쟁을 통한 금융시스템의 효율성 개선을 막는 부정적인 효과도 있다.

더구나 글로벌 금융산업은 1970년대 이후 분업화 대신에 **겸업화 경향**으로 발전하고 있었다.[28] 정보통신(ICT) 산업의 발전으로 금융 겸업화가 가지는 이점인 ① 규모의 경제와 ② 범위의 경제, ③ 금융사 수익성과 효율성 개선, ④ 원스톱 쇼핑에 따른 소비자 편익 제공 등의 긍정적인 효과들이 증대되었기 때문이다.

---

28 미국은 대공황 시기 금융시스템의 혼란을 극복하고 금융위기를 방지하기 위해 엄격한 분업화(또는 전업) 시스템을 명시하는 1933년의 글라스-스티컬 은행법(Glass-Steagall Act)을 제정한 이후 분업화 시스템을 고집하였다. 하지만 전세계적인 겸업화 트랜드의 확대에 따른 미국 금융사들의 경쟁력 약화를 막기 위해 1999년에 '금융서비스 현대화법(Gramm-Leach-Bliley Fiancial Services Modernization Act)'을 제정하여 은행과 증권산업의 분리장벽을 제거하면서 겸업 시스템을 도입하였다. 한국도 2009년 자본시장통합법(자본시장과 금융투자업에 관한 법률)을 통과시키는 등 겸업화를 점차 확대하였다. 서봉교(2012), p.121

> 규모의 경제(economy of scale)는 대규모 경영을 통해 이익이 증대되는 효과를 지칭한다. 범위의 경제(economy of scope)는 다양한 업종에 종사하는 것을 통해 이익이 증대되는 효과를 지칭한다.

중국 진출 글로벌 금융사들은 이미 금융겸업화의 장점을 활용하여 경쟁력을 강화하고 있었다. 예를 들면 앞 절에서 설명하였듯이 글로벌 보험사들은 중국 생명보험 산업에 진출하면서 변액보험이라는 금융상품을 주력으로 채택하였는데, 변액보험은 보험업과 자산운용업의 겸업화를 통해 경쟁력을 가질 수 있었던 금융상품이다.

이처럼 금융겸업화의 장점을 활용하는 역량을 가진 글로벌 금융사들과 경쟁할 수 있도록 중국정부는 **점진적으로 금융겸업화를 허용**하는 규제완화를 통해 중국 금융산업의 경쟁력 강화를 유도하는 정책을 도입하였다.

(나) 다양한 유형의 금융지주회사 등장

금융겸업화의 확대는 세계적인 추세였지만, 금융겸업화를 추진하는 구체적인 방식은 나라마다 조금씩 차이가 있었다.[29] 당시 가장 보편적으로 사용되고 있었던 방식은 "금융지주회사(Financial holding company)" 형태의 겸업화였다. 금융지주회사란 특정 금융회사가 다른 업종의 금융사의 지분을 소유하여 자회사(subsidiary)로 보유하는 형태의 금융조직을 지칭한다.[30]

---

29 예를 들면 미국과 일본의 금융겸업화는 상업은행이 투자은행 업무 등을 수행하는 것, 다시 말해서 은행과 증권의 겸업을 주로 의미하였다. 유럽에서의 금융겸업화는 은행이 모든 금융서비스를 제공하는 유니버설뱅킹(universal banking) 형태를 주로 의미하였다.

30 중국의 금융지주회사에 대한 내용은 〈회사법〉, 〈상업은행법〉, 〈증권법〉, 〈보험법〉 등에 분산되어 있는 내용을 해석하여 적용해야 하는 어려움이 있었다. 때로는 금융지주회사가 일반 지주회사와 개념이 혼용되어 사용되기도 하였다. 중국 〈회사법〉의 규정에 의해 지주회사를 다음과 같이 정의한다. "지주회사는 한 회사가 특정회사의 지분을 일정 수준 이상 소유하면서 통제권을 가지는 회사이다. 지주회사는 두 가지 형태로 구분되는데, 순수지주회사는 직접 생산영업 행위에 종사하지 않고, 타 회사의 지분을 통해 자본운영만을 하는 회사이다. 반면 혼합지주회사는 지주회사가 자본운영 이외에 직접 생산영업 활동을 하는 경우이다." 지주회사의 설립 요건은 자본금

당시 중국에서는 금융지주회사에 대한 명확한 법률이 제정되지 않은 상황에서 다양한 형태의 금융지주회사들이 점진적인 규제완화 정책의 진행과정에서 등장하거나 일부는 중국정부의 정책적인 의도로 형성하였다. 앞에서 언급한 정부 주도로 국유자산을 효율적으로 관리하기 위해 설립한 훼이진공사나 자산관리공사 등은 다양한 금융사의 지분을 소유하면서 금융지주회사 형태로 조직되었다.

또한 중국에서는 모회사가 비(非)금융업에 종사하는 산업계 지주회사가 은행이나 증권사 등의 금융회사를 자회사로 보유하기도 하였다. 예를 들면 중국의 대표적인 가전회사인 하이얼 그룹은 2007년 산하의 재무공사, 부동산회사, 칭다오(青島)은행, 창장(長江)증권사, 하이얼 뉴욕보험사 등을 금융지주회사그룹의 자회사 형태로 재편하였다.

반면 모회사가 금융업에 종사하는 금융지주회사는 가장 대표적인 금융지주회사였다. 그 중에서 모회사가 은행인 경우와 은행이 아닌 경우가 있는데, 핑안보험[31] 등 일부 비은행계 지주회사를 제외하고는 대부분의 금융지주회사는 은행계 지주회사인 경우가 많았다.

예를 들면 중국은행(BOC)은 중국 국내에서 비은행 금융 자회사 설립에 대한 겸업화가 허용되기 이전인 2004년에 이미 투자은행, 보험사, 증권사 등을 소유하고 있었다. 하지만 이들은 중국내 금융사들이 아니라 홍콩 자회사로 설립된 이후, 2006년 홍콩 금융그룹으로 재편되었다. 중국은행은 이러한 겸업화 경험과 역량을 바탕으로 중국내 증권, 보험, 자산운용사, 리스회사[32] 등을 차례로 설립하거나 홍콩 금융자회사의 지분을 인수하는 형태로 금융지주회사로 발전하였다. 공상은행

5000만 위안 이상, 통제권을 행사하는 자회사가 5개 이상 등의 조건을 충족해야 한다. 금융지주회사는 적어도 일반 지주회사의 조건은 충족되어야 하는 것으로 이해된다. 서봉교(2012), p.129

31 핑안보험그룹은 산하에 생명보험, 손해보험 등의 보험사뿐만 아니라 은행(平安银行), 증권사(平安证券), 자산운용사(平安资产管理, 平安大华基金管理有限公司), 투자은행(福建亚洲银行) 등의 자회사를 가진 종합 금융지주회사이다.

32 중국은행은 2007년 100% 지분을 보유한 자산운용사 中银基金를 설립하였고, 2010년에는 역시 100% 지분의 보험사 中银保险有限公司를 설립하였다.

〈표 3-4〉 중국 금융지주회사의 유형과 사례

금융지주회사 유형		사례
정부 산하의 특수 금융사	정부 자산관리 지주회사	중앙훼이진공사, 자산관리공사 등
	준(準) 정부 지주회사	중신그룹(CITIC), 광대(光大)그룹[35]
금융계 지주회사	은행계 지주회사	공상은행, 중국은행 등
	비(非)은행계 지주회사	핑안보험 등
산업계 지주회사		하이얼그룹, 동방그룹 등

자료 : 서봉교(2012), p.134 재인용

(ICBC)은 2005년 은행계 자산운용사 설립, 2007년 금융리스회사 설립, 2008년 국제투자은행 설립, 2010년 보험사 인수[33] 등으로 겸업화를 확대하였다. 교통은행은 2005년 은행계 합작 자산운용사 설립, 2007년 금융리스회사 설립, 2010년 생명보험사 인수[34] 등으로 겸업화를 확대하였다.

(다) 금융겸업화에 관한 법률 규제 완화

중국 금융사들은 점진적으로 금융지주회사 형태로 재편되었는데, 이 과정에서 중국정부는 금융겸업화를 허용하는 규제완화 정책을 통해 이러한 변화를 유도하였다. 2000년대 이후 금융겸업화를 허용하는 규제완화 정책은 다음과 같이 점진적으로 진행되었다.[9]

① 2000년 2월 은행업과 증권업의 엄격한 구분을 일부 완화하였다. 은행이 자산운용사를 통해 주식펀드 청약 등의 업무를 할 수 있게 허용되었고, 증권사

---

33 공상은행은 2005년 외국계 자산운용사인 크레딧스위스와 합작으로 工银瑞信基金管理有限公司를 설립하여 지분의 80%를 소유하였다. 2010년에는 AXA安盛의 합작생명보험사인 金盛保险의 지분 60%를 인수하여 工银安盛人寿保险有限公司로 개명하였다.

34 교통은행은 2005년 슈로더 투자회사와 합작으로 자산운용사 交银施罗德基金管理有限公司를 설립하여 지분의 65%를 소유하였다. 2010년에는 외국계 합작보험사의 지분 51%를 인수하여 交银康联人寿保险有限公司를 설립하였다.

35 광다(China Everbright)그룹은 1983년 홍콩을 기반으로 설립된 국무원 산하의 금융조직이다. 당시 은행, 증권, 보험, 투자은행업 등에 종사하고 있으나 여전히 국무원 산하의 금융기관으로 편재되어 있었다.

는 주식을 담보로 은행에서 자금을 조달할 수 있도록 허용되었다.

② 2001년 7월 은행이 증권업의 일부 영역에 진출할 수 있도록 허용하였다. 상업은행이 주식업무 대행, 파생상품 업무, 펀드 위탁관리, 금융자문, 컨설팅 업무 등에 종사할 수 있도록 허용하였다.

③ 2003년 보험회사의 자산운용에 대한 엄격한 규제가 완화되면서 보험사가 자산운용사를 자회사로 설립하는 형태의 겸업화를 허용하였고, 펀드 투자에 대한 규제도 완화되었다.

④ 2003년 12월 〈상업은행법〉이 수정[36]되어 상업은행이 신탁업과 증권업에 종사할 수 없고, 비은행 금융사의 지분을 가질 수 없다는 규제가 완화되었다. 또한 상업은행이 부분적으로 투자은행 업무에 종사할 수 있도록 허용되었다.

⑤ 2005년 2월 상업은행이 자산운용사를 자회사로 설립할 수 있게 허용되어 겸업 경향이 한층 강화되었다.

⑥ 2005년 10월에는 11차 5개년 규획에 중국 금융산업의 발전방향을 위해 금융 겸업화를 시범적으로 추진하도록 허용하였다. 또한 〈증권법〉을 수정하여 분업경영, 분업관리 규정을 완화하였다.[37]

⑦ 2006년 중국정부는 금융시스템의 발전 방향을 제시하는 '11차 5개년 규획'에서 금융 겸업화의 추진을 정책방향으로 제시하였고, 인민은행 행장도 금융 겸업화에 대한 법률 제도상의 장벽을 완화할 것이라고 하였다.

⑧ 2007년 3월 보험회사가 상업은행의 지분을 소유하거나 상업은행을 자회사로 설립하는 것을 허용하였다. 동시에 상업은행이 '금융리스회사'를 자회사로

---

36 이전 〈상업은행법(商業銀行法)〉의 43조에는 "상업은행이 신탁투자와 주식업무에 종사할 수 없고, 자가용도 이외의 부동산에 투자할 수 없고, 비은행금융사와 기업에 투자할 수 없다"는 규정이 겸업화를 제한하였다. 2003년 상업은행법이 수정되면서 "국가에서 예외로 규정하는 경우에는 제외한다"는 조항이 보완되어 금융겸업화를 허용하였다.

37 이전 〈증권법(中华人民共和国证券法)〉의 6조에는 "증권업과 은행업, 신탁업, 보험업은 분업경영, 분업관리를 하고, 증권회사와 은행, 보험, 신탁업무는 별도의 기구를 설립해야 한다"는 규정이 있었다. 2005년 수정된 증권법에는 "국가가 예외로 하는 규정은 제외한다"는 조항이 추가되어 겸업화를 허용하였다.

설립하는 것도 허용하였다.

⑨ 2008년 상업은행이 보험회사의 지분을 인수하는 것을 허용하였다. 이후 은행이 보험사의 지분을 인수하여 최대주주가 되는 은행계 보험회사의 설립이 가능하게 되었다.

⑩ 2009년 10월 **〈보험법〉을 수정**하여 분업경영 원칙에 예외조항을 추가하였다. 이에 따라 보험사가 은행이나 증권사까지 자회사로 소유할 수 있게 허용되어 겸업화 경향이 강화되었다.

2) 점진적 이자율 규제완화 정책

(가) 이자율 규제와 금융사 경쟁 제한

시장금융 시스템이 과거 계획금융 시스템과 뚜렷하게 구분되는 특징의 하나는 자금의 수요와 공급에 의해서 결정되는 이자율에 기초하여 금융시스템이 운영된다는 것이다. 반면 과거 계획금융 시스템에서는 이자율이 정부에 의해서 일방적으로 책정되었기 때문에 자금의 수요와 공급에 상관없이 결정되었다. 당시 중국 정부나 인민은행은 예금과 대출의 만기에 따른 기준 이자율을 공시[10]하였고, 은행 등 금융사들은 사실상 이를 준수하도록 법으로 규제하였다.

이러한 이자율 규제는 금융사들의 경쟁을 원천적으로 제한하였다. 심지어 80년대에는 기업의 투자를 유인하기 위해 중국정부가 대출이자율이 예금이자율보다도 낮게 설정하여 은행들이 적자를 보는 역마진 현상이 일시적으로 나타나기도 하였는데,[38] 이는 당시의 중국 은행들이 시장경제 시스템에 의해서 운영되지 않았기 때문이었다.

이자율에 대한 규제 완화는 사실상 중국의 WTO 가입에 따른 금융시장 개방 이

---

38 90년대 초에도 이러한 이자율 역마진 현상이 일시적으로 나타나기도 하였다. 이처럼 대출이자율이 예금이자율보다 낮았던 현상은 일종의 "금융억압(financial repression)" 정책의 하나로 이해된다. 금융억압이란 시장경제 시스템에서는 다른 곳에 투자되었을 금융자금을 정부가 정책수단을 동원하여 정부의 정책목표 달성을 위해 사용하는 현상을 지칭한다.

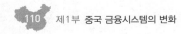

후 본격화되었다. 물론 90년대 중반부터 중소기업 대출 등에 한해 부분적으로 기준 이자율보다 약간 높은 이자율을 책정하는 것을 허용하는 정책들을 시범적으로 도입하기는 하였지만,[39] 당시 금융사들 사이의 이자율 차이는 사실상 거의 없었다.

하지만 금융시장 개방으로 글로벌 은행들이 본격적으로 중국 금융시장에 진출할 경우 금융사들의 경쟁은 전혀 새로운 상황에 직면하게 된다. 예를 들면 글로벌 은행들이 해외시장에 진출하는 경우 단기간에 시장 점유율을 확대하기 위해 기존 로컬은행들보다 더 높은 이자율로 예금을 유치하고 더 낮은 이자율로 공격적으로 대출을 확대하는 전략을 사용하기도 한다.

이에 따라 중국정부는 WTO 가입을 전후하여 중국 금융사들이 이러한 시장경제 시스템에 적응하여 경쟁력을 확보할 수 있도록 이자율 자유화 정책방향을 명확하게 제시하였고, 이자율 규제완화 정책들을 점진적으로 도입하기 시작하였다.

(나) 중국 이자율 규제완화의 특징

중국이 추진한 이자율 규제완화 정책은 **"매우 점진적으로 이자율 규제완화"**가 진행되었고, 중국정부가 제시한 이자율 자유화의 방향에 따라 **"단계적으로 규제완화"**가 진행되었다는 특징이 있다.

시장경제 시스템의 기반이 충분히 갖추어지지 않은 상황에서 이자율을 자유화하는 과정은 많은 불확실성과 리스크가 존재한다. 이론적으로 시장경제 시스템에서는 자금의 수요와 공급에 따라 이자율이 결정되고, 이렇게 결정된 이자율은 거시경제의 조절 역할을 담당한다. 하지만 현실에서는 중남미 국가들에서처럼 이자율 자유화를 추진했던 개도국에서 비이성적인 기대(expectation)나 금융사들의 과

---

39 1990년대 초 기업의 유동자금대출에 대해서는 기준 대출이자율에서 최고 1.2배 더 높이 책정할 수 있도록 허용하였고, 1996년에는 이를 기준이자율의 상하 10% 범위(1.1배에서 0.9배)로 조정하였다. 1998년에는 소형기업에 대한 대출을 유도하기 위해 소형기업 대출의 경우에 한해 기준 대출이자율에서 1.2배 상한(하한은 0.9배 유지)으로 확대 허용하였다. 농촌신용조합의 경우는 대출이자율 상한을 1.5배까지 허용하였다. 1999년에는 상업은행의 중소기업 대출에 대해서 대출이자율의 상한을 1.3배까지 확대하였다. 다만 대기업에 대한 대출 이자율 제한은 종전과 동일하게 상하 10%로 유지하였다.

열경쟁으로 이자율이 급격하게 변동하여 실물경제에 위기를 초래하거나 금융사들의 부실대출 문제가 심각해졌던 사례가 적지 않았다.[40]

중국은 계획경제 시스템에서 시장경제 시스템으로 전환하고 있었기 때문에 이자율에 대한 규제를 전면적으로 완화하는 과정에서 더 많은 리스크가 존재하였다.

이에 따라 중국정부는 이자율 규제완화를 매우 점진적으로 진행하였다. 예를 들면 2000년대 이후 이자율 규제완화 정책을 본격적으로 도입하였지만, 대출이자율에 대한 전면적인 자유화가 허용된 것은 10여년이 지난 2013년 7월이었다. 심지어 예금이자율에 대한 전면적인 자유화는 2016년 말까지도 여전히 전면적으로 허용되지는 않았다.

또한 이자율 규제완화는 2002년 인민은행이 제시한 3가지 원칙에 따라 단계적으로 진행되었다. 중국정부는 ① 외화에 대한 이자율 규제완화를 위안화에 대한 이자율 규제완화보다 먼저 시행하고, ② 대출 이자율 규제완화를 예금 이자율 규제완화보다 먼저 추진하고, ③ 장기, 고액에 대한 이자율 규제완화를 단기, 소액에 대한 이자율 규제완화보다 먼저 진행한다는 원칙을 제시[11]하였다. 또한 이러한 원칙에 따라 단계적으로 이자율 규제완화 정책들을 추진하였다.

아래의 〈표 3-5〉에서 보듯이 먼저 소액 외환에 대한 이자율 규제가 자유화되었고, 2004년 대출 이자율의 상한과 예금 이자율의 하한에 대한 규제가 완화되었다. 하지만 대출 이자율의 하한이나 예금이자율의 상한에 대해서는 규제를 유지하였는데, 이는 금융사들이 시장점유율 확대를 위해 경쟁하는 것을 규제하는 역할을 하였다. 이후 2006년부터 대출이자율의 하한에 대한 규제를 점진적으로 완화하여 2013년 대출이자율은 전면 자유화되었다.

---

40 아르헨티나와 칠레 등은 1970년대 이자율 자유화와 금융시장 개방 정책을 추진하였으나, 국내 인플레이션이 심각해지면서 이자율이 비이성적으로 급격히 상승하였고, 금융사들은 무분별하게 해외에서 자금을 차입하면서 금융위기를 겪기도 하였다. 한국의 1997년 동아시아 금융위기의 발생 원인 중에서도 무리하게 추진된 이자율 자유화 정책의 부작용이 지적되기도 한다.

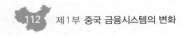

〈표 3-5〉 중국 이자율 규제완화 정책

시기	주요 내용
2003년	• 농촌신용조합에 대해 기준 대출이자율의 2배까지 이자율 상한 확대 • 소액 외화대출 이자율에 대한 규제 자유화, 소액 외화예금 이자율의 하한에 대한 규제 철폐
2004년	• 상업은행에 대해 대출이자율의 1.7배까지 이자율 상한 확대, 농촌과 도시 신용조합에 대해서는 기준 대출이자율의 2.3배까지 상한 확대
2004년 (10월)	• 예금이자율에 대해 기준 이자율보다 낮은 이자율을 책정하는 하한에 대한 규제를 철폐(상한은 1.1배 유지) • 대출 이자율의 상한에 대한 규제는 철폐(하한은 0.9배 유지), • 소액 외화예금 이자율 전면 자유화
2005년	• 금융기관 간의 자금거래에 대한 이자율을 자유화, 2007년에는 공식적인 은행간 거래 이자율인 Shibor(Shanghai inter-bank offered rate) 도입
2006년	• 대출이자율의 하한이 기준 이자율의 0.8배로 완화
2008년	• 개인 주택담보대출에 한해 대출이자율 하한이 기준 이자율의 0.7배로 완화
2012년	• 대출이자율 하한이 기준 이자율의 0.7배로 완화
2013년	• 대출이자율의 하한에 대한 규제를 철폐하여 대출이자율 전면 자유화
2014년	• 예금이자율의 상한을 기준이자율의 1.2배로 확대
2015년	• 예금이자율의 상한을 기준이자율의 1.5배로 확대

자료: 신문기사 저자정리

반면 예금이자율 상한에 대한 규제는 외화예금이나 일부 특수 예금에 대한 예외적인 허용[41]을 제외하고는 지속되었다. 예금이자율에 대한 규제완화는 2014년 이후부터 본격화되었고, 조만간 전면적인 자유화가 시행될 것이라고 전망된다.

(다) 이자율 규제완화의 효과

이러한 이자율에 대한 규제완화는 금융사들의 경쟁을 유도하여 금융사들이 예금과 대출의 이자율 차이에서 얻는 이자수익[42]을 감소시키는 효과가 있었다.

---

41 예를 들면 일부 경제특구 지역이나 상하이 금융특구 등에서는 예외적으로 외화예금의 이자율 자유화를 전면적으로 허용하기도 하였다. 또한 보험사나 연기금 등의 특수 금융기관이 은행과 협상을 통해 거액의 예금에 대해 기준 예금이자율보다 높은 예금이자율을 받을 수 있도록 허용하는 협의예금(協議存款) 제도도 사용되었다.

42 은행이 예금과 대출의 차이에서 얻는 수익은 일반적으로 예대마진(預貸 margin)이나 이자수익, 이차수익(利差收益)이라고 한다. 중국에서는 利息收入라는 용어로 사용된다.

중국정부는 90년대 중반 이후 시장금융 시스템으로 전환하는 과정에서 부실해진 금융사들을 지원해주는 방법의 하나로 예금과 대출 이자율 차이를 안정적으로 유지해주는 정책을 사용하였다. 90년대 초 1% 포인트 수준으로 유지되던 예금이자율과 대출이자율의 차이는 90년대 후반 2% 포인트 수준으로 확대되었고, 2000년대 초에는 3% 포인트 수준으로 확대되었다. 2006년에는 최고 3.6% 포인트까지 확대되었다.

하지만 2007년 이후 이자율 규제완화 정책이 본격적으로 시행되는 것과 동시에 예금이자율과 대출이자율의 차이는 점차 축소되었고, 2015년에는 2.85% 포인트까지 감소하였다.

이러한 이자율 자유화는 은행들이 예금과 대출 이자율 차이에 의한 안정적인 이자수익의 의존하지 않도록 하여 경쟁을 유도하였다. 이는 은행들이 다양한 금융 서비스를 확대하도록 유도하여 중국 금융업의 경쟁력을 강화하는 데 기여하였다.

[그림 3-3] 중국의 이자율 추이와 이자율 차이   (단위: %)

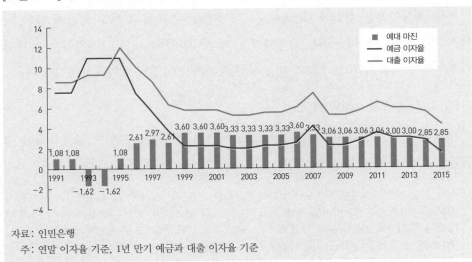

자료: 인민은행
주: 연말 이자율 기준, 1년 만기 예금과 대출 이자율 기준

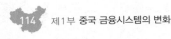

3) 환율시스템에 대한 규제완화 정책

(가) 달러 유입 확대와 고정환율제도의 문제

WTO 가입 이후 중국경제는 대외무역과 국제투자가 급격하게 증가하면서 개방경제 시스템으로 전환되었는데, 이로 인해 위안화와 달러의 교환은 크게 증가하였다.

중국의 환율시스템은 1994년 이후 사실상 달러에 페그된 고정환율제도를 유지하고 있었다. 고정환율제도에서는 안정적인 환율을 유지하기 위해 정부가 외환시장에 적극적으로 개입한다. 즉, 수출이 증가하거나 해외에서 투자가 많이 유입될 경우 외환시장에서 풍부해진 달러를 정부가 매입하여 자국 화폐의 가치가 절상되지 않도록 방어해야 한다. 반대로 수입이 수출보다 많거나 외화유출이 많아질 경우 정부가 보유하고 있는 외환을 외환시장에 공급하여 자국 화폐의 가치가 절하되지 않도록 방어해야 한다.

> **환율페그(peg) 제도**는 기축통화와 같은 특정 외화에 자국의 통화가치를 고정시키는 고정환율제도를 지칭한다. 당시 중국 위안화는 달러에 고정된 환율제도였는데, 국제 금융시장에서 달러와 다른 통화의 환율이 변화하였기 때문에 위안화와 다른 통화의 환율은 이에 따라 변화하였다.

중국은 90년대 중반 이후 무역수지 흑자와 외국인직접투자 유입(FDI)이 계속되고 있었지만, WTO 가입을 계기로 그 규모가 이전보다 크게 증가하였다. [그림 3-4]에서 보듯이 중국의 무역수지 흑자는 90년대 초 100억 달러 수준에서 크게 증가하여 2005년 이후에는 매년 1,000억 달러 이상으로 폭발적으로 증가하였다. 외국인투자 유입도 90년대 초 매년 10~20억 달러 수준에서 큰 폭으로 증가하여 2001년 WTO 가입 이후에는 매년 500억 달러 이상에 달했다.

[그림 3-4] 중국의 무역수지 흑자와 외국인직접투자 유입 추이　　　　(단위: 억 달러)

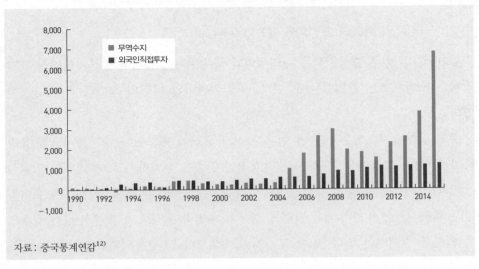

자료: 중국통계연감[12]

> 외국인투자는 외국인직접투자(FDI: Foreign Direct Investment)와 외국인 자본투자
> (혹은 외국인 포트폴리오투자)로 구분된다. 외국인직접투자는 투자의 목적이 주식시
> 장이나 부동산과 같은 단기 자본투자가 아니라 공장의 설립이나 경영참가 등 지속적
> 인 경영활동을 목적으로 투자하는 것을 의미한다.

이러한 달러 유입 확대로 인해 중국은 위안화 고정환율제도를 유지하는 것이
이전에 비해 더욱 어려워졌다. 특히 두 가지 문제가 부각되었다.

첫째는 무역수지 흑자가 확대됨에 따라 위안화 평가절상에 대한 외부압력이 심
화되었다. 위안화는 1달러당 8.28위안에 고정되어 있었는데, 당시 달러의 가치가
다른 통화들에 비해 하락하고 있던 상황이었다.[43] 따라서 위안화의 상대적인 가치

---

43 국제결제은행(BIS: Bank for International Settlements)의 실질실효환율(effective exchange rate)
에 의하면 2000년 대 초 미국 달러의 실질실효환율은 120대(2010년을 100으로 기준)였지만, 이
후 점진적으로 달러의 실질가치가 하락하여 2005년에는 일시적으로 100대로 하락하기도 하였다.
이후 달러의 실질실효환율은 계속 하락하여 2008년에는 90대로 하락하였다. 달러화에 고정되어
있던 위안화의 실질실효환율 역시 2000년 대 초 90대(2010년을 100으로 기준)후반이었지만, 지
속적으로 위안화의 가치가 하락하여 2005년에는 80대 초반까지 하락하였다. 하지만 2005년 위안

도 동반하여 하락하는 효과가 발생하였다.

문제는 2000년대 이후 중국의 수출이 매년 30~40% 이상 급격히 증가하고 있었기 때문에 다른 국가들과의 무역분쟁이 심화되고 있었다는 측면이다. 중국과의 무역에서 적자를 기록하고 있던 선진국들은 무역불균형 시정을 위해 위안화 가치의 절상이나 고정환율제도의 수정을 강력하게 요구하였다.

둘째, 당시 중국정부가 고정환율제도를 유지하기 위해서는 외환시장에 개입하여 지속적으로 달러를 매입해야 했다. 하지만 이 과정에서 중국정부가 달러를 매입하기 위해 위안화 발행량을 확대하면서 인플레이션과 자산시장 버블이 심화되는 문제가 발생할 가능성이 커졌다. 당시 중국정부는 달러 매입에 따른 유동성 공급확대를 상쇄하기 위해 금융사들의 지급준비율을 높이는 등의 방법을 통해 유동성을 회수하는 '불태화정책'[44] 등의 규제를 금융시장에 사용하였다. 하지만 이러한 규제들은 중국 금융사들의 경쟁력을 제약하는 규제가 되었다.

이러한 문제들의 해결을 위해 중국은 2005년 고정환율제도를 폐지하고 변동환율제도로 전환하는 정책을 도입하였다.

(나) 관리변동 환율시스템의 도입

중국정부는 2005년 7월 고정환율제도를 포기하고 복수 통화바스켓을 바탕으로 하는 "관리변동환율제도"로 전환하였다. '통화바스켓'이란 여러 통화의 상대적인 가치변동의 조합[45]에 의해서 위안화 환율이 변화하는 것을 지칭한다. 하지만 관리변동환율제도는 외환시장에서 각 외화의 수요와 공급에 따라 환율이 자유롭게 변

화가 관리변동환율제도로 전환된 이후 위안화 가치는 점진적으로 상승하기 시작하여 2008년에는 105까지 상승하였다. http://www.bis.org/statistics

44 불태화정책(sterilization policy)이란 해외로부터 외화유입이 늘어나 국내 유동성이 확대될 경우 이를 상쇄하기 위한 정책을 말한다. 일반적으로 통화안정채권을 발행하여 시중의 자금을 환수하거나, 중앙은행의 재할인 이자율을 높이거나, 금융사들의 지급준비율을 높이는 방법이 사용된다. 중국의 지급준비율은 2000년대 초반 9%에서 2008년 17.5%까지 상승하였다.

45 중국의 복수 통화바스켓(multi-currency basket system)에 포함된 외화의 자세한 구성이나 조합 비율 등의 정보는 공개되지 않지만, 주요 무역 상대국의 통화가 포함된다고 알려져 있다.

화되는 완전변동환율제도와는 다른 것이었다. 당시 중국정부가 채택한 환율시스템은 정부가 매일 각 통화와 위안화의 환율을 공시하는 방식이었고, 이를 관리변동환율제도라고 지칭하였다.

2005년의 환율제도는 이전과 뚜렷하게 달라진 특징이 있다.

① 달러에 대한 위안화의 환율도 외환시장의 상황에 따라 변화하였다.

② 외환시장에서 은행 간의 외환거래에서 정부가 공시한 기준환율에서 일정 변동폭 내에서 환율이 변화하는 것을 허용하였다.

③ 외환시장 조성자 제도를 도입하여 환율이 정부가 일방적으로 공시하는 것이 아니라 시장거래에 의해서 결정되도록 유도하였다.

이를 자세히 살펴보자.

첫째, 달러에 대한 위안화의 환율은 90년대 중반 이후 1달러당 8.28위안으로 고정되어 왔었다. 하지만 2005년 7월 복수 통화바스켓 도입과 동시에 8.11위안으로 2.1% 절상되고 외환시장 상황에 따라 변동되기 시작하였다. 이후 달러에 대한 위안화 환율은 점진적으로 절상되어 2007년 12월말까지는 누적 절상폭이 10% 이상에 달해 1달러당 7달러 초반까지 절상되었다.[13]

둘째, 정부 공시 기준환율에서의 일일 변동폭도 점진적으로 확대되었다. 2005년 7월 달러를 제외한 기타 통화에 대해 기준환율에서의 일일 변동폭은 상하 1.5%로 확대되었고, 2005년 9월 다시 추가로 변동폭이 상하 3%로 확대하였다. 달러에 대한 일일 변동폭은 2005년 상하 0.3%에서 2007년 상하 0.5%로 확대되었다.[46]

셋째, 2005년 말 5개 외국계 은행[47]을 포함한 13개 은행을 중국 외환시장의 시장 조성자로 지정하였다. 중국정부는 일일 변동폭 내에서 외환시장 조성자 간의 시장거래에 기초하여 환율이 결정되도록 하고, 이를 다음날 정부의 공시환율에 반영하도록 하였다.

---

46 2012년 달러의 일일 변동폭은 다시 상하 1%로 확대되었고, 2014년에는 상하 2%로 확대되었다.

47 외국계 은행 중에서는 Citi, Standard Chartered, HSBC, Dutch bank, Montreal bank가 당시 중국 외환시장에서 시장조성자로 선정되었다.

4) 소비자금융에 대한 규제완화 정책

(가) 소비자금융의 등장

2000년대 이후 중국 금융시장에 나타난 중요한 변화 중의 하나는 개인의 소비를 촉진하는 목표로 대출을 해주는 "소비자금융"이 등장하기 시작하였다는 것이다. 2000년대 이전 중국 금융사들의 대출은 기업, 특히 국유기업에 대한 대출이 대부분이었고 개인 대상의 대출은 극히 제한적으로만 이루어졌다. 90년대 말 전체 은행대출에서 개인대출은 5%도 되지 않았고,[14] 나머지는 모두 기업대출이었다. 특히 국유기업에 대한 대출이 전체 은행대출에서 80% 이상에 달했다.[15]

소비자금융(consumer loans)이란 일반적으로 소비자가 주택이나 자동차, 가전제품 등의 고가의 제품을 구입할 때 금융사들이 대출을 해주는 것을 지칭한다. 주로 할부 방식으로 대출을 해주며, 담보나 신용을 기반으로 대출을 해준다. 소비자금융이라는 용어 외에도 소매금융, 소비대출 등의 용어도 사용된다.

당시 중국에서 개인 대상의 소비자금융이 발달하지 않았던 이유는

① 중국정부가 경제성장을 위해 한정된 투자자금을 기업부문에 집중시키고자 했었던 정책 목표가 명확하였고,

② 은행들도 시장경쟁에 노출된 상황이 아니었기 때문에 수익성보다는 안정적인[48] 규모 확대와 중국정부의 정책의도에 부합하는 것을 중시하였기 때문이었다.

하지만 WTO 가입에 따른 금융시장 개방 이후 외국계 금융사들이 중국 금융시장에서 가장 중점적으로 진출할 분야가 소비자금융 부문이 될 것이라는 것은 분명했다. 선진국의 금융업에서는 개인 대상의 소비자금융이 전체 대출에서 절반 이

---

48 당시 중국 은행들이 국유기업에 대한 대출비중이 높았던 이유는 은행들의 입장에서 국유기업에 대한 대출이 상대적으로 안전하다고 판단했기 때문이다. 당시 중국정부는 국유기업에 대한 파산을 엄격하게 제한하고 있었기 때문에, 파산으로 인한 대출손실의 위험 면에서 오히려 민영, 중소기업에 대한 대출보다 안전하였다. 지만수 외(2003), p.71

[그림 3-5] 은행 대출에서 개인 대출의 비중 추이

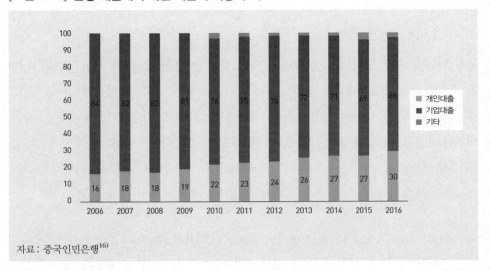

자료: 중국인민은행[16]

상의 비중을 차지할 정도로 발달하였다.

　더구나 일반적으로 개인대출은 이자율이 높은 반면 대출 상환의 리스크도 높지만, 당시 중국은 개인대출이 시작단계였기 때문에 소비자금융의 성장가능성에 비해 리스크는 크게 높지 않은 상황이었다. 대출 상환능력이 충분함에도 불구하고 소비자금융이 발전하지 못해 대출을 받지 못했던 소비자들이 그만큼 많았기 때문이다. 더구나 중국은 WTO 가입 유예기간이 끝나는 2006년 말부터 외국계 은행들의 위안화 소비자금융업과 신용카드 사업을 전면적으로 개방해야했다. 따라서 중국정부는 자국 소비자금융 시장에 대한 외국계 은행들의 진출에 대한 대응책을 시급하게 마련해야 했다.

　이에 따라 중국 로컬은행들이 빠른 시간 내에 소비자금융 부문에서도 경쟁력을 가질 수 있도록 유도하기 위해 관련 규제를 완화하는 정책들이 추진되었다. 당시 중국에서 진행되었던 소비자금융의 발전 과정에서 나타난 주요한 특징은 다음과 같았다.

　(1) 은행의 **주택 담보대출**(mortgage loan)과 같이 리스크가 낮은 개인대출이 중

심이 되어 점진적으로 진행되었다.

(2) 은행의 **자동차 담보대출**(auto loan)과 같이 정부가 정책적으로 무리하게 추진한 경우에는 사실상 실패하기도 하였다.

(3) 은행의 **신용카드**(credit card)를 중심으로 개인 신용대출도 의욕적으로 시작되었지만, 리스크 관리를 중시하면서 신중하게 진행되었다.

(4) 소비자금융을 담당하는 비은행 금융사의 설립을 허용하면서 이들이 점차 소비자금융에서 역할을 확대하였다.

이를 좀 더 자세히 살펴보면 다음과 같다.

(나) 은행의 주택 담보대출

첫째, 중국 은행들의 소비자금융은 주택담보 대출을 중심으로 발전하였다. 중국에서 개인대상의 주택 담보대출 영업이 본격적으로 시작[49]된 것은 2장에서 언급한 1998년의 '주택 상품화 정책'의 도입 이후였다. 당시 중국은 주택 상품화 정책 도입으로 국유기업의 주택 무상제공 부담을 줄이고, 부동산 산업 육성과 내수경기 부양을 추진하였다. 하지만 이를 위해서는 개인들이 주택 구입자금을 마련할 필요가 있었기 때문에, 은행이 개인대상의 주택 담보대출 영업을 확대할 수 있도록 규제를 완화하였다.

1998년 도입된 '개인 주택담보대출 관리방법'[17]은 담보대출을 제공할 수 있는 주택의 범위와 대상, 대출금 등에 대한 규제를 크게 완화하였다. 나아가 1999년에는 인민은행이 '소비자금융의 활성화를 위한 의견'[18]을 발표하여 부동산 가격대비 담보대출의 비율을 80%까지 확대하고 담보대출 상환기간도 30년으로 확대하였고, 담보대출 이자율도 4% 초반으로 인하하였다.

이러한 주택담보 대출에 대한 규제완화와 대출확대 유도정책으로 은행들의 개인 주택담보대출은 1999년 이후 크게 증가하기 시작하였다. 개인 주택담보대출은

---

49 1991년 건설은행과 공상은행이 은행직원 대상의 부동산 담보대출을 시작하였다. 1995년에는 관련 법률이 제정되어 일부 주택에 한정하여 주택가격대비(DT) 30%까지 담보대출이 허용되기도 하였다.

〈표 3-6〉 중국 소매금융시장 규모

(단위: 억 위안, %)

	1998	2000	2002	2004	2006	2007	2008
주택담보대출 총액	426	3,377	8,253	16,002	22,500	30,000	33,500
전체대출 중(%)	0.5	3.4	6.3	9.0	10.0	11.5	11.0
소매대출 중(%)	93.4	79.2	77.2	80.5	93.5	91.6	90.9
자동차담보대출	4	188	945	2,000	1,009	927	-
전체 소비자대출 총액	456	4,265	10,684	19,881	24,059	32,751	36,866
전체 대출 총액	86,524	99,371	131,294	178,198	225,347	261,691	303,395

자료: CEIC, 서봉교(2010), p.110 재인용

1998년 426억 위안에서 2008년 3조3,500억 위안으로 10년 사이 80배 가까이 급증하였다. 또한 개인 주택담보대출이 전체 금융기관의 대출에서 차지하는 비중도 점차 증가하여, 1998년 0.5%에서 2008년 11%로 증가하였다.

(다) 은행의 자동차 담보대출

둘째, 중국정부 주도로 은행의 자동차 담보대출이 추진되었다. 1997년 동아시아 외환위기 이후 중국은 수출둔화로 인한 경제 성장률 감소를 극복하기 위해 적극적인 투자확대와 내수소비 활성화 정책을 추진하였다. 당시 내수소비 확대를 위한 대표적인 정책은 앞에서 언급한 주택의 상품화 정책과 자동차 구매 활성화 정책이었다.

당시 중국에서 자동차는 고가의 소비재였기 때문에 자동차 판매 확대를 위해서 개인 자동차 담보대출 정책을 도입하였다. 1998년 시행된 〈자동차 소비자금융 관리 시범방법〉[19]은 자동차 담보대출에 대한 관련 규정이 포함되어 있는데, 이를 통해 은행이 개인 대상으로 자동차 담보대출을 제공하도록 유도하였다.

이후 은행의 자동차 담보대출은 매우 급격하게 증가하였다. 은행의 자동차 담보대출은 1998년 4억 위안에서 2004년 2,000억 위안으로 급격하게 증가하였다. 전체 은행의 소비자 대출에서 자동차 담보대출이 차지하는 비중도 2004년에는 20% 이상에 달했다.

하지만 당시 은행의 자동차 담보대출은 개인의 신용정보와 담보대출 상환에 대한 리스크 관리 시스템이 충분히 정비되지 않은 상황에서 정부주도로 무리하게 추진되었기 때문에 리스크 관리에 실패하였다. 전체 자동차 담보대출의 90% 이상이 부실대출로 평가될 정도였다. 자동차 담보대출 정책의 실패는 외부 경제환경의 급변과 금융사들의 전형적인 도덕적 해이가 결합된 결과였다.

① WTO 가입 이후 자동차 수입관세가 대폭 인하되었고, 중국내 자동차 생산이 급증하는 등의 영향으로 자동차 가격이 급격히 하락하였는데, 특히 중고 자동차 가격이 폭락하였다. 이로 인해 자동차 대출의 담보인 중고 자동차를 처분해도 대출금 상환이 어려워졌다.

② 당시 자동차 담보대출은 은행이 직접 개인의 신용도를 평가하는 방식이 아니라, '자동차 담보대출 보증회사'가 담보대출 보증보험증서를 발급하면 은행은 이를 담보로 대출을 해주었다. 문제는 보증회사가 보증서를 발급할 때, 자동차의 실질 구매 여부, 개인의 구매력, 신용도 등에 대한 엄격한 심사를 하지 않았기 때문에 시행 초기부터 많은 문제[50]가 발생하였다.

결국 중국정부는 2004년부터 은행의 신규 자동차 담보대출에 대한 규제를 강화하였고, 이후 자동차 담보대출은 급격히 감소하기 시작하였다. 2008년부터는 은행이 개인을 대상으로 자동차 담보대출을 제공하는 것을 전면적으로 금지하였다. 대신 대형 자동차 메이커[51]에게 자사 브랜드의 자동차 구매시 대출을 제공하는 자동차 금융 사업을 허용하였다.

중국정부가 주도한 은행의 자동차 담보대출은 이처럼 사실상 실패하였지만, 그럼에도 불구하고 이러한 실패가 당시 은행의 건전성에는 크게 영향을 주지 않았

---

50 당시 자동차를 실제로 구매하지 않고도 불법적으로 보증서를 발급받아 은행에서 대출을 받았던 불법 사례, 타인 명의로 보증서를 발급받아 은행 대출을 받았던 불법 사례가 수차례 기사화 되었다. 보증회사의 직원이 불법 대출을 중개하기도 하였다. 이는 중국정부가 자동차 판매 확대 및 내수소비 활성화를 위해 자동차담보대출 사업을 너무 무리하게 추진하였기 때문이다.

51 중국정부는 2007년 GM, 토요타, 포드, 폭스바겐 등 외국계 자동차 메이커가 자기 브랜드의 자동차 구매자를 대상으로 자동차 담보대출 사업을 허용하였고, 2008년부터는 중국계 자동차 메이커에게도 자동차 금융사업을 허용하였다. 서봉교(2010), p.109

다. 이는 ① 당시 전체 은행대출에서 자동차 담보대출이 차지하는 비중이 1%도 되지 않을 만큼 적었고, ② 부실이 심각해진 자동차 담보대출 보증회사를 중국정부가 주도하여 정리하는 과정에서 은행들에게 실질적인 손실이 크게 발생하지 않도록 배려하였기 때문이라고 한다.

(라) 은행의 신용카드 사업

중국에서 신용카드 업무는 은행만이 할 수 있도록 제한되어 있다. 은행 이외에도 신용카드 영업만을 전문으로 하는 독립적인 신용카드회사가 별도로 존재하는 한국과는 다른 시스템이다. 신용카드는 현금이 없이도 원하는 상품이나 서비스를 구매할 수 있는 현대 소비문화에서 혁신적인 결제수단이다. 따라서 소비자금융에서 신용카드는 매우 중요한 역할을 담당한다. 2000년대 초반 한국에서도 내수 소비를 활성화하기 위한 방법으로 신용카드 확대를 정책적으로 추진하기도 하였다.

더구나 WTO 가입으로 금융시장 개방이 불가피한 상황에서 중국정부도 단기간 내에 중국의 신용카드 사업을 육성할 필요가 있었다. 신용카드 사업에서는 전산 시스템의 안정성이나 리스크 관리 역량 등이 매우 중요한데 당시 중국 은행들은 이러한 경험이 없었기 때문이다. 따라서 글로벌 은행들이 신용카드 부문의 경쟁우위를 바탕으로 고액 예금자와 같은 우수 고객을 선점할 것이라는 우려가 제기되기도 하였다.

이에 따라 중국정부는 2000년대 이후 은행의 신용카드 사업에 대한 적극적인 육성정책을 도입하면서 관련 정책들을 정비하였다. 중국정부는 2002년 3월 "중국은행연합(UnionPay: 银联)"주식회사 설립을 주도하였다. 인렌(银联)은 중국 은행들이 연합하여 설립한 은행카드 및 은행 전산망 운영회사였다.

인렌이 설립되기 이전 중국 은행들은 서로 다른 전산 시스템을 구축하고 있었기 때문에 은행간 전자결제가 어려웠다. 심지어 동일 은행이더라도 지점마다 전산 시스템이 상이하여 타지역 카드의 사용도 어려웠다. 인렌의 설립으로 중국의 은행카드 산업은 새로운 환경이 조성되었고 은행간, 지역간 지급결제의 장벽이 대폭 완화될 수 있었다. 이후 중국정부는 은롄카드를 사용하는 은행결제와 관련된 법률제도를 정비하였고, 현금지급기나 공동 결제 단말기 보급, 가맹점 확대를 유도하였다.

2002년 이전 중국의 은행카드는 대부분 **직불카드** 위주였고, 신용카드는 국제결제 등의 필요로 비자나 마스터 등의 글로벌 신용카드사와 제휴를 체결하여 제한적으로 발행[52]하고 있었다. 2003년 당시 중국 전체 은행카드 누적 발행량은 6억4000만장이었는데, 그중 97%가 직불카드였다. 더구나 신용카드 중에서도 신용기반의 순수 신용카드는 누적 발행량이 350만 장에 불과하였고, 일정 금액 이상의 예금을 예치한 고객에 한해 제한적으로 일부 신용거래만을 허용하는 준(準)신용카드가 대부분이었다. 준신용카드는 신용카드와 직불카드 기능이 혼합된 카드였다.

> **직불카드(Debit Card)**는 체크카드라고도 불리며 전산단말기(POS) 결제 과정에서 카드 소유자의 예금계좌에서 대금이 바로 결제되거나 예금을 현금지급기(ATM) 등에서 현금으로 인출할 수 있는 카드를 지칭한다.

〈표 3-7〉 중국 은행카드와 신용카드 누적발행량과 거래금액 추이

	2003	2004	2005	2006	2007	2008	2009
은행카드 전체(억장)	6.4	7.6	9.6	11.8	14.9	18.0	20.3
직불카드(억장)	6.2	7.3	9.2	11.2	14.1	16.6	19.0
신용카드합(만장)	2,200	2,840	4,047	5,600	9,976	14,233	16,500
신용카드(만장)	350	840	1,397	3,447	9,026	14,233	16,500
準신용카드(만장)	1,850	2,000	2,650	2,153	950	-	-
신용카드 거래액(억 위안)	1,038	1,465	2,049	2,401	3,290	4,299	19,000

자료 : LAFFERTY(2008) ; 서봉교(2010), p113 재인용

---

52 중국 최초의 신용카드(Credit Card)는 1985년대 중국은행(BOC)의 경제특구 지점에서 외화전용 카드(中銀卡)로 시작되었다. 중국은행은 1987년 VISA와 Master 국제신용결제 시스템에 가입하였고, 공상은행은 1989년부터 가입하였다.

하지만 2002년 이후 중국 신용카드업은 빠르게 발전하기 시작하였다. 신용카드의 누적 발행량은 2003년 350만 장에서 불과 5년 만인 2008년 1억4,000만 장으로 4배가 증가하였다. 신용카드 거래금액도 비슷한 정도로 급성장하였다.

(마) 신용정보 공유 시스템 구축

하지만 중국정부는 신용카드업의 발전과 이를 통한 소비자금융의 성장이 자칫 금융업의 건전성에 악영향을 주지 않도록 리스크 관리에도 주력하였다. 소비자금융의 리스크 관리에서 가장 중요한 부문은 "개인의 신용정보"를 금융사들이 정확하게 파악하는 것이다.

2000년대 이전까지 중국에서는 소비자금융이 사실상 존재하지 않았기 때문에 개인 신용정보도 존재하지 않았다. 하지만 2000년대 이후 주택 담보대출, 자동차 담보대출, 신용카드 등의 소비자금융이 발전하면서 대도시 지역의 지역내 금융기관을 중심으로 개인과 기업의 신용정보를 공유하는 신용정보회사가 등장하기 시작하였다.

더구나 2003년 한국에서 발생한 신용카드사의 대규모 부실로 인한 금융위기,[53] 소위 '신용카드 대란'은 소비자금융에서 리스크 관리의 중요성을 다시 인식하는 계기가 되었다. 이에 따라 중국정부는 2004년부터 전국적인 네트워크를 통합한 **개인과 기업의** "공적 신용정보 공유 시스템"을 구축하기 시작하였고, 2006년 1월부터 개인 신용정보 데이터베이스가 정식으로 운용되었다.[54]

---

53 한국의 신용카드 산업은 2000년대 초반 급격히 성장하였지만, 2003년 말 신용카드 연체율 14%, 개인 신용불량자 수 372만 명, LG카드 등 주요 신용카드 전문사의 대규모 부실과 해외매각 등 소위 신용카드 대란을 겪으면서 금융 및 경제 시스템에 큰 문제가 발생하였다. 당시 한국은 동아시아 금융위기 극복을 위해 내수소비 확대를 위해 신용카드 사용을 정책적으로 무리하게 추진하였다. 이 과정에서 신용카드 현금지급 서비스에 대한 개인 신용정보제도가 미비하여 현금 서비스로 다른 신용카드를 결제하는 일명 '카드 돌려막기 문제' 등 대규모 신용부실이 발생하였다. 서봉교 (2010), p.96

54 중국의 공적 신용정보 시스템은 2006년 1월부터 운영되었다. 중앙은행인 인민은행이 그 운영을 담당하고, 법률〈个人信用信息基础数据库管理暂行办法〉에 의거하여 여신업무가 가능한 중국 내 모든 은행이 의무적으로 가입하였다. 이에 따라 주택담보대출, 자동차담보대출, 신용카드, 개인신용대출 등 모든 소비자금융 관련 정보가 수집관리되었다. 서봉교(2010), p.105

이러한 리스크 관리에 대한 중국정부의 지속적인 리스크 관리는 소비자금융 부문에서 금융사들간의 무리한 경쟁을 방지[55]하여 소비자금융 부문의 부실채권 비율은 비교적 낮은 수준으로 유지되었다.

한편 중국 금융당국의 신용카드업에 대한 이러한 리스크 관리 정책은 외국계 은행들의 중국내 신용카드 사업이 허용되기 시작한 2008년 이후 외국계 은행들의 신용카드 사업 확장을 제약하는 규제로 작용하기도 하였다. 이에 따라 외국계 은행들의 신용카드 사업은 완만한 성장세를 보였다.[56]

---

55 2014년말 기준으로 신용카드 누적발행량은 4억6,000만 장으로 1인당 신용카드 발행량은 0.34장에 불과하여 비교적 신중하게 신용카드가 발행되고 있음을 보여준다. 더구나 이 중에서 실제 사용되는 신용카드 누적발행량은 2억7,000만 장으로 중국 인구 10명당 1장 정도로 신용카드가 사용되고 있다고 볼 수 있기 때문에 신용카드 산업에서의 리스크 발생 가능성이 상당히 낮다고 판단할 수 있다.

56 2008년 이전까지는 외국계 은행법인에 대해서 신용카드 업무가 허용되지 않아서 중국계 은행의 신용카드 업무를 전략제휴나 업무청부 형태로 진행하고 있으나, 2008년 12월 東亞은행(BEA)이 외국계 은행법인으로는 최초로 독자적인 신용카드 사업을 시작하면서 외국계 은행의 신용카드 사업도 본격적으로 시작되었다. 특히 東亞은행은 기존에 중국계 은행 신용카드와 경쟁하여 우수 고객을 유치하기 위해 신용카드 년회비를 감면하는 등 적극적으로 신용카드 사업을 확대하였다. 하지만 중국 금융당국의 규제는 외국계 은행들의 신용카드 사업 확대를 일정 정도 제약하는 장애요인으로 지적되어 왔다.

참고문헌

- 구기보 (2012), "중국 금융시장의 제도적 장벽과 우리나라의 대응방안", 『동북아경제연구』, 24권1호: 119-156
- 문준조 (2003), 『WTO 가입과 중국의 금융법제도 개혁』, 한국법제연구원, 2003.10
- 삼성경제연구소 (2006), 『외국자본의 중국은행 지분투자 현황 및 시사점』, SERIChina Review, 2006-10호
- 서봉교 (2002), "중국 신용카드 시장의 잠재력에 주목하라", LG경제연구원, 『LG 주간경제』, 2002.7.24.
- 서봉교 (2007), "중국 금융산업에 대한 해외직접투자: 현황과 특징을 중심으로", 현대중국학회 춘계학술대회 발표 자료
- 서봉교 (2008), "중국 자산운용업 발전의 특징과 문제점", 『현대중국연구』, 46권: 261-303
- 서봉교 (2010), "중국과 한국의 개인 신용정보제도 비교와 중국 신용카드 시장에 대한 시사점", 『현대중국연구』, 11집2호: 89-122
- 서봉교 (2012), "중국금융지주회사의 금융사별 특징과 외국 금융사에 대한 시사점", 『현대중국연구』, 14권1집: 119-156
- 서봉교, 노수연 (2013), "중국 자동차 보험시장 전면개방에 대한 보험사별 대응과 외국계 보험사에 대한 시사점", 『한중사회과학연구』, 11권1호: 47-78
- 지만수, 이일영 (2003), 『중국 부실채권 문제의 원인과 해결전망』, 대외경제정책연구원, 정책연구 03-05
- KIEP (2005), "중국 WTO 가입 3주년의 평가와 전망: 서비스 분야 양허안 이행을 중심으로", KIEP 오늘의 세계경제 2005년4월12일

Endnotes

1) 2012년 5월에야 외국계 손해보험사의 중국 자동차보험의 책임강제보험 진입이 허용되었다. 서봉교 외(2013), p.47
2) 은행업 총자산은 은행감독위원회 홈페이지의 통계데이터(政务信息 > 统计信息), 외국계 은행의 총자산은 중국통계연감 18-11항목(外资银行资产负债表)에서 찾을 수 있다.
3) 삼성경제연구소(2006), 이후 추가적인 지분매각이나 지분 매매, 주식상장 등으로 주주 구성에는 지속적으로 변화가 발생하였다.

4) https://www.google.com/finance?q=SHA%3A000001&ei=K0nQWMjiAZTAmgGSzK HgBw

5) 2007년 7월 시행된 '상장기업의 국유주식을 양도(transfer) 관리에 대한 잠정적인 방법 (〈国有股东转让所持上市公司股份管理暂行办法〉)'에서는 상장기업의 규모에 따라 양도할 수 있는 국유주의 비율이나 양도 관련 협의, 간접적인 방법을 통한 양도 등의 내용이 포함되어 있다.

6) 보험감독위원회의 통계데이터(统计数据) 항목 아래 생명보험 보험료수입(人身保险公司保费收入情况)과 손해보험 보험료수입(财产保险公司保费收入情况)의 보험사별 월별 데이터가 로그인 없이 무료로 다운 받을 수 있다.

7) 서봉교(2010), p.70

8) 아래의 내용은 서봉교(2008), pp.275-278 내용을 요약하였음

9) 聞岳春(2010), 3장2절 我國金融業綜合經營的現況 인용

10) 인민은행에서는 만기별(6개월, 1년, 2년, 3년 등)로 예금과 대출의 기준이자율을 공시하였다. 만기별 예금이자율과 대출이자율의 변동은 중국통계연감의 18-5, 18-6 법정이자율 항목에서도 찾아볼 수 있다. 최근에는 이자율 자유화가 진행되면서 중국의 기준이자율에 대한 데이터를 인민은행의 市场动态 〉 人民币市场行情 〉 基准指标 〉 利率数据 항목에서 공시하고 있다. 이 사이트에서는 중국의 은행간 거래시장의 이자율, Shibor, 국채금리, 환율 등의 다양한 지표를 제공한다. http://www.chinamoney.com.cn/index.html

11) 2002년 인민은행의 중국화폐정책보고서(中国货币政策执行报告)에서 제시된 이자율 자유화 원칙

12) 무역관련 데이터는 중국통계연감 11-2항목(货物进出口总额)에서 찾을 수 있고, 외국인직접투자 데이터는 11-13항목(利用外资概况)의 실제투자금액 데이터에서 찾을 수 있다.

13) 중국의 연도별 환율데이터는 중국통계연감 18-8 항목 위안화 연평균환율에서 찾아볼 수 있다.

14) 전체 은행대출에서 개인대출은 1997년 0.5%, 1998년 1.5%, 1999년 3.0%, 2000년 8.0%로 증가하였다. 서봉교(2002), p.12

15) 90년대 중국 은행대출 중 국유기업 대출 비중은 80% 이상을 유지하고 있었다. 지만수 외(2003), p.71

16) 인민은행 调查统计司 〉 统计数据 항목의 연도별 금융기관자료(金融机构信贷统计)에서 금융기관예금대출수지표(金融机构本外币信贷收支表)의 가계대출(Loans to

Households) 자료

17) 〈个人住房贷款管理办法〉
18) 〈关于鼓励消费贷款的若干意见〉
19) 〈汽车消费贷款管理(试点)办法〉

제4장

글로벌 금융위기와 중국금융의 건전성 악화
(2008년 ~ 2010년)

1. 글로벌 금융위기와 글로벌 불균형 조정

1) 글로벌 금융위기의 영향

(가) 글로벌 금융위기의 전개과정

2008년의 글로벌 금융위기는 미국의 과도한 부동산 담보대출로 야기된 부동산 버블이 붕괴[1]된 이후 금융사들의 부실과 파산[2]이 이어지면서 시작되었다. 하지만 곧 전 세계로 그 영향이 확대되면서 글로벌 금융시스템에 대한 불신과 신용경색으로 확산되었다. 세계 경제성장률은 [그림 4-1]에서 보듯이 2007년 4.3%에서 2008년 1.8%로 감소하였고, 2009년에는 마이너스(-)1.7%로 급락하였다.

당시 미국의 부동산 담보대출 부실이 전 세계 금융시스템을 마비시킨 이유는 90년대 이후 전 세계적인 금융규제의 완화와 금융의 글로벌화로 미국의 부동산 담보대출이 다양한 **"파생금융상품"**으로 재생산되어 전 세계 금융사들과 투자자들에게 판매되었기 때문이다. 당시 전 세계 금융사들은 서브프라임 모기지 관련 파생금융상품에 엄청난 금액을 투자하였기 때문에 손실의 규모가 매우 컸다.

---

1 당시 가장 문제가 되었던 **서브프라임 모기지(subprime mortgage)**의 경우는 신용등급이 우량 (prime)단계보다 낮은 비우량(subprime) 저소득층에게도 무분별하게 주택담보 대출이 제공되었기 때문에 발생했다. 금융사들이 과도한 주택담보 대출을 제공하고 주택 구매자들의 투기적 수요가 확대되면서 미국 부동산 가격은 급격하게 상승하였고 버블로 이어졌다. 하지만 2000년대 중반 이후에는 부동산 가격 버블에 대한 우려가 커지면서 주택을 매도하기 시작하였고, 부동산 가격은 급락하기 시작하였다. 결국 일부 대출금보다 주택가격이 낮아지는 상황이 발생하면서 주택담보 대출 상환을 포기하고 파산을 선언하는 저소득층이 나타나기 시작하였다. 이러한 상황은 연쇄적으로 악순환으로 이어져 미국 금융사들의 부실대출 비율이 급격히 상승하게 되었다.

2 2007년 6월 미국의 대형 투자은행 베어스턴스 소속 헤지펀드가 파산위기에 직면하면서 국제금융 시장의 혼란이 심화되기 시작하였다. 2008년 7월에는 미국의 대표적인 주택담보 대출회사인 패니 매와 프레디맥이 파산위기에 직면하자 금융시장의 혼란을 줄이기 위해 미국 정부가 이를 국유화 하기도 하였다. 또한 2008년 9월에는 미국 최대의 보험회사 AIG에 긴급 구제금융을 지원하기도 하였다. 하지만 2008년 9월 158년의 역사를 자랑하던 세계 4대 투자은행인 '리먼브라더스'는 결국 파산하였고, 이로 인해 미국 경제와 금융사들에 대한 우려가 급격히 확산되면서 미국과 전 세계의 주가지수가 폭락하기 시작하였다.

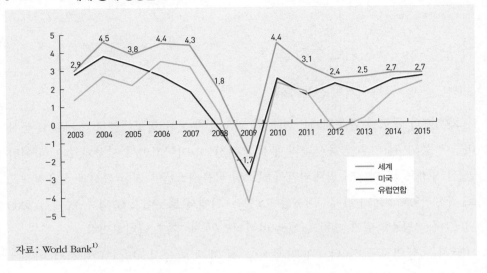

[그림 4-1] 세계 경제 성장률 추이   (단위: %)

자료 : World Bank[1]

파생금융상품(financial derivatives)이란 손실위험을 회피하거나 최소화하여 수익을 확보하도록 거래자에 맞게 각종 금융상품을 결합한 금융상품을 지칭한다. 당시 미국의 은행과 금융사들은 주택담보 대출을 계속 보유하지 않고 이를 기초로 유동화증권(MBS : Mortgage Backed Securities)을 발행하였고, 나아가 투자회사들은 다양한 MBS를 조합하여 리스크는 낮지만 수익률이 높다고 알려진 부채담보부증권(CDO : Collateralized Debt Obligation) 등의 파생금융상품을 만들어 전 세계 투자자들에게 판매하였다.

하지만 그보다 더 중요한 것은 전 세계 많은 나라들에서 금융시스템 전반에 대한 신뢰가 붕괴되면서 어떠한 금융사도 안전하다고 믿지 못하는 상황에 직면한 것이다. 금융사들은 '뱅크런'과 같은 만약의 사태에 대비하여 안전자산을 최대한 확보하기 위해 기존 대출금을 회수하거나 정부의 자금지원을 요청하였다.

이러한 공포가 만연하면서 경제활동이 마비되었고 극도로 혼란한 상황이 지속되었다. 당시에는 글로벌 금융위기가 1930년대의 '대공황'과 같은 최악의 사태로 이어질 가능성이 있다는 우려도 확산되었다.

> 뱅크런(Bank Run)이란 예금자들이 자신들이 예금을 맡겨둔 은행의 재정상태가 불안 정하다고 판단되어 맡긴 예금을 찾지 못할 수도 있다는 불안감에 은행으로 달려가서 예금을 인출하는 모습에서 유래된 용어이다.

2008년 이후 미국은 파산위기에 직면한 자국 금융사들을 구제[3]하고 금융시장을 안정화시키기 위해 통화발행을 확대하는 비(非)전통적인 통화정책인 "양적완화정 책(QE)"을 시행하였다. 금융위기 발생 직후 미국이 1년간 지원한 금융기관 지원액 과 경기부양을 위한 자금은 당시 미국 GDP의 11%에 달하는 엄청난 규모였다.[2]

> 양적완화(QE: Quantitative Easing)란 이자율인하를 통한 통화정책이 한계에 부딪쳤 을 때, 중앙은행이 통화발행을 확대하여 유동성을 금융시장에 직접 공급함으로서 신 용경색을 해결하는 비전통적인 통화정책을 지칭한다.

뿐만 아니라 글로벌 금융위기의 영향이 이미 전 세계로 파급되어 개별국가 차 원에서 양적완화정책이 효과를 발휘하기 어려웠기 때문에 세계 각국이 동시에 양 적완화정책을 사용하는 방법이 사용되었다. 이를 위해 글로벌 금융시장에서 영향 력이 큰 G20 국가들[4]이 공조하여 글로벌 금융위기를 극복하는 문제에 협력할 것 을 합의하였다. G20 회의를 통해 재정지출 확대나 금융안정을 위한 규제강화 등 의 구체적인 방안이 제시되었다.

(나) 글로벌 금융위기의 중국경제에 대한 영향

글로벌 금융위기는 중국경제에도 큰 충격을 주었다. 물론 글로벌 금융위기는

---

3 당시 금융시장의 혼란이 너무 심각해지면서 미국 정부는 유동성 위기에 직면한 세계최대의 보험 사인 AIG(America International Group)에 850억 달러, BOA(Bank of America)와 시티은행에 각 각 200억 달러를 지원하는 등 대규모 공적자금 투입으로 자국 금융사들을 구제하였다.
4 원래 세계경제에서 영향력이 큰 국가들의 협의체는 G8(미국, 일본, 영국, 프랑스, 독일, 캐나 다, 이탈리아) 정상회의였는데, 새롭게 부상한 신흥시장국가들인 브라질, 러시아, 인도, 중국 (BRICs), 한국, 인도네시아, 사우디아리비아, 아르헨티나, 멕시코, 터키, 호주, 남아프리카공화 국까지 포함된 협의체로 G20의 중요성이 높아졌다.

경제뿐만 아니라 정치, 외교, 사회, 문화, 군사 등 거의 모든 분야에서 중국에 너무나 많은 영향을 주었고, 이 모든 것들을 종합적으로 분석해야만 그 이후 '강대국으로 부상'하고 있는 중국의 변화[5]를 정확하게 이해할 수 있을 것이다.

하지만 대략적으로 경제와 금융 분야에서만 초점을 맞추어 중국의 경제시스템 변화에 가장 큰 영향을 미친 요인들을 분류하자면 다음과 같다.

① 글로벌 금융위기로 중국의 주요 수출 대상국이었던 미국과 유럽의 성장률이 둔화되고 소비가 위축되면서 중국의 수출이 급감하였다.

② 글로벌 금융위기의 극복을 위해 미국이 대대적인 양적완화정책으로 달러 발행을 확대하였기 때문에 달러화의 가치가 하락할 우려가 커졌다. 이로 인해 상대적으로 위안화의 절상 압력은 커졌기 때문에 중국의 수출에 불리하게 작용하였다.

③ 미국의 양적완화정책으로 달러화의 가치가 하락할 우려가 커지면서, 세계 최대의 달러 **'외환보유고'**를 가지고 있었던 중국은 외화자산으로 평가된 '국부(national wealth)'의 감소에 대한 우려가 커졌다.

외환보유고(foreign exchange holdings)란 한 나라가 일정 시점에 대외지급 준비자산으로 보유하고 있는 외화자산을 말한다. 일반적으로 금, SDR, IMF 포지션, 달러를 비롯한 주요국 통화 등으로 구성되어 있다.

첫째, 중국의 전체 수출에서 미국과 유럽(EU)이 차지하는 비중은 2007년 말 기준으로 각각 19%와 24%를 차지하고 있었다. 그런데 앞의 [그림 4-1]에서 보듯이 글로벌 금융위기로 미국과 유럽의 2008년 경제성장률이 -0.3%와 0.5%로 급격하

---

5 글로벌 금융위기 이후 중국이 실질적인 세계 강대국으로 부상하는 현상(rise of China)이 거의 모든 분야에서 나타났다. 경제적인 부상뿐만 아니라 급속한 군사력 증강이나 외교정책에서 보다 강경해진 태도 변화, 중국 문화에 대한 자부심을 앞세운 소프트파워 전략, 세계 시스템의 규칙제정자로의 역할강화 등의 현상이 나타났다. 이러한 현상은 중국이 기존의 "지역 강대국"에서 '불균등하고, 지역적이며, 취약한' 세계강대국으로 부상하고 있다고 평가되었다. 중국은 글로벌 금융위기로 인해 강대국으로 부상하는 매우 좋은 기회를 얻었으며, 대부분의 국가들이 중국의 부상을 기정사실로 수용하고 있었다. 이장규 외(2009), pp.35~45

게 둔화되었고, 2009년에는 경제성장률이 -2.8%와 -4.4%로 급감하면서 경제활동과 소비가 극도로 위축되었다. 이에 따라 이들 지역의 전체 수입도 2008년 이후 급격히 둔화되었고, 2009년에는 10% 이상 급격히 감소[3)]하였다.

또한 당시 중국의 수출은 더욱 큰 폭으로 감소하였다. 2001년 WTO 가입 이후 중국의 수출은 30% 전후의 높은 증가율을 지속하였다. 하지만 2008년 이후 수출 증가율이 급격히 둔화되어, 2009년에는 수출 증가율이 -16%로 급감하였다. 2009년 상반기에는 월별 수출 증가율이 전년 대비 -20% 이상 급감하면서 중국경제 성장률도 크게 둔화되었고, 이로 인해 중국도 심각한 경제위기에 직면할 것이라는 우려가 증가하였다.

둘째, 중국 위안화는 2005년 관리변동 환율시스템으로 전환된 이후 달러대비 위안화의 명목 환율이 2005년 5월 8.28위안에서 2008년 4/4분기 6.84위안으로 17% 이상 절상되었다. 위안화의 이러한 급격한 절상은 중국 수출기업들의 가격 경쟁력을 크게 약화시켰다. 당시 중국의 저임금 노동력을 이용한 경공업 수출기업들의 파산과 이로 인한 실업문제는 심각한 사회문제로 대두되기도 하였다.[6]

이런 상황에서 글로벌 금융위기로 인한 미국 경제의 불확실성과 미국의 양적 완화정책으로 인해 달러화의 가치가 지속적으로 하락할 것이라는 우려가 커졌다. 이는 위안화의 상대적인 절상 속도를 더욱 가속화시켜 중국의 수출에 불리하게 작용할 것으로 우려되었다.

셋째, 2009년 1월 기준으로 중국의 미국 국채 보유량은 7,571억 달러로 세계 1위의 미국 국채 보유국이었다. 중국이 보유한 미국 국채는 〈표 4-1〉에서 보듯이 당시

---

6 글로벌 금융위기의 영향으로 2009년 상반기 중국의 수출이 급감하면서 노동집약형 경공업 수출의 비중이 높은 광둥성 지역 등에서 중소 수출기업의 도산이 급증하였고, 노동력 수요가 급감하였다. 예를 들면 광둥성 신발 제조업체 6,000여 개 중 1,000여 개 이상이 파산하였다. 이는 연해도시 지역에서 일시적으로 일하는 농촌호구를 가진 **농민공(農民工)**들이 1,000만 명 이상 대량 해고되는 사태로 이어지면서 사회문제로 부각되기도 하였다. **하지만 이들 농민공들은 비정규 고용상태로 노동유연성이 대단히 높았고, 실업수당 등 사회보장비용의 부담도 높지 않았기 때문에 심각한 사회문제로 연결되지는 않았다.** 더구나 2010년 이후 중국의 수출 증가율이 다시 회복되기 시작하였고, 농촌지역에 대한 정부투자 확대와 도시화 추진으로 농민공 실업문제는 상당히 해소되었다.

〈표 4-1〉 중국 보유 미국 국채 추이

	2003	2005	2007	2009	2011	2013	2015
중국 보유 미국 국채 (억 달러)	1,466	2,771	4,665	7,571	13,024	12,721	12,675
전체 외국 보유 중 중국 보유 비중	13%	17%	24%	29%	32%	26%	23%
중국 보유 미국 유가증권 (억 달러)	2,555	5,273	9,220	14,640	17,266	17,348	18,440
외환보유고 중 미국 유가증권 비중	84%	85%	83%	77%	59%	51%	48%

자료: 미국 재무국(treasury),[4] 중국외환관리국
주: 매년 1월 기준 자료

전체 외국인 보유액의 29%를 차지하였다. 더구나 당시 중국의 외환보유고 1조9,135억 달러에서 미국 국채를 포함한 미국 유가증권의 비중은 77%를 차지하고 있었다.

중국이 보유한 미국 유가증권은 2009년 1월 기준으로 1조4,640억 달러였는데, 이는 2008년 중국 1년 총수입액의 1.3배에 달하는 막대한 양이었다. 이처럼 막대한 규모의 달러 유가증권을 보유하고 있는 중국의 입장에서 미국의 양적완화정책으로 달러화의 가치가 하락하는 것은 국부의 감소로 연결되는 심각한 문제였다.

2) 금융위기 이후 중국의 고정환율 정책

(가) 글로벌 금융위기와 글로벌 불균형

앞에서 설명한 글로벌 금융위기 당시 중국 경제가 직면했던 문제들은 요약하자면 ① 미국에 대한 무역흑자가 과도하게 많았고, ② 외환보유고로 과도하게 많은 달러와 미국 유가증권을 보유하고 있다는 것이었다.

사실 이 문제들은 2000년대 이후 확대되어 온 "글로벌 불균형(global imbalance)"에서 기인한 것이다. 글로벌 불균형이란 중국이나 한국, 일본 등 아시아 국가들이 미국과의 무역에서 흑자를 보고 이를 통해 확보한 달러로 미국 국채를 매

입하면서 외환보유고가 증가하는 현상이 지속되었던 현상을 지칭한다.

글로벌 불균형은 무역흑자를 보는 중국의 입장과 무역적자를 보는 미국의 입장 모두에게 역설적이게도 '그렇게 나쁘지 않은' 상황이었기 때문에 글로벌 금융위기가 발생하기 이전까지 상당히 오래 지속될 수 있었다.

첫째, 중국은 글로벌 불균형을 통해 수출을 확대하면서 고용을 창출하고 경제성장을 지속할 수 있었다. 하지만 무역흑자로 중국으로 유입되는 달러가 증가하였기 때문에 위안화에 대한 절상 압력이 발생하였다. 따라서 중국은 자국의 수출경쟁력을 유지하기 위해 달러에 페그된 고정환율 시스템을 채택하면서 외환시장에 개입하여 달러를 매입하였다. 또한 이 과정에서 외환보유고로 축적한 달러를 미국 국채 매입에 사용하였다.

더욱이 1997년 동아시아 외환위기 이후 대외부문의 불확실성에 대비하여 외환보유고를 확대해야 한다는 공감대가 형성되어 있었기 때문에 미국 국채 매입을 확대하는 정책이 수용될 수 있었다.

둘째, 미국의 경우는 장기간 지속된 경상수지 적자와 재정수지 적자에도 불구하고 미국 국채에 대한 해외 수요가 지속되었기 때문에 낮은 이자율로 지속적으로 채권을 발행할 수 있었다. 풍부한 유동성으로 미국 국내 금융시장에서 낮은 이자율이 지속되었던 상황은 부동산 담보대출이나 신용대출 등 미국 금융산업 발전의 기반이 되었다.

뿐만 아니라 글로벌 불균형이 지속되는 과정에서 중국 등에서 수입된 저렴한 공산품 등은 미국의 물가수준이 안정적으로 유지될 수 있도록 하였다. 이로 인해 미국은 유통업 등 내수소비 산업이 지속적으로 성장할 수 있는 기반이 되기도 하였다.[7]

물론 이러한 글로벌 불균형은 절대 지속가능하지 않았기 때문에 그 문제점[8]에

---

7 예를 들면 미국의 대표적인 소매체인점 월마트는 2002년 100억 달러 이상의 물품을 중국에서 미국으로 수입하였고, 이는 미국의 대중국 수입의 10% 이상에 해당하였다고 한다.

8 미국의 입장에서 장기간 대외 채무가 누적될 경우 국가신용이 하락하고, 급격한 인플레이션이 발생할 리스크가 있었다. 중국의 입장에서는 수출주도형 경제성장을 지속하는 과정에서 임금상승이 억제되면서 경제성장의 실질적인 효과가 중국 국민들에게 돌아가지 않고, 심각한 환경오염 등

대해서 비판하고 이를 시정하기 위한 노력들이 없었던 것은 아니다. 당시 가장 논란이 되었던 것은 글로벌 불균형 발생의 원인과 해법에 대한 미국과 중국의 공방이었다.

미국은 위안화의 가치 상승을 중국정부가 인위적인 개입으로 막고 있는 문제를 비판하면서 1985년 일본 엔화 가치의 대폭적인 절상을 가져온 '플라자 합의'[5]와 같은 위안화의 대폭적인 평가절상을 해결책으로 제시하였다. 반면 중국은 미국이 재정수지와 경상수지 적자를 축소시키기 위한 노력이 필요하다고 주장하였다.

하지만 글로벌 금융위기가 발생하기 전까지 글로벌 불균형은 줄어들지 않았고, 오히려 크게 증가하였다.

> 플라자 합의(Plaza Accord)란 1985년 이루어진 미국 달러화 강세를 완화하려는 목적의 합의를 지칭한다. 1980년대 미국은 레이건 행정부가 개인 소득세를 대폭 삭감하면서 대규모 재정적자가 발생하였고 독일과 일본에 대해서 대규모 무역흑자가 지속되었다. 이에 1985년 뉴욕의 플라자호텔에서 열린 G5(미국, 프랑스, 영국, 독일, 일본) 재무장관회의에서 주요 통화의 달러에 대한 환율을 대폭 조정하여 당시의 글로벌 불균형 문제를 해결하는데 합의하였다. 이후 1주일 만에 일본 엔화는 8%, 독일 마르크화는 3%가 즉시 절상되었다. 2년 동안 엔화는 달러대비 46% 절상되었다.

(나) 위안화 절상없는 글로벌 불균형 조정

글로벌 금융위기 이후 글로벌 불균형은 급격하게 축소[9]되었다. 미국의 경상수지 적자규모가 대폭 축소되었기 때문이다.

하지만 이러한 글로벌 불균형 축소가 1985년 플라자 합의에서처럼 중국 위안화의 대폭적인 절상을 통한 세계 무역구조의 구조적인 변화에서 야기된 것은 아니다. 오히려 미국의 경기둔화에 따른 수입 수요의 감소나 글로벌 '보호무역주의'의

의 문제가 발생하였다는 비판이 제기되었다.

9 세계 GDP 대비 세계 각국의 무역 흑자와 적자의 합으로 측정된 글로벌 불균형 규모는 2007년 5.5%에서 2009년 3.7%로 감소한 이후 지속적으로 축소되어 2013년에는 3.5%로 감소하였다. 조종화 외(2014), p.62

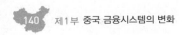

[그림 4-2] 대미 위안화 환율 추이 　　　　　　　　　　　　　　　(단위:)

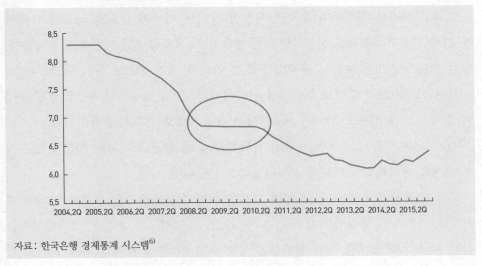

자료: 한국은행 경제통계 시스템[6]

등장과 같은 부정적인 영향으로 전반적인 무역규모가 감소하였기 때문에 나타난 현상이다.

3장에서 언급하였듯이 달러대비 위안화 환율은 2005년 관리변동 환율시스템으로 전환된 이후 점진적으로 절상되어 왔었다. 하지만 글로벌 금융위기가 본격화된 2008년부터는 오히려 2005년 이전의 달러에 페그된 고정 환율시스템으로 회귀하였다. [그림 4-2]에서 보듯이 2008년 3분기부터 2010년까지 2분기까지 2년 동안이나 1달러당 6.8달러 수준의 고정환율이 유지되었다.

(다) 글로벌 금융위기 극복을 위한 중국과 미국의 금융협력

글로벌 금융위기 직후 중국 위안화가 대폭 절상되지 않았던 것은 당시 많은 언론들의 비관적인 전망과는 달리 중국의 수출과 경상수지 흑자가 일정 수준 유지될 수 있도록 하는 원동력이 되었다. 중국의 수출 증가율은 2009년 일시적으로 −16% 급감하였지만, 2010년 31%, 2011년 20%로 회복되었다. 중국의 경상수지 흑자도 글로벌 금융위기 이전에 비해 크게 감소하지 않은 매년 1,500억~2,000억 달러 수준으로 유지되었다.

그리고 이러한 경상수지 흑자로 확보한 달러는 미국이 글로벌 금융위기 극복을 위해 양적확대정책을 실시하면서 발행한 미국 국채를 인수하는데 사용되었다. 앞의 〈표 4-1〉에서 보듯이 중국이 보유한 미국 국채는 2007년 4,665억 달러에서 2011년 1조3,024억 달러로 3배 이상 급증하였다. 전체 외국 보유 미국 국채 중에서 중국의 보유 비중도 2007년 24%에서 2011년 32%로 급격히 증가하였다.

이는 2008년 당시 글로벌 금융위기 극복을 위해 중국과 미국이 상당히 협조적인 관계를 유지하였기 때문에 가능하였다고 판단된다.

중국의 입장에서 ① 고용 창출과 성장을 위한 수출경쟁력을 유지하기 위해 위안화의 대폭적인 절상을 수용하기는 어려웠을 것이다. ② 또한 양적완화정책을 위한 미국 국채 발행을 통한 경기부양 정책에 협조하면서 달러의 가치가 어느 정도 안정적으로 유지되도록 하는 것은 막대한 달러 자산을 보유하고 있었던 중국으로서는 당연한 선택이었을 것이다.

대신 중국은 G20 회의 등에서 기존 국제금융기구와 국제금융질서의 개편과 중국의 국제적인 영향력 확대를 강력하게 요구하였다. 예를 들면 2009년 3월 저샤오촨(周小川) 인민은행 총재는 당시 달러 기축통화 시스템의 문제점을 강하게 비판하면서, 어느 특정국가의 통화가 아닌 **IMF의 '특별인출권(SDR)'**을 초국가적 준비통화로 사용하자고 제안하였다. 또 이 통화는 특정국가와 분리되어야 가치가 안정적으로 유지된다고 하였다. 이는 당시 중국이 달러 기축통화 시스템을 기본적으로 유지하는 것에는 협조하지만, 장기적으로 국제 통화체제의 다원화를 추진하겠다는 정책방향을 제시한 것으로 이해할 수 있다.

특별인출권(SDR: Special Drawing Rights)은 국제준비자산으로 IMF로부터 국제유동성을 인출할 수 있는 권리이다. SDR은 달러와 금을 보완하는 제3의 국제통화로 간주되는데, 회원국들에게 배정된 SDR은 국제 유동성 위기에 처한 다른 회원국들에게 양도할 수 있었다. 2015년 11월 기준으로 SDR 가치를 결정하는 구성통화에는 미국달러화가 41.9%, 유로화가 37.4%, 파운드화가 11.3%, 엔화가 9.4%를 차지하고 있었다.

2. 금융위기 이후 중국의 양적완화 정책

1) 확장적 재정 정책

중국정부는 2008년 11월 글로벌 금융위기 극복을 위한 양적완화정책을 추진하였다. 2008년 0.4% 수준인 GDP 대비 재정적자를 2009년 이후 3% 수준으로 확대하고, 2년간 4조 위안 규모의 경기부양 정책을 추진하겠다고 발표하였다. 4조 위안(약 6,000억 달러)의 재정투자는 당시 중국 GDP의 13%에 달하는 대규모 자금이었다.

당시 중국정부가 제시한 재정자금 투자계획에서 절반 정도는 사회간접자본 투자에 집중되었다. 특히 중국정부가 적극적으로 추진했던 고속철도 부문에 대한 투자는 중국의 물류-유통의 혁신을 가져왔다. 이 외에도 스촨성 대지진 복구나 농촌지역의 생활환경 개선, 교육-문화 부문에 대한 투자도 확대되었다. 중앙정부의 재정투자 외에도 추가적으로 지방정부 차원의 재정투자도 확대되었다.

그 외에도 소비 증대를 위한 농촌지역의 농업 보조금 확대, 농산물 수매가 인상, 세금 감면정책의 도입과 가전제품 구매 등에 대한 보조금 지급[10] 등의 정책에도 대규모 재정자금이 투자되었다.

2) 통화완화 정책

동시에 중국정부는 중국내 경기부양을 위한 통화완화 정책도 실시하였다. 당시 주로 사용되었던 통화정책[11]에는 ① 이자율 인하, ② 중앙은행의 지급준비율 인하, 그리고 ③ 은행의 대출확대 유도 방식이 활용되었다.

---

10 이를 중국에서는 가전하향(家電下鄕) 정책이라고 하였다. 뿐만 아니라 자동차나 오토바이 등의 구매에 대해서도 보조금을 지급하였다. 오래된 자동차의 폐기나 교환, 가전제품의 교체구입 등에 대해서도 보조금을 지급하는 정책도 도입되었는데 이를 이구환신(以舊換新) 정책이라고 하였다.
11 중국 인민은행 홈페이지에서는 중국이 사용하는 화폐정책(货币政策) 항목에서 ① 공개시장조작(公开市场业务), ② 지급준비율(存款准备金), ③ 이자율 조정(利率政策), ④ 중앙은행대출(中央银行贷款), ⑤ 대출편리성(常备借贷便利) 정책에 대한 주요 내용을 공시하고 있다.

(가) 이자율 인하

중국정부는 2008년부터 단계적으로 이자율을 인하하였다. 2007년까지 중국의 이자율은 경기과열의 우려로 점차적으로 상향조정되고 있었다. 중국정부는 1년 만기 대출이자율을 2007년 12월 7.47%로 상향조정하였다.

하지만 2008년 글로벌 금융위기 이후 경제성장률이 급격히 둔화되었기 때문에 경기부양을 위해 2008년 한해에만 5번이나 기준이자율을 인하하였다. 이에 따라

〈표 4-2〉 중국 1년 만기 기준 이자율 추이   (단위 : %)

시기	예금금리	대출금리	구분
2007.09.15	3.87	7.29	긴축
2007.12.21	4.14	7.47	긴축
2008.09.16	3.87	7.20	완화
2008.10.09	3.87	6.93	완화
2008.10.30	3.60	6.66	완화
2008.11.27	2.52	5.58	완화
2008.12.23	2.25	5.31	완화
2010.10.20	2.50	5.56	긴축
2010.12.26	2.75	5.81	긴축
2011.02.09	3.00	6.06	긴축
2011.04.06	3.25	6.31	긴축
2011.07.07	3.50	6.56	긴축
2012.06.08	3.25	6.31	긴축
2012.07.06	3.00	6.00	긴축
2014.11.22	2.75	5.60	완화
2015.03.01	2.50	5.35	완화
2015.05.11	2.25	5.10	완화
2015.06.28	2.00	4.85	완화
2015.08.26	1.75	4.60	완화
2015.10.24	1.50	4.35	완화

자료 : 중국인민은행[7]

2008년 말에는 1년 만기 대출이자율이 5.31%로 연초 대비 2.16%포인트나 하락하였다.

이후 중국정부가 다시 기준 이자율을 상향조정하고 긴축정책을 시작한 것은 2010년 하반기부터이다.

(나) 지급준비율 인하

둘째, 인민은행은 글로벌 금융위기가 심각해진 2008년 하반기부터 "지급준비율"을 인하하였다. 지급준비율이란 은행이 고객으로부터 받은 예금 중에서 금융시스템의 안정을 위해 중앙은행에 의무적으로 예치해야 하는 비율을 말한다. 지급준비율을 인하한다는 것은 은행이 예금 중에서 더 많은 금액을 대출로 사용할수 있게 한다는 것으로 금융 완화를 위한 통화정책의 하나이다.

중국정부에서 지급준비율 조정을 통한 통화정책이 활발하게 사용되기 시작한것은 2006년부터이다.[12] 이후 2008년 6월까지는 18번의 조정을 거쳐 지급준비율을 7.5%에서 17.5%로 10%포인트나 상향 조정하였다. 당시 중국은 경제성장률이높고 수출과 투자로 인한 외화 유입이 확대되면서 인플레이션 우려가 커졌기 때문에 긴축 통화정책을 사용하였던 것이다.

하지만 2008년 글로벌 금융위기가 발생한 이후에는 통화정책 방향을 긴축에서완화로 전환하여 2008년 9월부터 지급준비율을 단계적으로 인하하기 시작하였다. 지급준비율은 2008년 말까지 15.5%로 2%포인트가 인하되었다.

중국정부가 지급준비율을 다시 상향조정하기 시작한 것은 2010년 1월 이후부터이다.

---

12 중국의 지급준비율 제도가 도입된 것은 1984년부터였지만, 지급준비율 조정을 통한 통화정책은 2006년 이전에는 많이 사용되지 않았다. 1984년부터 2006년 이전까지 8차례의 지급준비율 조정만이 있었다. 이는 중앙은행이 은행에 대한 명령이나 지도와 같은 정책수단을 주로 사용하였고, 은행들도 시장경제 시스템에 따라 운영되었던 것이 아니었기 때문에 지급준비율이 크게 유효하지 않았다. 하지만 2006년부터는 글로벌 은행들의 중국 금융시장 진출이 전면적으로 허용됨에 따라 시장경제 시스템에 기반한 통화정책인 지급준비율 정책이 많이 사용되기 시작하였다.

〈표 4-3〉 **중국의 지급준비율 추이**   (단위: %)

시기	조정 전	조정 후	조정 폭	구분
2003.09.21	6.0	7.0	1.0	긴축
2006.07.05	7.5	8.0	0.5	긴축
2008.06.25	17.0	17.5	0.5	긴축
2008.09.25	17.5	16.5	−1.0	완화
2008.12.22	16.0	15.5	−0.5	완화
2010.01.18	15.5	16.0	0.5	긴축
2011.06.14	21.0	21.5	0.5	긴축
2012.02.18	21.0	20.5	−0.5	긴축
2012.05.12	20.5	20.0	−0.5	긴축
2015.02.05	20.0	19.5	−0.5	완화
2015.06.28	18.5	18.0	−0.5	완화
2015.10.23	17.5	17.0	−0.5	완화
2016.03.01	17.0	16.5	−0.5	완화

자료: 중국인민은행 지급준비율 표에서 주요 내용만 요약 정리[8)]

(다) 은행 대출 확대

마지막으로 중국은 2008년 글로벌 금융위기 이후 금융사의 대출 확대를 유도하여 시중의 유동성을 확대하는 확장적 통화정책을 사용하였다. [그림 4-3]에서 보듯이 중국 금융사의 신규 대출 증가는 2008년 이전까지는 매년 GDP의 10% 수준을 유지하였다.

그러나 글로벌 금융위기 이후 2008년 하반기부터 금융사의 신규 대출이 빠르게 증가하기 시작하였고, 2009년에는 전년대비 10조 위안이 넘는 신규 대출이 발생하였다. 이는 2009년 GDP의 31%에 달하는 막대한 자금이 금융기관 대출을 통해 시장에 공급되었다는 것을 의미한다. 2010년에도 신규 대출은 GDP 대비 21% 수준인 8조 위안에 달하였다.

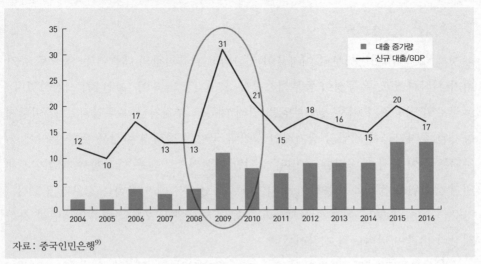

[그림 4-3] 중국의 신규 대출 규모와 GDP 대비 비율　　　　　(단위: 조 위안, %)

자료 : 중국인민은행[9]

3) 중국 양적완화 정책의 부작용

이처럼 중국정부는 2008년 글로벌 금융위기 이후 경기부양을 위해 확장적 재정
정책과 통화 완화정책을 통한 일종의 양적완화 정책을 사용하였다. 이러한 중국
식 양적완화 정책으로 중국 경제는 마이너스 성장률을 보인 다른 선진국들에 비해
매우 양호한 성장을 지속하였다. 2008년부터 2010년까지 중국의 GDP 증가율은
각각 9.6%, 9.2%, 10.4%를 기록하였다.

하지만 단기간에 정부 주도로 추진된 양적완화 정책은 이후 중국 경제와 중국
의 금융시스템에 상당히 심각한 부작용을 안겨주었다.

(1) 가장 심각한 문제는 주식시장이나 부동산 시장 등의 자본시장에 대량의 유
동성이 공급되면서 자산버블이 나타나기 시작한 것이다.

(2) 또한 정부 주도로 투자를 확대하면서 중복 과잉투자 문제가 다시 심각해지
기 시작하였다. 이러한 과잉투자는 장기적으로 금융시스템의 부실 가능성
을 증가시켰다.

이를 좀 더 자세히 살펴보자.

(가) 자산시장의 버블 문제

첫째, 2008년 하반기부터 이자율이 인하되고 금융기관의 대출이 큰 폭으로 증가하기 시작하였고, 유동성이 풍부해지면서 '자산시장 버블'이 나타나기 시작하였다.

글로벌 금융위기 이후 경기부양을 위해 대규모 투자자금이 투입되었다. 이렇게 증가된 투자자금이 기업의 장기적인 성장과 국가의 경쟁력 향상을 위한 분야에 투자되는 것이 가장 바람직할 것이다. 하지만 현실적으로 많은 나라에서 기업이나 개인이 통화완화 정책을 이용하여 주식이나 부동산 투자에 이용하는 경우가 많았다.

중국 역시 2009년 이후 주식시장과 부동산 시장에 투자자금이 유입되면서 자산시장의 버블이 나타나기 시작하였다.

주식시장은 2009년 급격한 상승 국면이 전개되었다. 중국의 주식시장은 3장에서 언급하였듯이 2008년 중순까지 국유주 유통화 정책 이후의 이상과열 현상이 지속되었다가, 글로벌 금융위기 이후 주식시장이 급락하였다. 2007년 10월 6,000포인트를 넘었던 상하이 주가지수는 2008년 말 1,820포인트로 폭락하였다.

하지만 2009년 중국정부가 추진한 양적완화정책에 의해 유동성 자금이 대거 주식시장으로 유입되면서 2009년 말에는 상하이 주가지수가 3,140으로 1년 사이에 2배 가까이 급상승하는 등 심각한 과잉 현상이 나타났다.

부동산 가격도 글로벌 금융위기 이후의 적극적인 부동산시장 부양정책[13]과 양적완화 정책으로 급등현상이 나타나기 시작하였다. 2009년 주요 도시의 주택가격 평균 상승률은 21%이고, 베이징은 128%에 달하기도 하였다.[10]

이러한 자산시장의 버블은 경제 시스템의 안정성에 부정적인 영향을 미치면서 자산 버블의 붕괴로 인한 리스크 발생 가능성이 증가하였다.

---

13 중국정부는 2008년 글로벌 금융위기 이후 급격히 침체된 부동산 시장을 부양하기 위해 주택담보대출 금리 인하, 주택구입 최소납입금 인하, 부동산 거래세 인하와 대출한도(DTI; Debt to Income ratio) 제한 완화 등의 정책을 도입하였다.

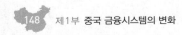

(나) 국유기업 중심의 중복과잉 투자 문제

둘째, 당시 중국정부가 주도한 확장적 재정정책으로 추진된 대규모 투자들은 주로 국유부문에 집중되었다. 하지만 단기간에 예산이 수립되고 집행되는 과정에서 효율성이 떨어지는 중복과잉 투자가 적지 않았고, 이는 이후 중국경제의 구조적인 공급과잉 문제를 심화시키는 결과를 가져왔다.

특히 경기부양을 위한 양적완화 정책으로 추진된 재정투자와 은행대출이 국유부문에 집중되면서 효율적인 민영기업부문이 오히려 위축되는 이른바 '국진민퇴(國進民退)' 문제가 심각해졌다. 풍부한 유동성 공급에도 불구하고 이러한 자금들이 국유부문에 집중되면서 민영 중소기업들은 오히려 심각한 자금부족에 시달렸다. 민영기업들이 비효율적인 국유기업과의 경쟁에서 상대적으로 불리한 상황에 직면하면서 중국 경제의 전반적인 효율성이 약화되는 문제가 나타날 가능성이 커졌다.

나아가 당시 일부 국유기업의 경우 정부 재정지원이나 은행대출을 기업 경쟁력 강화를 위해 투자하기 보다는 부동산 투자나 주식투자로 유용하는 부작용이 나타나기도 하였다. 이처럼 양적완화 정책의 부작용이 심화되면서 중국정부는 2010년 하반기부터 양적완화정책을 중단하는 이른바 '출구전략'을 추진하였다.

3. 중국의 양적완화 정책과 금융시스템 건전성 악화

1) 은행대출 확대와 건전성 역설

(가) 은행 부실대출 비율의 하락

앞에서 언급하였듯이 글로벌 금융위기 이후 중국정부가 주도한 양적완화 정책으로 은행의 신규대출은 급격히 증가하였다.

일반적으로 위기극복과 경기부양을 위해 ① 정부가 주도하여 ② 단기간에 ③ 대규모 대출이 이루어졌다면 은행의 건전성은 크게 악화되는 것이 당연할 것이다. 더구나 중국 은행들은 시장경제 시스템으로의 점진적인 전환정책에도 불구하고 여전히 정부의 영향력이 강하게 남아 있었기 때문에 대출심사가 엄격하게 이루어지지 못했다. 이로 인해 완전히 시장경제 시스템으로 운영되는 은행들에 비해 부실대출 문제가 발생할 가능성이 더 컸다.

하지만 통계 지표로는 2008년 이후 중국 은행부문의 건전성이 오히려 크게 높아진 것으로 보인다. 구체적으로는 글로벌 금융위기 이후

① 중국 은행들의 부실대출 금액과 부실대출 비율이 큰 폭으로 하락하였고,

② 대손충당비율이나 자기자본 충족률 등의 은행 건전성 지표가 큰 폭으로 상승한 것으로 나타났다.

이를 좀 더 자세히 살펴보자.

첫째, 부실대출관련 지표를 살펴보면 다음과 같다. 3장에서 언급하였듯이 2000년대 이후 중국정부는 WTO 가입에 따른 금융시장 개방에 대비하여 은행들의 시장경쟁력을 높이는 다양한 정책들을 추진하였다. 소유-지배구조의 개선이나 중국정부의 자금출자, 해외 전략적 투자자 유치, 주식상장 등은 모두 중국은행들의 자본금을 크게 확대하였다. 이에 따라 2000년대 초 25% 이상에 달했던 은행들의 부실대출 비율은 점진적으로 감소하였다. 하지만 중국정부가 주도했던 금융사의 부실대출 정리 정책들이 일단락된 2005년 이후에는 부실대출 비율 감소 추세가

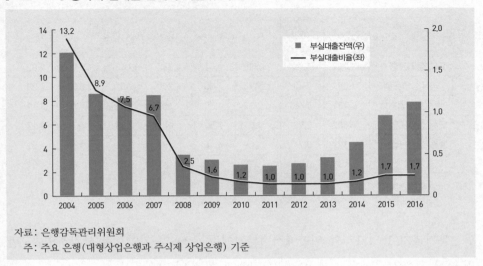

[그림 4-4] 중국 부실대출 잔액과 비율 추이 (단위: 조 위안, %)

자료: 은행감독관리위원회
주: 주요 은행(대형상업은행과 주식제 상업은행) 기준

둔화되었다. 은행의 부실대출 비율은 2005년 8.9%에서 2007년 말에는 6.7%로 점진적으로 감소하였다.

그런데 2008년 말 중국 은행들의 부실대출 비율이 갑자기 2.45%로 1/3수준으로 급감하는 매우 이례적인 현상이 나타났다. 이후 부실대출 비율은 더욱 감소하여 2009년 1.59%, 2010년에는 1.2%로 감소하였다.

(나) 2008년 4분기의 부실대출 급감 현상

2008년에 나타난 또 다른 특징적인 현상은 부실대출 잔액이 2007년 말의 1조 2,000억 위안에서 갑자기 4,865억 위안으로 1/3수준으로 급감한 것이다.

분기별 은행 부실대출 잔액으로 살펴보면 극적인 변화를 더욱 잘 파악할 수 있다. 2008년 3분기까지 부실대출 잔액은 1조1,900억 위안이었는데, 불과 3달이 지난 2008년 4분기에는 4,865억으로 급감하였다.

그리고 이러한 부실대출의 급격한 감소는 대부분 대형국유상업은행의 부실대출이 급격히 감소하면서 발생하였다. 대형국유상업은행의 부실대출 잔액은 2008

	2008년 2분기		3분기		4분기		2009년 1분기	
	잔액	비율	잔액	비율	잔액	비율	잔액	비율
주요 상업은행	11,762	6.10	11,905	6.01	4,865	2.45	4,714	2.02
국유상업은행	11,031	7.43	11,173	7.35	4,208	2.81	4,040	2.30
주식제상업은행	731	1.65	732	1.59	657	1.35	674	1.17
도시 상업은행	502	2.72	501	2.54	485	2.33	509	2.17
농촌 상업은행	122	3.26	209	4.44	192	3.94	197	3.59
외국계 은행	38	0.50	39	0.50	61	0.83	74	1.09

자료: 은행감독관리위원회[11)]

년 3분기까지 1조1,174억 위안에서 4분기에는 4,208억 위안으로 급감하였다. 반면 다른 유형의 은행들은 부실대출의 감소가 별로 없었다.

둘째, 중국정부는 글로벌 금융위기 이후 은행부문의 건전성을 높이기 위해 금융규제를 강화하는 정책들을 도입하였다. 대표적으로 은행이 부실대출로 인해 발생할 것으로 예상되는 손실액을 미리 비용으로 처리하는 '**대손 충당금**'[14]에 대한 규제를 강화하였다.

은행감독관리위원회의 통계 데이터에 따르면 중국 은행들의 대손 충당비율은 2007년 39%에서 2008년 116%, 2009년 155%로 급격히 상승하였다.

2) 은행대출과 국유기업 구조조정 후퇴

(가) 국유기업 구조조정과 은행 대출 부실

이처럼 2008년 글로벌 금융위기 이후 표면적으로 중국 은행들의 건전성이 대폭 개선된 현상을 이해하는 것은 중국 금융시스템의 특성을 이해하는 중요한 단서가

---

14 대손충당금(allowance for bad debts)이란 재무재표상의 자산으로 표기되는 대출금 등의 채권에 서회수가 불가능하다고 판단되는 금액을 비용으로 처리하기 위해 설정하는 계정을 지칭한다. 중국용어로 拨备覆盖率라고 한다.

된다. 일부 언론에서는 이렇게 단기간에 중국 은행들의 부실채권이 급감한 것을 두고 중국 통계 데이터의 신뢰성을 의심하기도 하였다.

하지만 단기간에 중국 은행, 특히 대형국유상업은행의 부실채권이 급감한 것은 그 이전까지 부실채권으로 분류되고 있었던 국유기업에 대한 대출이 정상적인 대출로 분류되었기 때문에 발생한 현상으로 파악해야 한다. 그리고 그 이유는 은행 대출이자를 납부하기도 힘들 정도로 어려움을 겪고 있던 국유기업들, 특히 지방의 중소형 국유기업들의 자금상황이 갑자기 좋아지면서 정상적으로 은행에 이자를 납부할 수 있게 되었기 때문으로 판단된다.

앞에서 언급하였듯이 글로벌 금융위기 이후 중국정부는 대규모 양적완화정책을 추진하였는데, 재정자금과 통화자금이 주로 투입된 부문은 국유부문이었다. 하지만 이러한 양적완화 정책은 90년대 후반부터 추진되었던 국유기업 구조조정 정책을 크게 후퇴하게 만들었다.

3장에서 언급하였듯이 중국정부는 90년대 후반부터 비효율적인 국유기업의 구조조정을 통해 중국경제의 효율성을 높이는 정책을 매우 강력하게 추진하고 있었다. 2007년 6월부터 시행된 〈국유기업 파산법〉[12]은 이러한 국유기업 구조조정을 더욱 가속화할 것으로 기대되기도 하였다. 당시에는 국유기업의 구조조정이 가속화되면 금융사들의 부실채권이 크게 증가할 것이라는 우려가 제기되기도 하였다.

(나) 국유기업 구조조정의 후퇴

하지만 2008년 글로벌 금융위기 이후 진행된 양적완화정책으로 국유기업에 대한 구조조정은 크게 후퇴하였고, 대규모 재정자금과 금융부문의 대출금이 다시 비효율적인 국유기업에 투입되었다. 특히 지방정부의 재정투입과 뒤에서 언급하는 '**지방정부 융자플랫폼**'을 통한 은행대출 지원으로 국유기업들, 특히 지방정부 산하의 국유기업의 자금상황이 크게 좋아지면서 부실한 국유기업이 다시 정상적인 기업으로 분류된 것으로 판단된다.

결과적으로 구조조정이 진행되고 있던 비효율적인 국유기업들이 양적완화 정책을 통해 다시 살아나게 되면서 일시적으로 중국의 경기는 회복되었지만, 전반적인 중국 경제시스템의 효율성은 크게 감소한 것이다.

앞에서 언급하였듯이 대형국유상업은행에서만 부실채권이 급격히 감소한 것도 대형 국유상업은행의 대출이 대부분 국유기업에 집중되었기 때문에 이런 현상이 발생했던 것으로 판단된다.

(다) 과거 계획금융의 영향

이처럼 글로벌 금융위기 이후에 부각된 중국의 금융시스템과 국유부문과의 밀접한 관련성은 중국 금융시스템의 본질에 대한 중요한 단서들을 제공하는 것으로 판단된다.

예를 들면 이러한 현상은 중국이 계획금융에서 시장금융으로의 전환을 꾸준히 추진해 왔음에도 불구하고 본질적으로 금융시스템에 대한 중국정부의 영향력은 여전히 매우 강력하게 작용하고 있으며, 과거 계획금융 시스템의 특징들이 여전히 잔존해 있다고 판단할 수 있는 근거로 해석할 수 있는 것이다.

3) 은행대출과 지방정부 융자플랫폼

(가) 지방정부 융자플랫폼의 증가

양적완화정책이 진행되면서 중국 은행들의 대출에서 나타난 또 다른 특징은 지방정부 산하의 투자회사와 같은 "지방정부 융자플랫폼(platform)"[15]이 우후죽순처럼 생겨나 대규모 대출을 받았다는 것이다. '융자플랫폼'이란 일반적으로 지방정부 산하의 국유투자회사 등이 지방정부를 대신하여 은행 대출을 받아 사회간접자본 등의 건설투자를 시행하는 주체가 되는 것을 지칭한다.

중국의 지방정부는 직접적으로 은행대출을 받을 수 없기 때문에 대규모 공공

---

15 지방정부융자플랫폼은 중국용어로 '地方政府融资平台公司'라고 지칭한다. 인민은행의 〈2010中国区域金融运行报告〉 따르면 2010년 말 전국의 지방정부 융자플랫폼들은 1만개가 넘었고, 그 중에서도 70%가 현(縣)급 이하 하급 지방정부 단위에서 설립한 것이다.

투자를 시행하기 위해서는 지방정부 산하의 투자회사가 주체가 되어 대출을 받거나, 지방정부가 중앙정부의 승인을 받아 채권을 발행해서 직접 재원을 마련해야 한다. 글로벌 금융위기 이전까지 중국정부는 재정 건전성을 비교적 높이 유지하면서 지방채권의 발행이나 융자플랫폼을 통한 대출 등을 엄격히 통제하였다.

하지만 2008년 글로벌 금융위기 이후에 중국정부는 단기간에 집중적으로 양적완화정책을 추진하기 위해 일시적으로 대규모 대출이 집행되었다. 이 과정에서 지방정부는 은행의 대출을 받아 지방 공공사업에 대규모로 투자하기 위해 융자플랫폼을 광범위하게 활용하였다.

2009년 중국 은행의 신규 대출 중에서 40% 이상에 달하는 3조8,000억 위안 정도의 자금이 지방정부 융자플랫폼에 대출되었다고 추정된다. 그중에서도 2조9,000억 위안이 현(縣)급 이하[16]의 하급 지방정부의 융자플랫폼에 대출되었다.[13]

일반적으로 지방정부가 추진하는 도로건설, 교량건설, 공원건설 등의 공공사업은 수익성이 높지 않다. 더구나 현급 이하의 하급 지방정부의 공공사업은 사업성이 높지 않아서 금융기관의 대출을 받아서 사업을 추진하기는 쉽지 않았기 때문에 원칙적으로 이러한 공공사업은 지방정부의 재정예산을 바탕으로 진행되었다.

하지만 2008년 글로벌 금융위기 이후의 양적완화정책을 추진하는 과정에서 단기간에 대규모 자금이 지방정부 융자플랫폼을 통한 은행의 대출로 조달되면서 다양한 공공사업이 집행되었다. 이러한 투자로 지방의 건설경기가 크게 호전된 것은 글로벌 금융위기 이후의 수출급감에도 불구하고 중국경제가 9%대의 경제성장률을 지속할 수 있는 원동력이 되었다. 이는 중국 금융시스템이 지방정부의 재정지출 확대를 통해 경제성장을 견인하는 통로로 활용되었다는 것을 의미하는 것이다.

한편 중국 은행들의 입장에서도 지방정부 융자플랫폼에 대한 대출은 리스크가 크지 않는 대출이었다. 민영기업이나 개인에 대한 대출의 경우 적격한 대출 여부를 심사하는 리스크를 은행이 부담해야 한다. 하지만 지방정부 융자플랫폼은 사

---

16 중국의 행정체계는 상위 단위부터 성(省)급이나 직할시 > 지급시(地級市)나 자치주 > 현(縣)급 > 향(鄉)급과 진(鎭)급으로 구분된다.

실상 지방정부가 암묵적으로 그 대출에 대한 보증을 담당하기 때문에 은행의 입장에서는 사실상 리스크가 거의 없는 대출이었다.

나아가 지방정부 융자플랫폼을 통한 대출은 비록 지방정부가 대출 상환능력이 부족하더라도 중앙정부 차원에서 상응하는 정책을 준비해 줄 것이라는 믿음이 존재하였다. 이는 은행과 지방정부와 중앙정부와의 오랫동안 유지되어 온 중국 금융시스템의 고유한 특성이 반영된 것이다. 이러한 중국 금융시스템에 내재되어 있는 특성이 지방정부 융자플랫폼에 대한 은행의 대규모 대출을 가능하게 하였다.

(나) 지방정부 융자플랫폼의 문제점

하지만 융자플랫폼을 통한 대출확대는 여러 부문에서 많은 부작용을 야기하였다.

첫째, 무엇보다도 수익성이 낮은 지방 사회간접자본 건설을 위한 대출이 대규모로 이루어지면서 장기적으로 중국 금융시스템의 건전성이 악화될 가능성이 커졌다. 재정 능력이 약한 지방정부에 대한 대출은 장기적으로 악성 부채가 될 가능성이 크기 때문이다.

둘째, 뿐만 아니라 상당수 융자플랫폼들이 대출받은 자금으로 수익성이 낮은 사회간접자본에 투자하기보다는 편법적으로 수익성이 높은 부동산개발 사업 등에 집중적으로 투자하면서 지방에 대규모 주택단지가 개발되었다. 이러한 주택단지 개발은 일부 지역에서는 부동산 버블 문제를 야기하기도 하였다.

더 큰 문제는 인구가 적은 지방 농촌지역에서까지 무리하게 추진된 대규모 주택단지 개발 사업은 입주자가 없는 이른바 '유령 도시' 문제를 야기하여 중국경제의 리스크 요인이 되었다. 또한 입주자가 없어 개발사업을 담당했던 융자플랫폼 투자회사들의 재정상황이 심각해질 경우 이는 금융사들의 악성 부채가 될 가능성이 커졌다.

셋째, 일부 지방은행들의 경우 지방정부의 융자플랫폼이 발행한 채권을 일반 은행고객들의 투자자산으로 매입하기도 하였다. 이 과정에서 융자플랫폼에 투자하는 리스크가 높은 일종의 '금전신탁상품'[17]을 수익성이 높은 안전한 '재테크 금융상품'으로 포장하여 투자자들에게 판매하면서 문제를 일으키기도 하였다.[18]

4) 금융규제 강화와 외국계 금융사의 부진

(가) 은행 예대비율 적용시한 압박

글로벌 금융위기 발생의 원인이 금융업에 대한 '지나친 규제완화' 때문이었다는 공감대가 형성되면서 당시 전 세계적으로 금융업에 대한 규제가 강화되었다. 중국 금융당국 역시 글로벌 금융위기 이후 금융업에 대한 규제를 전반적으로 강화하는 정책을 도입하였다. 예를 들면 중국 금융당국은 앞에서 언급한 바와 같이 은행의 대손 충당비율을 높이거나 정보 공개를 강화하는 등 건전성에 대한 규제 감독을 강화하였다.[19]

문제는 이러한 규제강화로 중국 금융시장에 진출한 외국계 금융사들은 상당히 어려운 사업 환경에 직면하게 되었다는 것이다. 특히 외국계 은행이 가장 어려움

---

17 금전신탁이라는 것은 여러 고객으로부터 투자자금을 모아 주식이나 채권 등에 투자한 뒤 수익금을 나누어 주는 실적배당 금융상품을 지칭한다. 이는 ① 고객과 은행 직원이 상담을 통해 직접 투자대상을 선정하는 특정 금전신탁과 ② 고객의 위탁자산을 수탁자인 은행이 임의로 운용하는 불특정 금전신탁으로 분류된다.

18 중국에서 일부 은행들이 신탁회사와 공동으로 재테크 상품(银行信托理财产品)을 개발하여 은행 고객들의 투자자금을 모집한 뒤 이를 지방정부의 융자플랫폼의 지분이나 채권 매입에 투자하기도 하였다. 일례로 2008년 7월 '중룽(中融)신탁'과 쿤밍(昆明) 시정부, 그리고 '푸전(富滇)은행'은 연합하여 20억 위안 규모의 '신쿤밍신탁'이라는 금융상품을 내놓았다. 중룽신탁은 이 상품에 대한 수탁금을 2년 만기로 '쿤밍토지개발투자회사'의 증자 자금으로 투입하였다. 쿤밍시 국유자산관리위원회는 만기 후 중룽신탁의 쿤밍토지개발투자회사 지분을 매입하기로 약속하고, 쿤밍시가 이를 보증하였다. 쿤밍시의 '은행 – 신탁회사 – 정부 협력' 방식은 이후 전국적으로 확대되어 2009년 1~5월에는 전국 각지에서 1,000억 위안 규모의 유사한 금융상품이 출시되었다. 최필수(2011)

19 중국 은행감독위원회는 2009년 12월부터《상업은행의 자기자본충족률 정보 공개에 대한 지침: 商业银行资本充足率信息披露指引》,《상업은행 자산 계정에 대한 지침: 商业银行资本计量高级方法验证指引》,《상업은행 자기자본 충족률에 대한 감독 지침: 商业银行资本充足率监督检查指引》등을 발표하였다. 이를 통해 은행의 대손충당 비율을 100%에서 150%까지 높이는 등 리스크 관리 역량을 높이는 데 주력하였다. 또한 거액 대출에 관련된 규제를 정비하여 단일 기업에 대해서 전체 대출의 10%, 단일 기업집단에 대해서는 15%의 대출 상한을 새롭게 제정하였다.

을 겪은 것은 중국정부가 "예대비율" 75% 적용시한을 엄격하게 요구한 것이다.

예대비율이라는 것은 은행의 예금 잔액에 비례하여 대출금 잔액을 제한하는 것으로 은행의 대출 영업활동을 제약하는 규제이다. 중국정부는 당시 금융시스템의 안전성을 위해 예대비율을 75%로 제한하고 있었다. 이는 은행이 75만큼 대출을 하려면 예금을 100만큼 받아야 한다는 규정이다. 예대비율 규제는 은행의 경영활동을 그만큼 제한하는 것으로 중국정부도 2015년에는 이를 폐지하기로 결정하였다.[20]

당시 중국정부는 외국계 은행에 대해서는 예대비율 75% 적용시한을 2011년 말까지 유예하고 있었다. 당초 중국정부가 예대비율 적용시한을 2006년 말에서 2011년 말로 유예했던 이유는 이 규제가 외국계 은행들에게 매우 불리한 규제였기 때문에 미국 등에서 강력하게 이의를 제기하였기 때문이었다.

예대비율 규제가 특히 외국계 은행들에게 불리했던 이유는 다음과 같았다.

첫째, 외국계 은행들은 영업 지점이 많지 않았기 때문에 예금확보가 쉽지 않았다. 영업 지점망이 많지 않은 상황에서 예금을 확보하기 위해서는 다른 은행들보다 높은 예금 이자율을 제시하는 '특판 예금' 등을 도입할 수도 있겠지만, 당시 중국은 예금 이자율의 상한이 기준 이자율의 1.1배로 엄격하게 제한되어 있었기 때문에 이러한 예금확보 전략을 사용할 수도 없었다.

둘째, 외국계 은행들은 2006년 현지법인 설립이 허용되기 이전부터 지점으로 영업하면서 해외 본사에서 송금 받은 자금으로 중국내 외국기업들에게 대출했던 대출금 잔액이 적지 않았다. 하지만 2006년 외국계 은행들은 지점을 현지법인으로 전환하였고, 이 과정에서 일반 위안화 예금을 신규로 유치해야 했다. 반면 기존의 지점 대출은 현지법인에게 승계가 되면서 예대비율이 높을 수밖에 없었다. 그렇다고 예대비율을 낮추기 위해서 본국에서부터 금융거래 관계가 많았던 중국 진출 외국기업들에게서 기존 대출금을 회수하기는 어려운 상황이었다.

---

20 예대비율의 중국용어는 *存貸比*이다. 중국정부는 예대비율이 은행의 경영활동을 지나치게 제한한다고 2015년 예대비율을 폐지하기는 상업은행법 개정안 초안을 의결하였다.

이러한 이유로 2006년 당시 대부분의 외국계 은행들은 예대비율이 150% 이상이 되었고, 심지어 200% 이상이 되는 외국계 은행들도 적지 않았다. 이로 인해 외국계 은행에 대한 예대비율 적용시한이 2011년으로 유예되었던 것이다. 그러나 2008년 글로벌 금융위기 이전까지만 해도 많은 외국계 은행들은 중국정부가 다시 유예기간을 연장하거나 외국계 은행들에 대해 예외적으로 예대비율을 높게 적용할 것이라는 기대가 형성되어 있었다.

하지만 글로벌 금융위기 이후 중국정부가 금융규제를 강화하면서 외국계 은행들은 2011년까지 유예되었던 예대비율 적용시한이 다시 연장되는 것은 어려울 것이라고 판단하였다. 이에 따라 2011년 말까지 예대비율을 75%까지 낮출 수밖에 없다고 판단하였고, 긴급하게 다양한 방법을 사용하여 예대비율을 낮추었다. 2009년 말에는 상당수 외국계 은행들의 예대비율이 100% 대로 낮아졌다.

문제는 단기간에 외국계 은행들이 예대비율을 낮추는 과정에서 중국내 영업활동이 상당히 위축될 수밖에 없었다는 것이다. 예를 들면 외국계 은행들은 예금확보를 위해 고객 사은품 증정이나 직원에 대한 인센티브 제공, 위안화 예금 유치를 위한 특별직원 채용과 같은 추가적인 비용을 투입해야 했다. 심지어 본국과 연계된 복잡하고 비용이 많이 필요한 금융거래를 활용하기도 하였다. 이는 외국계 은행들의 예금 조달 비용을 중국계 은행에 비해 높게 만들면서 중국내 외국계 은행들의 경쟁력을 약화시켰다.

나아가 이러한 예금확보만으로도 부족하였기 때문에 일부 외국계 은행들의 경우 기존 대출금을 회수하거나 신규 대출을 급격하게 축소하는 방법을 사용하면서 중국내 영업활동에 상당한 제약을 받았다. 이러한 예대비율 적용시한의 압박은 앞의 [그림 3-1]에서 보듯이 중국내 외국계 은행들의 시장점유율이 2007년 2.4%에서 2010년 1.7%로 급감하였던 이유의 하나였던 것으로 판단된다.

(나) 자산운용업에 대한 규제 강화

글로벌 금융위기 발생의 원인 중에서는 은행이 주택담보대출 등의 자산을 파생상품 등으로 유동화 시키는 '증권화(securitization)'관련 규제가 지나치게 완화되었기 때문이라는 공감대가 형성되었다. 이에 따라 중국정부는 은행 증권화 관련 업무에 대한 규제를 다시 강화하고 기존의 규제 완화 추진 속도를 대폭 늦추었다.[14]

특히 파생금융상품에 대한 규제를 대폭 강화하면서[15] 은행이 자산운용업을 활용한 다양한 파생금융상품을 출시하는 것을 상당히 제한하였다. 예를 들면 은행이 고수익 금융상품으로 출시하였던 재테크(理財) 관련 상품은 기존 은행예금보다 이자율이 높은 반면 그 자산을 주식이나 채권 등으로 운용하는 리스크가 있다. 중국정부는 금융시장의 안정성을 높이고 리스크를 축소하는 방안으로 앞에서 언급한 신탁회사와 연계되어 지방정부 융자플랫폼에 투자하는 은행 – 신탁 연계상품의 신규 출시를 사실상 전면 금지하는 조치를 내리기도 하였다.[16]

문제는 이러한 자산운용업에 대한 규제 강화가 외국계 은행들의 중국 금융시장 진출에 장애 요인이 되었다는 것이다. 외국계 은행들이 중국계 은행들에 비해 경쟁우위를 가지고 있는 분야는 자산운용업과 연계된 차별화되고 수익률이 높은 금융상품들이었다. 그런데 이러한 파생상품이나 유동화 금융상품 등에 대한 중국정부의 리스크 관리가 강화된 이후 심의가 지연되는 일이 많아졌다. 이렇게 외국계 은행들의 혁신적인 신규 금융상품 출시가 지연되면서 중국 금융시장에서 외국계 은행들이 자산운용 부문에서의 경쟁우위를 활용하여 시장점유율을 확대하는 데 어려움을 겪었다.

(다) 주식시장 변동성 확대 리스크 ― QFII 운용 실패 증가

중국의 주가지수는 2007년 10월 6,000포인트를 넘어선 이후 급격히 하락하면서 불과 1년 만인 2008년 10월에는 1/3도 안되는 1,800포인트 아래로 추락하였다. 중국의 주가지수가 이처럼 급격하게 폭락한 이유는

① 앞장에서 설명한 비유통주의 유통화 전환 정책 추진과정에서 잠정적으로 유통이 제한되어 있던 주식들이 시간이 지나 대량으로 매물로 나왔기 때문이다.

② 또한 2008년 글로벌 금융위기 이후 중국 경제의 성장률 둔화에 대한 우려가

확산되면서 주가 상승에 대한 기대감이 약화되었다.

③ 마지막으로 중국정부가 주식시장을 적극적으로 부양하는 정책을 추진하지
　 않으면서 실망감에 매도하는 투자자들이 증가하였다.

이를 보다 자세히 살펴보자.

첫째, 앞장에서 설명한 바와 같이 중국은 2005년부터 '비유통 국유주를 유통주
로 전환하는 정책'을 추진하면서 기존 유통주를 보유한 주주에게 유리한 다양한
정책을 도입하였다. 그중 일정기간 주식을 매각할 수 없도록 제한하는 정책도 있
었다. 유통주로 전환된 기존의 비유통주가 일시에 주식시장에 매물로 나오면 주
가가 하락할 우려가 있었기 때문이었다.

대부분의 경우 비유통주가 유통주로 전환하면서 1년 이내에는 매각을 금지하도
록 하였다. 매각을 제한하는 기간은 경우에 따라 차이가 있었는데, 비유통주의 유
통주 전환 과정에서 주식의 5% 이하를 보유하게 된 "소수 지분주주(샤오페이)"들
은 1년 이후부터 점진적으로 보유 주식의 매각을 허용하였다. 하지만 5% 이상의
주식을 보유한 "대주주(다페이)"에게는 2~3년 이내에는 매각을 금지하도록 규제
하였다.[21]

2005년부터 시작된 '비유통 국유주의 유통주 전환 정책'은 2007년 상반기까지
대부분 완료되었다. 이때까지는 유통주로 전환된 기존 비유통주가 아직 매각 제
한에 걸려 있던 시기였다.

하지만 2007년부터는 유통주 전환 정책의 초창기에 추진되었던 주식의 매각
제한이 점진적으로 해제되면서 일부 주식이 주식시장에 매물로 나오기 시작하였
다. 그리고 이러한 매각 물량의 확대는 이들 종목의 주가 하락으로 연결되기 시작
하였다.

문제는 매각 제한이 해제되는 주식이 전체 주식시장에 비해 워낙 대규모였기

---

[21] 비유통주가 유통주로 전환된 이후 일정 기간 매각이 제한된 주식은 일종의 보호예수 물량인데,
　 이를 중국에서는 요우셴쇼우구(有限售股)라고 하였다. 비유통주를 5% 이하로 소유한 주주는 샤
　 오페이(小非)라고 하였고, 5% 이상을 소유한 대주주는 다페이(大非)라고 하였다.

때문에 2008년 이후에는 구조적으로 주가 하락이 불가피하였다는 점이다. 2007년 말 기준으로 2008년 3조 위안, 2009년 7조 위안, 2010년 8조 위안이 넘는 대규모 기존 비유통주식이 매각 제한이 해제되면서 새로운 유통주로 주식시장에 매물로 나올 수 있었던 구조였다. 하지만 2007년 말 당시 중국 유통주 전체 시가총액은 고작 9조 위안에 불과하였다.

물론 2008년 이후부터 기존 시장 규모보다 더 큰 규모의 주식이 신규로 매물로 나올 수 있는 시스템은 2005년 '유통주 전환 정책' 추진 초기부터 예견되었다.

하지만 2005년부터 2007년까지 주식시장의 급격한 상승세에 자신들도 투자수익을 얻겠다고 뒤늦게 주식시장에 참여했던 개인 투자자들에게 '다페이'니 '샤오페이'니 하는 용어는 너무나 생소한 것이었다. 개인 투자자들에게 본격적으로 '다페이'와 '샤오페이'의 보유 주식이 매물로 나오고 있다는 말이 회자되기 시작한 2008년 이후에는 이미 주식시장의 폭락은 한참이나 진행된 이후였고, 많은 개인 투자자들은 반토막이 된 자신의 주식을 지켜보면서 눈물을 흘려야만 했다.

둘째, 2008년 당시 주식시장의 하락은 글로벌 금융위기 이후 중국경제 성장률 둔화에 대한 우려가 확산되면서 일반 투자자들의 공포 심리를 자극하였기 때문에 폭락으로 이어졌다.

미국이 서브프라임 모기지 문제로 금융사들이 파산하기 시작한 2007년 당시만 해도 중국 일반투자자들에게 서브프라임 모기지 문제는 먼 남의 나라 일로 인식되었다. 언론에서도 중국의 금융시스템은 글로벌 금융과 상당히 분리되어 있기 때

〈표 4-5〉 중국 주식시장 시가총액 추이 (단위: 조 위안, %)

	1994	2000	2005	2007	2008	2009	2012	2014
주식시장 시가총액(A)	0.4	4.8	3.2	32.7	12.1	24.4	23.0	37.3
유통주식 시가총액(B)	0.1	1.6	1.1	9.3	4.5	15.1	18.2	31.6
B/A×100(%)	26	33	33	28	37	62	79	85

자료: 중국통계연감[17]

문에 위기가 중국으로 확산되지 않을 것이라고 보도하였다.

당시 서브프라임 모기지와 관련된 파생상품에 투자했던 중국 금융사들은 극히 일부였고, 투자 금액도 크지 않았다. 심지어 중국 금융사들이 글로벌 금융위기를 전략적으로 활용하여 위기에 직면한 글로벌 금융사들을 인수하여 중국 금융의 급성장을 추진해야 한다는 의견도 있었고, 일부 전략적 투자가 진행되기도 하였다.

글로벌 금융위기 발생 초기 단계인 2007년까지 중국 경제의 미래에 대한 이러한 낙관적인 전망은 2007년 10월 상하이 주가지수가 6,000포인트를 넘을 수 있었던 원동력이 되었다. 2007년 말 당시 중국 주식시장이 지나치게 과열되었고, 주가수익비율(PER)이 몇십 배, 몇백 배라는 경고의 목소리는 중국 주식의 '장기 대세 상승'이나 '만 포인트가 멀지 않았다'는 등의 장밋빛 보도에 밀려서 일반 투자자들의 주목을 받지 못했다.[18]

주가수익비율(PER)은 Price Earning Ratio의 약자로 해당 주식의 가격을 주당 순이익으로 나눈 값이다. PER가 높을수록 해당 회사 주식의 가격이 고평가되어 있다고 판단할 수 있다. 2008년 1월 상하이와 선전 주식의 PER 평균값은 54로 같은 날 미국(17)이나 일본(14)에 비해 훨씬 높은 수준이었다.

하지만 2008년 이후 전 세계적인 신용경색으로 경제활동이 마비되고, 선진국의 급격한 경제성장률 둔화와 수입 수요의 감소가 중국의 경제성장률 둔화로 연결되기 시작하였다. 일부 수출 기업들의 실적 악화가 현실화되어 발표되면서, 주식시장 투자자들은 글로벌 금융위기의 영향을 다시 생각하기 시작하였다. 그러자 중국 주식 시장에서는 일순간 기업의 가치나 성장성에 대한 '정보'보다는 중국경제의 위기에 관련된 온갖 비관적인 '시나리오'들만이 가득하게 되면서 개인투자자들의 투매를 강요하였다.

셋째, 2008년 이후 중국 주식시장의 폭락 과정에서 개인투자자들은 중국정부에게 주식시장을 부양하는 과감한 정책을 요구하였다. 예를 들면 90년대 중국정부는 주식시장 부양을 위한 대규모 자금투입 같은 정책을 사용하기도 하였다. 이러한 경험은 중국 일반 투자자들에게 주식시장이 중국정부의 정책 의지에 의해서 좌우될 수 있는 '정책 증시'라고 믿게 만들었다. 심지어 중국정부의 정책 방향을 예측하거나 그것이 어렵다면 그 정보를 어떠한 방법으로든지 미리 얻는 것이 주식투자의 성공 비결이라는 말을 믿는 투자자들이 적지 않았다.

2008년 주식시장의 폭락 과정에서도 설마 중국정부가 주식시장의 붕괴를 방치하지 않을 것이라고 믿었던 일반 투자자들이 적지 않았다. 2008년 중국정부는 주식펀드 발행 허가에 대한 규제완화나 주식거래 인지세 인하 등의 정책을 도입하기도 하였다. 하지만 이러한 주식시장 부양정책은 일반 투자자들의 기대에는 미치지 못하는 수준이었다.

당시 일반 투자자들이 가장 강력하게 기대했던 주식시장 부양정책은 비유통주의 유통주 전환 정책에서 매각제한이 해제된 주식이 유통되는 것을 전면적으로 금지시키는 것이었다. 매각제한이 해제된 주식이 매물로 나오지 못한다면 주가 하락추세는 진정될 수 있었을 것이다. 하지만 이는 2005년부터 추진되어왔던 유통주 전환 정책을 전면적으로 폐기해야 하는 것으로 중국정부가 결코 수용할 수 없는 것이었다.

물론 중국정부는 매각제한이 해제된 주식의 매각을 자제하라는 권고를 발표하기는 하였다.[22] 하지만 이는 직간접적으로 중국정부와 매우 밀접한 관계가 있는 5% 이상의 지분을 소유한 '다페이'들에게는 영향력이 있었지만, 소수 지분 주주들에게는 큰 영향력을 발휘하기에는 어려운 측면이 있었다.[23]

---

22 중국정부는 매각제한이 해제된 주식을 매매하여 수익을 얻는 경우 20%의 세금을 부과하여 매각을 제한하는 간접적인 주식시장 부양 정책을 추진하기도 하였다. 하지만 이 제도가 실제로 도입된 것은 주식시장의 폭락이 가장 심각했던 2008년이 아니라 2010년 1월이었고, 소수 지분 주주들은 오히려 이 제도가 도입되기 이전에 매각제한 주식의 매각을 더 빨리 추진하기도 하였다는 의견도 있다.

23 특히 상장 국유기업 중에서 부실한 국유기업의 비유통 주식을 인수한 소수 지분 투자자들은 일반 투자자들에 비해 자신이 소유한 국유기업의 성장성이나 경쟁력을 보다 정확하게 알고 있는 정보의 비대칭성이 존재하였다. 따라서 2008년 주식시장의 폭락 추세 중에서도 서둘러 주식을 매각하여 현금화하려는 유인이 있었을 가능성이 있다.

	2002	2005	2007	2008	2009	2010	2012	2015
QFII 투자 한도	50	100	300	300	300	300	800	1,500
당시 QFII 누적 투자금액	17	57	100	134	167	197	260	791

자료: 언론 자료 종합

2008년 이후의 이러한 주식시장 폭락과 주가 변동성 확대는 중국 주식시장에 투자하는 외국인 투자자들에게도 상당히 어려운 환경을 제공하였다. 당시 외국인 투자자들의 중국 주식시장 투자는 주로 '**적격외국인기관투자자(QFII)**' 자격을 획득한 투자자들에게만 제한적으로 허용되었다. 2002년 QFII 제도 도입 이후 투자한도는 아래의 〈표 4-6〉에서 보듯이 점차적으로 확대되어, 2005년 투자 한도(쿼터)는 100억 달러로 확대되었다. 하지만 2005년 '비유통 국유주의 유통주 전환정책'이 도입되어 주식시장의 폭등세가 나타나기 이전에 QFII 쿼터를 획득한 외국인 투자자들보다는 2007년 하반기 이후 QFII 쿼터를 획득한 경우가 더욱 많다. 이들은 2008년 이후 중국 주식시장의 폭락 과정에서 많은 손해를 보았다.

당시 QFII 투자에 대해서는 동일기업 투자한도에 대한 규제나 부동산이나 은행 간 채권시장 등 다른 자본투자에 대해서는 엄격하게 제한하여 사실상 거의 대부분의 QFII 쿼터를 주식에 투자할 수밖에 없었다.[24] 더구나 주식시장의 하락 장세에서 주가하락에 투자하여 수익을 얻을 수 있는 "**공매도**" 등의 제도도 당시에는 도입되지 않았기 때문에 QFII 투자자들은 중국 주식시장 투자의 불확실성을 줄일 방법이 거의 없었다.

공매도(short selling)란 '없는 것을 판다'라는 뜻으로 주식을 가지고 있지 않는 상황에서 타인의 주식을 빌려 매도 주문을 낸 뒤, 나중에 주식을 구매하여 매입자에게 돌려

---

24 2006년 말 기준으로 QFII 쿼터를 획득한 외국인 투자자들은 전체 자산의 87%를 주식에 투자하였고, 국채는 2%, 전환채권은 1%, 펀드는 10%를 투자하였다.

주는 것을 말한다. 공매도 제도는 주식시장이 지나치게 과열되는 것을 방지하는 효과를 위해 도입되었다. 하지만 당초 이 제도의 도입 취지와는 달리 공매도는 주식 가격의 하락이 예상되는 경우 시세차익을 노리는 투자로도 활용된다. 이에 따라 주식시장의 하락 국면에서 투자자들의 대안적인 투자로 수익을 얻을 수 있는 수단이기도 하다. 중국은 2015년에야 기관 투자자에 한해 제한적으로 공매도 제도를 허용하였다.

(다) 변액보험상품의 부진과 외국계 보험사의 어려움

3장에서 설명하였듯이 중국 생명보험시장에서 외국계 생명보험사의 시장점유율은 2002년 1.8%에서 2007년 7.9%로 급격히 상승하였는데, 이는 외국계 생보사의 변액보험 판매가 급증하면서 가능하였다. 변액보험은 보험료의 일부를 주식 등의 투자형 금융상품에 투자하여 그 운용실적에 따라 보험 가입자의 만기 수익률이 변화된다. 2005년부터 2007년까지의 주가 상승으로 변액보험 수익률도 급격히 증가시켰고, 이는 변액보험 판매에 매우 유리한 환경을 제공하였다.

하지만 2008년 이후 중국 주식시장이 급격한 하락 국면으로 반전되면서 변액보험의 예상수익률도 급락하는 문제가 발생하였다. 이처럼 변액보험 수익률이 하락하자 이에 실망한 보험가입자들이 보험계약을 취소하는 경우가 증가하였다. 그런데 이 과정에서 보험계약의 중도 해약에 따른 손실이 발생하였고, 이로 인한 분쟁이 많이 발생하는 등 부정적인 측면이 부각되었다.

당시 변액보험은 중국에서 처음 도입된 금융상품이었는데, 이 변액보험에 가입한 중국인들은 대부분 은행 창구에서 변액보험에 가입하였다. 보험사의 보험설계사를 통해 보험가입이 많이 이루어지는 한국과는 달리, 중국의 경우 보험상품의 가입이 가장 많이 이루어지는 형태가 은행 창구를 통한 방법이기 때문이다.

이 과정에서 변액보험을 판매하는 은행직원이 변액보험이 중도 해약 수수료가 높은 보험 금융상품이라는 것을 충분히 설명하지 않은 상황에서 판매한 '불완전판매' 문제가 발생하였던 것이다. 따라서 중도해약에 따른 책임 문제에서 보험 가입자와 은행, 생보사 간에 분쟁이 발생하였고,[25] 이 과정에서 외국계 생보사에 대한 중국인들의 인식이 매우 악화되기도 하였다.

이에 따라 변액보험 판매 비중이 높았던 외국계 생보사들의 시장점유율은 2008년 이후 급격히 하락하였다. 2007년 말 7.9%에 달했던 외국계 생보사들의 시장점유율은 2008년 말 4.8%로 급락하였고, 2011년 말에는 4.4%까지 하락하였다.

---

25 당시 변액보험에 가입한 일반인들은 은행에서 변액보험에 가입하였기 때문에 단지 수익률이 높은 예금에 보험기능이 일부 추가된 금융상품에 가입한 것으로 오해하였기 때문에 전액환불을 요구하여 많은 분쟁이 발생하였다. 이러한 분쟁 과정에서 중국계 은행의 불완전판매 책임문제보다는 이러한 변액보험상품을 만든 외국계 생보사들의 '도의적 문제'가 더욱 부각되기도 하였다.

참고문헌

- 박복영 편 (2011), 『글로벌 금융위기 이후 국제경제환경의 변화와 한국의 대외경제정책 방향』, KIEP 연구보고서 11-07-01
- 삼성경제연구원 (2010), "중국 경제성장을 저해하는 지방정부의 융자플랫폼", China Business Focus, 2010.2.25., 10-7호
- 이장규 외 (2009), 『중국의 부상에 따른 한국의 국가전략 연구』, 경제인문사회연구회 미래사회협동연구총서, 09-08-01
- 조종화, 이동은, 양다영, 김수빈 (2014), 『글로벌 불균형의 조정 전망과 세계경제적 함의』, KIEP 연구보고서 14-02
- 최필수 (2011), "중국 지방정부의 자금조달 실태와 중국 재정 상황 평가", 『KIEP 지역경제 포커스』
- LG경제연구원 (2008), "요동치는 중국증시, 진단과 판단", 『LG Business Insight』, Weekly 포커스, 2008.1.30.

Endnotes

[1] WORLD BANK : annual GDP growth rate

[2] 박복영 편(2011), p.30. 당시 미국은 은행간 초단기자금 거래에 적용되는 연방기금 금리를 0%까지 인하했고, 금리를 더 인하할 수 없게 되자 국채 및 주택담보부증권 등을 매입하면서 통화공급량을 증가시켰다.

[3] 중국의 국가별 수출입 데이터는 통계연감의 11-6 我国同各国(地区)海关货物进出口总额 항목, OECD 국가의 수출입 데이터는 OECD의 database (https://data.oecd.org/)의 annual growth rate 항목, 그 외 국가의 수출입 데이터는 World Bank의 database에서 찾을 수 있다. 2009년 미국과 유럽의 수입은 각각 −13.7%와 −11.4%를 기록하였다.

[4] 미국 재무부(https://www.treasury.gov/) 사이트의 Treasury International Capital System(TIC)의 foreign holdings of U.S. securities 항목에서 연도별 각 국가의 미국 국채 및 유가증권 보유현황이 발표된다.

[5] 조종화 외(2014), p.35

[6] http://ecos.bok.or.kr/ 8.8 환율 항목의 8.8.2.2. 주요통화의 대미달러 환율에서 분기별 데이터를 다운받을 수 있다.

7) 중국인민은행 > 货币政策司 > 货币政策工具 > 利率政策 > 利率水平 > 历史数据

8) 중국인민은행 > 货币政策司 > 货币政策工具 > 存款准备金 > 人民币存款准备金

9) 인민은행 각년도 统计数据 항목에서 금융기관 예대항목(金融机构本外币信贷收支表)을 기초로 작성

10) 현대경제연구원(2010)

11) 은행감독관리위원회 사이트의 政务信息 〉统计信息

12) 〈中华人民共和国企业破产法〉, 全国人民代表大会常务委员会, 2006年8月27日 통과

13) 삼성경제연구소(2010)

14) 2009년 9월《상업은행 유동성 리스크 관리 지침 : 商业银行流动性风险管理指引》등을 통해 규제를 강화하였다. 또한 2010년 2월에는《상업은행 자산의 주식화 리스크에 대비한 자산측정에 대한 지침 : 商业银行资产证券化风险暴露监管资本计量指引》를 발표하였다.

15) 2009년 8월《금융파생상품 교환에 대한 감독과 규범화에 따른 은행 정보공개에 관한 규정 : 关于进一步加强银行业金融机构与机构客户交易衍生产品风险管理的通知》을 발표하였다.

16) 2010년 8월에는 은감위가《은행신탁 재테크 사업에 관한 통지 : 规范银信理财合作业务有关事项的通知》를 통해 문제가 심각한 은행신탁 재테크 상품에 대한 사실상 전면 금지 조치를 내리기도 하였다.

17) 중국통계연감 18-14. 证券市场基本情况

18) LG경제연구원(2008), p.33

제 5 장

위안화 국제화와 중국금융의 국제화
(2010년 ~ 2015년)

1. 유럽 재정위기와 중국의 경기 과열

1) 유럽 재정위기와 미국의 추가 양적완화

(가) 유럽 재정위기와 글로벌 금융시스템의 위기

미국의 서브프라임 모기지 사태에서 시작된 글로벌 금융위기가 수습되기도 전에 2010년 초 남유럽 국가들의 신용등급이 강등되고, 그리스가 IMF에 구제금융을 신청하면서 "유럽 재정위기"가 시작되었다. 그리스의 재정위기가 발생한 2009년 말 당시에는 몇몇 유럽 국가들의 복지정책 실패나 재정적자 통계의 문제에 국한될 것이라는 기대도 있었지만, 유럽 재정위기는 어느새 유럽이 관리할 수 있는 수준을 넘어 글로벌 경제 전체의 위기로 확산되었다.

그리스의 재정위기는 이탈리아, 포르투갈, 스페인 등의 국가 부채위기로 확산되었다. 이들 국가들이 외채 상환에 실패하여 국가부도 사태가 발생할 경우 이는 단순히 이들 국가에 투자했던 투자자들뿐만 아니라 '글로벌 금융시스템' 전반의 위기로 확산될 수 있다는 위기감이 증가하였다.

유럽 재정위기의 원인에 대해서는 EU 통합과정의 역사적 배경문제[1]나 국제정치학적인 분석, 사회이념의 문제 등 다양한 논의가 진행되었다. 하지만 금융부문에서 주목할 필요가 있는 것은 2008년 글로벌 금융위기와 2010년 유럽 재정위기의 연관성 문제이다.

---

1 1999년 EU가 단일통화인 유로존으로 통합되면서, 통합중앙은행(ECB)에 의해 동일한 기준금리와 환율이 적용되었다. 단일통화 도입 이전에는 이탈리아, 포르투갈, 스페인 등과 독일은 5%포인트 이상에 달하는 금리 차이가 있었다. 그리스의 경우는 10%포인트 이상의 높은 금리 격차가 존재했다. 그러나 단일통화를 사용하면서 모든 유로존 국가들이 동일한 금리를 적용받게 되면서 남유럽 국가들은 비교적 낮은 금리로 자금을 조달할 수 있었다. 이를 통해 재정적자를 메우고 국내 지출도 늘려 경제에 거품이 발생하게 되었다. 또한 경제 펀더멘탈이 서로 다른 국가들이 단일통화를 사용하면서 각 나라들의 실질환율에도 영향을 미쳤다. 2008년 독일의 실질환율은 1999년 대비 15% 절하된 반면, 재정위기에 빠진 이탈리아, 아일랜드, 스페인, 그리스 등의 실질환율은 10~20% 절상되었다. 실질환율이 절상된 남유럽 국가들의 수출경쟁력은 더욱 악화되었고 국제수지 불균형이 증가하였다. 이들 국가는 외채를 통해 이를 보충하였다. 김용덕(2015), p.46

4장에서 언급하였듯이 2008년 글로벌 금융위기가 발생한 이후 세계적인 신용경색과 실물경제의 침체문제를 해결하기 위해 미국이 주도한 글로벌 공조 시스템이 구축되었다. 그 공조의 핵심은 대규모 경기부양을 위한 글로벌 양적완화 정책의 시행이었다.

하지만 2009년부터 세계 각국이 유동성 공급과 재정투입을 확대하면서 재정 상황이 안정적이지 못했던 유럽의 일부 국가들에서 재정적자와 국가부채 문제가 심각해지기 시작했던 것이다. 더구나 서브프라임 모기지 등 글로벌 금융투자 실패로 경영난이 심각했던 유럽의 일부 대형은행들을 각국 정부가 지원하거나 국유화를 추진하는 과정에서도 재정적자가 급격히 악화되었다.[2]

나아가 유럽 재정위기는 신흥국들의 위기로 전이되기도 하였다. 유럽 재정위기가 글로벌 금융시스템 전반에 대한 위기로 예측하기 어려울 정도로 확산되면서 유동성 부족에 직면한 글로벌 투자자들이 아시아 등 신흥국에 투자했던 자금을 급속하게 회수하기 시작하였기 때문이었다. 글로벌 투자자들의 급격한 자금회수로 해당 국가들의 금융시장은 혼란에 빠졌고, 외환시장의 유동성 부족으로 국가 외환위기가 발생할 가능성이 증가하기도 하였다.

(나) 미국의 추가 양적완화 정책

이처럼 유럽 재정위기가 글로벌 경제 – 금융 시스템의 불확실성을 확대하면서 글로벌 투자자들에게는 달러가 가장 안전한 금융자산이라는 인식이 확산되었다. 이는 2007년 미국발 서브프라임 모기지 사태가 발생했던 당시에는 상상하기 어려운 일이었다. 달러의 가치는 앞에서 언급하였듯이 2000년대 중반 이후 지속적으로 약화되었고, 서브프라임 모기지 사태를 계기로 달러에 대한 국제적 신뢰는 회

---

2 유로존 국가들의 재정적자는 글로벌 금융위기 이후 급격히 증가하였는데, 2007년 0.7%에서 2009년 6.3%로 급상승하였다. 같은 기간 국가채무는 66%에서 79%로 증가하였다. 특히 남유럽 재정위기 국가들의 재정건전성이 급격히 악화되었는데, 그리스의 재정적자는 2007년 6.4%에서 2009년 15.4%로 증가하였고 아일랜드(6.0%→14.4%), 스페인(1.9%흑자→11.1%)도 재정적자가 증가하였다. 강유덕 외(2012), p.34

복하기 어려울 것이라는 전망이 제기되기도 하였다.

이러한 우려와는 달리 미국은 서브프라임 모기지 사태 이후 신속하고 과감한 경기부양 정책으로 금융시장을 어느 정도 안정화시키는 데 성공하였다. 금융위기 발생 직후 미국이 1년간 금융기관에 지원한 자금과 경기부양을 위해 투입한 재정 자금은 당시 18조 달러에 달하는 미국 GDP의 11%에 달하는 엄청난 규모의 자금이었다.[1] 이러한 경기부양을 위해 2009년 3월 미국은 3조 달러에 달하는 미국 국채를 매입하여 통화 공급량을 확대하는 방식의 확장적 통화정책을 실시하였는데, 이것이 미국의 1차 양적완화(QE1)이다.

미국은 1차 양적완화 이후에도 유럽의 재정위기와 글로벌 불확실성에 따른 경기 회복의 불확실성을 해소하기 위해 달러 유동성 공급을 더욱 확대하는 추가적인 양적완화 정책을 실시하기로 하였다. 이를 위해 2010년 11월 1차 양적완화의 2배에 달하는 6조 달러의 미국국채를 2011년 6월까지 추가로 매입하는 **2차 양적완화 (QE2)** 정책을 실시하였다.

뿐만 아니라 미국은 2012년에 9월에는 경기가 살아날 때까지 무제한으로 달러 유동성을 공급하겠다는 **3차 양적완화**(QE3) 정책까지 실시하였다. 이러한 미국의 양적완화 정책은 2014년 말까지 지속되었다.

이처럼 미국이 경기부양을 위한 양적완화 정책을 실시하면서 달러 통화 공급량은 비정상적으로 확대되었다. 미국 연방준비은행(FRB)의 자산규모는 2008년 9월 8,000억 달러 수준에서 2009년 3월 1조7,250억 달러로 증가하였고, 2014년 12월에는 3조9,346억 달러로 급증하였다.[2] 이 기간 연평균증가율은 평균 30% 이상에 달했다.

미국 연방준비은행 FRB는 Federal Reserve Bank의 약자이다. 미국 정부의 재무 대리 기관이며 미국내 상업은행들의 준비금을 관리하고 상업은행들에 대부를 공여하며 미국 내에 통용되는 지폐 발행은행이다. 1913년 발효된 연방준비은행법에 의해 창설되었다.

중요한 것은 이러한 달러 공급량의 비정상적인 확대에도 불구하고 달러의 가치가 급격하게 하락하지 않고 상대적으로 어느 정도 안정적으로 유지되었다는 것이다.[3] 이는 유럽의 재정위기와 신흥국 금융시장의 불안으로 인한 글로벌 금융시스템의 불확실성으로 인해 상대적으로 미국 경제와 달러에 대한 국제적인 신뢰성이 안정적으로 유지되었기 때문이다.

2) 중국의 경기과열과 긴축 정책

(가) 2010년 중국의 경기과열

2008년의 미국 서브프라임 모기지 사태에 이어 2010년 이후 유럽 재정위기까지 발생하면서 글로벌 금융시스템은 극심한 혼란에 직면하였다. 이에 따라 글로벌 경제 회복 전망에 대한 불확실성이 지속되고 있었다.

하지만 이와 대조적으로, 중국은 2010년 경제성장률이 10.4%, 2011년 경제성장률이 9.3%에 달하는 호황을 누리고 있었다. 이러한 경기호황으로 당시 중국의 소비자 물가 상승률도 2010년 3.3%, 2011년 5.4%에 달해 경기 과열의 우려까지 제기되었다.

중국 경제가 이처럼 글로벌 금융위기의 영향에서 조기에 회복될 수 있었던 이유는

① 당초 중국 금융시스템이 글로벌 금융시스템과 단절되어 있었기 때문에 글로벌 금융위기의 외부 충격이 중국 경제에 미치는 영향이 크지 않았기 때문이다.

② 오히려 글로벌 금융위기 당시 중국 경기부양을 위해 진행했던 대규모 양적 완화 정책의 효과로 경제의 이상과열 현상이 나타났다.

이에 대해 보다 자세히 살펴보자.

---

3 미국의 실질실효환율(2010년=100)은 2011년 95로 하락하였지만, 2012년 97와 2013년 98로 다른 통화들에 비해 상대적으로 안정적으로 유지되었고, 2014년에는 100으로 상승하였다.

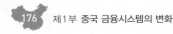

첫째, 글로벌 금융위기가 발생할 당시 중국은 자본시장을 개방하지 않았다. 자본시장을 개방하지 않았다는 것은 글로벌 투자자금이 중국의 주식이나 부동산 시장에 자유롭게 투자하지 못했다는 ① '인바운드(inbound)' 측면뿐만 아니라, 중국의 투자자금이 해외 금융자산에 투자하는 ② '아웃바운드(outbound)' 측면도 제한되어 있었다는 것을 의미한다.

중국 자본시장에 대한 글로벌 투자자금의 투자가 제한되었기 때문에 글로벌 금융위기 이후 유럽이나 다른 신흥시장 경제에 나타났던 혼란이 중국에는 거의 발생하지 않았다. 당시 유럽이나 신흥시장에서 글로벌 투자자들이 기존에 투자했었던 투자자금을 대대적으로 회수하면서 해당 국가의 금융과 경제시스템에 큰 혼란이 발생했던 것과는 대조적인 상황이었다.

동시에 2008년 이전까지 중국정부는 중국 금융사들의 해외 금융투자도 엄격히 제한하고 있었다. 중국정부가 지정한 일부 대형 금융사에게만 해외 투자를 할 수 있는 'QDII' 자격을 부여하고, 소액의 투자 한도만을 허용하는 방식으로 해외 금융투자가 제한되어 있었다. 따라서 중국 금융사들이 서브프라임 모기지 관련 파생금융상품에 투자하여 입은 손실은 매우 작은 수준으로 알려졌다.

이러한 손실 규모에 비해 당시 중국 금융사들은 자산건전성이 상당히 높아진 상황이었다. 그 이유는 중국정부가 2001년 WTO 가입 이후 글로벌 금융사들의 중국 진출에 대비하여 중국 로컬금융사들의 경쟁력을 강화하기 위한 정책을 추진하였기 때문이었다. 3장에서 언급하였듯이 중국 정부가 주도하여 중국 은행들에 대한 정부 출자, 외부 투자자 유치나 주식시장 상장 등의 소유-지배구조 전환 정책을 추진하였다. 이 과정에서 대규모 외부 투자자금이 유입되면서 중국 로컬은행들의 자산건전성은 크게 향상되었다.

둘째, 앞에서 언급하였듯이 중국정부는 글로벌 금융위기 이후 경기부양을 위한 대규모 양적완화 정책을 추진하였다. 당시 중국 GDP의 13%에 해당하는 재정자금 투입과 은행의 대출 확대로 중국은 2009년 하반기부터 경기가 급격하게 호전되었다. [그림 5-1]에서 보듯이 중국의 분기별 GDP 증가율은 글로벌 금융위기 발생

[그림 5-1] 중국 분기별 GDP 증가율(전년동기대비)　　　　　　　　　　　　　　(단위: %)

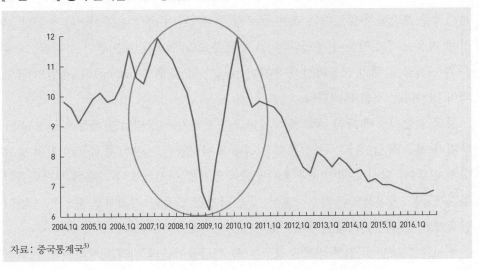

자료 : 중국통계국[3]

이후 2008년 하반기부터 급감하여 2008년 4분기 6.8%, 2009년 1분기 6.2%로 하락하였다. 하지만 2009년 3분기 9.1%, 4분기 10.7%에 이어 2010년 1분기 11.9%, 2분기 10.3%까지 상승하여 경기 과열의 우려가 제기되었다.

(나) 2010년에서 2014년의 긴축정책

2009년 하반기 이후 중국 경제의 회복세가 뚜렷해지고, 2010년 이후에는 경기 과열의 우려까지 제기되면서 중국정부는 글로벌 금융위기의 극복을 위해 2008년부터 채택하였던 통화 완화정책을 종료하고 긴축정책을 실시하기 시작하였다. 2010년부터 시작된 중국의 긴축정책은 2014년까지 계속 유지되었다.

4장의 〈표 4-2〉에서 언급하였듯이 중국은 2010년 10월부터 대출 이자율을 인상하기 시작하였다. 또한 〈표 4-3〉에서 언급하였듯이 지급준비율도 2010년 1월부터 상향조정하기 시작하였다. 은행의 신규 대출 규모도 2010년 이후 점차 축소되기 시작하였다.

이러한 강력한 긴축정책은 2012년 11월 시진핑(習近平) 주석의 취임 이후에도 계속되었다. 오히려 시진핑 주식은 취임 이후 예상을 뛰어넘는 강력한 반부패 운동으로 정치개혁을 주도하였고,[4] 국유기업에 대한 구조조정도 강화하면서 긴축정책은 더욱 강화되었다.

(다) 2015년 이후 경기 부양 정책

2010년 이후 시작된 중국의 긴축정책은 2014년 하반기 중국내 신용경색의 우려가 매우 커지면서 종료되었다. 2014년 하반기 이후에는 4장의 〈표 4-2〉나 아래의 [그림 5-2]에서 보듯이 기준 이자율이 인하되기 시작하였고, 지급준비율도 인하되었다.

중국의 기준 이자율은 2014년 11월 대출 이자율이 기존 6.00%에서 5.60%로 인하되었고, 예금 이자율이 3.00%에서 2.75%로 인하되었다.[5] 이후 2015년 한해에만 5차례의 기준 이자율 인하로 1년 만기 대출 이자율이 4.35%까지 인하되었다. 예금 이자율은 1.50%까지 인하되었다.

동시에 지급준비율도 〈표 4-3〉에서 보듯이 2015년 한해에만 6차례나 인하되면서 20%에서 17%로 하락하였다. 이러한 통화 완화정책으로 2015년 은행의 신규대출도 급격히 증가하였다. [그림 4-3]에서 보듯이 GDP 대비 은행 신규대출의 비율은 2014년 15% 수준에서 2015년 20% 수준으로 증가하였다.

이처럼 중국이 2015년 이후 경기 부양 정책으로 전환된 것은 당시 중국내 소비둔화와 금융 시장의 불안정성이 상당히 심각하였기 때문이다. 2015년 이후 중국

---

4 일부 언론에서는 시진핑 집권 초기 진행된 강력한 반부패 운동을 중국 집단지도체제의 종언, 시진핑의 반대 세력 척결 및 권력 사유화, 공산당 내 권력투쟁 등으로 보도하기도 하였다. 하지만 글로벌 금융위기 이후 전 세계적인 불확실성이 확대되고 있는 상황에서 시진핑의 강력한 리더십이 중국의 내부 정치-경제 시스템을 조기에 안정화 시키고 있음을 주목할 필요가 있다. 시진핑의 권력 강화 배경으로 지속적인 경제성장과 공산당 통치 유지라고 하는 두 마리 토끼를 잡아야하는 정책적 목표를 달성하기 위해서는 당-정-군 그리고 국유기업 등을 포함해 중앙과 지방에 포진하고 있는 기존의 기득권 집단과 이해로 얽혀져 있는 네트워크의 반발을 강력히 통제하면서 개혁을 단행하는 것이 필요하였기 때문이다. 이지용(2015), p.15
5 2012년에도 기준 이자율 인하가 소폭 있었지만 이는 긴축정책의 일환에서 미세한 조정이 있었던 것으로 파악해야 한다.

[그림 5-2] 중국 시기별 기준 이자율과 통화 정책 구분(대출 이자율 기준)

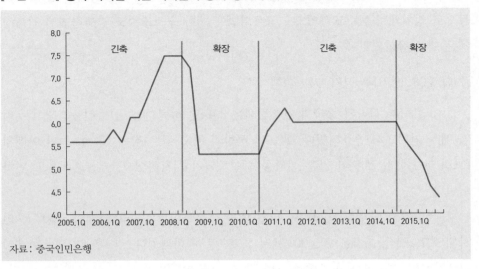

자료: 중국인민은행

경제의 저성장 추세가 본격화될 우려가 커지면서 경기부양 정책을 실시한 것이다.

3) 점진적 위안화 평가절상과 외환보유고 급증

(가) 위안화 절상 압력의 증가

2010년부터 2014년까지 중국은 경기가 호전되면서 긴축정책을 추진하였다. 반면, 미국은 이 시기 2차, 3차 양적완화 정책을 추진하였다. 이러한 미국과 중국의 상반된 통화정책으로 달러에 대한 위안화의 가치가 절상되는 압력이 증가하기 시작하였다.

4장에서 언급하였듯이 중국 위안화는 2005년 관리변동 환율시스템으로 전환된 이후 점진적으로 절상되었다가, 글로벌 금융위기 이후인 2008년부터는 다시 예전의 달러에 페그된 고정환율 시스템으로 회귀하였다. 하지만 중국의 수출이 2009년 하반기 이후 다시 급속히 증가하기 시작하고 경기가 호전되면서 위안화 절상에 대한 요구가 증가하였다.

당시 위안화 절상에 대한 압력은 ① 국가 차원의 공식적인 혹은 비공식적인 회담에서도 논의되었을 뿐만 아니라,[6] ② 중국 실물경제에 실질적인 리스크가 증가하는 형태로도 나타났다. 특히 당시 실물경제의 리스크와 관련되어 많은 이슈가 되었던 것은 중국 위안화의 절상을 기대하는 외국 투자자본, 특히 핫머니의 유입의 급격한 증가와 실물경제의 버블 심화와의 관계에 대한 내용이다.

'핫머니(hot money)'라는 말은 각 국가의 단기금리의 차이나 환율의 차이에서 발생하는 투기적 이익을 얻기 위해서 국제금융 시장에서 이동하는 단기성 투자자금을 지칭하는 광범위한 개념의 용어이다. 하지만 중국은 지금까지도 자본시장이 완전히 개방되지 않은 국가이기 때문에 자본시장이 개방되어 있는 다른 나라에서처럼 쉽게 단기성 외국 투자자금이 유입되거나 유출되기 어렵다. 그럼에도 불구하고 당시 다양한 방법으로[7] 외국의 투자자금이 중국으로 유입되었다. 따라서 그 형태나 정확한 규모를 추정하는 방법,[8] 핫머니 자금의 출처[9]도 자본시장이 개방되어 있는 다른 국가들에서 적용되었던 것과는 상당히 다를 수밖에 없었고, 그와 관련된 많은 논문들에서 이슈가 되었다.

결론적으로 중요한 것은 당시 중국은 글로벌 금융위기를 겪고 있던 다른 어느

---

6 예를 들면 미국 의회에서 중국을 '환율조작국'으로 지정하여 통상압력을 가하는 문제는 미국 내 선거 등 정치적인 이유나 미 – 중 경제장관회담 등을 앞두고 크게 부각되는 경우가 많았다.

7 가장 대표적인 방법은 경상거래를 이용하는 것이다. 당시 중국은 1996년부터 무역이나 서비스 등의 경상계정의 외환거래에 대해서는 자유화를 실시하였기 때문이다. 매우 간단하게 도식화하여 예를 들면 서류상 실제보다 많은 금액을 수출한 것으로 신고하고 수출 대금으로 달러를 받아오는 방법으로 달러가 유입된 이후, 은행에서 위안화로 환전하여 이를 부동산이나 주식시장에 투자하는 방법이다.

8 예를 들면 국제수지표의 오차와 누락 항목을 바탕으로 핫머니의 유출입을 추정하는 방법이나, 외환보유액에서 무역수지와 FDI 순유입액을 제외한 부문으로 추정하는 방법 등 다양한 방법 등이 사용되었다.

9 예를 들면 2010년 유럽재정 위기 이후 기존 글로벌 핫머니의 주축을 이루었던 전통적인 유대계 투자자본은 안전자산 투자경향이 더욱 뚜렷해지면서 달러 자산에 투자하여 달러 강세가 나타났다. 당시 유대계 자본들은 오히려 신흥시장경제에 투자했던 자금을 회수하였다. 따라서 중국에 대한 글로벌 투자는 오히려 화교자본이나 중국계 자본이 외국인 투자로 위장한 경우(일명 검은 머리 외국인)가 적지 않았다는 분석도 제기되었다.

나라보다 경제성장률이나 부동산 가격 상승률이 높았고, 향후 중국 경제성장에 대한 기대감도 높았기 때문에 많은 투자자금이 공식적, 비공식적인 형태로 중국으로 유입되었다는 '사실'이다.

하지만 당시 중국으로 유입되었던 외국 투자자금 중에서 핫머니와 같은 단기 투기성 자금은 중국 실물경제의 리스크를 확대하였다. 공장을 건설하여 일자리를 창출하는 장기투자 형태의 외국인직접투자(FDI)와는 달리 부동산이나 주식 시장의 시세 차익을 기대하는 단기투자는 부동산 가격의 상승이나 인플레이션 등 실물 경제의 왜곡과 버블 문제를 야기하였기 때문이다.

(나) 점진적 위안화 절상

2010년 당시 중국 위안화 절상에 대한 국제금융 시장에서의 기대감은 상당히 높았다. 미국 등 선진국과의 공식적인 회담에서도 위안화 절상이 자주 언급되었다. 2008년 이후 다시 달러에 고정환율로 유지되어 있던 위안화가 조만간 변동환율로 전환되어 절상되기 시작할 것이라는 것은 매우 가능성이 높은 예상이었다.

이러한 위안화 절상에 대한 기대감은 중국에 대한 핫머니 유입을 더욱 확대하는 유인이었다. 중국으로 유입된 달러가 위안화로 환전된 이후 위안화가 절상된다면 나중에 다시 달러로 환전할 경우 환전 차익까지 기대할 수 있었기 때문이다. 당시 국제 금융시장에서는 1985년 일본의 **'플라자 합의'** 당시 엔화의 평가절상 사례[10]와의 비교분석을 통해 위안화가 단기간에 10% 이상 절상될 것이라는 기대가 강하게 형성되어 있었다.

하지만 글로벌 투자자들의 기대와는 달리 당시 중국정부의 입장에서 위안화 절상은 정책선택의 문제로 인식했던 것으로 판단된다. 사실 2010년 당시 위안화 절상 압력은 앞의 3장에서 설명한 WTO 가입 이후 2000년 초 중국정부가 직면했던 위안화 절상 압력과 유사하였다. 당시 중국은 위안화 고정환율을 유지하기 위해

---

10 1985년 뉴욕의 플라자호텔에서 열린 재무장관회의 합의결과 1주일 만에 엔화는 8%가 절상되었고, 2년 동안 엔화는 달러대비 46%가 절상되었다. 조종화 외(2014), p.35

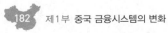

서 금융기관에 대한 통화안정채권을 발행하는 등의 '불태화정책'을 통해 달러 유입으로 증가된 유동성을 회수해야 했다.

그런데 2010년 당시 중국의 경제상황은 긴축정책이 필요한 상황이었기 때문에 '불태화정책'을 지속하는 것이 불가능한 것은 아니었다. 더구나 유럽 재정위기 등으로 세계 경제의 불확실성이 남아 있는 상황에서 큰 폭의 위안화 절상으로 중국 기업들의 수출경쟁력이 약화되는 것을 피해야 했기 때문에 고정환율 제도를 유지해야할 필요성도 있었다.

따라서 당시 중국정부가 채택한 방식은 점진적인 위안화 절상을 허용하는 2005년 '관리변동환율 시스템'로의 복귀였다. 2010년 6월 말 인민은행은 외환시장의 수급 상황을 기초로 복수통화 바스켓을 기반으로 환율을 조절해 나갈 것이라고 발표하였다. 이는 사실상 2005년 '관리변동 환율 시스템'과 동일한 것이다.

다만 2010년 이후 실제 위안화의 절상 속도는 2005년 이후 위안화의 절상 속도보다 훨씬 완만하게 진행되었다. 4장의 [그림 4-2]에서 보듯이 2010년부터 2014년까지 위안화는 매 분기 비슷한 정도로 완만하게 절상되었다.

이러한 변화를 시기별로 구분하여 연평균 변동 속도로 살펴보면 그 차이가 더욱 명확하다. 〈표 5-1〉에서 보듯이 위안화의 달러 대비 환율은 2010년 2분기 6.82위안에서 점진적으로 절상되어 2014년 1분기 6.10위안까지 꾸준히 절상되었다. 하지만 4년 전체로도 위안화 환율의 절상 규모는 11%밖에 되지 않았다. 이를

〈표 5-1〉 시기별 위안화 환율 연평균 변동 속도 (단위: %)

시기	변화 추세	누적 변화량(%)	연평균 변화량(%)	위안화 특성
1994년~2005년 2Q	8.62 → 8.2765	-3.98	-0.37	고정환율
2005년 2Q~2008년 3Q	8.2765 → 6.8416	-17.34	-5.29	절상
2008년 3Q~2010년 2Q	6.8416 → 6.8246	-0.29	-0.12	고정환율
2010년 2Q~2014년 1Q	6.8246 → 6.1002	-10.61	-2.77	절상
2014년 1Q~2015년 4Q	6.1002 → 6.3902	4.75	2.35	절하

자료: 한국은행 경제통계 시스템[4]

연평균 위안화 절상 속도로 계산해보면 2.77%에 불과하였다. 이 당시의 연평균 위안화 절상 속도는 2005년부터 2008년 사이의 연평균 위안화 절상 속도인 5.29%의 절반에 불과한 것이다.

중국정부가 이처럼 위안화 절상을 연평균 2%대의 거의 일정한 속도로 완만하게 진행하면서 유럽 재정위기로 인한 글로벌 불확실성이 확대되고 있는 상황에서도 중국 기업들의 수출 경쟁력이 급격하게 약화되는 것을 방지할 수 있었다. 동시에 이러한 완만한 절상은 **"핫머니 유입의 유인을 일정 정도 견제하는 효과"**가 있었다.

일반적으로 자본시장이 개방되어 있는 국가에서는 특정 화폐의 절상을 기대하고 해외 투기자본이 유입되거나 절하를 기대하고 외화 외출이 이루어지는 경우에, 일시에 충분한 정도로 환율을 조정하여 추가적인 기대가 형성되지 않도록 차단하는 것이 좋다고 평가된다. 만약 일시에 충분한 정도로 환율을 조정하지 않고 소폭의 조정만 일어난다면, 투기자본들에게 추가적인 조정에 대한 확신을 줄 수 있기 때문이다. 이로 인해 더 많은 해외 투기자본의 유출입을 유발하여 환율 변동폭이 더 커질 수도 있다고 평가된다.

반면 중국은 자본시장이 개방되어 있지 않았기 때문에, 정부가 정책적으로 위안화 환율을 상당히 강력하게 조정할 수 있었다. 따라서 완만한 환율조정을 통해 핫머니가 기대한 만큼의 환차익을 얻지 못하도록 방지하여 핫머니 유입을 차단하는 방법을 사용해도 해외 투기자본과 대응하여 외환시장을 통제할 수 있었다고 생각된다. 이러한 방식의 핫머니 유입 억제 정책에서 중요한 것은 해당 정부의 외환시장 통제력에 대한 신뢰성을 확보하는 것이기 때문이다.

다만 이러한 점진적인 위안화 절상 속도를 유지하기 위해 중국정부는 상응하는 비용을 지불할 수밖에 없었다. 그 비용에는 경제적인 측면의 비용뿐만 아니라 미국 등 선진국들과의 외교적 마찰이나 국제 통상 분쟁의 확대가 대표적이다. 하지만 이외에도 중국내 사회적 갈등이나 심지어 중국 국내의 환경문제 등도 넓은 의미에서는 당시 중국정부가 점진적 위안화 절상을 유지하기 위해 지불하였던 비용에 포함될 수도 있을 것이다.

그중에서 특히 중국 금융부문의 변화와 관련되어 주목할 필요가 있는 것은

① 앞에서 언급한 바와 같이 중국 국내로 유입되는 달러로 인해 파생되는 거시
    경제 부문의 불안정성 증가와

② 다음 절에서 언급하는 외환시장에서 완만한 절상 속도를 유지하기 위해 달
    러 매입을 확대하면서 외환보유고가 급증한 것이다.

다음 절에서는 외환보유고 증가의 문제에 대해서 언급하고자 한다.

2. 외환보유고의 급증과 경제정책의 전환

1) 외환보유고 급증과 달러 가치의 하락 문제

(가) 과도한 외환보유고 축적의 문제점

중국의 외환보유고 규모는 전 세계 1위이다. 2006년에 이미 일본을 제치고 세계 1위의 외환보유고를 보유한 국가가 된 이후 현재까지 그 지위가 확고하게 유지되고 있다. 중국 외환보유고는 2015년 기준으로 세계 2위 일본의 3배를 상회하였고, 한국의 10배에 달하였다.[5]

중국의 외환보유고 규모만큼 놀라운 것은 그 증가 속도였다. [그림 5-3]에서 보듯이 중국의 외환보유고가 5000억 달러를 넘은 것은 2004년 9월이었는데, 1조 달러를 넘은 것은 불과 2년만인 2006년 10월이었다. 그리고 다시 2조 달러를 넘은 것은 2년이 조금 지난 2009년 4월이었다. 그리고 다시 2년 만인 2011년 3월에 중국의 외환보유고는 3조 달러를 넘었다. 2014년 6월에는 4조 달러에 달해 최고 수

[그림 5-3] **중국의 월별 외환보유고 잔액 추이**　　　　　　　　　　　(단위: 억 달러)

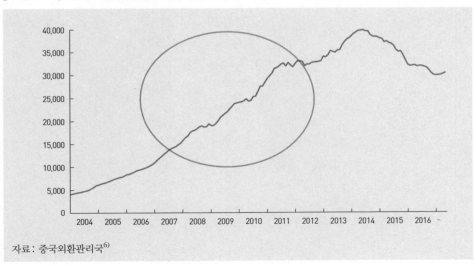

자료: 중국외환관리국[6]

준에 이르렀다.

2014년 6월 이후 중국의 외환보유고는 점차 감소하는 추세이다. 2014년까지의 10년 동안 중국 외환보유고 증가율을 년평균 증가율로 계산하면 매년 평균 23%의 속도로 증가한 것이다.

중국의 외환보유고가 너무 과도하게 많다는 지적은 2000년대 중반 이후 꾸준히 제기되어 왔다. 적정한 외환보유고 수준을 추정하는 여러 방법 중에서 해당 국가의 수입규모와 외환보유고를 비교하는 방법이 있다. 가계로 비유하자면 만약의 상황에서 저축해 놓은 예금으로만 몇 달의 지출을 결제할 수 있는가와 같은 개념이다. 많은 나라는 이 수치가 고작 몇 개월이지만, 중국은 2004년 1.1배에서 2009년에는 최고 2.4배까지 증가하였다. 2015년 말 기준으로도 2.1배에 달하고 있다. 매우 간략하게 해석하자면 외환보유고로만 2년이 넘는 동안 수입을 위한 외환을 결제할 수 있다는 의미이며, 중국의 외환보유고가 너무 많다는 근거로 언급되어 지는 통계의 하나이다. 대외 외채상환과 같은 보다 복잡한 관계를 고려해도 중국의 외환보유고가 과도하게 많다는 연구는 많이 제기되어 왔다.[11]

또한 중국의 외환보유고가 너무 과도하게 많다는 것뿐만 아니라, 특히 상당부분이 달러로 구성되어 있다는 것도 심각한 문제점으로 지적되었다. 앞장의 〈표 4-1〉에서 보듯이 중국 외환보유고에서 미국 유가증권의 비중은 2000년대 중반에는 80% 이상에 달했고, 2015년 기준으로도 50%에 가깝다.

(나) 미국 양적완화 정책과 외환보유고 가치 하락 문제

하지만 외환보유고가 과도하게 많다는 우려에도 불구하고, 중국정부는 2014년까지는 외환보유고를 지속적으로 확대할 수밖에 없었다. 앞에서 언급한 바와 같이 달러 유입이 큰 폭으로 증대되고 있는 상황에서도, 위안화의 절상 속도를 점진

---

11 외환위기 방지를 위한 중국의 적정한 외환보유고 규모에 대한 또 다른 연구에서는 단기 외채, FDI, 외국인 증권투자, 3개월의 경상수입의 합인 1조4,000억 달러~2조2,000억 달러가 적절하다는 연구도 제시되었다. BIS 제시한 적정 외환보유액의 규모(3개월 경상수입＋단기외채＋외국인 증권투자) 비율도 222%로 주요 신흥국 평균 105%의 두 배 수준으로 과도하다. 이치훈(2017)

적으로 유지하기 위해서는 외환시장에 개입하여 달러 매입을 지속해야 했기 때문이다.

당시 중국정부의 중요한 고민거리의 하나가 이처럼 달러 외환보유고 자산으로 축적하고 있는 국부(national wealth)의 가치가 하락하는 가능성이었다고 보인다. 이는 당시의 중국내 언론이나 연구보고서 등에서 이 문제가 상당히 자주 언급되었다는 것에서 유추해 볼 수 있다.

4장에서 언급한 바와 같이 2008년 글로벌 금융위기 발생 직후 미국정부의 양적완화(QE) 정책에 중국정부는 적극적으로 협조하였고 미국 국채 등 달러 유가증권 매입을 크게 확대하였다. 이는 달러 가치가 어느 정도 안정화되는 것이 중국에게도 유리하다고 판단했기 때문이었다.

하지만 미국은 2010년 이후에도 추가적으로 2차, 3차 양적완화 정책을 추진하면서 달러 공급을 대폭 확대하였다. 이에 따라 달러 가치의 하락에 대한 우려가 증가하였고, 중국정부의 달러 외환보유고 증가에 대한 고민도 커졌다.

(다) 달러 외환보유고 축소 정책 시나리오

이 문제를 해결하는 일반적인 방법은 아마 ① 위안화의 과감한 절상을 통해 경상수지 흑자를 대폭 축소하거나 경상수지 적자로 전환하여 외환보유고를 줄여가는 방법일 것이다. 과거 일본의 '플라자 합의'와 같은 방법이다. 하지만 당시 중국정부는 앞에서 언급한 바와 같이 위안화 절상을 매우 완만한 속도로 점진적으로 추진하였다.

오히려 이와는 반대로 ② 점진적인 위안화 절상을 유지하면서 달러 유입을 줄이고 중국내 달러의 해외 유출을 확대하여 위안화 절상의 압력을 완화하는 방법을 사용하였다. 예를 들면 다음에서 언급하는 수출을 줄이고 수입을 확대하는 방법이나, 외국인 투자를 줄이고 중국기업의 해외투자를 확대하는 방법 등을 사용하였다. 이러한 정책들은 그 이전까지 중국이 추진했던 "경제정책의 기본적인 방향성을 전환"하게 하였다.

나아가 ③ 장기적으로 대외 부문에서 달러에 대한 의존도를 약화 시키는 시스템의 근본적인 전환정책을 추진하였고, 이것이 3절에서 언급할 '위안화 국제화' 정책이었다.

2) 달러 유입 감소, 달러 유출 확대 정책

(가) 임금인상: 수출주도형 성장에서 내수소비형 성장

중국의 도시 취업자 평균 연봉은 2009년 3만2,000위안에서 2015년 6만2,000위안(약 1,000만원)으로 불과 6년 만에 2배 가까이 상승하였다. 한국의 2015년 근로자 평균 연봉이 3,280만원인 것에 비해서는 낮은 수준이지만, 중국의 물가수준을 고려할 때 과거와 같은 저임금 국가라고 보기는 어렵게 되었다. 이 기간 중국내 물가상승률도 2% 내외로 안정적으로 유지되었기 때문에 실질 임금 상승률도 매년 두 자리 수 상승을 지속하였다.[7]

당시 중국정부는 수년간 최저임금을 매년 15% 가까이 인상하는 방법을 통해 적극적으로 임금상승을 유도하였고, 이를 통해 근로자들의 실질 소득이 크게 증가하였다. 선전이나 상하이 지역의 최저임금은 2009년 월 1,000위안 수준에서 2015년 월 2,000위안(약 33만원) 이상이 되었다. 특히 도시 지역의 3D 업종에서 일하는 농촌 출신의 '농민공(農民工)' 노동자의 실질적인 노동환경 개선을 위한 정책도 적극적으로 도입하였다.

물론 중국내 임금상승 추세는 그 이전부터 점진적으로 진행되어 왔었다. 하지만 당시 중국의 임금상승은 그 이전의 임금상승과는 조금 다른 의미를 가진다.

첫째, 당시 중국의 임금수준은 이미 주변 동남아시아 등에 비해 높아지기 시작하였고, 저임금 노동력을 기반으로 하는 노동집약적 경공업의 경쟁력 약화에 대한 우려가 증가하고 있었다. 일부 노동집약적 기업들은 동남아시아 등 저임금 국가로 생산시설을 이전하기도 하였다.

둘째, 당시 글로벌 금융위기 이후의 불확실성으로 중국경제의 중요한 성장 원동력이었던 수출이 둔화되면서, 중국 경제 리스크에 대한 우려가 증가하고 있었다. 중국의 경제 성장률이 둔화되고 저임금 일자리가 줄어들 경우 정치 - 사회적 불안이 증가할 것이라는 우려가 제기되기도 하였다.

이러한 배경하에서 정책적으로 추진되었던 임금상승은 중국 정부의 경제정책 전환의 핵심으로 인식되었다. 과거의 '수출주도형 성장'에서 소득 증가를 통한 "내수소비형 성장" 모델로의 전환 정책이다.

중국 정부가 임금상승을 유도하고 경제성장 정책의 전환을 선택했던 이유는 너무나 많을 것이다. 정부의 리더십이나 중국 정치 시스템의 특수성일 수도 있을 것이고, 중국 경제 시스템의 구조상 인구 고령화와 노동가능 인구의 감소 측면에 의한 자연스러운 현상이라고 해석할 수도 있을 것이다. 혹은 글로벌 금융위기 이후 전 세계적인 수입 수요의 감소 때문에 어쩔 수 없는 선택이었다는 외부적인 환경요인도 작용하였을 것이다.

이에 덧붙여 저자는 당시 중국의 금융환경에서 위안화 절상을 선택하지 않고도 수출을 줄이고 수입을 확대하여 위안화 절상의 압력을 약화시키기 위해 중국정부가 정책적으로 임금상승을 주도하였다고 해석할 수도 있다고 생각한다. 물론 이는 임금상승 정책의 여러 의미 중에서 극히 일부의 의미이지만, 이 책에서 언급하고자 하는 중국 금융시스템의 변화를 이해하는 측면에서는 중요한 의미를 가지기 때문이다.

또한 당시 중국정부가 위안화 절상이 아니라 임금상승을 통해 저임금 저부가가치 부문의 중국 수출산업을 첨단산업, 고부가가치 산업 위주로 전환하는 것을 유도하는 정책을 추진한 것은 이후 중국 수출산업의 경쟁력과 관련되어 매우 중요한 의미가 있다. 예를 들면 당시 중국은 단순히 무역수지 흑자를 줄이는 것이 아니라, 첨단산업 부문의 기계설비 수입이나 기술개발 등에 관한 '산업정책(industry policy)'들을 강력하게 추진하여 수출산업의 구조를 변화시켰다. 2011년부터 추진된 **'12차 5개년 규획'**의 핵심은 산업구조 개편과 전략산업 육성정책이었다.

산업정책(industry policy)이란 한 국가의 경제성장이나 사회후생의 증진을 목적으로 기업환경의 개선이나 각종 산업부문, 기술, 사업 등 경제활동 구조의 변화와 혁신을 시도하는 정부의 다양한 개입이나 정책 등을 통칭한다. 중국의 대표적인 산업정책이라고 할 수 있는 '5개년 규획(規劃)'은 매 5년마다 중국의 경제정책 추진방향과 중점 추진전략을 제시하는 중요한 공식문건이다. 2006년의 11차 5개년 규획은 산업과학 기술 정책이 중점이었던 반면, 2011년의 12차 5개년 규획은 산업구조 개편과 전략산업 육성이 중점이었다.

결과적으로 중국의 수출은 저부가가치 부문에서 첨단산업 부문으로 성공적으로 전환하고 있으며, 임금상승에도 불구하고 중국의 수출은 2010년 이후 점진적으로 회복세를 보였다. 만약 중국정부가 당시 큰 폭의 위안화 절상을 선택하였다면 산업 전반에 걸친 수출경쟁력 약화와 해외로의 생산기지 이전으로 인한 '**산업공동화(空洞化)**' 문제가 발생할 가능성도 있었을 것이다.

중국은 경제성장을 위해 여전히 수출이 중요한 성장원동력이 되어야 하는 상황이었기 때문에 위안화 절상을 통해 전체 산업의 수출경쟁력이 동시에 약화되는 것

[그림 5-4] 중국 수출, 수입, 무역수지 추이   (단위: 억 달러)

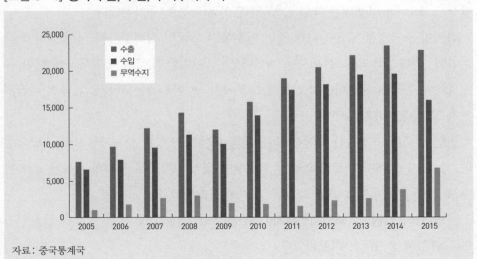

자료: 중국통계국

을 우려하였을 것이다. 대신 임금상승을 통해 경공업 중심의 수출산업 구조를 첨단 고부가가치 산업 위주로 전환하는 정책을 추진하였고, 그 효과를 거두고 있는 것으로 판단된다.

(나) FDI에서 ODI로: '조우추취(走出去)' 전략

중국의 경제성장 과정에서 외국인 직접투자(FDI)는 매우 중요한 역할을 하였다. 투자자금 조달, 기술 이전, 경영기법 학습, 숙련 노동자들의 양성 등 다양한 측면에서 외국인 직접투자의 성과를 살펴볼 수 있다.

그중에서도 투자자금 조달에서 살펴보자면 외국인 직접투자가 중국의 고정자산투자에서 차지하는 비중은 2000년대 초반에는 10% 이상에 달했다. 매우 간단하게 표현하자면 당시 중국에서는 신규로 건설되는 공장 10개 중에서 1개 이상이 외국인 투자자금으로 건설되었다는 것이다. 당시 중국정부는 외국인 직접투자를 유치하기 위해 다양한 세제 혜택을 제공하기도 하였다.

3장에서 언급하였듯이 중국정부의 적극적인 외국인 직접투자 유치 정책으로 외국인 직접투자는 크게 증가하였다. [그림 5-5]에서 보듯이 외국인 직접투자는 90년대는 매년 200~300달러 수준이었다가, 2002년 이후 매년 500억 달러 이상에 달했고, 2010년 이후에는 매년 1,000억 달러 수준으로 증가하였다.

하지만 중국정부는 2000년대 중반 이후부터 외국인 직접투자에 대한 심사를 강화하여, 첨단산업 위주로 투자를 제한하였다. 이러한 외국인 직접투자에 대한 규제강화와 중국내 생산비용의 상승 등으로 2010년 이후에는 사실상 외국인 직접투자가 크게 증가하지 않았다.

반면 중국내 고정자산 투자는 주로 중국 내에서 조성된 투자자금으로 조달되었다. [그림 5-5]에서 보듯이 외국인 직접투자 대비 고정자산 투자의 비율은 2000년대 초 10% 수준에서 2015년 1.4%로 급격히 감소하였다.

반면 중국 기업의 "해외직접투자(ODI)"는 2000년대 중반 특히 글로벌 금융위기 이후 급격히 증가하기 시작하였다.

[그림 5-5] 중국에 대한 외국인 직접투자와 고정자산투자 대비 비율 (단위: 억 달러, %)

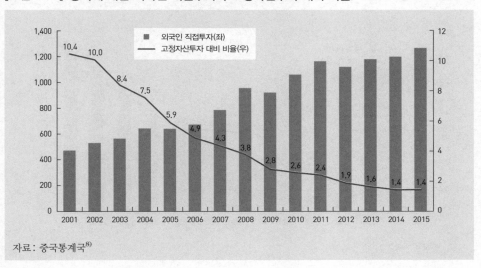

자료: 중국통계국[8]

중국 기업의 해외직접투자는 2000년대 중반 이전에는 매년 수십억 달러 수준에 불과하였다. 하지만 2005년 100억 달러 이상에 달한 이후 빠르게 증가하기 시작하였다. 중국 기업의 해외직접투자는 2008년부터는 매년 500억 달러, 2013년 이후에는 매년 1,000억 이상에 달했다. 2014년부터는 중국의 해외직접투자가 중국으로 유입되는 외국인직접투자 금액을 상회하고 있다.

> **ODI(해외직접투자)**는 Overseas Direct Investment의 약자이다. 해당국가로 직접투자가 유입되는 FDI(외국인 직접투자; Foreign Direct Investment)의 반대 개념으로 해외에 공장을 짓거나 경영에 참가하기 위한 목적의 투자를 지칭한다.

이처럼 중국 기업의 해외직접투자 증가를 중국에 대한 외국인 직접투자와 비교해보면 그 차이를 더욱 분명하게 알 수 있다. 2002년 중국의 해외직접투자(ODI)의 외국인 직접투자(FDI)에 대한 비율(ODI/FDI)은 0.05배에 불과하였다. 하지만 2015년에는 그 비율이 1.15배로 급상승하였다.

이처럼 중국이 불과 십여 년의 짧은 시간 안에 외국인 직접투자보다 해외직접

[그림 5-6] 중국 해외직접투자와 외국인 직접투자 비율　　　(단위: 억 달러, 배)

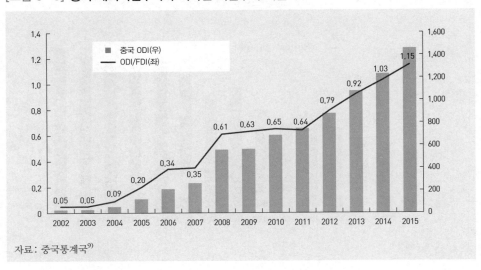

자료: 중국통계국[9)]

투자가 더 많은 나라로 변화된 것은 매우 놀라운 결과이다.

　중국의 해외직접투자가 급격히 증가한 이유는 외환보유고의 증가, 중국 기업들의 경쟁력 강화와 같은 경제적인 이유뿐만 아니라 중국정부의 정책적인 변화도 큰 역할을 하였는데, 이른바 "조우추취(走出去; going Global)" 정책이다.[12]

　중국정부가 중국기업의 해외투자를 유도하고 있는 이유는 ① 자원과 에너지의 확보, ② 기술과 ③ 브랜드 경쟁력 확보 등 매우 다양하였다. 이 중에서 특히 ④ 중국 내 과도하게 축적되고 있던 외환보유고를 해외투자로 활용하여 장기적으로

---

12 1990년대까지 중국의 해외투자는 정책당국에 의해 통제되었고 사실상 해외투자는 특수한 예외적인 경우가 아니면 허가되지 않았다. 하지만 2002년부터 중국경제의 성장과 기업의 국제 경쟁력 강화를 위해 해외투자 전략의 중요성이 제기되면서 '조우추취'라는 단어가 등장하였다. 2004년부터는 기업의 해외투자와 관련된 각종 제도가 정비되기 시작하였다. 2005년 5월부터는 1000만 달러 이하의 해외투자에 대한 승인을 외환관리국에서 지방정부로 이양하였고, 2006년 7월부터는 외환관리국의 해외투자 총액 한도도 폐지하였다. 2008년 12월에는 은행감독위원회가 상업은행의 해외 M&A 대출을 허용하였다. 2009년에는 상무부가 해외투자에 대한 투자제도를 대폭 간소화하였다. 중국기업의 해외투자 동기는 ① 자원과 에너지의 확보, ② 기술, 브랜드, 경영기업 등 기업 경쟁력의 강화, ③ 중국 국내시장의 포화와 해외시장 개척 등 매우 다양하였다. 이근, 지만수, 서봉교(2012), pp.5~14

중국 기업들의 국제경쟁력을 강화하고 있는 측면을 주목할 필요가 있다. 예를 들면 중국정부가 외환보유고 등을 이용하여 전략적으로 지원하고 있는 금융사들이 중국기업의 해외 M&A 등에서 중요한 역할을 담당하고 있는 경우가 그 사례가 될 수 있다.[13]

(다) 해외여행 규제 완화

중국내 달러의 해외 유출을 확대하여 위안화 절상의 압력을 완화하는 정책은 특히 중국인들의 해외여행이 급격하게 증가하고, 이에 따른 국제여행 수지 적자 금액의 증가에서 잘 나타나고 있다.

2008년 이전에까지 중국은 국제여행의 흑자국가였다. 중국으로 여행 온 외국인들의 지출금액이 해외로 여행 가는 중국인들의 지출금액을 상회하였다. 이는 당시 중국인들의 해외여행에 여러 규제가 많았기 때문이었다.

하지만 2008년 이후 중국인들의 해외여행에 대한 규제가 대폭 완화되면서 해외여행이 폭발적으로 증가하였다. 중국인들이 해외여행으로 지출하는 금액은 2008년 410억 달러에서 2014년 1,649억 달러로 4배 이상 증가하였다. 이 기간 연평균 증가율은 26%에 달했다.

〈표 5-2〉 **중국의 국제여행 수지 추이**   (단위: 억 달러)

	2005	2008	2010	2012	2013	2014
국제여행 지출	247	410	598	1,020	1,286	1,649
국제여행 수입	318	441	502	500	517	569
국제여행 수지	71	31	-96	-520	-769	-1,080

자료: 중국통계연감[10]

---

13 예를 들면 중국정부는 해외 M&A를 위해 전략적으로 대형 증권사의 M&A 펀드 등을 활용하고 있는데, 중신증권사(中信证券)가 설립한 "중신M&A펀드관리회사(中信并购基金管理有限公司)"나 해외 M&A 펀드와 연합하여 펀드를 설립한 경우로 광다증권사(光大证券)는 글로벌 M&A 펀드의 거물인 로스차일드(Rothschild) 가문과 전략적 제휴를 체결하고 M&A 펀드를 설립하였다. 이에 대한 내용은 2부 9장에서 보다 자세히 언급하겠다.

이러한 중국인들의 해외여행 지출 증가로 국제여행 수지도 적자로 반전되었다. 〈표 5-2〉에서 보듯이 중국의 국제여행 수지는 2008년 이전에는 흑자였으나, 2009년부터 적자로 반전되었다. 국제여행 수지의 적자규모는 2010년 96억 달러에서 2014년 1,080억 달러 적자로 급격히 증가하였다.

(라) 해외 금융투자의 확대

2010년 이후 중국의 해외 금융투자도 크게 증가하기 시작하였다. 이러한 금융부문의 해외 투자가 증가한 반면 해외 상장을 통한 달러 자금 유입 등은 제한하였다. 이것 역시 달러 유입 제한, 달러 유출 확대 정책의 일환으로 해석할 수 있다.

금융부문의 해외투자를 확대하는 QDII의 쿼터도 지속적으로 확대되고 있으며, 중국의 해외부동산 투자에 대한 규제도 점진적으로 완화되었다.

3. 위안화 국제화와 점진적 자본시장 개방

1) 위안화 국제화의 정책적 목표

(가) 위안화 국제화와 달러 약세

특정 통화의 국제화는 일반적으로 해당 통화의 사용범위가 해외로 확장되는 것을 의미한다.[14] "위안화 국제화(RMB internationalization)"는 2010년 이후 급속하게 진행되었다.

위안화가 국제 지급결제에서 사용되는 비중은 지난 수년간 급격히 증가하였다. 국제은행간 통신협정 집계(SWIFT Watch)에 따르면 2013년 5월 세계 지급결제 통화에서 위안화의 비중은 불과 0.8%로 전체 통화 중에서 13번째에 불과하였다. 하지만 불과 2년 만인 2015년 5월 위안화의 비중은 2.2%로 급상승하여 세계 5대 국제 지급결제 통화로 부상하였다. 또한 2015년 8월에는 위안화의 비중은 2.79%로 증가하여 처음으로 엔화를 제치고 세계 4대 국제 결제통화가 되었다.[11]

이와 같은 위안화 국제화의 급진전은 매우 이례적인 것이었다. 2010년 중국에서 위안화 국제화에 대한 이슈가 본격적으로 논의되기 시작할 당시, 가장 중요한 논쟁은 '과연 위안화는 국제화가 가능한 통화인가'였다. 당시 중국 위안화가 국제적으로 통용되기 어려울 것이라는 주장의 근거로는 ① 중국이 자본시장을 개방하지 않았고, ② 위안화 환율이 시장 기반의 변동환율 시스템을 채택하고 있지 않았고, ③ 중국의 국제수지가 흑자였으며, ④ 심지어 사회주의 정치 시스템에 대한 국제사회의 불신(不信) 문제까지 제시되었다. 한마디로 **위안화는 '국제적으로 통용될 수 있는 신뢰성을 확보하기 어려울 것'**이라는 주장이었다.

---

14 기존 국제금융 이론에서 특정 통화의 국제화는 특정 통화가 해당 국경을 넘어 국가 간에 이루어지는 각종 무역 및 금융거래에서 계산단위(unit of account), 지급결제수단(means of payment) 및 가치저장수단(store of value) 등의 화폐로서의 일반적인 기능을 수행하는 것을 의미한다. 장보형, 동애영(2009)

그렇다면 그만큼 국제화되기 어려운 여건이었던 위안화의 국제화를 추진했던 중국정부의 정책적인 목표는 무엇이었을까? 위안화를 달러를 대체하는 '**기축통화**'로 만들어 막대한 '**화폐발권수익(시뇨리지)**'을 얻는 것일까? 중국정부가 위안화 국제화를 추진하는 과정에서 국제 사회의 신뢰를 얻기 위한 자본시장 개방, 환율 시스템 전환, 국제수지 축소 등의 정책 추진을 상당히 소극적으로 진행하였다는 측면을 고려하였을 때 위안화 국제화가 중국정부의 가장 중요한 목표였다고 해석하기는 어렵다.

> **기축통화**(key currency)란 국제간의 결제나 금융거래의 기본이 되는 통화를 지칭한다. 과거 금본위제하에서는 금이 유일한 국제통화였고, 19세기 영국의 파운드화나 2차 대전 이후의 미국 달러를 기축통화라고 지칭한다. **시뇨리지**(seigniorage)란 화폐발행 당국이 화폐를 발행하면서 얻는 이익으로 화폐 액면가에서 제조비용을 뺀 이익을 지칭한다. 화폐발권수익, 화폐주조차익 등의 용어로 번역된다. 위안화의 화폐발권수익이란 해외에서 위안화를 지불하고 해외의 실물 또는 금융자산을 취득할 수 있게 됨으로써, 위안화 발행비용을 초과하는 수익을 획득하는 것을 의미한다.

저자는 2010년 이래 중국정부가 위안화 국제화를 적극적으로 추진했던 이유를 '미국의 추가적인 양적완화로 달러 약세가 지속될 것으로 우려되는 상황에서 장기적으로 대외 부문에서 달러에 대한 의존도를 약화시키는 시스템의 근본적인 전환정책'으로 이해할 필요가 있다고 생각한다. 이에 따라 중국 위안화의 국제화 과정도 국제 금융시장의 필요에 의해 진행된 측면보다는 중국정부가 주도하여 매우 제한적이고 단계적으로 추진[15]된 측면이 있었다.

---

15 중국의 위안화 무역결제는 2009년부터 중국정부의 적극적인 정책 추진으로 빠르게 확대되기 시작하였다. 중국정부는 2009년 4월 광둥 등 4개 도시를 위안화 무역결제 시범도시로 지정하였고, 6월부터 시범도시 지역의 기업을 대상으로 외국계 은행을 통해 홍콩과 마카오 내 해외기업과 위안화 결제시스템을 시작하였다. 2010년 6월에는 위안화 무역결제 시범도시를 20개 도시로 확대하였고, 시범기업을 367개 기업에서 6만 7,724개 기업으로 확대하였다. 또한 시범업무의 영역을 해외업무, 서비스 무역 및 경상거래의 위안화 결제 등으로 확대하였다. 위안화 무역결제 해외 대상지역에 대한 제한도 철폐하고 외국기업의 위안화 결제계좌 개설을 허용하였다. 2011년에는 중

나아가 중국정부의 위안화 국제화 추진을 달러 약세에 대응하는 장기적인 시스템 전환의 관점에서 바라볼 경우, 2015년 이후 중국정부의 위안화 국제화 추진 속도가 상당히 둔화되고 있는 것으로 보이는 현상을 이해하기도 용이해진다. 일부 언론에서는 2015년 하반기 이후 위안화 국제화 지수가 하락하는 것과 같은 현상을 성급하게 '아무리 노력해도 결국 위안화 국제화가 불가능하였다'는 의미로 해석하기도 하였다.

하지만 2015년 이후 미국의 양적완화 정책이 종료되면서 달러가 다시 강세로 전환된 상황에서 2009년 당시 위안화 국제화의 필요성이 제기되었던 이유인 '달러 외환보유고의 가치하락 문제'나 '위안화 평가절상의 압력 문제'가 상당히 해소되었다는 측면을 주목할 필요가 있다. 중국정부는 국제 금융환경의 변화에 대응하면서 매우 장기적인 정책적인 목표로 위안화 국제화를 지속적으로 추진할 것으로 전망된다.

(나) 중국정부 주도의 위안화 무역결제 확대

무역수지 흑자가 지속되고 있는 국가의 통화가 국제화될 수 있는가? 달러가 국제 기축통화의 지위를 유지하는 과정에서 미국은 무역수지 적자를 지속하였다. 국제 기축통화인 달러에 대한 해외부문의 수요를 충족시키기 위해 미국이 무역적자를 통해 해외에 달러를 지속적으로 공급하였다[16]는 논리는 무역수지 흑자를 지속하고 있는 중국의 위안화가 국제통화가 되기 힘들 것이라는 근거로 제시되기도 하였다.

반면 중국정부는 위안화가 국제 통화로서의 국제적인 신뢰성이나 제반 여건을 충분히 확보하지 못한 상황에서도 정부 주도로 국제 무역결제에서 위안화 사용을

국 전 지역의 중국기업을 대상으로 위안화 무역결제가 가능하도록 허용하였다. 2014년 6월 12일에는 중국 개인의 위안화 무역결제도 전면적으로 허용하였다. 서봉교 외(2015a), p.19

16 이를 이론적으로 '**트리핀의 딜레마**' 문제라고 한다. 기축통화가 되기 위해서는 그 통화에 대한 국제적인 신뢰가 있어야 하고, 동시에 세계 경제의 성장과 더불어 기축통화의 공급이 증가되어야 하는데 이 두 조건이 동시에 충족되기는 어렵다는 딜레마이다. 기축통화 국가가 통화가치를 유지하면서 충분한 유동성을 공급할 수 없음을 지적하는 것이다.

확대하도록 유도하였다.

예를 들면 달러 결제 대신에 위안화 무역결제를 확대하는 중국 기업에 대해 우대정책을 사용하거나,[17] 정부의 영향력이 행사될 수 있는 국유기업에 대해 위안화 무역결제를 권고하는 방법을 통해 위안화 국제화를 유도한 측면이 있다.

동시에 중국 기업들이 수출보다는 수입에 대해서 위안화 무역결제를 더 많이 사용하도록 유도하면서 해외에 위안화가 축적될 수 있도록 하였다. 이에 따라 위안화의 순유출(중국 수입의 위안화 결제 금액 − 중국 수출의 위안화 결제 금액)이 전체 위안화 무역결제 총액에서 차지하는 비중은 30～40%에 달하기도 하였다.[18]

물론 이러한 위안화 무역결제 확대는 중국정부가 정책적으로 추진한 측면뿐만 아니라 다음절에서 언급하는 바와 같이 민간부문의 자발적인 경제적 유인이 있었기 때문에 호응을 얻을 수 있었다.[19] 그럼에도 불구하고 당시 국제금융시장에서의 예상보다 훨씬 빠르게 위안화 무역결제가 확대된 배경으로 중국정부의 영향력이 매우 컸음은 분명하다.

하지만 이러한 정부 주도의 위안화 무역결제 확대는 '중국의 무역 상대국'이 이러한 중국 기업들의 위안화 무역결제 확대 수요를 수용해야만 실제로 위안화 무역결제가 가능하였다. 따라서 중국은 중국정부의 영향력이 발휘될 수 있는 국가에 시범적으로 위안화 무역결제를 도입하였다. 바로 홍콩과의 무역이었다.

---

17 중국정부는 정부차원에서 기업들에게 위안화 무역결제를 장려하고 있었다. 예를 들면 2009년 역외 위안화 무역시범기업에 대해 수출환급세에 대해서 우대조치를 도입하는 등 위안화 무역결제 확대를 위해 노력하였다. "人民币结算双边贸易将获减税鼓励", 21世纪经济报道, 2008年12月23日

18 전체 위안화 무역결제에서 홍콩이 차지하는 비중은 2014년 이전에는 거의 대부분을 차지하고 있었다. 홍콩의 전체 위안화 무역결제 금액대비 홍콩에 축적되는 위안화의 비율은 2012년 12%에서 2013년 35%, 2014년 42%로 확대되어 갔다. 서봉교 외(2015b), p.89

19 물론 다음에 설명하듯이 정부의 정책적인 유도뿐만이 아니라 민간부문의 자발적인 유인이 많았기 때문에 당시에 홍콩에 위안화가 축적될 수 있었다. 2010년도부터 2014년 사이에는 위안화의 절상에 대한 기대가 높았기 때문에 글로벌 투자자들이 자발적으로 위안화를 축적하고자 하는 수요가 많았다. 또한 중국의 기업이나 개인들이 해외투자나 자산은닉 등의 이유로 자발적으로 위안화를 해외에 축적하고자 하는 유인도 많았기 때문에 홍콩에 위안화가 많이 축적될 수 있었다.

홍콩과 중국은 매우 독특한 정치 – 경제적 관계를 형성하고 있다. 홍콩은 19세기 말부터 영국에 소속되어 있었다가 1997년 중국으로 반환되었다. 중국은 반환된 홍콩에 대해 '일국양제(一國兩制)', 즉 하나의 국가이지만 기존 홍콩의 시스템을 반환 이후 50년 후인 2047년까지 유지하여 중국과는 다른 시스템으로 운영한다는 원칙을 적용하면서 독특한 양국 관계가 형성되었다. 하지만 2000년대 이후 글로벌 기업들의 철수, 홍콩 부유층의 이민 등으로 홍콩 경제가 침체에 빠지면서 중국은 홍콩 경제의 발전을 지원하는 다양한 정책을 추진하였다.

예를 들면 2003년 6월 중국과 홍콩 간에 체결된 **'경제협력동반자 협정(CEPA)'**으로 홍콩과 중국은 경제무역에서 서비스 관광에 이르기까지 광범위한 상호 개방과 교류를 진행하였다. 이후 홍콩과 중국은 경제적으로 매우 밀접하게 연계되었고, 이는 홍콩 내 위안화 거래 시스템이 2009년 이전부터 정착될 수 있는 기반을 구축하였다.[20]

이러한 배경하에서 시간이 지날수록 홍콩에 대한 중국정부의 영향력은 점차 확대되고 있었다.

CEPA는 Colser Economic Partnership Arrangement의 약자로 중국어로는 〈关于建立更紧密经贸关系的安排〉를 지칭한다. 2003년 홍콩과 중국 간에 체결된 일종의 자유무역협정과 유사한 것이다. 이후 수차례 보충협정을 체결하면서 양국의 경제적 관계가 긴밀하게 연계되었다. 또한 홍콩 내 위안화 거래 시스템이 2009년 이전부터 정착될 수 있는 기반을 구축하였다.

2015년 기준으로 홍콩 중개무역(轉口)의 54%, 홍콩 수입의 49%가 중국과의 무역일 정도로 홍콩의 중국경제에 대한 의존도가 높다. 이에 따라 중국정부는 2009년부터 홍콩과의 위안화 무역결제 시스템을 시범적으로 시작하였고, 이후 중국과

---

20 예를 들면 2003년 11월부터 홍콩 내 위안화 개인예금이 허용되었고, 12월에는 홍콩 내 위안화 청산은행으로 중국은행 홍콩법인(BOC HK)이 지정되었다. 2007년 7월에는 홍콩내 위안화 실시간 결제시스템(RTGS)도 도입하였다. RTGS의 위안화 업무범위는 펀드, 채권, 수표의 발행, 거래, 송금, 지급, 청산 업무 등으로 확대되었고 처리 시간도 당일로 가능하였다.

[그림 5-7] 역외 위안화 무역결제 금액　　　　　　　　　　　(단위: 억 위안)

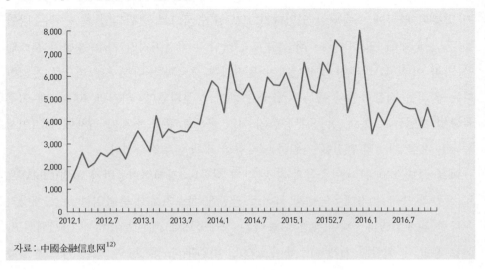

자료: 中國金融信息网[12]

홍콩의 위안화 무역결제는 매우 빠르게 증가하였다.

　중국의 전체 위안화 무역결제에서 홍콩 지역의 결제 비중이 2011년 92%, 2012년 90%, 2013년 83%에 달했다는 것은[21] 당시 중국의 위안화 국제화가 ① 정부주도로, ② 정책적으로, 그리고 ③ 홍콩 지역을 중심으로 시범적으로 추진되었다는 것을 의미한다.

　위안화 무역결제는 비록 중국정부 주도로 홍콩지역에서 제한적으로 추진되었지만, 이후 매우 폭발적으로 증가하면서 홍콩 이외 지역에서도 위안화 무역결제가 확대되었다. [그림 5-7]에서 보듯이 중국의 월별 위안화 무역결제 금액은 2012년에는 월 평균 2,400억 위안 수준이었지만, 2014년에는 월 평균 5,400억 위안으

21　2011년 2011년 중국의 전체 위안화 무역결제 총액은 2조810억 위안인데, 그중에서 홍콩 지역의 위안화 무역결제 총액은 1조9,150억 위안으로 92%를 차지하였다. 2012년 중국의 전체 위안화 무역결제 총액은 2조9,400억 위안인데, 그중에서 홍콩 지역의 위안화 무역결제 총액은 2조6,330억 위안으로 90%를 차지하였다. 2013년에는 위안화 무역결제 총액이 4조630억 위안으로 급증하였고, 그중 홍콩지역 무역결제 총액은 3조8,410억 위안으로 83%를 차지하였다. 서봉교 외(2015b), p.89

로 2배 이상 증가하였다. 2015년에는 6,000억 위안 수준까지 증가하였다.

하지만 2015년 하반기 이후에는 위안화 무역결제 금액이 감소하고 있다.

(다) 위안화 직거래 시스템의 확대

"위안화 직거래 시스템"이란 해당 국가의 통화와 위안화 간의 화폐교환에서 일반적으로 매개통화로 활용되는 달러를 이용하지 않고 직접 두 통화를 교환한다는 의미이다. 위안화 직거래 시스템이 도입되기 전에는 해당 국가와의 통화를 위안화로 교환하기 위해서는 해당 통화를 달러로 환전하고 다시 그 달러를 위안화로 환전하는 2중의 환전 과정을 거쳐야 했다.

위안화 직거래 시스템이 도입되면서 해당 통화와 위안화의 교환과정에서 환전 비용이 축소되는 효과가 발생하였다. 이러한 위안화 직거래 시스템의 도입은 다른 나라에서 위안화가 자유롭게 교환될 수 있도록 함으로서 앞에서 언급한 위안화 무역결제를 더욱 확대하는 기반을 조성한다.

중국 정부는 2010년 이후 주변국들을 중심으로 '위안화 직거래 시스템' 구축을 확대하면서 위안화 국제화를 촉진하는 정책을 사용하였다. 특히 이 과정에서 중국은 주변국들에 대해서 막대한 외환보유고와 높아진 경제적 위상, 국제 정치 - 외교적 역량을 최대한 활용하여 위안화 직거래 시스템을 확대해 나갔다.

중국과 위안화 직거래 시스템을 구축한 최초의 국가는 홍콩이다. 중국정부는 2003년 홍콩에서 중국은행 홍콩 지점(BOC HK)을 위안화 '청산결제 은행'[22]으로 지정하면서 위안화 직거래를 시작하였다. 2007년에는 홍콩 내 위안화 실시간 결제 시스템을 구축하기도 하였다.

---

22 위안화 청산결제 은행의 기능은 ① 참여은행의 위안화 청산과 결제계좌 관리 및 처리, ② 위안화 유동성 지원, ③ 참여은행의 위안화와 해당지역 통화 및 기타 외국통화 간의 환전거래 제공, ④ 참여은행에게 위안화 현찰 운송 및 현찰 수불을 담당, ⑤ 참여은행에게 훼손된 위안화의 환전서비스 제공, ⑥ 중국의 역내 은행간 외환시장에 직접 참여하여 위안화 환전포지션 청산거래 처리, ⑦ 중국의 은행간 콜시장에 참여하여 위안화 콜거래 진행 ⑧ 중국의 역내 은행간 채권시장에 참여하여 현물 거래 및 환매조건부 채권업무 수행 등이다. 서봉교(2015a), p.54

중국 상하이 외환거래 센터(中国外汇交易中心)는 1994년 4월 중국인민은행, 국가외환관리국의 전략적인 선택으로 외환거래 시스템을 구축하면서 외환거래센터가 상하이에 본부를 두고 설립되었다. 2000년 6월 "中国货币网: http://www.china-money.com.cn" 인터넷 거래 사이트 개설하였다. 1997년 6월 은행간 채권 거래 업무 도입, 1999년 9월 전산거래 시스템 도입, 2001년 7월 전화 중개 거래를 도입, 2002년 6월 외환 선물중개 업무 도입, 2003년 6월 중국어음거래 사이트 "中国票据网" 도입, 2005년 5월 인터넷 은행간 외환 거래업무 시작, 2005년 6월 은행간 채권 선물 거래 시작, 2005년 8월 위안화 외환 선물 거래, 선물 옵션 시작 등의 역사를 가지고 있다.

인터넷 사이트에서는 이자율과 환율에 대한 일별 및 월별 데이터 및 그래프를 로그인 없이 찾아볼 수 있다. 외환거래센터의 외환거래에 대한 데이터는 시장데이터(市场数据) 항목의 외환시장 동향(外汇市场行情)에서 현물, 선물, 선물옵션 등에서 찾을 수 있다.

2014년 6월 기준으로 외환거래센터에서는 달러, 유로(EURO), 엔화, 홍콩 달러, 영국 파운드화, 말레이시아 링기트화, 러시아 루블, 오스트레일리아 달러, 캐나다 달러 9개 통화에 대해서는 실시간 외환거래가 이루어지고 있었다. 그중 7개 통화에 대해서는 외환 선물 거래, 5개 통화(달러, 유로, 엔화, 홍콩 달러, 파운드화)는 외환 선물옵션 거래까지 진행되고 있었다.

이어서 2012년 6월에는 일본과 엔화 – 위안화 직거래를 시작하였다.[23] 2012년 8월에는 대만과 위안화 직거래에 대한 양해각서를 체결하고, 중국은행 타이베이 지점(BOC Taipei)을 대만 내 위안화 청산은행으로 지정하였다. 앞서 대만은 2011

---

23 당시 일본은 엔화 – 위안화 직거래를 통해 엔화 국제화가 확대될 것이라고 기대하였지만, 결과적으로 엔화의 거래량은 오히려 2013년 이후 급감하였고, 위안화의 거래량이 증가하는 현상이 발생하였다. 이는 ① 2012년 이후 일본의 양적완화를 통한 경기부흥을 추진하는 아베노믹스 이후 엔화의 절하가 지속되어 2014년까지 엔화가 40% 가까이 절하되었기 때문에 엔화 결제 수요가 급감한 이유가 가장 크다. ② 동시에 센카쿠 열도(중국명 댜오위다오)의 영유권을 둘러싼 양국의 관계가 2012년 하반기 극도로 악화되었고, 일본 아베 내각의 과거사 인식 문제, 일본의 헌법 개정을 둘러싼 군사적 긴장관계 악화 등으로 중국내 반일 감정이 격화되었다. ③ 마지막으로 중국정부가 위안화 국제화를 적극적으로 추진하면서 일본 엔화의 국제화를 견제하였기 때문에 중국 내 엔화의 결제가 급격하게 위축되었을 가능성도 배제할 수 없다. 서봉교(2015b), pp.90~96

년 7월부터 대만 내 국제금융 업무 인가를 받은 대만계 및 외국계 은행들과 대만 은행 해외지점에 대해 위안화 비즈니스를 허용하였다.

2013년 4월에는 오스트레일리아와 위안화의 직거래를 시작하였다. 2013년 10월에는 싱가포르와 위안화 직거래를 시작하였다.

2014년 4월에는 뉴질랜드와 위안화 직거래를 시작하였다. 2014년 6월에는 영국 파운드화와 위안화 직거래를 시작하였다. 동시에 유로화와 위안화 직거래도 시작하였다. 한국과는 2014년 12월부터 원 - 위안화 직거래를 시작하였다.

2016년까지 중국은 스위스 프랑, 스웨덴 크로나, 헝가리 포린트, 덴마크 크로네, 폴란드 즈워티, 멕시코 페소, 아랍에미리트, 캐나다, 남아프리카 공화국 등과 지속적으로 위안화 직거래를 확대하였다.

이에 따라 2016년 말까지 중국과 위안화 직거래 시스템을 구축한 국가는 이미 22개에 달하고 있다.[13]

현재 "중국 외환거래 센터(中国外汇交易中心)"에서는 위안화와 직거래 시스템을

〈표 5-3〉 중국 외환거래센터 외환 거래 금액과 비중 추이   (단위: 억 위안, %)

	2016년 12월		2015년 12월		2014년 12월	
	거래금액	비중(%)	거래금액	비중(%)	거래금액	비중(%)
미국(USD)	7,398	97.5	5,061	95.8	3,470	91.0
유로(EUR)	77	1.0	58	1.1	91	2.4
일본(JPY)	43	0.6	52	1.0	47	1.2
홍콩(HKD)	23	0.3	31	0.6	76	2.0
호주(AUD)	14	0.2	10	0.2	23	0.6
영국(GBP)	8	0.1	5	0.1	32	0.8
캐나다(CAD)	8	0.1	5	0.1	0	0.0
한국(KRW)	6	0.0	-	-	-	-
싱가포르(SGD)	4	0.0	54	1.0	68	1.8
기타 통화 합	8	0.1	8	0.0	12	0.0

자료: 중국 외환거래센터 각 년도 12월 월별 거래량 기준[14]

구축한 외국 통화들의 직거래가 진행되고 있다. 중국 외환거래 센터를 통해 위안화와 직거래가 가능한 통화는 2014년 말 11개 통화에서 2015년 말 12개 통화로 증가하였고, 2016년 말에는 22개 통화로 증가하였다. 현재 중국 외환거래 센터에서 거래비중이 가장 높은 통화는 미국 달러화이다. 또한 외환거래 센터는 외환 현물거래 이외에도 소규모로 일부 통화의 외환 선물거래도 진행되고 있다.

(라) 실시간 위안화 국제결제 시스템, CIPS의 도입

중국은 2015년 10월 실시간 "위안화 국제결제 시스템(이하 CIPS)"를 출범시키면서 위안화 직거래를 제도적으로 완성해 나가고 있다. CIPS(China Inter-border Payments System: 人民幣跨境支付系統)는 위안화의 국제결제를 시장 참여자들 간의 전액 실시간 결산방식으로 진행하고 있다.

현재는 CIPS의 1단계로 베이징 기준으로 법정 근무일의 오전 9시부터 오후 6시까지 시스템이 운영되고 있다. CIPS의 도입으로 중국 국내외 위안화 국제무역 결제, 위안화 국제투자, 해외 금융기관 및 개인의 위안화 송금 결제 등이 실시간으로 진행되면서 위안화 국제화에 관련된 업무의 효율성이 높아졌다.

CIPS 참여 은행은 중국 국내의 직접 참여 금융사와 해외 간접참여 금융사로 구분되어 있다. 2015년 출범 당시에는 중국계 은행 11개와 중국 내 8개 외국계 은행이 직접 참여 금융사로 참여하였다. 동시에 해외 176개 금융사들이 CIPS 거래에

〈표 5-4〉 중국 CIPS 참여 은행 명단(2015년 기준)

구분		참여 은행
직접 참여자 (중국소재)	중국은행(11)	공상은행, 중국은행, 농업은행, 건설은행, 교통은행, 초상(招商)은행, 상하이푸동(浦東)발전은행, 민생(民生)은행, 흥업(興業)은행, 핑안(平安)은행, 화샤(華夏)은행
	외국은행(8)	HSBC, 스탠다드차타드, 싱가포르 DBS, 독일 도이체방크, 프랑스 BNP 파리바, 호주 ANZ, 홍콩 BEA
간접 참여자(해외소재)(176)		아시아, 유럽, 오세아니아, 아프리카 등

자료: 이정은(2015)[15]

간접적으로 참여하였다.

이후 CIPS 참여 금융기관은 급속하게 증가하였다. 직접 참여 은행은 2017년 2
월 기준으로 28개 은행으로 확대되었고, 해외 간접 참여 금융사는 544개로 급격히
증가하였다. 해외 간접 참여 금융사는 아시아가 391개로 가장 많고, 유럽은 78개,
아프리카 23개, 북아메리카 22개, 남아메리카 16개, 오스트레일리아 14개이다.[16]

2) 위안화 국제화 추진의 경제적 유인

2009년 이후 중국정부 주도의 위안화 무역결제로 시작된 위안화 국제화는 이후
매우 빠른 속도로 진행되었다. 당시의 위안화 국제화 진행 속도는 1980년대 일본
엔화의 국제화가 추진되던 시기의 진행 속도보다 수십 배가 빨랐다.[24]

이는 일정 부분 앞에서 언급한 중국정부의 위안화 국제화 정책이 그만큼 강력
하게 집행된 측면으로 해석할 수도 있다. 하지만 민간 부문에서도 자발적으로 위
안화 무역결제를 확대하고자 하는 경제적인 유인이 존재하지 않았다면 결코 이러
한 성과를 달성하지 못했을 것이다.

이처럼 위안화 국제화가 매우 빠른 속도로 진행되었던 경제적 요인으로는

(1) 위안화 강세의 지속과

(2) 중국내 자본조달 비용의 상승,

(3) 중국 자본시장에 대한 투자기회 확대,

(4) 위안화의 준비자산 통화 기능의 강화 등이 있었다.

이를 보다 자세히 살펴보자.

---

24 2009년부터 2013년 사이의 중국 위안화 무역결제 증가속도는 일본 엔화의 국제화 시기(1980
년~1985년) 당시의 엔화 국제결제 증가속도 에 비해 약 48배나 빠르게 증가한 것으로 나타났다.
당시 일본 엔화 무역결제는 연평균 약 8.0%가 증가하는 데 그쳤지만, 2009년에서 2013년 사이 위
안화는 연평균 385%가 증가하여 엔화보다 48배나 빠르게 증가하고 있었다. 하지만 당시 엔화 국
제화 시기의 엔화 무역결제 비중은 평균 19.6%로 2009년에서 2013년 사이 중국의 무역결제 비중
평균인 5.8%보다 3배 이상 높았다(한재진 외, 2014). 이러한 차이가 위안화 국제화 진행 속도에
서 차이를 나타낸 측면도 고려되어야 한다.

(가) 위안화 강세와 자발적 위안화 수요

특정 통화의 환율이 다른 통화에 비해 안정적이거나 완만한 절상의 가능성이 있을 때 그 통화에 대한 국제 금융시장의 수요가 증가하여 해당 통화의 국제화 가능성이 커진다.

통화가치의 안정성을 평가하는 지표로 많이 사용되는 '**실질실효환율**'을 분석해 보면 2009년부터 2015년까지 위안화의 통화가치는 다른 통화들에 비해서 매우 안정적으로 절상되어 왔다. 2010년을 기준(100)으로 2015년 9월 위안화의 실질실효환율은 130.9로 유로화(92.4)나 일본 엔화(72.6)보다 월등히 높았을 뿐만 아니라, 한국 원화(108.3)나 미국 달러화 (114.0)보다도 높았다.[17]

> **실질실효환율(real effective exchange rate)**이란 한 국가의 통화가 상대국의 통화에 비해 어느 정도의 상대적인 구매력을 가지고 있는지를 나타내는 지표로, 자국 통화의 상대적인 가치를 나타내는 중요한 지표이다. 실질환율과 실효환율을 결합하여 계산되는 것으로, 자국과 주요 교역상대국들 간의 물가상승률 차이를 반영하여 산출한 실효환율을 의미한다. **실질실효환율이 상승하였다는 것은 해당통화의 상대적인 가치가 상승하였다는 의미로 해석할 수 있다.**

보다 쉽게 설명하자면, 위안화는 2009년부터 2015년 사이에 통화가치가 다른 통화들에 비해 상대적으로 안정적으로 유지되었고, 중국내 물가 상승률도 높지 않았다. 이로 인해 당시 국제금융 시장에서는 '**위안화가 무역거래에 사용될 수 있거나 보유 또는 투자가치가 충분히 있는 통화로 인식**'되었다는 것이다. 이는 중국 정부가 위안화 국제화 정책을 추진하는 데 유리한 환경을 제공하였다.

예를 들면 2010년 대비 2014년 말 홍콩달러 대비 위안화의 명목환율은 13%가 절상되었다. 매우 간단하게 설명하자면 이 기간 홍콩에서는 홍콩달러를 보유하고 있는 것보다 위안화를 보유하고 있는 것만으로도 13%의 이익을 보았다는 의미이다.

반면 2015년 하반기 이후 달러화의 강세와 위안화의 약세로 위안화의 실질실효환율은 약세로 전환된 반면 달러화는 강세로 반전되면서 위안화 국제화 추진에 불리한 환경으로 바뀌었다. 위안화의 가치가 하락할 것으로 우려되면서 위안화를 무역거래에 사용하거나 보유하고자 하는 유인이 감소하였다는 것이다. 2015년 대비 2016년 말의 실질실효환율은 위안화가 131에서 122로 하락한 반면 미국 달러화는 114에서 119로 소폭 상승하였다.[18]

(나) 중국의 긴축정책과 역외 위안화 조달 수요

중국의 경제성장률은 다른 나라에 비해 높은 반면 자본시장이 개방되어 있지 않은 중국으로의 해외 투자자본의 유입은 상당히 제한되어 있었다. 따라서 중국의 국내 이자율은 국제금융시장의 이자율보다 상당히 높은 수준으로 유지되었다.

예를 들면 중국 국내 은행간(inter-bank) 단기자금 시장에서의 차입 이자율인 '상하이 은행간 단기차입 이자율(Shibor)'은 홍콩의 은행간 이자율(Hibor)이나 런던의 은행간 이자율(Libor)보다 수십 배 이상이 높았다.[25]

Shibor는 Shanghai interbank Offered Rate의 약자이다. 중국 용어로는 上海银行间同业拆放利率이다. Shibor 제도는 2007년 1월부터 시행되었다. 중국 내 18개 은행들 간의 무담보, 단기 차입에 의해 파생되는 이자율이다. Shibor 이자율은 2013년 6월20일 사상 최고 이자율이 13.444%에 달하기도 하였다. 하지만 점차 하락하여 2017년 6월 23일 기준으로 1주일 만기 이자율은 2.9360%이다.

특히 위안화 국제화가 본격적으로 추진되고 있었던 2010년 이후 중국은 강력한 긴축정책을 추진하였다. 1절에서 언급하였듯이 이자율과 지급준비율의 상승, 대출 축소 등으로 중국 내 유동성이 급격히 감소하면서 당시 중국 금융시장에서는 "돈가뭄(치엔황: 錢荒)"이라는 용어가 사용될 정도로 자금조달의 수요가 높았다.

이로 인해 일부 금융사들은 심각한 유동성 압박을 겪었고, 기준 이자율보다 상당히 높은 이자율을 지불하고도 자금을 확보하려는 수요도 많았다. 이로 인해

---

25 2014년 12월 10일 기준 7일 만기 단기 콜 차입금리는 Shibor가 3.4560%로 홍콩의 Hibor 0.19429%, 런던의 Libor 0.13500% 보다 월등히 높다.

2013년 상하이 은행간이자율(Shibor)이 10% 이상으로 급등하기도 하였다.

이처럼 중국내 이자율이 국제금융 시장의 이자율보다 비정상적으로 높게 형성되었던 것도 위안화 국제화 추진의 중요한 원동력이 되었다. 당시 중국 금융사들은 홍콩 등에 축적된 '역외(域外)[26] 위안화 자금을 다양한 방식으로 중국 국내로 환류(還流)하여 활용'하고자 하였다.

주목할 필요가 있었던 것은 당시 중국정부는 해외 달러 자금의 중국내 유입에 대해서는 여전히 자본통제를 하고 있었지만, 역외 위안화 자금의 중국내 유입은 상대적으로 규제를 완화하였다. 이는 위안화 국제화 정책을 적극적으로 추진하고 있던 중국정부가 해외 위안화를 활용할 수 있는 가능성에 대해 유인을 제공하여, 위안화 국제화 정책을 간접적으로 지원하였던 것으로 해석할 수도 있다.

이에 따라 당시 국제금융 시장에서는 위안화가 매우 수익성이 높은 금융상품으로 인식되었다. 위안화에 대한 국제금융 시장에서의 수요가 급격히 증가한 반면 해외 위안화 공급은 제한되었기 때문에 국제금융 시장에서 위안화의 가치가 비정상적으로 높게 형성된 것이다.

예를 들면 2013년에서 2014년 사이 한국에서는 위안화 예금이 폭발적인 인기를 얻으면서 급격히 증가하였다. 당시 중국계 은행들은 원화예금이나 달러예금보다 훨씬 높은 이자율로 '위안화 예금'을 유치하였다.

심지어 당시의 위안화 예금은 위안화에 대한 **'환헷지 비용'**을 지불하고도 달러예금이나 원화예금보다 1% 포인트 이상 높은 수익률을 달성하는 비정상적인 현상이 발생하기도 하였다. 따라서 이로 인해 한국이나 홍콩 등에서는 위안화 예금이 급격하게 증가하는 비정상적인 상황이 발생하였다. 이는 위안화 국제화 추진과정의 과도기적인 상황에서 발생한 일종의 특수한 기회였다고 이해할 수 있다.

---

26 역외(域外)라는 용어는 중국용어 리안(离岸), 영어 off-shore의 번역어이다. 중국에서는 위안화 국제화와 관계되어서 리안(离岸)이나 징와이(境外)라는 용어가 많이 사용되는데, 이는 중국의 입장에서 홍콩이 다른 나라가 아니라 '일국양제' 시스템이 적용되는 지역이라는, 중국과 홍콩 관계의 특수성이 반영된 것으로 이해할 수 있다.

환헷지(foreign exchange hedging)란 환율의 변동으로 인해 발생할 수 있는 손실을 다른 추가적인 거래로 상쇄시킴으로써 환율의 변동에 관계없이 정상적인 이익을 얻을 수 있도록 만드는 거래를 지칭한다. 1년 만기 위안화 예금 이자율과 원화 예금 이자율의 차이는 만기 이자율의 차이에 1년 이후 위안화와 원화의 환율 변동성의 차이를 더해서 구해진다. 만약 1년 이후 위안화를 지금의 환율로 고정하는 환헷지 금융상품을 구매한다면 환율 변동성에 따른 수익의 변화를 상쇄하여 미래의 수익을 확정할 수 있다. 금융시장이 정상적인 경우 일반적으로 환헷지 이후 통화의 종류에 따른 이자율의 차이는 거의 사라지게 된다.

당시 한국이나 홍콩 등에서 중국계 은행들은 '위안화 예금'으로 조성된 역외 위안화를 중국내 중소 은행에게 높은 이자율의 "특약예금(协议存款)" 형태로 다시 빌려주면서 그 금리 차이로 높은 수익을 얻은 것으로 알려져 있다. 특약예금에 대해서는 이후 보다 자세히 설명하고 있다.

〈표 5-5〉에서 보듯이 한국 내 위안화 예금은 2012년 이전까지는 거의 없었으나, 2013년 67억 달러, 2013년 194억 달러로 급증하였다. 당시 한국 내 전체 외화예금에서 위안화의 비중은 2013년 14%, 2014년 32%까지 급상승하였다.

〈표 5-5〉 **한국 내 통화별 거주자 외화예금 잔액**　　　　　　　　　　　　　　(단위: 억 달러)

	2011년	2012년	2013년	2014년	2015년	
					9월	10월
미 달러화	245.0	296.8	359.0	360.0	434.7	494.5
위안화	0.8	1.7	66.7	193.7	94.3	71.9
(비중 %)	(0.3)	(0.5)	(13.8)	(31.7)	(15.9)	(11.3)
엔화	22.2	19.5	26.0	23.7	31.3	33.0
유로화	23.1	34.0	19.5	21.2	20.9	23.2
기타통화	8.2	8.3	13.1	12.5	10.7	11.4
합계	299.3	360.3	484.3	611.1	591.9	634.0

주: 기타통화는 영국 파운드화, 호주달러화 등
자료: 한국은행 거주자외화예금 보도자료(2015년 11월)

홍콩의 경우도 위안화 예금이 2012년 603억 위안에서 2013년 861억 위안으로 증가하였고, 2014년 말에는 1조36억 위안으로 증가하였다.

하지만 2015년 이후 중국이 긴축정책에서 경기 부양정책으로 경제정책을 선회하면서 중국 내 이자율이 급격히 감소하였고 자금난이 상당히 해소되었다. 이에 따라 역외 위안화에 대한 자금조달 수요도 점차 감소하여 역외 위안화 예금의 이자율도 하락하였다. 결국 환헷지 이후 위안화 예금과 다른 통화 예금의 차이가 거의 사라지면서 글로벌 투자자들의 위안화 예금에 대한 선호도가 하락하였고, 이후 위안화 예금은 점차 감소하기 시작하였다.

(다) RQFII: 중국 자본시장에 대한 투자기회 확대

중국정부는 위안화 국제화를 위해 자본시장 개방을 추가적으로 허용하였다. 2011년 8월부터 해외에 축적된 위안화로 중국 국내 자본시장에 투자하는 "위안화적격외국인기관투자자(이하 RQFII)" 제도를 도입하였다.

> **RQFII**는 RMB-Qualified Foreign Institutional Investors의 약자이고, 중국 용어로는 人民币合格境外机构投资者이다. QFII(적격외국인기관투자자) 제도와 마찬가지로 자격을 획득한 외국인기관투자자들에게 중국 국내주식시장에 투자할 수 있도록 허용한 제도이다. 다만 간단하게 비교하자면 QFII가 해외에서 조달한 달러를 중국 국내에서 위안화로 환전하여 투자한다면 RQFII는 해외에서 조달한 위안화로 투자한다는 측면에서 차이가 있다.

중국은 자본시장이 개방되어 있지 않았기 때문에 외국인 투자자들이 중국 국내주식시장에 투자하는 것은 제한되어 있었다. 외국인도 투자할 수 있도록 허용된 일부 B주식에 투자하거나 3장에서 설명한 바와 같이 2002년 도입된 QFII 자격을 획득하여 제한된 한도 내에서만 투자가 가능하였다. 〈표 4-6〉에서 보듯이 2011년 당시 QFII의 투자 한도(쿼터)는 300억 달러에 불과하였다.

중국정부는 QFII 제도와 유사한 RQFII 제도를 도입하여 외국인 투자자들이 중국 주식시장에 투자할 수 있는 새로운 경로를 추가하였다. 다만 QFII는 해외투자자들이 달러를 중국 국내로 반입하여 위안화로 환전하여 투자하는 반면, RQFII 투자를 위해서는 역외에서 조달한 위안화로 중국 자본시장에 투자하도록 하였다. 이는 국제금융 시장에서 역외 위안화에 대한 수요를 창출하여 위안화 국제화를 촉진하는 효과가 있었다.

RQFII 쿼터는 2012년 말 2,000억 위안(약 320억 달러)에서 급격히 확대되어 2014년 말에는 7,400억 위안(약 1,200억 달러[27])으로 급증하였다. 당시 QFII 쿼터 800억 달러보다도 더 많았다. 2015년 QFII 쿼터를 1,500억 달러로 확대하면서 RQFII 쿼터도 9,700억 위안(약 1,550억 달러)으로 확대하였다. RQFII 쿼터는 2016년 6월 기준으로 1조4,600억 위안(약 2,200억 달러)으로 확대되었다.

RQFII 자격을 획득한 외국계 금융사들은 중국내 주식, 채권, 펀드 등 다양한 자본시장에 투자할 수 있었다.[28] 특히 2013년 2,000포인트 아래로 하락하였던 상하이 주가지수가 2015년 6월 5,000포인트 이상으로 상승하면서 국제금융 투자자들의 RQFII 투자에 대한 관심이 큰 폭으로 상승하였다. 이는 위안화 국제화를 촉진하는 원동력으로 작용하였다.

하지만 다음 절에서 자세히 설명하듯이 2015년 6월 이후 상하이 주가지수는 5,000포인트에서 불과 몇 개월 사이에 3,000포인트로 절반 가까이 폭락하는 상황이 발생하였다. 이로 인해 RQFII 투자에 대한 국제금융 시장의 선호도가 상당히 약화되기도 하였다.

---

27 아래 위안화 쿼터의 달러 환산 금액은 해당 연도의 원 – 달러 평균 환율로 환산한 데이터임
28 RQFII 자격을 획득한 금융사들은 중국 내 다음과 같은 다양한 금융상품과 자본시장에 투자할 수 있었다. ① 주식: 보통주, 우선주, 기타 인정되는 주식, ② 채권: 국채, 국채예비발행(国债预发行), 지방정부채권, 회사채(公司债券), 기업채(企业债券), 전환회사채, 분리교역전환회사채, 교환회사채, 중소기업사모채권, 정책성금융채, 후순위채(次级债), 기타 인정되는 채권, ③ 펀드: 교환형개방식지수펀드(ETF), 폐쇄형펀드, 개방형펀드, 머니마켓시장펀드(MMF), 기타 인정되는 펀드, ④ 워런트 증권(权证), ⑤ ABS(资产支持证券: Asset Backed Securities), ⑥ 중국증감위가 허가하는 기타 증권 금융상품, ⑦ 추가적으로 RQFII는 신주발행, 채권발행, 주식추가증자(股票增发)과 배당신청(配股的申购)에 참여할 수 있다.

(라) SDR: 준비자산 통화 기능의 강화

위안화의 국제화는 위안화가 '**준비자산 통화(reserve currency)**' 기능이 강화되면서 더욱 빠르게 진행되었다.

준비자산 통화라는 것은 대외 지급을 위해 각국이 보유하고 있는 통화를 지칭한다. 국제 결제를 위해 각국이 보유하고 있는 준비자산 통화는 ① 금이나 ② 현행 국제통화 시스템의 기축통화로 쓰이고 있는 달러나 ③ 유로화 엔화나 파운드화 등의 일부 국가의 통화가 사용된다. 나아가 ④ IMF의 인출권 및 IMF 특별 인출권(SDR)도 준비자산 통화에 포함된다.

위안화가 국제화되기 위해서는 다른 나라들이 위안화를 준비자산 통화로 축적하고 활용해야 한다. 중국정부가 초보적인 단계에서 위안화의 준비자산 통화 기능의 확대를 위해 추진한 정책은 "위안화 통화스왑(currency swap)"의 확대였다.

통화스왑이라는 것은 두 국가가 자국 통화를 상대국 통화와 맞교환하는 방식으로, 만약 외환위기가 발생하면 자국통화를 상대국에 맡기고 외국통화를 단기간 차입하여 외화 유동성을 확보하는 중앙은행 사이의 일종의 신용계약을 지칭한다. 다른 나라들이 중국과 통화스왑을 체결하였다는 것은 중국 위안화를 일종의 준비자산 통화로 확보하여 외화 유동성을 확보하겠다는 의지를 표명한 것이다.

중국정부는 글로벌 금융위기를 겪으면서 외화 유동성 부족으로 어려움을 겪고 있는 국가들과 위안화 통화스왑 계약 체결을 적극적으로 확대하였다. 중국은 2014년 말 기준으로 28개 국가와 3조 위안 이상의 통화스왑 계약을 체결하였다. 통화스왑 계약을 체결한 국가들과는 적극적으로 "위안화 직거래 시스템"도 구축하였기 때문에 위안화 통화스왑 체결이 위안화의 국제화를 촉진하는 외교적 역량으로 활용된 측면도 있다.

또한 2015년 11월 위안화의 "IMF 특별인출권(이하 SDR) 편입"은 위안화의 준비자산 통화 기능을 더욱 강화하였다. SDR이란 국제통화기금(IMF)이 국제수지 적자국의 유동성을 지원하기 위해 창출한 특별인출권(Special Drawing Rights)으로 금과

	2015년 11월 당시(%)	2016년 10월 이후(%)
달러	41.9	41.73
유로	37.4	30.93
위안화	0	10.92
엔화	9.4	8.33
파운드화	11.3	8.09

달러에 이은 세계 3대 국제통화로 지칭되기도 한다.[29]

2015년 11월 기준으로 SDR 가치를 결정하는 구성통화에는 미국달러화가 41.9%, 유로화가 37.4%, 파운드화가 11.3%, 엔화가 9.4%를 차지하고 있었다. IMF는 2015년 11월 30일 이사회를 통해 SDR에 위안화를 10.92% 편입하기로 결정하였다. 이에 따라 달러는 41.73%, 유로는 30.93%, 위안화는 10.92%, 엔화는 8.33%, 파운드화는 8.09%로 편입 비율이 조정되었다.

5년마다 조정되는 SDR 편입 비율에 위안화가 처음으로 편입되었다는 것은 준비자산 통화기능의 위안화 국제화의 위상이 매우 높아졌다는 것을 의미한다. 위안화는 명실상부 세계 3위의 국제통화로 급부상하게 된 것이다.

3) 위안화 국제화와 점진적 자본시장 개방

(가) 달러 기축통화와 자본시장 개방의 경험

이상에서 살펴본 바와 같이 중국의 위안화 국제화는 매우 빠른 속도로 진행되

---

29 SDR은 국제준비자산으로 달러와 금을 보완하여 회원국에 배정된다. SDR을 보유하고 있는 나라는 국제수지가 악화될 경우 자국보유의 SDR을 다른 IMF 회원국에 넘겨주고 필요한 유동성을 확보할 수 있다. 1997년 한국의 IMF 구제금융 대출을 이 방식으로 받았다. SDR은 1974년부터 사용되기 시작하였고, 처음에는 국제무역에서 널리 사용되는 16개 통화로 구성되었지만, 1981년부터 미국, 독일, 일본, 프랑스, 영국의 5개국 통화로 구성이 축소되었고, 유로화 출범 이후에는 달러, 유로화, 영국 파운드, 일본 엔화의 4개 통화로 구성되었다. 2016년 10월 이후에는 위안화가 편입되면서 5개 통화로 구성되었다.

었다. 하지만 향후에도 위안화 국제화가 지속적으로 추진될 수 있을 것인가에 대해서는 여전히 많은 의문이 제기되고 있다. 위안화의 국제화에 가장 큰 장애요인으로 지적되는 것은 중국이 여전히 자본시장이 개방되지 않은 국가라는 것이다.

과거 미국 달러가 기축통화로 부상하는 과정에서 해외에 축적되었던 달러는 다양한 금융상품으로 미국의 국채나 주식시장에 투자되었다. 이처럼 해외에 축적된 달러가 자유롭게 미국으로 환류(還流)될 수 있도록 자본시장이 개방되어 있는 것은 달러 국제화의 매우 중요한 기반이었다. 이에 따라 자본시장의 완전한 개방이 통화 국제화의 전제조건이라고 주장하는 경우도 있다.

하지만 중국은 여전히 해외 투자자금이 중국의 주식시장 등 자본시장에 투자하는 것을 일부 예외적인 경우(B주, QFII, RQFII, 후강통, 선강통 등)를 제외하고는 엄격하게 금지하고 있다. 중국의 자본시장이 완전히 개방되어 있지 않다는 것은 해외에 축적된 위안화 역시 자유롭게 중국 내 자본시장에 투자할 수 없다는 것을 의미한다. 그렇다면 해외에서 위안화를 보유하고자 하는 수요는 크게 증가할 수 없을 것이고 이는 위안화 국제화 추진의 걸림돌이 되는 것이다.

그렇다면 중국정부는 왜 자본시장을 완전히 개방하지 않는가? 중국정부는 자본시장이 완전히 개방될 경우 외부 충격에 의해 중국 국내경제의 안정성이 약화될 가능성이 매우 크다고 우려하고 있기 때문이다.

중국의 금융시스템은 여전히 미국 등 선진국에 비해 낙후되어 있다. 또한 경제시스템 역시 아직은 완전히 시장경제 시스템으로 운영되는 것이 아니라 여전히 정부의 통제가 존재하고 있는 상황이다. 지난 수십 년 동안 계획경제 시스템에서 시장경제 시스템으로의 전환을 추진했음에도 불구하고, 이자율이나 환율 등 경제의 가장 기본적인 금융변수들의 가격이 시장의 실제 수요와 공급을 충분히 반영하지 못하고 일부 왜곡되어 있는 경우도 있다.

이런 상황에서 전면적인 자본시장 개방을 통해서 얻게 되는 이익보다는 전면적인 자본시장 개방을 통해서 발생하는 리스크가 더 크다고 판단하고 있을 것이다. 중국 금융시스템이 충분히 성숙되기 이전에 전면적으로 자본시장을 개방했을 경우 투기성 해외자금의 대규모 유출입으로 중국 거시경제 전반의 안정성을 위협하고, 시스템 리스크로 이어질 가능성을 배제할 수 없다고 판단하고 있을 것이다.

이에 따라 중국정부는 중국의 경제 시스템과 금융시스템이 충분히 성숙되어 시장경제 시스템이 원활하게 작동하여 자본시장 개방에 따른 외부충격에 대응할 수 있는 역량을 갖추는 측면에 중점을 두고 있다. 따라서 무리하게 전면적인 자본시장 개방을 추진하기 보다는 점진적이고 단계적인 자본시장 개방을 추진하고 있다.

그렇다면 지금까지 중국정부는 자본시장을 전면적으로 개방하지 않으면서도 어떻게 위안화 국제화를 추진하였을까? 중국정부의 위안화 국제화 정책은

① 자본시장의 개방은 점진적이고 단계적으로 추진하면서,

② 위안화 역외 금융허브를 활용하여 위안화 국제화를 추진하는 것이었다.

③ 나아가 '일대일로(一帶一路)'와 같은 중국자본의 해외투자도 위안화 국제화를 촉진하는 기회로 활용하였다.

이에 대해 보다 자세히 살펴보자.

(나) 홍콩 위안화 역외허브를 활용한 점진적 자본시장 개방

앞에서 언급한 과거 달러 국제화의 성공과 같이 해외 부문에 위안화가 축적되고 이러한 위안화가 다양한 금융상품으로 중국 국내 자본시장에 투자되는 선(善)순환 구조가 형성된다면 위안화 국제화는 매우 성공적으로 진행될 수 있을 것이다. 이러한 선순환 구조가 완성된다면 더 많은 위안화가 해외부문에 축적될 수 있을 것이고, 더 많은 위안화가 해외에서 유입되어 중국의 주식시장에 투자될 수 있을 것이다. 그렇다면 중국의 주식시장도 과거 미국 주식시장과 같은 장기적인 대세상승을 이룰 수도 있을 것이다.

하지만 미국과 달리 중국은 자본시장이 완전히 개방된 국가가 아니기 때문에 해외 부문에 축적된 위안화가 중국 국내경제에 미치는 영향을 예측하기 쉽지 않았다. 해외에 위안화가 늘어난다는 것은 해외 투기자본들의 핫머니가 중국 금융시장을 교란할 가능성이 더욱 커진다는 것을 의미한다. 해외의 위안화가 중국 국내

로 유입되는 상황은 달러의 유입보다 중국 금융당국이 파악하고 대응책을 마련하기가 더욱 어려운 것도 사실이다.

중국 정부가 초기에 위안화 국제화를 추진하는 과정에서 홍콩을 중심으로 제한적이고 점진적으로 위안화 국제화를 추진했던 것도 중국 국내 금융시장에 미치는 영향을 최소화하고 만약의 상황에도 중국정부의 영향력을 행사하여 상황을 통제할 수 있었기 때문으로 판단된다. 홍콩을 "위안화 역외 금융허브(RMB offshore financial Hub)"로 활용하는 것이다.

'위안화 역외 금융허브'란 중국 이외 지역에 형성된 위안화 금융 중심지로 해당 국가뿐만 아니라 주변 국가들의 역외 위안화 및 위안화 표시 금융상품의 거래가 집중되어 이루어지는 위안화 관련 금융서비스의 중심지역을 지칭한다.

통상적으로 역외 금융시장과 역내 금융시장을 구분하는 이유는 해당 통화나 자본이동의 규제와 밀접한 관련이 있다. 과거 미국에서도 1960년대 달러 자본의 해외이동에 대한 규제가 있었을 때, 역외 달러 금융시장 및 런던 역외금융허브가 발전하기도 하였다.[30]

중국 역시 위안화 국제화를 추진하면서 홍콩을 중심으로 하는 위안화 역외금융시장과 중국내 역내 금융시장에 일종의 방화벽(firewall)을 설치하여 위안화 국제화 추진이 중국내 금융시장에 미치는 영향을 통제하고자 하였다.

동시에 위안화 역외 금융허브는 외부 리스크가 중국 국내로 직접적으로 전달되는 과정에서 완충역할을 담당하였다. 예를 들면 2014년 이전 위안화 절상을 기대하는 단기 투기성 핫머니가 중국 국내가 아니라 홍콩의 역외 위안화 금융상품에 투자하면서 중국 국내 금융시장에 대한 외부 영향력이 최소화된 측면도 있다.[19]

---

30 1950년대 런던의 국제금융센터에서 달러 표시 외화예금이 급성장하기 시작하였다. 이는 1950년대 이후의 냉전구도, 1960년대 미국의 이자율상한 규제 및 대외 자산 유출 규제, 1970년대 오일 쇼크 등이 중요한 이유가 되었다. 유럽 특히 동구권 국가는 국제거래에서 획득한 달러를 영국에 예금하였고, 유럽의 민간부문에서는 자국 통화의 규제를 피해 달러수요가 확대되었다. 1960년대 미국내 금융산업에 대한 규제 강화는 오히려 역외 달러 시장을 확대하는 역효과를 낳기도 하였다. 한민수, 서봉교 외(2015), p.113

향후 중국정부는 위안화 역외 금융시장의 상황을 보면서 위안화 국제화나 중국 자본시장 개방에 대한 정책방향을 조정해 나갈 수 있을 것이다.

한편 홍콩은 위안화 역외 금융허브의 선발자로 위안화 유동성 규모가 가장 크다. 홍콩은 앞에서 언급한 위안화 무역결제 규모가 가장 크고 이렇게 홍콩에 축적된 위안화로 다양한 위안화 관련 금융상품이 발달하였다. 현재 홍콩의 위안화 역외금융센터에서는 ① 위안화 예금, ② RQFII 이외에도 ③ 위안화 역외채권을 비롯한 다양한 위안화 관련 금융상품이 발전하고 있다.

예를 들면 RQFII의 경우 홍콩의 국가 투자한도가 2,700억 위안으로 가장 많았는데, 2017년 7월 5,000억 위안으로 확대되었다. 더구나 2017년 이전 홍콩에 배정된 국가 투자한도 2,700억 위안은 2014년 이전에 이미 개별 금융사들에게 모두 배당되어 쿼터가 완전히 소진되었다. 또한 "난팡동잉(南方東英)자산운용사" 같은 일부 홍콩 금융사들은 RQFII 투자 분야에서 크게 두각을 나타내고 있었다.[31] 반면 최근 국가 투자한도를 배당 받은 미국(2,500억 위안) 등의 국가들은 개별 금융사들이 아직 중국 증권감독관리위원회(CSRC)에서 RQFII 쿼터를 일부밖에 확보하지 못한 상황이다.

홍콩은 위안화 역외채권 발행도 가장 많다. 위안화 역외채권(离岸人民币债券)이란 중국 이외 지역에서 위안화로 표시되어 발행되는 채권을 의미한다. 홍콩에서 발행되는 위안화 역외채권은 흔히 "딤섬본드(Dim sum Bond)"라고 한다.

홍콩에서 발행된 위안화 역외채권의 잔액은 2011년 1,467억 위안이었으나 2014년 3,805억 위안으로 2배 이상 급격히 증가하였다. 하지만 2015년에는 3,680억 위안으로 소폭 감소하였다.

---

31 예를 들면 난팡동잉자산운용사(南方東英) 2014년 말 기준으로 개별금융사로는 가장 많은 RQFII 쿼터(461억 위안)를 획득하였다. 난팡동잉은 중국 최대 자산운용사인 난팡증권과 홍콩의 동잉금융투자회사가 2008년 공동으로 홍콩에 설립한 자산운용사이다. 2011년 RQFII 제도가 도입된 직후 가장 먼저 펀드 모집을 완료하였고, 홍콩 동잉금융사의 기존 영업 기반과 중국 난팡증권의 중국내 자산운용 역량이 결합되어 시너지 효과를 발휘하였다. 이로 인해 초창기부터 높은 수익률을 달성하여 RQFII 분야에서 두각을 나타내었기 때문에 중국 금융당국이 수차례 추가적으로 쿼터를 확대해 주었다. 서봉교 외(2015b), pp.106~110

딤섬본드(Dimsum Bond : 点心債券)는 홍콩에서 발행되는 위안화 역외채권을 지칭한다. 반면 **판다 본드(Panda Bond : 熊猫債券)**는 외국기업이 중국에서 발행하는 위안화 채권을 지칭한다. 한편 대만에서 발행되는 위안화 역외채권(포모사 본드 중 위안화 표시), 싱가포르(라이온시티 본드 중 위안화 표시)에서 발행되는 위안화 역외채권도 빠르게 증가하고 있다. 최근에는 한국(김치 본드 중 위안화 표시), 영국, 프랑크푸르트 등에서도 위안화 표시 역외채권 발행이 증가하고 있다.

(다) 위안화 역외허브 육성정책과 '후강통' 제도 도입

홍콩의 다양한 위안화 금융상품은 지난 수년간 글로벌 금융시장에서 상당히 매력적인 투자금융상품으로 인식되었다. 앞에서 언급한 바와 같이 당시 글로벌 투자자들은 위안화의 평가절상 가능성이 높다고 인식하였을 뿐만 아니라, 중국정부가 위안화 국제화를 적극적으로 추진하고 있기 때문에 다양한 특혜를 제공할 것이라고 확신했기 때문이다.

예를 들면 2010년부터 2014년 사이에 많은 중국기업들이 홍콩에서 위안화 역외채권, 일명 딤섬 본드를 발행하여 자금을 조달하였다. 이는 당시 중국에서는 강력한 긴축정책을 추진하고 있었기 때문에 중국내 자금조달이 매우 어려웠던 반면 역외 위안화의 중국내 환류에 대한 규제를 일정부분 완화하였기 때문이다.

당시 중국기업들이 홍콩에서 발행했던 위안화 역외채권은 글로벌 투자자들에게 매우 인기가 높았다. 이는 이들 위안화 채권의 수익률은 높은 반면 신용도가 실제보다 저평가 되어 있어 실제 리스크는 낮은 경우가 많았기 때문이다. 이는 중국기업들이 기존에 역외채권 발행 실적이 없었기 때문에 신용도가 낮게 평가된 것이다.[20]

하지만 더 주목해야 할 필요가 있었던 것은 당시 홍콩의 글로벌 투자자들은 위안화 역외채권이 '파산 가능성이 거의 없는 매우 안전한 금융투자 상품'이라고 인식했다는 측면이다. 중국의 금융시장과 중국정부의 정책에 대한 이해도가 높았던 홍콩의 투자자들은 중국정부가 위안화 국제화를 적극적으로 추진하고 있었기 때문에 위안화 역외채권을 발행한 기업들이 파산하도록 방치하지 않을 것이라고 확신했기 때문이다. 홍콩의 글로벌 금융투자자들은 중국정부의 정책변화를 예의 주시하면서 위안화 역외채권에 대한 투자를 지속하였다.

위안화 역외 금융허브 육성을 위한 중국정부의 정책적인 배려는 2014년 11월 도입된 "후강통(沪港通)" 제도에서도 나타났다. 후강통 제도는 홍콩 주식시장을 통해 중국 상하이 A주 시장에 직접 투자할 수 있도록 허용한 후구통(沪股通)과 중국 내 투자자들이 홍콩 주식시장에 직접 투자하도록 허용한 강구통(港股通) 제도를 통칭하는 용어이다. 즉 상하이(沪)와 홍콩(港) 주식시장 사이에 직접매매를 허용하는 것이다.

후강통 제도를 도입했다는 것은 중국 주식시장에 대한 외국인 개인투자를 허용했다는 의미가 있다. 기존 중국 주식시장에 대한 외국인 투자 허용은 B주, QFII, RQFII 등으로 제한되어 있었는데, 추가적인 외국인 투자가 허용되었다는 것은 자본시장 개방이 한 단계 진전되었다는 것을 의미한다. 특히 기존 QFII나 RQFII 등은 자격을 획득한 금융사를 통해 간접적으로 중국 주식시장에 투자해야 했지만, 후강통 제도는 개인투자자도 홍콩 증권사를 통해 개별적으로 중국 주식시장에 투자할 수 있도록 허용되었다는 데 중요한 의의가 있다.

또한 이처럼 중국 주식시장에 대한 직접투자 통로를 홍콩에게만 부여하였다는 것은 다른 지역과 다른[32] 위안화 역외 금융허브로서의 강점을 중국정부가 정책적으로 제공하고 있다는 것으로 해석할 수 있다. 나아가 중국정부는 2016년 12월 홍콩 주식시장과 중국 선전 주식시장의 상호 직접투자까지 허용하는 "선강통(深港通)" 제도까지 도입하였다.

---

32 위안화 국제화가 빠른 속도로 진행되면서 홍콩 이외 지역에서도 위안화 역외허브로 육성하기 위한 전략을 추진하였다. 싱가포르의 경우 '일대일로' 관련 위안화 채권이나 위안화 상품선물 거래의 중심지로서의 장점을 강조하였다. 대만은 중국과의 무역에서 가장 많은 무역흑자를 기록하고 있기 때문에 위안화 유동성 확보에 유리한 위치를 점하고 있었다. 영국은 기존 국제금융센터의 발전된 금융 인프라, 홍콩과의 충분한 지리적 시간차, 유럽 위안화 허브의 중심지임을 강조하고 있었다. 한민수, 서봉교 외(2015), p.137

다만 중국 정부는 후강통이나 선강통 제도의 도입에도 불구하고 최대 투자한도, 일일 거래량 한도, 투자 종목에 대한 제한 등의 규제[33]를 여전히 적용하고 있다. 이는 자본시장 개방이 중국 금융시장에 미치는 충격을 최소화하면서 장기적으로 자본시장 개방에 대비하여 중국 금융시장의 경쟁력을 강화해 나가고자 하는 중국정부의 정책이 여전히 유효하다는 의미로 해석된다.

(라) 중국 자본의 해외투자 확대와 위안화 국제화

이상에서 살펴본 바와 같이 중국정부는 정책적으로 위안화 국제화를 추진하고 있다. 하지만 2015년 이후 미국 양적완화 정책의 종료 이후 달러의 강세와 위안화의 상대적인 약세가 지속되면서 위안화 국제화의 추진 속도는 다소 둔화된 것은 사실이다.

그렇다면 위안화 국제화 추진에 대한 중국정부의 정책적인 의지는 약화된 것인가? 분명 2010년 당시 위안화 국제화를 강력하게 추진하고자 했던 이유인 달러화 약세나 위안화 평가절상의 압력이 약화되었다. 하지만 지난 수년간의 위안화 국제화 추진을 통해 중국은 달러 기축통화 기반의 국제금융시스템에 대한 의존도를 낮추고 장기적으로 중국에게 유리한 새로운 국제통화 시스템을 구축하고자 하는 정책적 목표를 더욱 명확히 하고 있다.

향후 중국의 위안화 국제화 추진과 관련해서 주목할 필요가 있는 것은 중국의 해외투자가 매우 빠른 속도로 확대되고 있다는 측면이다. 앞에서 살펴본 바와 같이 이미 중국으로 유입되는 외국인투자(FDI)보다 중국의 해외투자(ODI)가 더 많아졌다. 중국 기업이 해외로 많이 진출하면서 중국 기업의 해외지점과 중국 본사와의 경제적 거래관계에서 위안화 거래비중은 점차적으로 확대될 것이다.

또한 중국은 글로벌 채무국에서 채권국으로 변화되고 있다. '일대일로(一帶一路)'로 대표되는 중국의 주변국에 대한 사회간접자본투자도 확대되고 있다. 중국

---

33 홍콩 투자자들의 중국 상하이 주식 투자한도는 최대 3,000억 위안으로 제한되었다. 일일 투자한도는 130억 위안으로 제한되었다. 또한 투자 대상 종목도 상하이 180지수 및 상하이 380 지수에 포함된 주식과 상하이와 홍콩에 동시 상장된 주식 266개로 총 570개로 제한되었다.

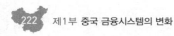

금융사들의 해외 채권 수요도 확대되고 있다. 이러한 중국의 해외투자 중 일부가 달러에서 위안화로 대체되는 것도 위안화 국제화를 확대할 수 있는 동력이 될 것이다.

　이러한 문제는 다음의 2부에서 보다 더 자세히 설명하고자 한다.

4. 중국 금융의 국제화와 경쟁력 강화

1) 중국 은행업의 국제화

(가) 은행 해외진출 현황

2008년 글로벌 금융위기 이후 중국 금융업에서 나타난 중요한 특징 중에서 중국 금융사들의 해외진출 확대가 가장 두드러진다. 많은 중국 금융사들이 해외에 진출하면서 지점이나 법인과 같은 영업기반을 적극적으로 확대하였다. 때로는 해외 금융사들에 대한 적극적인 M&A를 통해 경영권을 인수하기도 하였다.

중국 금융사들의 해외직접투자(ODI) 증가 속도는 매우 놀랍다. 2007년 중국 금융사들의 해외직접투자 누적금액은 167억 달러였는데, 2010년에는 552억 달러로 증가하였고, 2016년에는 2,000억 달러에 달했다.

이는 10년도 되지 않는 짧은 기간에 중국 금융사의 해외 영업기반이 10배 이상 증가하였다는 것을 의미한다. 중국 금융사들의 해외직접투자 누적금액은 이 기간

[그림 5-8] 중국 금융사의 FDI와 ODI　　　　　　　　　　(단위: 억 달러)

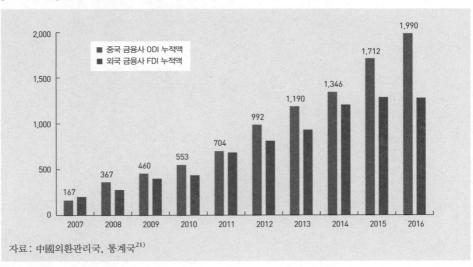

자료: 中國외환관리국, 통계국[21]

동안 매년 평균 32%의 증가율을 기록하였다.

이는 중국에 대한 외국계 금융사의 직접투자(FDI)가 최근 둔화되고 있는 것과 극명하게 대비되는 현상이다. 글로벌 금융위기 이후 중국 금융업의 FDI 누적금액은 중국 금융사의 ODI 누적금액에 역전되었다. 더구나 2015년 말 1,285억 달러에서 2016년에는 1,277억 달러로 오히려 감소하고 있다. 2001년 중국의 WTO 가입 이후 글로벌 금융사들의 중국 금융시장에 대한 진출이 급속히 증가했었다. 하지만 최근에는 반대로 중국내 외국계 금융사들의 진출이 상당히 둔화되고 있을 뿐만 아니라 일부 외국계 금융사들은 중국 사업을 철수하고 있다는 것이다.

2015년 말 기준으로 20여 개의 중국 금융사들이 해외 59개 국가에 1,300여 개의 지점이나 법인을 보유하고 있다. 이러한 중국 금융사들의 해외진출은 대부분 은행업이 주도하고 있다.[22]

전체 중국 은행의 해외 지점이나 법인의 수는 2014년 말 기준으로 1,200여 개 달한다고 집계되었다. 그중 공상은행, 중국은행, 건설은행, 교통은행 4개 은행의 합계가 1,063개에 달해 그 대부분을 차지하고 있다.[23]

중국 은행들의 해외자산 규모는 글로벌 금융위기 이후 매우 빠른 속도로 증가하였다. 2007년 말 중국 은행들의 해외자산 규모는 2,674억 달러 수준이었는데, 2015년 말에는 해외자산 규모가 1조6,000억 달러(약 1,820조원)로 8년 사이에 6배 이상 증가하였다. 이 기간 동안의 해외자산 증가율은 연평균 25%에 달했다.

이는 중국 은행들의 중국 내 자산 증가율을 훨씬 상회하는 수치이다. 2007년 말

〈표 5-7〉 중국 주요 은행의 해외 지점 및 법인 현황 (단위: 개)

	2005	2007	2009	2011	2012	2013	2014
工商은행	106	112	162	239	383	329	338
中國은행	627	689	973	586	613	620	628
建設은행	7	26	60	71	76	82	84
交通은행	5	8	9	11	12	12	13

자료: 中国银行业国际化发展报告(2015)

중국 은행들의 전체 자산규모는 53조 위안이었는데, 2015년 말에는 199조 위안으로 증가하였다. 이 기간 동안의 중국 은행 자산 증가율은 연평균 18%였다.

중국 은행들의 해외자산이 전체 은행자산에서 차지하는 비중은 2015년 기준으로 5%에 달하고 있다. 공상은행이나 중국은행 등은 향후 경영목표로 해외진출을 더욱 확대할 것이라고 강조하고 있다.

(나) 중국 은행 해외진출 확대의 원동력

이처럼 중국 은행들의 해외진출이 확대된 원인은 여러 측면에서 설명할 수 있다.

첫 번째는 중국 기업들의 해외진출 확대가 매우 중요한 원인이었다. 앞에서 언급하였듯이 2000년대 중반 이후 중국정부는 과도하게 축적된 외환보유고를 적극적으로 활용하는 방안의 하나로 중국 기업들의 해외진출을 유도하는 정책(조우추취)을 추진하였다. 이에 따라 은행들 특히 대형 상업은행들의 중요한 역할 중의 하나가 중국 기업들의 해외진출 확대에 따른 다양한 금융서비스를 제공하는 것이 되었다.

이것은 중국 은행들의 해외진출 동기가 선진국의 글로벌 은행들의 해외진출 동기와는 다소 차이가 나는 측면이다. 선진국의 글로벌 은행들은 주로 해외진출 대상국들의 잠재적인 신규고객을 확보하기 위해 국제화를 추구하였고, 이에 따라 금융업이 상대적으로 약한 신흥공업국가에 대한 진출을 강조하였다. 반면 중국 은행들은 중국 기업들이 주로 진출하는 ① 홍콩 지역을 중심으로, 중국 기업들의 해외 금융수요를 충족하는 ② 기업금융을 중심으로 해외진출이 진행되었다.[34] 이

---

34 중국 은행들의 국제화는 홍콩과 아시아 지역을 중심으로 추진되어 왔다. 이는 해외진출을 추진하는 중국 은행들의 주된 목적이 해외진출 기업에 대한 금융서비스 제공에 맞추어져 있었기 때문이다. 중국 기업들의 해외진출이 가장 활발한 지역은 홍콩이다. 중국은행의 경우 전체 해외자산의 70% 이상이 홍콩지역에 집중되어 있고, 공상은행의 경우도 60% 이상이 홍콩 지역에 집중되어 있다. 또한 아프리카 등 중국 기업들이 자원이나 에너지를 확보하기 위해 전략적으로 진출하는 지역에 대해서도 중국 은행들의 해외진출이 활발하다. 공상은행은 남아프리카 Standard Chartered 은행을 인수하는 등 이 지역에 대한 진출을 확대하여 중국 기업의 해외진출을 지원하고 있다. 또한 해외 부문의 기업대출 증가율이 개인대출 증가율을 상회하고 있다. 서봉교(2014), p.221~225

는 중국 은행들의 국제화 역량이 글로벌 은행들에 비해 부족하고, 아직은 해외진출 초기단계라는 것을 의미한다.

두 번째로 위안화 국제화가 중국 은행들의 해외진출에 중요한 원동력이 되고 있다. 앞에서 설명한 바와 같이 위안화 국제화가 중국정부의 중요한 정책목표로 추진되면서 위안화 무역결제나 위안화 채권발행, RQFII, 위안화 역외 대출 등의 역외 위안화 업무가 증가하고 있다.

예를 들면 중국 은행들의 해외법인이 해당국가의 역외 위안화 청산은행의 역할을 수행하거나, 해당국가의 금융사들과 위안화 채권이나 RQFII의 업무처리를 지원하는 수탁(受託)은행의 역할을 수행하는 것이다. 이러한 위안화 국제화를 추진하기 위해서 중국계 은행의 해외진출이 확대되고 있다.

중국은 자본시장이 완전하게 개방되지 않았기 때문에 이러한 위안화 국제화는 중국 은행들의 해외법인에게 유리한 사업기회가 제공되기도 한다. 앞에서 설명한 바와 같이 ① 역외 위안화예금을 조달하여 중국내 금융사에게 높은 이자율로 예치하거나, ② 중국기업의 해외 채권발행 과정에서 중국내 본사와 해당 기업과의 기존 거래관계를 활용할 수 있었기 때문이다.

동시에 중국정부는 중국 은행들의 해외진출이 위안화 국제화에 기여할 수 있을 것으로 기대하기도 한다. ③ 중국 은행들의 해외법인이 경쟁력 있는 위안화 관련 금융상품을 제공하는 것도 국제금융시장에서 위안화의 수요를 확대하여 위안화 국제화를 촉진할 수 있기 때문이다.

과거 달러가 기축통화로 전 세계에서 달러 결제 및 달러 관련 금융상품에 대한 수요가 확대되는 과정과 Citi 은행 등의 해외진출이 비약적으로 증가하였던 과정이 밀접한 관계가 있었다는 것은 향후 중국 은행들의 국제화와 위안화 국제화에 많은 시사점을 제공할 수 있을 것이다.

세 번째로 중국정부가 최근 정책적으로 중점을 두고 있는 '일대일로'도 중국 은행들의 국제화에 중요한 원동력이 되고 있다. '일대일로' 관련 다양한 사회간접자본 프로젝트에 중국의 자본과 기업이 참여하는 과정에서 중국 은행들의 역할이 확대되고 있기 때문이다. 이는 최근 중국 은행들이 '일대일로' 프로젝트가 활발하게 추진되는 지역에 대한 진출을 중요하게 생각하여 연도보고 등에서 중점적으로 언급하고 있다는 측면에서 간접적으로 확인할 수 있다.

'일대일로'와 중국 금융업의 기회에 대한 설명은 2부에서 보다 자세히 언급하고자 한다.

2) 중국 은행별 국제화 전략의 사례와 특징

(가) 글로벌 은행을 목표로 하는 공상은행

공상은행은 중국 최대 은행이면서 지난 수년간 해외진출을 가장 적극적으로 추진하고 있는 은행이다. 2010년 당시 전 세계 28개 국가에 203개 해외 지점 및 법인이 있었는데, 2016년 전 세계 42개 국가에 412개 해외 지점 및 법인으로 비약적으로 발전하였다. 공상은행은 현재 7개 국가의 위안화 청산은행으로 본사와 해외 법인을 연결하는 24시간 위안화 청산결제 시스템도 구축하였다.

공상은행의 해외자산은 2010년 757억 달러에서 2016년 말에는 3,065억 달러로 4배 가까이 비약적으로 증가하였다. 공상은행의 전체 자산에서 차지하는 비중도 같은 기간 3.66%에서 8.8%로 2배 이상 증가하였다.

〈표 5-8〉 공상은행의 해외 매출과 해외 자산 비중 추이

	2007	2009	2010	2011	2012	2015	2016	연평균 증가율
매출액(억 위안)	2,556	3,095	3,808	4,752	5,369	6,976	6,759	11.4
해외매출액(억 위안)	62	108	134	166	231	666	854	33.8
해외매출액 비중(%)	2.4	3.5	3.5	3.5	4.3	9.5	12.6	
총자산(조 위안)	8.7	11.8	13.5	15.5	17.5	22.2	23.3	11.6
해외 자산(억 달러)	267	522	757	1,247	1,627	2,798	3,065	31.2
해외자산 비중(%)	2.4	2.8	3.7	5.1	5.8	7.8	8.8	

자료 : 공상은행 연도보고

2007년부터 2016년 사이 공상은행 그룹 전체의 매출액과 총자산의 연평균 증가율은 각각 11.4%와 11.6%인 반면 해외 매출액과 해외 자산의 연평균 증가율은 각각 33.8%와 31.2%로 3배 가까이 높다. 이는 지난 수년간 공상은행의 국제화가 매우 빠른 속도로 진행되었음을 보여준다.

공상은행은 해외진출 과정에서 2012년 스탠더드차타드(Standard-Chartered) 은행의 남아프리카 법인을 인수하는 적극적인 M&A 전략을 추진하였다. 이 법인은 중국 기업들의 아프리카 지역 진출의 전략적인 기반이 되고 있다. 또한 태국ACL은행을 인수하여 공상은행 태국법인으로, BEA(Bank of EastAsia : 東亞銀行)의 미국법인을 인수하여 공상은행 미국법인으로 전환하였다. 이러한 적극적인 해외 M&A 전략은 공상은행의 해외 영업기반과 국제 경쟁력을 비약적으로 향상시키는 계기를 제공하였다.

또한 공상은행은 중국 기업들의 해외 진출에 필요한 자금조달 컨소시엄 참여, 프로젝트 파이낸싱 등의 전략적 동반자로 적극적으로 참여하고 있다.[35]

(나) 국제금융 전문은행인 중국은행

중국은행(BOC)은 1979년 인민은행에서 분리될 당시부터 외환과 수출입 등 국제거래 부문에 특화된 역할을 담당해왔다. 따라서 중국 은행들 중에서 가장 먼저 해외진출이 진행되었으며, 해외업무 비중이 가장 높았다.

2016년 기준으로 중국은행의 자산 중에서 해외자산의 비중은 30%에 근접하고 있으며, 해외매출액 비중도 25%로 높은 상황이다. 2007년부터 2016년까지 중국은행의 해외매출액은 2배 이상 증가하였고, 같은 기간 해외 자산은 3배 이상 증가하였다.

---

35 공상은행은 해외 진출 중국기업에 대한 지원업무를 위한 자금대출 기능을 강화하고 있다. 예를 들면 중국기업의 영국 사회기간시설(SOC) 공사 수주를 위한 컨소시엄 업무 협조 시스템을 구축하였다. 또한 중국해양석유가 캐나다의 니커린회사를 M&A하는 데 필요한 자금을 제공하는 데 참여하였다. 2012년 말 해외 중국기업의 진출과 관련된 70개 프로젝트에 152억 달러를 대출하였다. 서봉교 외(2014), p.204

〈표 5-9〉 중국은행의 해외 매출과 해외 자산 비중 추이

	2007	2009	2010	2011	2012	2015	2016	연평균 증가율
매출액(억 위안)	1,801	2,322	2,768	3,282	3,661	4,743	4,836	11.6
해외매출액(억 위안)	500	502	558	598	635	931	1,209	10.3
해외매출액 비중(%)	27	22	20	18	17	20	25	
총자산(조 위안)	6.0	8.7	10.5	11.8	12.7	16.8	18.1	13.1
해외 자산(억 달러)	1.4	1.7	2.2	2.8	3.1	4.8	5.1	15.4
해외자산 비중(%)	23	20	21	24	24	29	28	

자료: 중국은행 연도보고

중국은행은 전 세계 50여 개 국가에 600여 개의 해외법인과 지점을 보유한 글로벌 네크워크를 구축하고 있다. 이러한 국제화 역량은 위안화 국제화에 적극적으로 활용되고 있다. 중국은행은 현재 23개 국가의 위안화 청산은행이다.

특히 중국은행은 세계 최대의 역외 위안화 허브인 홍콩의 위안화 청산은행으로 2003년 선정되었다. 이후 위안화 무역결제뿐만 아니라 위안화 개인예금, 위안화-홍콩달러 양국통화 신용카드, 역외 자산관리 상품 등 다양한 위안화 관련 금융서비스와 금융상품들을 개발하였다. 2007년부터 홍콩내 위안화 실시간 총액결제시스템, 위안화 채권발행, 역외 위안화 무역대출 등의 외환관련 업무를 선도하였다. 중국은행은 실시간 위안화 국제결제 시스템(CIPS)의 거래 부문에서 가장 큰 비중을 차지하고 있다.

중국은행은 QDII, RQFII, 후강통, 선강통 등 중국 금융산업의 국제화와 관련된 다양한 금융상품의 개발과 운영에서 가장 선도적인 역할을 담당하고 있다. 이 외에도 중국은행은 중국기업들의 해외진출과 관련된 투자은행 업무나 '일대일로'와 관련된 글로벌 투자컨소시엄 등에도 적극적으로 참여하고 있다.

(다) 해외 장기 건설프로젝트 증가와 건설은행

건설은행은 1979년 인민은행에서 분리될 당시 기업의 장기 투자자금 조달과 장

기 건설프로젝트 부문에 특화된 은행으로 출발하였다. 이후 중국 금융부문이 점차적으로 시장경제 시스템으로 전환되면서 건설은행도 개인 소비자금융 등 일반 상업은행의 역할이 강화되어 왔지만, 여전히 본질적인 부문에서 건설은행은 기업 금융과 장기 건설프로젝트와 밀접하게 연관되어 있다.[36]

건설은행 역시 해외진출이 활발하게 추진되고 있다. 2016년 기준으로 건설은행은 세계 29개 국가에 진출하였고, 해외 법인과 지점이 250개에 달한다. 건설은행의 해외자산은 2016년 기준으로 1조3,800억 위안에 달한다. 이는 전체 건설은행 자산의 6.5%에 해당하는 비중이다. 이는 건설은행의 해외자산이 2010년 2,728억 위안, 2012년 5,186억 위안이었던 것에 비해서 매우 빠르게 증가하고 있음을 알 수 있다. 전체 건설은행의 자산 중에서 해외자산의 비중은 2010년 2.5%에서 2012년 3.7%, 2016년 6.5%로 증가하고 있다.

건설은행의 해외진출과 관련해서 주목할 필요가 있는 것은 중국기업들의 해외 투자와 관련된 해외 장기 건설프로젝트 부문이다. 특히 2부에서 자세히 언급하고자 하는 '일대일로'와 관련된 해외진출이 매우 활발한 상황이다.

또한 이러한 해외 장기 건설프로젝트와 위안화 국제화를 연계하는 업무도 활발하게 진행되고 있다. 건설은행은 2014년 런던의 위안화 청산은행으로 지정되었다.

(라) 교통은행과 HSBC의 협력을 통한 해외진출 사례

교통은행은 중국의 5대 대형 상업은행으로 분류되고 있지만, 기존에 전업은행에서 전환된 4대은행(공상은행, 중국은행, 건설은행, 농업은행)과는 상당히 다른 특징이 있다. 또한 상업은행 업무 이외에도 증권, 신탁, 리스, 자산관리, 보험 등 다양한 업무영역을 갖춘 종합은행이다.

교통은행 역시 해외 진출이 활발하게 추진되고 있다. 2016년 기준으로 교통은

---

36 2016년 기준으로 건설은행의 자산에서는 고객대출 자산 비중이 55%인 반면 장기투자자산이 24%로 다소 높은 수준이다. 또한 건설은행의 고객대출 자산 구성에서는 기업관련 장기 대출 평균잔액이 3조6,627억 위안으로 전체 고객 대출에서 33%를 차지하고 있다. 이는 기업관련 단기대출 비중인 20%보다 높고 개인 대출 비중인 35%와 비슷한 높은 수준이다.

행의 해외자산은 8,559억 위안으로 전체 교통은행의 자산에서 차지하는 비중이 10.2%에 달한다. 이는 2012년 교통은행의 해외자산이 전체 교통은행의 자산에서 차지하는 비중이 7.7%였던 것에 비해 해외자산이 매우 빠르게 증가하고 있다는 것을 보여준다.

교통은행의 해외진출 과정에서 다른 대형은행들과 구분되는 특징은 글로벌 은행인 HSBC와 전략적 동반자 관계를 구축하여 빠른 속도로 국제화를 추진하였다는 측면이다. HSBC는 교통은행의 2대 주주이다.

HSBC는 교통은행의 해외진출에 대한 전략적 제휴를 체결하고, 해외시장과 글로벌 고객 서비스 제공을 위한 역량을 공유하고 있다.[37] 반면 HSBC는 교통은행과의 합작을 통해 위안화 국제화 업무 확대에 따른 위안화 무역결제, 역외 위안화채권 등의 업무 영역에서 협력관계를 구축하고 있다.

교통은행은 역외 위안화 업무도 빠르게 확대되고 있다. 2016년 교통은행의 위안화 무역결제는 전년대비 38%가 증가하였다. 교통은행은 2014년 한국의 위안화청산은행으로 선정되었다.

---

37 교통은행은 HSBC의 해외업무 경험을 학습하기 위해 2010년 기술합작과 교류에 대한 협력을 체결하고 교통은행 136명의 간부가 HSBC를 방문하여 홍콩 HSBC의 경험과 관리 모델을 학습하였다. 또한 HSBC는 23명의 기술진을 교통은행에 파견하여 12개 부문에서 지도 교류를 진행하였다. 2010년 말에는 교통은행의 136명의 간부가 HSBC에 방문하여 홍콩, 싱가포르 등에서의 경험을 공유하고 관리 모델을 학습하였다. 서봉교(2014), p.210

참고문헌

- 강유덕, 김태균, 오태현, 이철원, 이현진 (2012), 『유럽 재정위기의 원인과 유로존의 개혁과제』, 대외경제정책연구원 연구보고서 12-12
- 김용덕 (2015), 『금융이슈로 읽는 글로벌 경제』, 삼성경제연구소
- 박복영 편 (2011), 『글로벌 금융위기 이후 국제경제환경의 변화와 한국의 대외경제정책방향』, KIEP 연구보고서 11-07-01
- 서봉교 (2014), "중국 은행별 국제화 전략의 특징과 시사점", 『현대중국연구』, 16집1호: 189-233
- 서봉교·정용록 (2015a), 『원-위안화 직거래 시대의 한-중 금융협력방안』, KIF Working Paper 15-04, 한국금융연구원
- 서봉교, 정영록 (2015b), "중국의 위안화 직거래 해외 사례와 특징 —시장의 반응과 전략을 중심으로—", 『동북아경제연구』, 27권 1호: 87-117
- 오대원, 남수중 (2013), "홍콩의 위안화 역외금융시장 발전 가능성 연구", 동북아경제연구, 25권2호, 215-242
- 이근, 지만수, 서봉교 (2012), 『중국자본의 해외 실물 및 금융투자 현황과 전망』, 한국금융연구원, 금융리포트 2012-03
- 유재원, 이기성 (2015), "미국 양적완화 정책의 국제적 파급효과 분석 —한중일 3개국을 중심으로", 동북아경제연구, 27권3호 ; 41-70
- 이정은 (2015) "중국인민은행, 위안화 국제결제시스템(人民幣跨境支付系統) 도입", KIEP 중국전문가 포럼 이슈분석, 2015.10.21.
- 이지용 (2015), "집권 3년 차 시진핑의 중국 정치-경제개혁 현주소 평가", 국립외교원 외교안보연구소, 『주요국제문제분석』, No.2015-13
- 이치훈 (2017), "중국의 적정 외환보유액 평가 및 시사점", 『국제금융센터 Issue Analysis』, 2017년2월28일
- 장보형, 동애영 (2009), "중국과 일본의 통화 국제화 과정 검토", 하나 금융정보, 2009년 7월13일, 하나금융경영연구원
- 한민수, 서봉교, 임태훈, 강은정, 김영선 (2015), 『주요국의 위안화 허브 전략 분석 및 한국의 대응』, 대외경제정책연구원 연구보고서 15-04
- 한재진·천용찬 (2014), 『위안화 국제화 평가와 시사점』, Weekly Economic Review, 14-27, 현대경제연구원
- 欧明刚, 方方 (2015), "中国银行业国际化发展报告" 『银行家』, 2015年04期: 10-17

Endnotes

1) 박복영 편(2011), p.30

2) 유재원 외(2015), p.42

3) 국통계국 사이트의 통계데이터(统计数据) 〉 统计查询 항목 아래에 분기별 통계데이터(季度数据) 사이트에서는 전년 동기대비 GDP 증가율(国内生产总值指数(上年同期)_当季值)이나 물가지수 등의 데이터를 로그인 없이 찾을 수 있다. 2010년 이전 자료는 인터넷 검색

4) http://ecos.bok.or.kr/ 8.8 환율 항목의 8.8.2.2. 주요통화의 대미달러 환율

5) 2015년 말 기준으로 중국의 외환보유고는 3조8592억 달러로 2위인 일본의 1조2,310억 달러의 3배가 넘는다. 한국의 3,588억 달러의 10배가 넘었다. 중국통계연감, 부록 2-13

6) 중국외환관리국 사이트(http://www.safe.gov.cn/)의 统计数据 〉 统计数据列表 〉 外汇储备 항목에서 월별 외환보유고 잔액 데이터를 검색할 수 있다.

7) 중국통계연감의 4-11. 도시취업자평균임금지수(城镇单位就业人员平均工资和指数) 기준

8) 중국통계연감의 11-13의 외국인투자(利用外资概况) 항목 중 외국인직접투자의 실제투자금액과 중국통계연감 10-1. 사회고정자산투자지수를 바탕으로 계산한 결과 외국인직접투자가 고정자산투자에서 차지하는 비중의 변화

9) 중국통계연감의 11-13의 외국인직접투자 실제투자금액과 11-19의 해외직접투자 금액(按主要国别(地区)分对外直接投资)

10) 중국통계연감의 부록 2-14 국제여행수지 표(附录2-14 国际旅游收支)

11) 한민수, 서봉교 외(2015), 『주요국의 위안화 허브 전략 분석 및 한국의 대응』, 대외경제정책연구원 연구보고서 15-04

12) 中國金融信息网 http://www.xinhua08.com/ 사이트의 통계데이터

13) http://forex.cngold.org/c/2017-01-10/c4743189.html

14) 중국외환거래센터의 http://www.chinamoney.com.cn/ 시장데이터(市场数据) 〉 统计月报 〉 成交概览

15) 이정은(2015) "중국인민은행, 위안화 국제결제시스템(人民币跨境支付系统) 도입", KIEP 중국전문가 포럼 이슈분석, 2015.10.21

16) http://www.cips.com.cn/cips/index/index.html의 新闻资讯 〉 媒体报道

17) BIS Effective exchange rates DB 기준, http://www.bis.org/statistics/eer.htm?m=6%7C187

18) BIS Effective exchange rates DB 기준, http://www.bis.org/statistics/eer.htm?m=6%
7C187

19) 오대원 외(2013), p.232

20) 서봉교 외(2015), p.104

21) 2011년 이전의 금융업 해외직접투자는 통계연감 대외경제무역(对外经济贸易) 항목의
산업별해외직접투자(按行业分对外直接投资)의 누적데이터를 사용하였고, 중국에 대
한 외국인직접투자는 산업별외국인기업등록자본금(按行业分外商投资企业年底注册
登记情况) 데이터를 사용하였다. 2011년 이후 자료는 중국외환관리국 통계데이터 금
융사직접투자 데이터(金融机构直接投资) 항목의 연도별 금융사직접투자 누적액(金融
机构直接投资存量) 해외직접투자(对外直接投资) 데이터를 사용하였다.

22) "中国银行业加速国际化" 国际商报, 2016年07月06日
http://intl.ce.cn/sjjj/qy/201607/06/t20160706_13507307.shtml

23) 欧明刚 外(2015), p.16

제6장

핀테크 금융의 발전과 중국금융의 혁신
(2010년 ~ 2015년)

1. 소비자금융의 강화

1) 은행의 가계 소비대출 증가

글로벌 금융위기 이후 중국 금융사들의 대출 부문에서 나타난 중요한 특징은 가계대출 비중이 급격히 상승하였다는 것이다. [그림 6-1]에서 보듯이 중국 금융사 대출에서 가계대출(가계 소비대출과 가계 기타대출의 합) 비중은 2007년 18%에 불과하였는데, 2016년에는 이 비중이 30%로 상승하였다. 10년 만에 2배 가까이 상승한 것이다. 반면 기업대출의 비중은 같은 기간 82%에서 66%로 감소하였다.

가계대출 잔액은 같은 기간 5조7,000억 위안에서 33조3,700억 위안으로 급격히 증가하였다. 이 기간 가계대출의 연평균 증가율은 20.7%에 달했다. 이는 같은 기간 기업대출의 연평균 증가율 12.6%를 훨씬 상회하는 것이다.

한편 가계대출 중에서 가계 소비대출은 2007년 3조2,700억 위안에서 2016년 24조7,400억 위안으로 증가하였다. 이 기간 가계 소비대출의 연평균 증가율

[그림 6-1] **중국 금융사의 대출 구성 추이**　　　　　　　　　(단위: %)

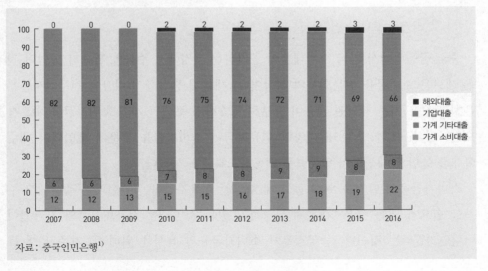

자료 : 중국인민은행[1)]

은 22.5%에 달한다. 이에 따라 전체 대출에서 가계 소비대출이 차지하는 비중은 2007년 12%에서 2016년 22%로 증가하였다.

이는 중국 금융업의 중요한 성장원동력이 과거 기업대출 중심에서 점차 가계대출 중심으로 전환되고 있다는 것을 의미한다. 과거 중국정부는 경제성장과 산업정책을 추진하기 위해 정책적으로 기업, 특히 대형국유기업에 금융자금이 집중될 수 있는 금융시스템을 구축했었다.

하지만 앞장에서 언급하였듯이 2008년 글로벌 금융위기 이후 수출이나 기업투자를 중심으로 하는 성장이 점차 어려워지면서 내수소비를 확대하여 성장원동력으로 활용하는 경제성장 정책의 근본적인 전환을 추진하고 있다. 이러한 측면에서 중국 금융사들도 내수소비 확대를 뒷받침하는 가계 소비대출을 확대한 것이다.

하지만 선진국의 금융사들이 전체 대출에서 가계대출의 비중이 절반을 훨씬 상회하는 것과 비교해 보았을 때 중국 금융사들의 가계대출 비중은 여전히 낮은 상황이다. 따라서 향후 중국 금융사들의 가계대출 비중은 더욱 확대될 가능성이 높고, 이 부분이 중국 금융사들의 중요한 성장 원동력이 될 것이다.

2) 비(非)은행 소비금융 전문회사의 성장

(가) 소비금융회사와 민간금융 자금의 활용

중국 금융업에서 가계 소비대출이 증가하는 과정에서 주목할 필요가 있었던 것은 새로운 소비금융 전문회사의 성장이다. 새롭게 등장한 소비금융 전문회사들은 은행과 같은 기존 제도권 금융이 충분히 제공하지 못했던 개인 소비자금융 수요를 보완하였다. 또한 중국 내 다양한 여유자금이 소비자금융 부문에 투입되어 내수 확대를 통한 경제성장의 원동력을 제공하도록 유도하였다.

소비자금융의 발전을 위해 중국 내 다양한 여유자금을 동원한다는 측면에서 주목할 필요가 있는 것은 "새롭게 등장하고 있는 소비금융 전문회사들의 자금원이 어디인가?"라는 것이다. 중국정부가 소비자금융의 육성을 위해 ① 기존 은행 등

제도권 금융뿐만 아니라 ② 민간금융 자금을 활용하는 '이원화된 소비자금융 시스템'을 구축하고 있는 것으로 보이기 때문이다.

과거에도 중국의 금융부문은 기업 특히 국유기업에 대한 자금조달에 집중되었던 국유은행과 빠르게 성장하고 있던 비국유 부문에 대한 자금조달을 담당했던 비은행 금융부문으로 이원화된 시스템이 구축되었다. 1장에서 언급한 농촌신용조합이나 도시신용조합, 신탁투자회사 같은 비은행 금융사가 그 사례였다. 하지만 이들 비은행 금융부문들은 수차례 구조조정으로 중국 금융시스템에서 큰 역할을 담당하지 못하고 있기 때문에 이들이 소비자금융 부문에서 두드러진 역할을 하기는 어려운 상황이다.

반면 새롭게 등장하고 있는 소비금융 전문회사들에서는 일부 민간금융의 역할이 두드러지게 나타나고 있다. 중국에서 '민간금융(民間金融)'이라는 것은 지하금융, 사(私)금융이라고도 지칭되는 비(非)제도권 금융을 지칭한다. 개인 간의 금융거래인 민간대출이나 돈 많은 전주(錢主)들의 개인 사설금고, 민간 계(合會) 등이 이에 해당한다. 중국에서 민간금융이 가장 발달한 지역은 비국유 기업이 민영기업이 발달한 원저우(溫州) 지역으로 알려져 있다.

이러한 민간금융은 일반적으로 단기 소비대출 자금으로 많이 활용되어 왔고, 일본이나 한국의 경우에는 민간금융을 은행과 같은 제도권 금융으로 육성하는 정책을 추진하기도 하였다.[1]

하지만 중국의 민간금융이 소비금융 전문회사와 같은 제도권 금융으로 편입되는 과정은 결코 쉽지 않았다. 과거 중국정부는 표면적으로는 민간금융의 제도화에 대한 필요성이나 국유기업을 보완하는 민간기업의 성장에 기여하는 긍정적인

---

[1] 한국은 1972년 "사금융 양성화를 위한 8.3조치", 일본은 1949년 〈간주무진법〉으로 사금융이 제도권 금융으로 편입되었다. 하지만 한국은 유신체제, 일본은 2차 세계대전과 전후(戰後) 복구와 같은 특수한 상황에서 민간금융의 자금을 강제적으로 동원하고 그 반대급부로 민간금융을 합법적인 제도권 금융조직, 특히 은행조직으로 포용하는 과정이 진행되었다. 반면 중국은 과거 한국과 일본의 민간금융 제도화 추진시기에 민간자본이 필요했던 상황과 비교하면 민간금융의 필요성이 그만큼 절박하지 않은 것으로 판단된다. 서봉교 외(2015), p.158

역할을 강조하면서도 민간금융의 법적인 지위를 명시적으로 허용하지 않았다. 이는 민간금융이 일정 정도 이상 성장하는 것을 허용하지 않으려는 중국 정부의 정책적인 의지가 반영된 것으로 판단된다.[2]

이러한 민간금융의 제도화가 빠르게 진행된 것은 중국이 2010년 이후 강력하게 긴축정책을 추진하면서 자금난이 심화된 상황과 밀접하게 연관되어 있다. 당시 "개인 사설금고(錢庄)"와 같은 민간금융의 지나친 고리대 문제가 제기된 이후 이 문제를 해결하기 위한 정책으로 민간금융의 제도화를 추진하였고, 동시에 기존 민간금융의 불법행위에 대한 관리감독이 진행된 것이다. 당시 민간금융에 대한 감독의 결과 제도권 금융의 자금이 불법적으로 고리대금업에 유입되었거나 부패한 공무원이 개인 사설금고와 연루되어 사회적인 문제가 되기도 하였다.

향후 중국의 소비자금융의 성장에서 중국의 민간금융이 어떠한 역할을 담당하게 될 것인지는 매우 흥미로운 연구주제가 될 것이다. 다만 중국정부는 어떠한 경우에도 민간금융이 은행 등 기존 제도권 금융에 보완적이고 부수적인 위치로 성장을 제한할 것이라고 판단된다.

(나) 소액대출회사의 성장

중국 소비자금융업의 성장에서 주목할 필요가 있는 것은 "소액대출회사(小额贷款公司)"의 등장이다. 소액대출회사는 2008년 설립된 법률[2)]을 통해 정식 금융회사로 등장할 수 있었다.

소액대출회사는 일반 개인들에게 예금을 수신하지 않고 주주들의 자기자본을 바탕으로 운영된다. 대출 영업을 할 수 있는 지역도 소액대출회사가 소재하고 있

---

2 중국 최초의 개인 사설금고는 1984년 9월 팡페이린(方培林)이 설립한 사설금고인 "팡싱첸좡(方興錢庄이었다. 하지만 중국정부는 이를 합법적인 금융기관으로 인정하는 정식 인가를 허용하지 않고 불법과 합법의 경계에서 운영되도록 하였다. 1989년 팡싱첸좡은 스스로 퇴출하는 선택을 하였다. 하지만 중국 전역에는 팡싱첸좡의 뒤를 이은 많은 사설금고, 첸좡들이 생겨나 활발한 민간금융 활동을 수행하였다. 특히 사설금고들은 연해 지역을 중심으로 크게 성장하였지만, 2000년대 후반까지 이들이 합법적인 금융조직으로 인정받지는 못했다. 서봉교 외(2015), p.172

는 지역으로 제한된다. 주로 단기 소액 담보대출을 하고 있으며, 대출 이자율은
법정 기준 이자율의 4배를 초과할 수 없는 등 규제를 받고 있다.

소액대출회사의 설립 주체는 기업과 같은 법인뿐만이 아니라 개인에게도 허용
되었다. 이는 정부 주도의 제도권 금융시스템이 강력한 중국에서 과거 개인 사설
금고와 같은 민간금융 부문이 합법적인 금융시스템으로 성장할 수 있는 기반을 마
련하였다는데 의의가 있다고 판단된다.

소액대출회사는 2010년부터 2014년 사이에 급격하게 성장하였다. 당시 중국은
긴축정책으로 자금난이 심각하였기 때문에 소액대출회사가 빠르게 성장할 수 있
었던 원동력이 충분하였기 때문이다.

소액대출회사의 수는 2010년 6월 1940개에서 201년 6월 8,394개로 급격하게 증
가하였다. 이 기간 소액대출회사 수가 4배 이상 증가한 것이다.

소액대출회사의 대출 잔액도 같은 기간 1249억 위안에서 8,811억 위안으로 증
가하였다. 이 기간 대출 잔액의 연평균 증가율은 63%에 달하는 급성장세를 지속
하였다. 이는 당시 전체 금융기관 대출 증가율이 14%였던 것과 비교해 보았을 때
4배 이상 높은 증가율이었다.

하지만 소액대출회사는 2015년 이후 중국정부가 통화정책을 긴축에서 완화로
전환하고 중국내 자금조달이 용이해지면서 성장세가 둔화되고 있는 모습을 보이
고 있다.

소액대출회사 수는 2015년 말 8,910개에서 2016년에는 8,673개로 감소하였고,
대출 잔액도 2015년 9,412억 위안에서 2016년 9,273억 위안으로 감소하였다.

〈표 6 - 1〉 소액대출회사 수와 대출 잔액 추이

	2010.6	2011.6	2012.6	2013.6	2014.6	2015	2016
회사 수(개)	1,940	3,366	5,267	7,086	8,394	8,910	8,673
대출 잔액(억 위안)	1,249	2,875	4,893	7,044	8,811	9,412	9,273

자료: 중국인민은행, 신문기사 검색

(다) 촌진은행, 농촌지역의 신(新) 금융 조직

소액대출회사는 일반 예금의 수취가 금지되어 있었기 때문에 자기자본만으로 대출업무를 할 수 밖에 없는 한계가 있었다. 반면 농촌지역의 새로운 금융 조직으로 등장한 "촌진은행(村镇银行)"은 일반 은행과 유사하게 예금을 수취하여 해당 지역의 개인 또는 중소기업에게 대출을 할 수 있도록 허용되었다. 이를 통해 해당 지역의 소비와 투자를 활성화하여 성장을 견인할 수 있을 것으로 기대되었다.

특히 2009년 이후 소액대출회사를 촌진은행으로 전환하는 것을 유도하는 정책[3]이 도입되면서 민간금융이 소액대출회사로 전환되고 다시 촌진은행으로 성장하는 가능성에 관심이 집중되기도 하였다.

하지만 실제로는 소액대출회사가 주체가 되어 촌진은행으로 전환되기는 불가능한 상황이었다. 촌진은행의 설립 조건 중에서는 ① 까다로운 자금 건전성 요구뿐만 아니라, 지배구조 측면에서 ② 반드시 기존 상업은행들이 최대주주이자 주요 발기은행이 되어야 한다는 전제가 있었기 때문이다.

즉, 촌진은행의 설립 주체는 반드시 기존 은행 등 제도권 금융이어야 하고 소액대출회사나 민간금융 부문은 제한적으로 자금을 참여하는 형태에 불과하였다. 이는 중국정부가 민간금융이 중국 금융시스템에서 일정정도 이상 성장하는 것을 정책적으로 제한하고 있다는 의미로 해석할 수도 있다.

2. 핀테크 온라인 소비자금융 은행의 등장[4)]

1) 소비자금융 중심의 민영은행 신설

(가) 비(非)금융 대기업 위주의 민영은행

2014년 3월 중국정부는 텐센트, 알리바바의 등 비(非)금융 대기업들이 설립 주체인 **순수 민영은행**을 설립하는 것을 허용하기로 결정하였다. 이후 순차적으로 5개 민영은행의 시범운영을 허용하였고, 2014년 12월 텐센트(Tencent)의 위뱅크(微众银行; WeBank), 2015년 6월 알리바바(阿里巴巴)의 마이뱅크(MYbank)가 정식으로 영업을 개시하였다.

특히 알리바바의 마이뱅크는 2010년 알리바바가 자회사로 설립한 소액대출회사가 핀테크 은행으로 발전한 경우이다. 알리바바는 2010년 6월 저장성(浙江省)에 알리바바 소액대출회사를 설립하였고, 2011년 6월에는 충칭시(重庆市)에서도 소액대출회사를 설립하였다. 이러한 소액대출회사가 2015년 6월 마이뱅크로 발전한 것이다.

물론 이들 알리바바의 마이뱅크나 텐센트의 위뱅크 등 새롭게 등장한 핀테크 민영은행들은 설립 역사도 얼마 되지 않았고, 규모도 기존 은행에 비해 너무나 작은 상황이다. 하지만 이들 핀테크 민영은행들이 향후 중국 금융시스템에 미치는 영향은 적지 않을 것으로 판단된다.

예를 들자면 2014년 이후 중국의 새로운 민영은행의 설립은 중국정부가 직간접적으로 영향력을 행사하기 어렵고, 모바일 금융을 기반으로 하는 예측하기 어려운 새로운 금융 부문이 등장하였다는 데 중요한 의의가 있다. 중국 정부가 이처럼 불확실성이 크고 중국 정부의 금융부문에 대한 통제력을 약화시킬 수도 있는 새로운 금융부문을 과감하게 도입할 수 있었던 이유가 무엇인지는 중국 금융시스템의 특성을 이해하기 위한 매우 흥미로운 연구 주제이다. 이에 대해서는 2부에서 자세히 설명하고자 한다.

한편 이들 신설 민영은행들은 다음의 3가지 측면에서 기존 은행들과 뚜렷한 차이가 있다.

(1) 신규 설립 민영은행들은 개인 소비자금융 위주로 운영되면서 기존 은행들과 매우 다르게 운영되고 있다.

(2) 또한 신설 민영은행의 설립 주체가 비(非)금융 대형 상장회사들로 중국정부가 소유 – 지배구조 측면에서 직접적인 영향력을 행사할 수 있는 기존 은행들과 차별화된다.

(3) 이들 신설 민영은행들은 주로 "모바일 기반의 온라인 금융", 일명 "핀테크" 금융 방식으로 운영된다.

이에 대해서 보다 자세히 살펴보자.

핀테크(FinTech)란 금융을 뜻하는 파이낸셜(Financial)과 기술(Technology)의 합성어인 Financial Technology의 약자이다. 현재 핀테크는 모바일을 통한 결제 및 송금, 개인자산관리, 크라우드 펀딩(crowd funding) 등 기존의 금융서비스와 다른 금융혁신을 의미하는 용어로 널리 사용되고 있다.

(나) 신설 민영은행과 기존 은행의 차이점

텐센트의 '위뱅크'와 알리바바의 '마이뱅크' 같은 신설 민영 핀테크 은행들은 기존 은행들과 뚜렷한 차이점이 있다.

첫째, 신설 민영은행은 기업대출보다는 개인 대상의 소매대출을 중심으로 운영되고 있다. 앞의 [그림 6-1]에서 보듯이 중국의 기존 은행들은 전체 대출의 70% 정도가 기업대출이고 개인대출은 30%를 상회하는 정도이다.

반면 신설된 알리바바의 마이뱅크의 경우는 영업 개시 1년이 지난 2015년 말 기준으로 전체 대출의 81%가 개인대출이고, 기업대출은 20%가 되지 않았다. 텐센트의 위뱅크의 경우도 개인대출 위주로 운영되고 있다. 이는 중국정부가 개인 소비대출 확대를 유도하기 위해 이들 민영은행의 신규 설립을 허용한 정책 의도가

〈표 6-2〉 알리바바 마이뱅크 대출 구성 현황(2015년 말 기준)

	대출 금액(억 위안)	전체 대출에서의 비중
기업 대출	13.8	18.6%
개인 대출	60.3	81.4%
전체	74.1	100%

자료: 마이뱅크 연도보고, 서봉교(2016), p.46 재인용

이들 은행의 영업활동에서 반영된 것이다.

둘째, 이들 신설 민영은행의 설립 주체는 비(非)금융 회사이지만, 유통업 등 해당 분야에서 이미 상당한 고객기반을 확보한 거대 상장 대기업들이다. 이들 신설 민영은행들은 설립 주체인 비(非)금융 모회사의 기존 고객들을 대상으로 기존 사업영역과 연계되는 혁신적인 소비자금융 상품들을 제공하면서 빠르게 성장하고 있다.

예를 들면 텐센트 위뱅크의 주요 설립 주체인 텐센트는 세계적인 온라인 전문회사로 중국 최대의 소셜네트워크서비스(SNS) 메신저 "QQ"와 "웨이신(微信: WeChat)"을 보유하고 있다. 텐센트의 회원 수는 중국과 전 세계에 8억 명 이상에 달한다.

알리바바 마이뱅크의 주요 설립 주체인 알리바바 역시 세계적인 온라인 전자상거래 회사이다. 또한 중국 최대의 온라인 지급결제 시스템인 "알리페이(Alipay, 중국명 즈푸바오: 支付宝)"는 중국 전자상거래 결제시장에서 독보적인 점유율을 차지하고 있다. 알리바바의 회원수는 전 세계 10억 명에 달한다.

쥔야오(均瑶), 정타이(正泰), 화뤼(华瑞), 화펑(华峰), 바이예위안(百业源) 등 신설 민영은행의 주요 대주주들도 대부분 유통업 등 해방 분야에서 인지도가 높은 거대 상장사들이다.

셋째, 이들 신설 민영은행들은 모바일 기반의 온라인 은행을 기본 모델로 운영되고 있다. 기존의 전통적인 은행들은 오프라인 지점(branch)을 중심으로 고객

과 접촉하였다. 하지만 최근 정보통신기술(ICT) 기반의 새로운 금융산업 모델인 핀테크 금융사들은 고객과의 접점이 인터넷이나 '모바일 플랫폼' 같은 온라인(on-line)에서 진행된다.

이로 인해 핀테크 금융사들은 장소와 시간의 제약을 뛰어넘어 고객과의 접근성을 높이기 때문에 다양하고 혁신적인 금융서비스를 제공할 수 있다. 또한 정보통신 기술과 인공지능(AI) 기술의 발전으로 금융서비스의 업무 처리절차와 비용이 획기적으로 절감되고 있다.

이러한 핀테크 산업의 우위를 적극적으로 실현하고 있는 위뱅크나 마이뱅크는 기존 은행들보다 획기적으로 낮은 이자율의 소액 신용대출을 제공하면서 매우 빠르게 성장하고 있다. 텐센트는 소액대출 금융업을 시작한지 1년 만에 3,000만 명을 대상으로 대출을 하였고, 누적 대출금액이 400억 위안(약 7조원)에 달했다. 알리바바도 1년 만에 누적대출 금액이 492억 위안(약 8조원)에 달했다.

2) 중국 금융시스템의 변화 전망

이처럼 텐센트의 위뱅크나 알리바바의 마이뱅크가 단기간에 급성장하고 있지만 이러한 소비금융업의 빠른 성장에도 불구하고 전체 중국의 금융업은 여전히 국유은행 성격의 대형상업은행이 위주가 되고 있다는 것은 분명하다.

〈표 6-3〉에서 보듯이 대출 등 자산 비중으로 대형상업은행은 2016년 말 기준으로 37%를 차지하고 있고, 주식제 상업은행은 19%를 차지하고 있다. 이들 두 유형의 은행들이 전체 중국 은행업 자산의 60% 정도를 차지하고 있는 것이다. 반면 이 장에서 언급하고 있는 다양한 소비금융 중심의 신설 금융사들은 전체 중국 금융업에서 차지하는 비중이 여전히 매우 낮은 수준이다.

하지만 추세적으로 기존 대형상업은행 등의 비중은 감소하고 신설되는 소비금융 중심의 금융사들의 비중은 증가하는 추세이다. 향후에도 이들 소비금융 중심의 신설 금융사들의 성장 가능성은 상당히 높다고 판단된다.

〈표 6-3〉 중국 은행업 유형별 자산 구성비(%) 추이

	대형 상업은행	주식제 상업은행	도시 상업은행	농촌은행*	농촌 신용조합	우체국은행, 신형농촌 금융기구**	외국계 은행	정책은행
2004	57.0	11.5	5.4	0.2	9.7	3.4	1.8	7.6
2005	56.1	11.9	5.4	1.5	8.4	3.7	1.9	7.8
2007	53.7	13.7	6.3	2.4	8.2	3.3	2.4	8.1
2009	51.3	14.9	7.1	3.9	6.9	3.4	1.7	8.7
2010	49.2	15.6	8.2	4.5	6.7	3.7	1.8	8.0
2011	47.3	16.2	8.8	5.0	6.4	3.8	1.9	8.2
2012	44.9	17.6	9.2	5.7	5.9	4.0	1.8	8.4
2013	43.3	17.8	10.0	6.4	5.7	4.1	1.7	8.3
2014	41.2	18.2	10.5	7.2	5.1	4.1	1.6	9.0
2015	39.2	18.6	11.4	12.9		18.0(***)		
2016	37.3	18.7	12.2	12.9		19.0(***)		

주 :   * 농촌은행은 농촌상업은행(農村商業銀行)과 농촌합작은행(農村合作銀行)
    ** 촌진(村鎭)은행은 신형농촌금융기구로 분류
   *** 우체국은행, 외자은행 외에 정책은행, 민영은행 등 포함
자료: CEIC(2015년 10월 5일) / * 2015년, 2016년 자료는 중국은행감독관리위원회

3. 알리바바 위어바오와 온라인 자산운용시장의 성장

1) 개인 금융자산 구성의 변화와 은행예금의 감소

(가) 선진국의 은행예금 감소 경험

대부분의 선진국에서 경제성장에 따른 소득의 증가는 개인 금융자산 구성의 변화로 이어졌다. 개인들이 자신의 금융자산에서 은행예금의 비중을 줄이고, 투자형 금융상품과 같은 다양한 자산운용 금융상품의 비중을 확대한 것이다. 예를 들면 1980년대 이후 미국과 영국에서는 개인 예금이 대량으로 주식관련 금융상품으로 이동하기도 하였다.[3]

이러한 개인 금융자산 구성의 변화는 증권업이나 자산운용업의 발전을 촉진하

〈표 6-4〉 **중국 금융업 업종별 자산 구성 추이** (단위: 조 위안, %)

		2008	2010	2012	2015	2016
금융사 총자산(조 위안)		87.6	128.3	171.5	240.4	286.2
은행업	금액(조 위안)	62.4	95.3	133.6	199.4	232.3
	비중(%)	71	74	78	83	81
증권-펀드업	금액(조 위안)	1.2	2.0	1.1	4.4	4.5
	비중(%)	1	2	1	2	2
보험업 자산	금액(조 위안)	3.3	5.1	7.4	12.4	15.1
	비중(%)	4	4	4	5	5
중앙은행 자산	금액(조 위안)	20.7	25.9	29.5	31.8	34.4
	비중(%)	24	20	17	13	12

자료: 中國金融安定報告[5]

---

3 미국의 경우 개인 금융자산에서 예금의 비중은 1980년 49.3%였지만 2000년에는 23.9%로 급감하였다. 반면 주식의 비중은 같은 기간 28.3%에서 43.1%로 증가하였고, 펀드의 비중도 1.5%에서 15.6%로 급증하였다. 이러한 개인의 금융자산 구성 변화를 가져온 원인에 대해서는 경제성장에 따른 은행 이자율의 하락, 금융규제 완화에 따른 다양하고 편리한 금융상품의 증가, 부동산 등 자산시장의 성장 등의 설명이 존재한다. 서봉교(2012), p.204

는 긍정적인 효과가 있었다. 반면 은행의 예금 기반이 약화되기 때문에 은행업의 수익구조 악화로 이어질 수 있는 우려가 제기되기도 하였다. 대체적으로 금융자산 구성의 변화는 단기간에 너무나 급격한 변화가 발생하는 경우가 아니라면 금융업 전반의 안정적인 발전을 촉진하는 것으로 평가된다.

중국의 금융시스템은 은행이 중심이 되고 있다. 전체 금융업 자산구성에서 은행업 자산의 비중은 2016년 기준으로 81%로 절대적인 위치를 점하고 있다. 만약 중국 금융시스템의 핵심인 은행업에 악영향을 미칠 수 있는 개인 금융자산 구성의 급격한 변화가 발생한다면 이는 중국 금융시스템에 심각한 리스크가 될 수도 있을 것이다.

(나) 중국의 은행예금 감소 추이

중국에서도 개인 금융자산에서 은행예금의 비중이 점차 감소하는 현상이 나타나고 있으나, 현재까지는 중국의 금융시스템 전반에 큰 변화를 가져올 정도의 급격한 변화가 나타나고 있는 것은 아니라고 보인다.

과거 인민은행의 발표에 따르면 개인 금융자산에서 은행예금의 비중은 2004년 72%에서 2010년 64%로 감소한 것으로 나타났다.[4] 최근 개인 금융자산 구성의 변화는 인민은행의 금융사 예금 통계 데이터로 간접적으로 파악할 수 있다. 중국의 전체 예금에서 개인예금의 비중은 2007년 44.8%에서 2016년 39.0%로 점진적으로 감소하고 있다.

이 기간 가계예금의 전년대비 증가율은 기업예금과 정부예금을 포함한 전체예금의 전년대비 증가율에 비해 전반적으로 낮았다. 이 기간 가계예금의 연평균 증가율 평균은 14.5%로 전체 예금의 연평균 증가율 16.3%보다 2% 포인트 가까이 낮았다.

---

4 2004년 기준으로 예금 72%, 현금 10%, 국채 4%, 주식 5%, 펀드 1%, 보험 8%로 개인 금융자산이 구성되어 있었다. 2010년 기준으로는 예금 64%, 현금 8%, 국채 1%, 주식 12%, 펀드 2%, 보험 11% 재테크 금융상품 3%로 변화되었다. 中國金融安定報告(2011), p.74

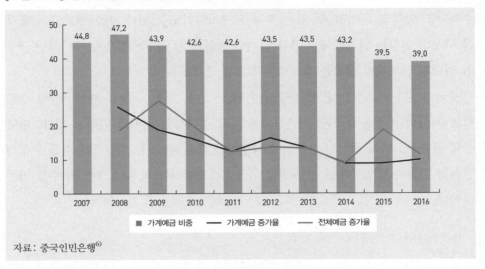

[그림 6-2] 중국 금융사 예금 중 가계예금의 비중 추이   (단위: %)

자료: 중국인민은행[6]

2) 알리바바의 "위어바오" 현상

(가) 위어바오 자산운용상품의 급성장

위에서 살펴본 바와 같이 중국에서는 금융시스템에 심각한 악영향을 미칠 정도로 은행예금이 급격하게 감소하는 현상은 나타나지 않았다. 하지만 2014년을 전후한 은행 '**요구불예금**'의 MMF 자산운용상품으로의 대규모 이동은 상당히 주목할 필요가 있는 사건이었다.

> 요구불예금(demand deposit)이란 예금자가 언제든지 입금과 출금을 자유롭게 할 수 있는 예금이다. 자유롭게 인출이 가능한 대신 이자가 없거나 매우 낮은 이자를 받는 것이 일반적이다. 반면 일정 기간 약정하여 예금을 예치하는 적금과 같은 저축성예금 (saving deposit)은 이자율이 요구불예금보다 높다.

중국 최대의 온라인 전자상거래 회사인 알리바바는 2013년 6월 온라인 펀드상품인 "위어바오(余额宝)"를 도입하였다. 알리바바가 도입한 위어바오는 온라인으로 판매되는 자산운용 펀드상품이다. 그런데 너무나 폭발적인 인기를 얻으면서 불과 6개월 만에 펀드 가입자 수가 1억5,000만 명, 투자자금이 6,000억 위안(약 100조원)으로 급성장하였다. 위어바오를 운용하는 알리바바 산하의 텐훙자산운용사(天弘基金)[5]는 불과 1년 만에 중국 내 2위 자산운용사로 급부상하였다.

이처럼 위어바오가 폭발적인 인기를 얻게 된 이유는 알리바바가 중국 최대의 온라인 전자결제 플랫폼인 "알리페이(Alipay)"를 가지고 있었기 때문이다. 알리페이는 중국 온라인 전자결제에서 거의 대부분 사용되고 있는데, '제3자 지급결제 시스템'인 **'에스크로 방식'**[6]으로 운영된다. 이 전자결제 방식의 특징은 온라인 거래 당사자가 물품을 배송하고 수령하는 거래를 완료하기까지 며칠 정도 그 물품의 결제 대금을 알리페이의 계좌에 예치해야 하는 것이다.

온라인 전자상거래를 많이 사용하는 중국의 젊은 세대는 알리페이 계좌에 일정 금액을 예치해 놓는 것을 당연하게 생각하고 있었다. 그런데 2013년 6월 알리바바가 알리페이 계좌에 예치된 돈에 대해서 '예금 이자'와 유사한 '투자수익'을 지급하겠다고 선언하였다.

이를 위해서는 단지 알리페이 계좌에 예치된 여유 돈(위어)을 동일한 알리바바 온라인 플랫폼의 위어바오 계좌로 이전하기만 하면 되었다. 더구나 위어바오에 예치된 돈에 대해서는 예금 이자와 유사한 투자 수익 배당금을 지불하였는데 그 수익률이 6~7%에 달했다.

---

5 중국정부는 2013년 6월 〈펀드법〉을 수정하여 증권사나 신탁회사가 아닌 비(非)금융회사가 펀드를 운용하는 자산운용사를 소유할 수 있도록 허용하였다. 이후 중국 최대의 온라인 전자상거래 회사이자 전자결제 분야에서 절대적인 지위를 점하고 있는 알리페이(Alipay)를 가지고 있는 알리바바가 텐훙(天弘)자산운용사를 인수하여 최대 주주가 되었다. 원래 텐훙 자산운용사는 텐진 신탁회사 산하의 작은 자산운용사였는데, 사실상 위어바오 펀드상품(天弘增利宝货币) 하나만을 운용하면서 1년 만에 중국 2위의 자산운용사로 급부상하였다.

6 에스크로(escrow) 방식이란 구매자와 판매자 간 신용관계가 불확실할 때 제3자가 상거래 원활히 진행되도록 중계하는 매매 서비스를 지칭한다. 상품의 구매자는 물품 대금을 제3자인 알리페이 계좌에 이체하고 판매자에게서 물품을 수령한 이후 알리페이 계좌에서 판매자에게 물품 대금이 지급되는 방식이다.

알리페이 계좌에서 위어바오 계좌로의 이체는 오프라인 방문 등 번거로운 절차가 전혀 없이 핸드폰이나 인터넷상의 앱으로 구성된 알리바바 온라인 플랫폼의 버튼 몇 개만 누르면 간단하게 처리되었다. 또한 위어바오 계좌에서 알리페이 계좌로의 펀드환매 및 계좌 이체도 매우 편리하였다. 전자상거래 결제는 당일 인출이 가능하고 타은행으로의 이체 서비스는 다음날 처리가 가능하였다.

더구나 위어바오는 자금의 90% 이상이 은행예금으로 운영되어 투자손실 리스크가 거의 없는 "머니마켓펀드(MMF)"이면서도 수익률은 6~7%로 높았다. 당시 일반 은행예금의 이자율이 1~3%대에 불과하였고, 요구불 예금의 경우에는 이자율이 1%도 되지 않는 상황이었기 때문에 위어바오는 높은 수익률과 편리함으로 선풍적인 인기를 얻었던 것이다.

MMF는 Money Market Fund(货币市场基金)의 약자이다. 펀드의 안정성을 중시하여 안정적인 단기 금융상품에 집중 투자하는 펀드이다. 주식 등 위험성이 높은 자산에 대한 투자를 엄격하게 금지하기 때문에 은행예금이나 초단기 기업채권이나 어음 등에 투자하여 단기 금리의 등락이 펀드 수익률에 즉각적으로 반영된다. 즉 고객의 돈을 모아 단기금융상품에 집중투자하여 수익을 고객에게 배분하는 비교적 안정적인 자산운용상품이다. 따라서 일반적으로 수익률이 은행예금에 비해 그렇게 높지 않는 것이 일반적인데, 당시 중국은 긴축정책으로 특수한 상황이었기 때문에 MMF 수익률이 그만큼 높게 나올 수 있었던 것이다.

(나) 긴축정책과 특약예금을 활용한 자산운용 전략

당시 위어바오의 투자자금은 90% 이상이 은행예금에 투자되는 MMF 금융상품이었다. 하지만 위어바오는 일반 개인에게 적용되는 예금이자율보다 훨씬 높은 이자율로 예금을 할 수 있었기 때문에 그만큼 높은 투자수익률을 펀드 가입자들에게 돌려줄 수 있었다.

위어바오가 은행예금 위주로 운영되었음에도 불구하고 높은 투자수익을 달성할 수 있었던 것은 당시 중국의 긴축정책과 밀접한 관련이 있었다. 앞의 5장에서

〈표 6-5〉 위어바오의 자산운용 구성 추이 (단위: %)

	순자산가치 (위안)	은행예금과 결산준비현금	채권비중	주식비중	환매 (买入返售)
2013년 9월 30일	557억	84.52 %	6.88 %	0%	8.01%
2013년 12월 31일	1,904억	92.21 %	6.70 %	0%	0.83%
2014년 3월 31일	5,413억	92.32 %	4.01 %	0%	3.50%

자료: 위어바오 펀드 분기 보고서

언급하였듯이 중국정부는 2010년부터 2014년까지 강력한 긴축정책을 추진하였다. 이에 따라 당시 중국에서는 돈가뭄(치엔황)이라는 용어가 사용될 정도로 자금 수요가 높았다.

당시 자금 사정이 악화되었던 은행들은 고액 예금자에 대해 법정 이자율보다 훨씬 높은 예금 이자율을 예외적으로 제공하는 '특약예금(协议存款)'을 제공하여 적극적으로 자금을 유치하였다.

특약예금이란 원래 5억 위안(약 900억원) 이상의 예금을 장기로 예치하는 것이 가능한 보험사, 사회보장기금, 연기금 등에 대해 은행과의 상호 합의를 통해 기준 이자율보다 높은 이자율을 제공하는 매우 예외적인 규정이었다. 그런데 알리바바는 이를 적극적으로 자산운영 전략으로 활용하여 혁신적인 금융상품인 위어바오를 도입하였던 것이다.

(다) 기존 은행의 반발과 중국정부의 조정

이러한 위어바오의 급성장은 기존 은행들의 강력한 반발을 야기하였다. 은행이 1%도 되지 않는 낮은 이자율로 확보하고 있던 개인들의 '요구불 예금'이 위어바오를 거쳐 다시 은행에 예치될 때는 7% 이상의 높은 이자율을 지급해야 했기 때문이다. 당시 은행들은 위어바오의 급성장과 은행 요구불 예금의 급감을 우려하여 위어바오가 펀드 판매와 관련된 법률을 위반하였다고 이의를 제기하기도 하였다.

이러한 은행 측의 반발에 대해 중국 금융당국은 2014년 3월 위어바오는 '합법적이고 혁신적인 그리고 서민들에게 혜택을 주는 금융상품'이라고 결론을 내렸다. 대신 급성장한 위어바오의 추가적인 펀드 규모 확대에는 제한을 두고 다른 유사한 온라인 기업들이나 은행들이 유사한 MMF 자산운용상품을 출시하여 경쟁하도록 유도하였다.[7]

3) 온라인 MMF 금융상품의 급성장

위어바오가 큰 성공을 거둔 이후 다른 온라인 기업들도 자신의 고객들을 대상으로 유사한 형태의 MMF 온라인 펀드상품을 제공하기 시작하였다. 중국 최대의 온라인 메신저 '웨이신'을 보유한 텐센트가 출시한 '리차이퉁(理财通)', 중국 최대 온라인 검색엔진 바이두의 '센진바오(现金宝)', 중국 최대 온라인 유통업체 쑤닝의 '링첸바오(零钱宝)' 등이다.

또한 중국 은행들도 이러한 비(非)금융사들의 온라인 펀드상품에 대응하여 고객을 유치하기 위해 유사한 자산운용 상품들을 출시하였다. 이에 따라 수많은 바오(宝)라는 이름의 MMF 금융상품들이 우후죽순처럼 생겨났다.

중국펀드업협회(AMAC)[8]에 따르면 2012년 말 MMF 자산운용상품의 순자산 규모

---

7 위어바오의 등장 이후 은행의 요구불 예금은 전월 대비 증가율이 2013년 7월 −2.4%, 10월 −2.5%, 2014년 2월 −2.5%, 4월 −6.7% 등으로 둔화되었다. 당시 은행측은 중국의 펀드 판매는 은행이나 증권사, 자산운용사를 통해서만 가능하도록 규정되어 있는데, 전자상거래 회사인 알리바바가 온라인 금융상품을 자신의 온라인 플랫폼을 통해 판매하는 것은 불법이라고 주장한 것이다. 나아가 소비자들에게 펀드 판매라는 것을 충분히 설명하지 않고, 마치 예금처럼 인식하게 만드는 것은 '불완전판매'라고 비판하였다. 위어바오에 대한 반발이 본격화된 것은 2014년 1월 이후였는데, 2014년 2월 28일 증권감독위원회는 위어바오가 금융시장의 확대, 이자율 시장화, **보편혜택금융(普惠金融, 일종의 서민금융과 유사한 개념)** 이념 실현 등 다양한 측면에서 중국 금융산업의 발전에 기여하였다고 긍정적으로 평가하였다. 2014년 3월 4일 인민은행의 행장은 위어바오와 같은 신금융상품의 혁신을 적극 지지한다고 입장을 밝히면서 위어바오와 관련된 논란이 일단락되었다. 서봉교 외(2015b), p.111, 서봉교(2016), p.44

8 중국펀드(증권투자기금)업협회의 홈페이지는 http://www.amac.org.cn/이다. 원래 중국의 펀드업 관리감독은 증권감독관리위원회에서 담당하고 이곳에서 통계데이터를 발표하였다. 최근에는 중국펀드업협회(AMAC: Asset Management Association of China)에서 펀드 관련 통계데이터를 로그인 없이 이용할 수 있다.

[그림 6-3] 중국 전체 펀드와 MMF 순자산 추이　　　　　　　　(단위: 조 위안)

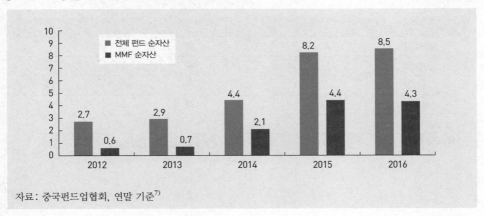

자료: 중국펀드업협회, 연말 기준[7)]

는 5,717억 위안이었는데 2015년 말에는 4조4,443억 위안으로 8배 가까이 증가하였다. 특히 MMF 자산운용 상품은 2014년과 2015년에 급증하였다. [그림 6-3]에서 보듯이 MMF 순자산 규모는 2013년 말 7,476억 위안에서 2014년 말 2조 위안으로 2배 이상 증가하였고, 2015년 말에는 4조 위안이 넘어 다시 2배 이상이 증가하였다.

MMF 자산운용상품의 급성장은 전체적인 중국 자산운용업의 발전을 촉진하였다. 2012년 중국의 펀드 순자산은 2조7,248억 위안이었는데, 2016년에는 8조5,253억 위안으로 증가하였다.

이러한 중국 펀드산업의 급성장은 지난 수년간 MMF 자산운용상품이 주도하였다. MMF가 전체 펀드에서 차지하는 비중은 2012년 21%였는데 2015년에는 54%까지 증가하였다.

4) 기업채권 시장과 채권형 펀드의 성장

(가) 중국 주식형 펀드의 위축

앞에서 살펴본 바와 같이 지난 수년간 중국 펀드업에서는 MMF가 비약적으로 증가하였다. 하지만 MMF 이외에도 빠르게 성장하고 있는 자산운용상품이 채권형

〈표 6-6〉 **중국 공모형 펀드 유형별 비중 추이**   (단위: %)

	2012	2013	2014	2015	2016
주식형	42	39	30	9	8
혼합형	21	20	14	27	24
채권형	14	12	8	9	17
MMF	21	27	47	54	50
QDII	2	2	1	1	1
전체 순자산(조 위안)	2.69	2.91	4.40	8.20	8.53

자료: 중국펀드업협회

펀드이다.

중국 자산운용상품의 대부분을 차지하고 있는 공모형 펀드는 ① 주식형, ② 혼합형, ③ 채권형, ④ MMF, ⑤ QDII로 분류된다. 주식형은 주식시장에 대한 투자 비중이 높고, 채권형은 회사채 투자 비중이 높은 펀드이다. 혼합형은 주식과 채권을 합쳐 놓은 펀드상품이다.

〈표 6-6〉에서 보듯이 2012년까지 중국의 펀드업은 주식형 펀드가 42%로 가장 높은 비중을 차지하고 있었다. 하지만 이후 주식형 펀드는 급속하게 위축되면서 2016년에는 전체 공모형 펀드의 8%에 불과할 정도로 위축되었다.

주식형 펀드의 급격한 위축은 중국 주식시장에 대한 일반 투자자들의 불신이 적지 않다는 것을 보여준다. 중국 일반 투자자들은 ① 중국정부의 주식시장에 대한 불투명한 정책집행이나 ② 상장회사의 공시자료의 불투명성, ③ 증권사나 자산운용사의 주식형 펀드 운용에 대한 불신과 같은 구조적인 문제가 심각하다고 인식하고 있다. 나아가 ④ 2008년을 전후한 주식시장 폭락에 더해 ⑤ 2015년 6월 이후의 폭락 사건은 일반 투자자들의 중국 주식시장에 대한 실망감을 증폭시켰다.

특히 2015년 이후 중국정부는 후강통이나 QFII, RQFII 등 주식시장의 대외개방 확대, 주식거래세의 인하나 주식담보대출의 확대 등 다양한 주식시장 활성화 정책을 발표하였다. 이에 따라 주식시장의 대세상승을 기대한 일반 투자자들의 자금이 대거 주식시장에 유입되면서, 2015년 초 3,000포인트 아래였던 상하이 주가지수가 불과 6개월 만에 5,100포인트를 넘는 급등 장세가 나타났다. 하지만 6개월도 되지 않아 다시 주가지수가 3,000포인트 아래로 폭락하는 상황이 나타났다.

이러한 반복적인 폭락 장세와 이 과정에서의 중국 정부의 주식시장에 대한 정책 대응에 대한 실망감[9] 등이 주식형 펀드의 급격한 위축으로 이어졌다.

(나) 기업채권 시장의 성장과 채권형 펀드

"채권(bond)"이라는 것은 정부, 공공기관, 주식회사 등이 일반인들로부터 거액의 자금을 일시에 조달하기 위해 발행하는 일종의 차용증서이다. 채권은 일정한 이자를 확정적으로 지급하고 만기에는 원금을 상환하는 형태로 채무이행 약속이 이루어지기 때문에 주식에 비해서는 안정적인 투자금융상품이다.

중국의 채권은 크게 ① 정부채권, ② 금융채권, ③ 기업채권, ④ 기타채권으로 분류된다.[10]

지금까지 중국 내 채권발행은 정부나 정부관련 기관, 정책은행 등에게 집중되어 있다. 중국에서 채권을 발행하기 위해서는 금융당국의 승인이 필요하기 때문이다. 중국에서 기업이 기업채권을 발행하기 위해서는 국유기업이거나 상장회사로 자격요건이 엄격하게 요구된다. 또한 신용등급도 매우 우수한 기업에게만 채권 발행이 허용된다.

그런데 최근 중국의 채권 중에서도 기업채권이 꾸준히 성장하고 있다. 2014년도에는 전체 채권 발행의 47% 정도가 기업채권이었다. 기업채권의 신규 발행량은

---

9 2015년 6월 이후 주식시장의 폭락 장세가 이어지는 상황에서 중국정부의 입장을 대변한다고 알려진 인민일보 사설 등에서 중국 주식시장의 기초여건이 건전하여 폭락 가능성이 크지 않고, 외국의 일부 투기세력에 의한 일시적인 하락 현상이라고 설명하였다. 하지만 이후에도 중국의 주가지수의 폭락이 계속되면서 개인투자자들의 실망감이 가중되었다.

10 세부적으로 ① 정부채권에는 국채, 지방채, 중앙은행어음 등이 포함된다. ② 금융채에는 정책은행채, 상업은행채, 정부보증금융채, 비은행금융채 등이 포함된다. ③ 기업채권에는 중앙기업채권, 지방기업채권, ABS(资产支持证券), 단기융자채권, 중기어음, 집합어음 등이 포함된다. ④ 기타채권에는 국제기구채권, 기타채권 항목이 포함된다.

[그림 6-4] 중국 채권 시장의 연도별 신규 발행량 추이 (단위: 조 위안)

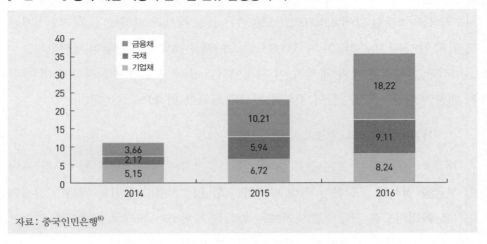

자료: 중국인민은행[8)]

2014년 5조 위안에서 2016년 8조 위안으로 매년 빠르게 증가하고 있다.

나아가 중국 정부는 점차적으로 기업채권의 발행에 대한 규제를 완화하고 있다. 이러한 규제완화는 기업채권 투자에 대한 기회를 확대하여 채권형 자산운용 상품의 성장에 기여하고 있다.

다만 최근 중국의 기업채권 발행에 대한 규제가 완화되고 기업채권 시장이 급격히 증가하면서 부실한 기업이 발행한 회사채가 상환에 실패하는 리스크도 증가하고 있다.[11]

---

11 2008년 글로벌 금융위기 이후 중국의 비금융기업 부채가 급격히 증가하게 된 요인 중의 하나로 은행권을 통한 대출 못지않게 중요한 자금조달의 경로가 바로 회사채이다. 이는 중국 정부가 은행 중심의 간접금융시장의 문제점을 해결하기 위해 2007년부터 추진하였던 주식 및 채권과 같은 직접금융시장을 육성하고자 하는 발전 전략과 맞물려 있다. 2008~2012년 중 회사채 발행 잔액은 연평균 57.6% 증가하여 2015년까지 조달된 총 자금 규모가 15.5조 위안으로 주식을 통한 자금조달 규모인 3.7조 위안을 크게 상회한다. 특히 2015년 이후 중국 증시가 위축되면서 회사채 발행 규모는 꾸준히 증가하였다. 2014년 중국 정부가 과잉생산 억제책을 발표하면서 제일 먼저 문제가 된 것이 회사채 부도 사태의 현실화였다. 2016년 말부터는 회사채 발행의 담보로 활용된 부동산시장이 위축되면서 회사채 시장의 위험이 한층 더 커졌다.

4. 모바일 지급결제의 급성장과 핀테크 금융상품

1) 온라인 지급결제 시장의 급성장

(가) 온라인 지급결제와 은행카드 지급결제

정보통신기술의 발달로 온라인, 특히 모바일을 이용한 지급결제 시장이 급성장하고 있는 것은 전 세계적인 현상이다. 중국은 세계에서도 가장 빠르게 온라인 지급결제 시장이 성장하고 있는 국가로 평가된다. 이미 중국에서는 모바일 핸드폰을 이용한 "알리페이" 결제나 "웨이신" 앱을 사용한 모바일 송금이 보편화되어 있다.

중국의 온라인 지급결제는 2012년 3조5,600억 위안에서 2016년 37조4,600억 위안으로 불과 4년 만에 10배 이상 증가하였다. 같은 기간 중국 전체의 지급결제 규모가 2배 정도 증가하였는 데 비해 온라인 지급결제의 급격한 증가는 놀라울 정도였다.

더욱 놀라운 것은 온라인 지급결제 시장이 은행카드 지급결제 시장 규모에 근접하고 있다는 사실이다. 2012년 은행카드 지급결제 시장은 22조 위안으로 온라

[그림 6−5] 중국 온라인지급결제와 은행카드지급결제 추이 (단위: 조 위안)

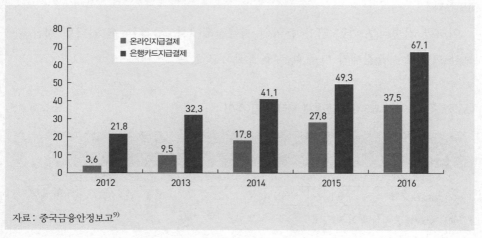

자료: 중국금융안정보고[9]

인 지급결제의 6배 이상의 규모였다. 그러나 온라인 지급결제 시장이 급격히 증가하면서 2016년 은행카드 결제시장이 67조 위안으로 증가하였음에도 불구하고 온라인 지급결제에 비해 1.8배 규모에 불과하였다.

이는 중국에서 점차 은행카드 사용만큼이나 온라인지급결제 사용이 보편화될 수 있다는 것은 보여주는 것으로 향후 중국 금융시스템의 변화에 중요한 의미를 부여하고 있다.

(나) 모바일 지급결제의 급성장

특히 중국의 온라인 지급결제는 인터넷을 이용한 지급결제보다 모바일 지급결제가 대세를 장악하고 있다. 이는 온라인 전자상거래 결제에서 인터넷 결제보다 모바일 결제가 훨씬 빠르게 증가하고 있다는 것에서 확인할 수 있다. 앞에서 설명하였듯이 중국의 온라인 전자상거래 결제는 제3자 지급결제 방식이 주로 사용되고 있다. 온라인 전자상거래 결제에서는 모바일 지급결제가 대세를 이루고 있다.

이처럼 중국에서 모바일 지급결제가 급성장하고 있는 이유는 중국의 전자상거래 자체가 인터넷을 이용하는 단계에서 모바일을 이용하는 방식으로 매우 빠르게 변화되고 있기 때문이다. 중국은 기존 유선통신망(cable) 기반기설을 완비되지 못한 상황에서 빠르게 무선통신망(wireless)이 보급되는 '기술적 도약 단계'를 경험하고 있다.

이러한 기술적 도약은 금융 분야의 지급결제에서도 나타나서 인터넷 지급결제보다 모바일 지급결제가 더욱 빠르게 발전하고 있는 것이다.

〈표 6-7〉 **중국의 제3자 지급결제 시장 증가 추이** (단위: 조 위안)

	2011	2012	2013	2014	2015	연평균 증가율(%)
인터넷 결제	2.2	3.7	5.4	8.1	11.9	52.5
모바일 결제	0.1	0.2	1.2	6.0	9.3	210.6

자료: 清科研究中心(2015), 財經網[10]

중국의 인터넷 지급결제는 2011부터 2015년까지 5배 정도가 증가하여 연평균 증가율이 53%였다. 반면 모바일 결제는 같은 기간 100배 가까이 증가하였다. 연평균 증가율은 211%로 인터넷 지급결제 증가율보다 훨씬 높게 나타났다.

2) 비(非)금융사 위주의 온라인 결제 시장

(가) 전자상거래 기반의 모바일 페이(pay)결제

중국에서의 온라인지급결제는 주로 알리페이와 같은 전자상거래 결제에서 출발한 비(非)금융사의 모바일 페이(pay) 방식이 사용된다.

앞에서 설명하였듯이 중국의 전자상거래 결제는 제3자 지급결제, 에스크로 방식이 사용된다. 2000년 초반 중국에서 전자상거래가 도입되면서 낙후된 은행의 결제시스템을 보완하여 당시 글로벌 온라인결제의 선두주자였던 페이팔(Paypal)[12]이나 알리페이와 같은 비(非)금융회사가 온라인 결제 시스템을 구축하였다. 결국 알리페이가 제3자 지급결제 방식으로 중국의 전자상거래 결제시장을 대부분 장악하면서 중국 최대의 확고한 온라인 지급결제 플랫폼을 구축하였다.

이후 알리바바는 알리페이의 안정성이나 편리성을 높이는 데 적극적으로 노력하였고, 2010년대 이후 모바일 전자상거래와 모바일 결제시장에서도 적극적으로 시장 점유율을 확대하기 위해 노력하였다.

2015년 기준으로 알리바바는 모바일 지급결제 시장에서도 73%의 점유율을 차지하여 독보적인 지위를 차지하였다. 알리바바의 뒤를 이은 모바일 지급결제의 강자는 모바일 메신저 웨이신을 이용한 모바일 전자송금에 강점을 가진 텐센트로 시장 점유율이 17%이다.

---

12 2000년대 초반 당시 중국의 은행들은 카드 결제 시스템, ATM, 인터넷뱅킹 등 지급결제 전반에 대한 인프라가 너무 낙후되어 있었다. 따라서 전자상거래 결제부문에서 글로벌 선두기업이었던 미국의 페이팔이 중국 시장에 진출하였다. 하지만 당시 페이팔이 도입한 결제방식은 양자 결제방식으로 중국의 전자상거래 관행에 적합하지 않았다. 이에 알리바바가 제3자 결제방식을 사용한 알리페이를 2003년 시작하였고 중국 온라인 결제시장을 장악할 수 있었다. 서봉교(2016), pp.34~36

〈표 6-8〉 **모바일 지급결제 시장 점유율**(2015년 9월 기준)

	점유율(%)		점유율(%)
알리바바 알리페이(支付宝)	72.9	완다(萬達)그룹 콰이치엔(快钱)	0.8
텐센트 차이푸통(财付通)	17.4	핑안그룹 핑안푸(平安付)	0.6
레노버(联想) 라카라(拉卡拉)	3.0	징동 징동즈푸(京东支付)	0.5
바이두 돈지갑(百度钱包)	2.2	렌렌그룹 렌렌즈푸(连连支付)	0.3
이바오즈푸(易宝支付)	1.5	기타	0.8

자료 : 財經网(2016)[11]

(나) 온라인 결제를 활용한 다양한 금융 혁신 사례

중국에서는 모바일 위주의 온라인 결제 시장이 급성장하면서 이를 활용한 다양한 혁신적 금융 상품이 등장하고 있다.

예를 들면 모바일 송금을 활용한 소액결제 서비스의 등장이다. 이전의 소액결제는 현금이나 은행카드를 이용하였지만, 이미 중국에서는 소액결제에 모바일 소액 송금결제가 광범위하게 활용되고 있다.

은행카드나 신용카드와 달리 이러한 모바일 결제 방식은 별도의 단말기(POS)나 결제 장비가 없이도 모바일 송금이나 간단한 QR코드만으로도 모바일 결제가 가능한 장점이 있다. 이는 기존 은행카드나 신용카드에 지불해야 했던 금융 거래 비용을 획기적으로 절감하는 효과가 있었고, 경제의 많은 분야에서 현금없는 결제 시스템을 구현하고 있다.

또한 모바일 결제 플랫폼과 일상적인 생활 서비스의 결합을 통한 다양한 금융 혁신도 발전하고 있다.

예를 들면 모바일을 이용한 택시나 교통수단을 이용하는 것과 같은 다양한 생활 서비스를 활용하는 앱도 등장하였다. 이 서비스는 택시를 호출하는 단계에서부터 운전기사의 정보가 모바일을 통해 공유되면서 여성 이용자들의 안정성을 높이는 측면도 있다고 평가되었다.

재활용을 활성화하기 위해 재활용품을 지정된 장소에 가져와서 QR 코드를 촬영하면 알리페이로 현금처럼 사용할 수 있는 쿠폰이 지급되기도 하였다. 이는 공공기관과 재활용품 사업자와 연계된 사업 모델로도 발전하였다.

모바일 결제 플랫폼과 기업의 광고가 결합된 다양한 서비스도 등장하였다. 텐센트의 웨이신은 모바일 소액 송금에 수수료가 없기 때문에 많은 사람들이 모바일 송금 서비스를 활용하고 있다. 이에 따라 특정 고객층을 대상으로 소액 송금을 제공하고 대신 모바일로 광고를 보도록 하는 새로운 타깃 마케팅 광고 전략도 등장하고 있다. 명절에는 소액의 세뱃돈(홍바오: 红包) 서비스로 모바일 쿠폰 제공과 결제서비스를 연계하여 오프라인 쿠폰 발송 비용을 획기적으로 절감하기도 하였다.

이러한 온라인 결제시장의 급성장에 따른 다양한 금융 서비스 혁신은 중국에서는 사실상 이제 막 시작되었고, 빠르게 진행되고 있다. 이러한 변화가 가져올 긍정적인 측면과 부정적인 측면을 깊이 연구하는 것은 향후 한국의 금융업에도 중요한 시사점을 제공할 수 있을 것이다.

마지막으로 온라인 비(非)금융사가 주도하는 금융부문의 혁신은 기존 은행 등 중국의 금융사들에게도 대 고객 전략의 적극적인 변화를 유도하고 있다는 측면을 주목할 필요가 있다. 기존 은행들이 상대적으로 중시하지 않았던 소액 거래 고객층을 이들 온라인 비금융사들이 차지하면서 향후 기존 은행의 고객 기반까지 그 영역을 확대할 가능성이 있기 때문이다. 이러한 경쟁이 중국 금융시스템의 혁신을 유도하여 효율적이고 저렴한 금융 서비스가 제공된다면 중국 금융업의 경쟁력 강화에 기여할 수 있을 것이다.

참고문헌

- 서봉교 (2012), "중국 개인 금융자산 포트폴리오의 변화와 외국 금융사에 대한 시사점", 『한중사회과학연구』, 10권3호: 201-225
- 서봉교, 최낙섭 (2014), "중국 新금융상품, 위어바오의 성장과 중국 은행 자금조달 구조의 변화", 『동북아경제연구』, 26권 3호: 97-129
- 서봉교, 노수연, 정유훈 (2015), "중국 민간금융 제도화의 사례와 특징: 소액대출회사, 촌진은행, 민영은행을 중심으로", 『현대중국연구』, 16권 2호: 157-207
- 서봉교 (2015b), "중국의 핀테크 금융혁신과 온라인은행의 특징", 『동북아경제연구』, 27권 4호: 163-199
- 서봉교 (2016), 『중국 핀테크 산업 성장과 규제완화』, 한국경제연구원, 정책연구 2016-27

Endnotes

1) 중국인민은행의 통계자료 (调查统计司 〉 统计数据) 중 연도별로 금융사 전체 예대수지표(金融机构本外币信贷收支表)의 전체 대출(Total loan), 가계대출(Loan to Households), 가계 소비대출(Comsumption Loan), 기업대출(Loan to Non-financial Enterprise and Government Department & Organization), 해외대출(Oversea Loans) 데이터의 연말 잔액 기준

2) 2008년 제정된 〈소액대출회사 시범운용에 대한 지도의견(關與小額貸款公司試点的指導意見)〉

3) 2009년 〈소액대출회사의 촌진은행 전환설립 임시 규정(小额贷款公司转制设立村镇银行暂行规定)〉

4) 이 절은 서봉교(2016) 보고서의 내용을 기초로 하여 다시 구성하였음

5) 중국금융안정보고, 각 년도 부록4-6 金融业资产简表

6) 중국인민은행의 통계자료 (调查统计司 〉 统计数据) 중 연도별로 금융사 전체 예대수지표(金融机构本外币信贷收支表)의 전체 예금(Total deposits), 가계예금(Deposits to Households) 데이터의 각년도 연말 잔액 기준

7) 중국펀드업협회 홈페이지의 统计数据 〉 行业数据 〉 基金公司数据 항목에서 펀드 관련 세분화된 월별 데이터를 로그인 없이 이용할 수 있다.

8) 중국인민은행의 연도별 금융시장 통계 데이터 (调查统计司 〉 统计数据 〉 2016年统计数据 〉 金融市场统计) 항목의 채권통계표(国内各类债券统计表)의 연말 누적 신규발

행금액 기준

9) 중국인민은행의 중국금융안정보고의 부록 24 지급결제업무통계표(支付系统业务量统
   计表)

10) 淸科硏究中心(2015), 2015年中国互联网金融行业投资研究报告,
   2015年4月 http://mt.sohu.com/20160127/n436069014.shtml

11) 財經网(2016), "2015年第三方移动支付市场规模9.31万亿", 2016-01-27
   http://mt.sohu.com/20160127/n436069014.shtml

제 2 부

뉴노멀 시대의 중국 금융

제 7 장

중국의 저성장과 금융의 역할 변화

1. 중국 금융시스템에 대한 연구 방법

1) 중국 금융시스템의 낙후성에 대한 이해

(가) 경제성장과 금융의 역할

경제성장과 금융의 역할에 대한 기존의 논의에는 금융의 발전으로 자금의 효율적인 배분이 가능해지고 이를 통해 경제성장에 기여한다는 컨센서스가 형성되어 있다. 이를 설명하기 위한 '혁신금융'이나 '총요소생산성' 같은 어려운 말들을 완전히 이해하지 못해도 충분히 동의할 수 있는 내용이다.

따라서 효율적인 자금의 배분이 되지 않는 금융시스템, 예를 들면 정부가 은행의 대출에 직간접적으로 개입하여 비효율적인 부문에 자금이 배분되는 시스템은 낙후된 금융시스템이라는 결론도 충분히 동의할 수 있다.

이런 측면에서 중국의 금융시스템은 분명 많은 문제점을 안고 있는 낙후된 금융시스템이다. '중국의 은행들이 비효율적인 국유기업에 많은 부실대출을 해주었고, 그 부실 규모가 얼마라서 중국의 금융위기 가능성이 높다'는 식의 언론보도는 끊임없이 제기된다.[1]

(나) 중국 경제성장과 금융 낙후성의 설명

저자 역시 중국의 금융시스템을 연구하면서 많은 문제점이 있다는 것을 잘 알고 있다. 하지만 중국 금융시스템이 낙후되어 있다고 결론지어 버리면 다음 질문

---

[1] 국제통화기금(IMF)은 금융안정보고서(Global Financial Stability Report, 2016)에서 '중국 기업 부채 중 부실기업이 보유한 부채는 전체의 1/7 수준인 1조3,000억 달러(약 1,500조원)에 달할 것'이라고 추산하기도 하였다. 이들 부실기업은 벌어들인 수익으로 이자도 제대로 감당하지 못하고 있으며, 돈을 빌려준 은행들도 대규모 손실에 직면할 가능성이 높아지고 있다. 또한 IMF는 '중국 은행들이 부실기업 부채를 떠안게 되면 최대 중국 국내총생산(GDP)의 7%(약 840조원)에 이르는 손실을 볼 수 있다'고 추산하였다. 국제결제은행은 중국의 기업부채 증가세가 주요 신흥국 가운데 가장 높은 것으로 분석하였고, 골드만 삭스는 2019년 GDP 대비 부채 비율이 283%까지 증가할 것으로 예상하기도 하였다. 이치훈(2016), p.16

에 답하기가 매우 어려운 것도 사실이다.

① 이처럼 낙후된 금융시스템을 가진 중국이 어떻게 지금까지 지난 40년 가까이 높은 경제성장을 지속하여 세계 2위의 경제 대국으로 성장할 수 있었을까?

② 아무리 미국과 같은 금융시스템이 발달한 선진국이라고 해도 여러 번의 금융위기를 경험했었는데, 이처럼 낙후된 금융시스템을 가진 중국이 어떻게 지금까지 큰 금융 위기를 겪지 않았을까?

저자는 이 의문에 대답하기 위해서는 단순히 현재 중국의 금융시스템이 미국에 비해 얼마나 낙후되어 있는지, 어떤 금융지표가 미국에 비해 어느 정도 수준인지 등의 분석방법만으로는 한계가 있다고 생각한다. 지난 수십 년간 무수히 많은 연구가 이런 접근법으로 중국 금융시스템을 분석하였고, 그 연구를 통해 곧 중국에서 금융위기가 발생할 것이고 경제위기에 직면할 것이라는 잘못된 결론을 내렸었기 때문이다.

1부에서 저자는 중국의 금융시스템이 과거 낙후된 계획금융 시스템에서 보다 효율적인 시장금융 시스템으로 전환하고 있는 과정을 설명하였다. 정말로 많은 문제점을 안고 있었던 과거의 금융시스템을 보다 효율적인 시장금융 시스템으로 전환하기 위한 많은 노력과 금융부문의 혁신을 이해하는 것은 지금 현재의 현상적인 몇몇 지표만으로 중국 금융시스템을 평가하는 것보다 중국 금융시스템의 미래를 예측하는데 더욱 도움이 될 것이다.

또한 이러한 접근법이 중요한 이유는 지금까지 중국경제와 중국금융이 이룩한 눈부신 성과를 단지 '모래 위에 지어진 신기루 성'이나 '감추어진 비밀이 많은 시한폭탄'인 것처럼 부정하는 선입견을 가지고 접근하는 것을 어느 정도 방지할 수 있다고 생각한다. 이런 선입견을 가지고는 중국경제와 중국금융의 미래에 대해 정확한 예측을 하는 것은 불가능하기 때문이다.

저자는 결론적으로

① 중국 금융시스템이 과거에 비해 얼마나 효율적으로 변화되고 있는지,

② 그럼에도 불구하고 여전히 남아 있는 문제점은 무엇인지,

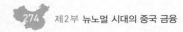

③ 그리고 그 문제점 중에서 어떤 부분이 개선이 가능할 것인지,

④ 어떤 부분이 중국 경제시스템의 근본적인 구조적 한계 때문에 개선이 어려울 것인지 이해하는 것이 중국금융과 중국경제의 미래를 예측하는 데 매우 중요하다고 생각한다.

2) 계획금융과 시장금융의 이원화된 금융시스템에 대한 이해

(가) 이원화된 중국 금융시스템의 구조적 한계

1부에서 저자는 중국은 금융시스템의 전환 과정에서 계획금융과 시장금융이 공존하는 '이원화된 혹은 이중의 금융시스템'을 구축하였다고 설명하였다. 지난 40년 가까운 시간동안 중국 금융시스템 전환정책의 핵심은 시장경제 시스템에 적합한 금융시스템을 구축하는 것이었다. 중국금융의 많은 부분들이 과거에 비해 훨씬 시장경제 시스템을 기반으로 운영되고 있는 것도 사실이다.

하지만 이러한 시장경제 시스템으로의 전환에도 불구하고 이원화된 금융시스템의 특성은 여전히 중국 금융시스템에 내재되어 있다.

과거 계획금융은 중국정부가 국유기업에 대한 자금조달을 위해 금융사들을 동원하기 위해 구축하였다. 그렇기 때문에 계획금융 부문을 담당하는 국유은행들(현재의 대형상업은행들)은 구조적으로 비효율적인 부분들을 내재하고 있다. 하지만 지금까지 중국 금융시스템의 전환 과정에서 국유은행들이 보다 효율적인 시장경제 시스템으로 운영되도록 많은 정책들이 도입되었다. 최근의 공상은행이나 중국은행 등은 일견 시장경제 시스템으로 운영되는 어떠한 은행들에 비해 결코 경쟁력이 떨어지지 않는 것처럼 보인다.

하지만 그럼에도 불구하고 중국 금융시스템에는 여전히 과거 계획금융의 낙후성이 남아있다. 예를 들면 저자가 4장에서 언급하였듯이 2008년 글로벌 금융위기 이후의 국유기업에 대한 비효율적인 대출이 크게 증가한 것을 확인할 수 있었다. 이로 인해 중국 산업전반의 공급과잉 문제나 국유기업의 부실대출 문제는 대폭 증

가하였고, 최근 그 부작용이 적지 않게 나타나고 있다.

나아가 지금까지의 금융사 소유-지배구조의 전환 정책에도 불구하고 주요 금융사들에 대한 중국정부의 영향력은 여전히 절대적이다. 이러한 중국정부의 영향력은 은행들의 자금조달이 완전히 효율적인 시장경제의 원칙으로 이루어지지 못하도록 방해하는 요소임에 분명하다.

저자는 이러한 "중국의 이원화된 금융시스템의 구조, 혹은 낙후된 과거 계획금융의 특성이 여전히 존재하고 있다는 것은 중국의 정치-경제 시스템의 구조적 한계에서 기인한다"고 판단한다.

중국정부, 보다 정확하게 표현하자면 중국 공산당의 중요한 권력기반은 국유기업이다. 공산당은 모든 중국인이 경쟁력으로 참여하는 '자유선거'를 통해 정권을 유지하는 방법을 사용하지 않는다. 아니 이 방법을 사용할 수 없을지도 모른다. 따라서 공산당이 권력을 유지하기 위해 ① '국유기업'이나 ② '인민해방군', ③ '관료시스템'을 장악하는 것을 결코 포기하지 않을 것이다.

그렇다면 중국 금융시스템에서 비효율적인 국유기업을 유지하기 위한 계획금융의 특성이 완전히 사라지기 어려울 것이라는 결론에도 쉽게 도달할 수 있다.

중국 금융시스템이 완전한 효율적인 시장금융 시스템으로 운영되기 위해서는 국유기업이 완전히 시장경제 시스템으로 운영되어야 한다는 것이 전제되기 때문이다. 하지만 국유기업이 완전히 시장경제 시스템으로 운영되기 위해서는 공산당이 국유기업에 영향력 행사를 포기해야 할 것이다. 저자는 이것은 중국의 정치-사회-경제 전반에 대한 근본적인 시스템 전환을 요구하기 때문에 결코 쉽지 않은 일이라고 생각하는 것이다.

(나) 이원화된 중국 금융시스템의 유효성

중국 금융시스템의 이원화된 특성이나 계획금융의 낙후성이 구조적으로 해결되기 어렵다면 중국은 조만간 금융위기를 겪게 될 것인가?

이 문제에 대해서 저자는 이원화된 중국 금융시스템도 나름의 유효성은 있다고 조심스럽게 설명하고자 한다. 분명히 밝혀두고자 하는 것은 이원화된 금융시스템의 유효성을 얘기하는 것이 결코 중국 금융시스템을 옹호하고자 하는 것은 아니라는 사실이다. 저자에게는 중국 금융시스템을 옹호할 이유도 없고, 그렇게 하고 싶지도 않기 때문이다.

다만 "이원화된 중국 금융시스템을 당장 전면적인 시장금융 시스템으로 전환하는 것만이 그 유일한 해결책은 아니다"는 주장을 위해 이 측면을 언급하고자 한다. 많은 개발도상국이 선진국의 이상적인 시스템을 도입하여 단기간에 자국의 시스템을 전환하였을 때 위기를 경험하였다. 이는 선진국과 개발도상국의 국가 시스템에는 근본적인 차이가 있기 때문에 선진국에서 효율적으로 운영되는 시스템이라도 개발도상국에서는 비효율적으로 운영될 수 있기 때문이다.

중국은 비효율적인 계획금융 시스템을 일시에 전면적으로 시장금융 시스템으로 전환하는 방식이 아니라 새롭고 효율적인 시장금융 시스템을 도입하여 '이원화된 시스템'이 전반적인 국가 시스템의 효율성을 향상시키는 정책을 사용해왔다. 물론 이러한 이원화된 시스템으로 인해 새롭게 도입된 시장금융 시스템이 충분히 효율적으로 운영되지 못하는 측면에서 발생하는 비효율성도 적지 않았다는 것은 1부에서 언급한 여러 사례를 통해 확인할 수 있었다.

그럼에도 불구하고 새로운 시장금융 시스템을 도입하여 낙후된 계획금융 시스템을 "보완"하는 방식이 계획금융 시스템을 전면적으로 없애버리고 완전한 시장금융 시스템으로 "대체"하는 방식보다는 일정정도 효율적인 측면이 있었을 것이다. 저자는 이것이 지난 40여 년간 중국이 심각한 경제위기나 금융위기를 겪지 않았던 이유의 하나가 될 것이라고 판단한다.

나아가 '이원화된 시스템'은 새롭고 효율적인, 그리고 혁신적인 시장금융 시스템이 도입되는 것이 보다 쉽게 가능하도록 하는 측면도 있었다. 새로운 시장금융 시스템이 도입되어도 중국정부의 중국경제와 중국금융 시스템에 대한 기존의 통제력을 상실할 가능성이 크지 않기 때문에 새로운 시장금융 도입이 지속적으로 추진되었다. 새로운 시장금융 시스템의 도입에 대한 기존 금융시스템의 반발도 일부 있기는 하였지만 비교적 원활하게 추진되어 왔다.

예를 들면 저자는 이러한 이원화된 시스템의 특징으로 6장에서 언급한 혁신적인 핀테크 금융부문이 중국에서 매우 빠르게 도입되고 확산되었다고 생각한다. 이는 한국에서 기존 은행들의 저항으로 핀테크 금융의 발전이 지체되고 있는 것과는 대조되는 것이었다.

저자는 중국 계획금융 시스템의 핵심 요소인 공산당-국유기업-국유은행으로 연결되는 관계가 상당히 안정적이고, 이들에게 생존의 위협이 크지 않기 때문에 역설적이게도 이러한 새로운 시장금융의 도입과 혁신이 빠르게 진행되고 있는 측면도 있다고 생각하는 것이다.

이러한 "새로운 시장금융 부문의 지속적인 확대와 혁신이 기존 금융시스템과의 경쟁을 통해 전반적인 중국 금융시스템의 효율성 개선과 발전에 기여하는 방식"이 지난 40여 년간 중국 금융시스템의 효율성이 개선되었던 중요한 원동력이라고 생각한다.

나아가 새로운 시장금융 부문의 끊임없는 혁신이 중국의 금융시스템에 향후에도 지속적으로 도입된다면 중국 금융시스템의 경쟁력은 계속 높아질 수 있을 것이다.

2. 저(低)성장, 뉴노멀 시대의 중국 금융

1) 고속성장과 저성장 시대 금융의 차이

(가) 뉴노멀(New Normal), 신창타이(新常態)

중국의 경제성장률은 2010년 이전 연평균 성장률이 10%에 육박하였다. 하지만 최근 중국의 경제성장률은 6%대에 머물고 있다.

향후 중국 경제성장률에 대한 수많은 시나리오들이 제시되고 있지만, 분명한

것은 앞으로는 결코 과거와 같은 고속성장이 어려울 것이라는 사실이다. 중국뿐만 아니라 전 세계가 20세 중후반의 고속성장을 가능하게 했던 '인구 보너스'와 같은 여러 여건들이 변화되면서 저성장 시대로 전환되고 있기 때문이다. 이미 전 세계 대부분의 나라에서 인구 고령화 문제로 인한 성장률 둔화, 연금 재정의 부족 같은 문제가 매우 심각한 사회적 문제가 되고 있다.

> 인구 보너스(demographic bonus)란 전체 인구 중에서 생산가능 인구의 비중은 높고 고령자의 비중은 적어 높은 경제성장이 가능한 상태를 지칭한다. 고령인구가 적어 사회적 부담이 적고, 생산가능 인구가 높아 노동생산성 증가와 저축률로 경제성장을 견인할 수 있다. 20세기 2차 세계대전 이후의 많은 국가들이 이러한 인구 보너스 효과로 높은 경제성장률을 달성할 수 있었다.

이러한 저성장을 지칭하는 용어가 '뉴노멀(New Normal)'이고, 이를 중국에서는 "신창타이(新常態)"라는 용어로 사용하고 있다. 결론적으로 이제 저성장이 일반적인 상황이니 이를 비정상적인 일(abnormal)이 아니라 당연한 일(normal)로 받아들이라는 의미이다.

하지만 이것이 결코 중국정부가 저성장을 용인하겠다는 의미는 아니다. 인구구조나 대외여건의 변화와 같은 여러 요인들로 잠재성장률이 하락하여 성장 둔화가 불가피하지만, 이렇게 어려운 여건에서도 중국경제의 성장을 지속하고 일자리를 창출하겠다는 강력한 의지를 표명하는 용어로 '신창타이'가 사용되고 있다.

(나) 고속성장 시대와 저성장 시대의 금융

그렇다면 앞으로 저성장 시대 중국금융은 어떻게 변화될 것인가? 이를 이해하기 위해서는 먼저 과거 고속성장 시대의 금융의 일반적인 특성을 살펴볼 필요가 있다.

교과서에서는 금융의 역할을 여유 자금이 많은 가계부문에서 자금을 모아서 투자자금이 필요한 기업부문으로 빌려주는 것으로 설명한다. 금융사, 특히 은행은 이 과정에서 효율적으로 자금을 모집하고 엄격한 대출 심사를 통해 효율적인 기업을 선별하여 자금을 공급하는 역할을 담당하면서 경제성장에 기여한다고 설명한다.

과거 고속성장 시대에 기업들은 많은 투자기회가 있었고 자금에 대한 초과 수요(demand)가 있었다. 높은 이자율을 지급하더라도 자금을 빌려서 투자하고자 하면서 경제성장이 가속화되었다. 중국 금융시스템 역시 이러한 역할에 집중되어 있었다.

하지만 이제 저성장 시대의 금융업은 많은 변화를 경험하고 있다. 성장이 둔화되면서 기업들은 투자기회가 과거에 비해 많지 않다고 느끼면서, 자금을 빌려서 투자하는 수요가 감소하고 있다. 투자자금의 수요보다는 공급이 많아지는 상황에 직면한 것이다. 이를 두고 과거와 같은 '금융의 황금기'가 끝난 것이라고 비관적으로 전망하기도 한다.

물론 저성장 시대에도 자금의 수요가 증가하는 부문은 있다.

① 특히 가계부문(household)의 자금 수요는 여러 이유로 증가하고 있고, 금융사들도 가계부문에 대한 대출 확대에 주력하고 있다.

② 또한 저성장 시기에는 기업들이 경영난을 겪으면서 파산하거나 합병되는 등 구조조정이 많이 진행된다. 구조조정과 관련된 금융 수요도 빠르게 증가하고 있다. 과거 금융자금이 기업의 투자확대를 통한 기업의 생산역량 강화에 집중되었다면, 이제는 공급과잉 부문의 구조조정과 이를 통한 효율성 향상에 집중되는 것이다.

이를 매우 간단하게 도식화하자면 과거 고속성장 시대의 금융은 대규모 기업대출이 위주라면 저성장 시대의 금융은 소액 가계대출과 구조조정 금융의 중요성이 커지고 있다. 그렇다면 과거 고속성장 시대에 형성되었던 기업투자를 위한 금융조달 중심의 금융시스템, 특히 은행 중심의 금융시스템이 향후에는 상당한 변화를 경험하게 될 것이다.

③ 마지막으로 이러한 저성장 시대 금융업의 경쟁이 더욱 치열해지면서 금융사들의 금융서비스 비용을 줄이기 위한 노력도 더욱 치열해질 것이다. 금융

소비자들에게 7~8%의 이자율에 0.5%의 금융사 수수료에 대한 부담보다는 3~4%의 이자율에 0.5%의 금융사 수수료 부담이 훨씬 큰 부담일 것은 자명하기 때문이다.

이런 측면에서 광범위한 오프라인 지점 네트워크를 강점으로 가지고 있던 대형은행들이 최근 지점과 인력을 대폭 축소하고 있는 것은 앞으로의 저성장 시대에 금융업의 경쟁이 매우 치열해질 것임을 예고하는 것이다.[2]

2) 저성장 시대의 성장원동력과 금융

(가) 소비, 투자, 정부지출, 대외부문 그리고 혁신

경제학에서 경제성장은 소비와 투자(민간투자와 정부지출) 그리고 순수출로 구성된다고 설명한다. 경제학 원론에서 배우는 "$Y = C + I + G + NX$"라는 공식이다.

이를 조금 어려운 방법으로 **'경제성장에 대한 기여도 분석'**으로 살펴보자. 경제성장에서 소비의 기여도, 투자의 기여도, 순수출의 기여도가 얼마나 되는지 분석하는 것이다. 이를 통해 중국의 경제성장에서 어떤 요소가 중요한지를 분석할 수 있다.

중국통계연감에 따르면

① 순수출의 경제성장에 대한 기여도는 2000년 중반까지는 상당히 높았지만 2008년 글로벌 금융위기 이후에는 순수출의 경제성장 기여도가 상당히 낮아졌다.

② 반면 투자의 경제성장에 대한 기여도는 꾸준하게 매우 높은 편이다.

③ 마지막으로 중국정부가 소비의 경제성장에 대한 기여도를 높이고자 노력하고 있지만 기대했던 것만큼 빠르게 소비가 증가하고 있는 것은 아니라는 것을 알 수 있다.

---

2 예를 들면 은행은 광범위하게 분산되어 있는 사회의 자금을 지점 네트워크를 통해 집중하는 역량과 소수 기업에 대한 대출 심사 역량에서 장점이 있다. 반면 소액 가계대출 부문에서 최근 급격히 부상하고 있는 핀테크 온라인 금융사들은 광범위한 다수 개인에 대한 대출을 위해 인공지능(AI)을 활용하거나 오프라인 지점을 없애 비용을 절감하는 데 장점이 있다.

[그림 7-1] **경제성장 요소별 기여도** (단위: %p)

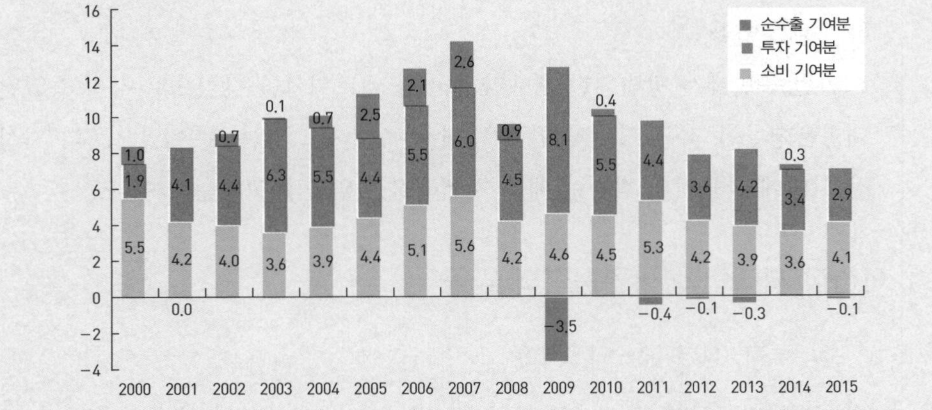

자료: 중국통계연감[1)]

그렇다면 중국 경제가 향후에도 안정적인 성장을 지속하기 위해서는 어떤 노력이 필요할 것인가? 내수 소비를 확대해야 한다고 투자를 소홀히 할 수 있을까?

아마 중국정부는 소비확대뿐만 아니라 민간투자도 확대해야 하고 정부지출도 포기할 수 없을 것이고, 수출도 확대해야 할 것이다. 나아가 혁신까지 열심히 해야만 이전과 같은 경제성장을 지속할 것이다.

하지만 중국경제가 저성장, 신창타이 시대에 진입하였기 때문에 과거와 같은 방식의 성장, 예를 들면 정부주도로 비효율적인 투자를 확대하는 방식의 성장을 계속 추진하기 위한 자금을 조달하기는 쉽지 않을 것이다. 따라서 새로운 금융의 역할이 필요해지고 있다.

(나) 저성장 시대 중국 금융시스템의 새로운 변화

이제 저자는 다음 장부터 중국 금융시스템에서 나타나고 있는 새로운 변화의 움직임 중에서 각각 ① 소비와 ② 민간투자, ③ 정부지출, ④ 대외부문 그리고 ⑤ 혁신이라는 항목에서 특히 주목할 필요가 있는 사례들을 설명하고자 한다.

물론 이러한 변화들은 대부분 매우 초기단계의 변화이고 1부에서 사용한 것과 같은 추세가 확인되는 통계 데이터로 설명하기는 어려운 한계가 있다. 하지만 중국 금융시스템에서 발생하고 있는 이러한 새로운 변화의 양상들을 종합해 보면 중국이 전 세계적인 저성장 시대에도 중저속의 안정적인 경제성장을 지속하기 위한 강력한 의지를 파악할 수 있다.

다시 말해 소비도 확대하고 민간투자도 확대하고 정부지출도 확대하고 대외부문의 경쟁력도 강화하고 혁신역량도 강화하기 위해 금융부문의 어떤 역량을 강화해 나가고자 하는지에 대한 단서를 제공하는 것이다. 또한 저자는 금융시스템의 이러한 변화들이 향후 중국 경제의 변화 방향성을 이해하는데 중요한 단서를 발견할 수 있다고 생각한다.

먼저 8장에서는 민간 소비 확대를 위한 금융부문의 새로운 움직임으로 소비자 금융을 중심으로 하는 핀테크 민영은행에 대해서 설명하고자 한다. 최근 신설된 핀테크 은행들은 기존 은행들보다 편리하고 낮은 이자율로 소비자 대출을 확대하여 소비확대를 통한 경제성장에 기여하는 역할을 담당하고 것으로 보인다.

9장에서는 M&A 펀드에 대해서 설명하고자 한다. M&A 펀드는 국유기업 구조조정에 필요한 자금조달을 원활하게 하여 구조조정의 비용을 낮추어 원활한 구조조정이 가능하게 할 수 있다. M&A펀드에 민간 금융자금을 조달하여 중국정부가 추진하는 산업 구조조정에서 정부의 재정적인 부담을 완화시켜주는 효과가 기대되기 때문이다. 향후 M&A 펀드가 효율적으로 기능한다면 국유기업의 구조조정에 민간 투자자금을 적극적으로 동원하여 투자에 의한 성장원동력을 확대하는데 기여할 것으로 보인다.

10장에서는 PPP 펀드에 대해서 설명하고자 한다. 저성장 시대 정부지출의 효율성이 중요해지고 있는 상황에서 중국정부는 '일대일로'와 같은 대규모 정부지출 사업에서 민간부문의 참여를 통해 투자의 효율성을 높이고자 한다. PPP 펀드는 정부지출에 다양한 분야의 투자자금을 보완적으로 활용하여 효율적이고 지속가능한 정부지출이 가능하도록 할 수 있을 것이다. 정부의 역할이 여전히 매우 중요한

〈표 7-1〉 중국 금융시스템의 새로운 변화와 의미

영역	새로운 변화	주요 의미
소비 확대(C)	핀테크 소비금융 전문은행	편리하고 낮은 이자율의 소비자 대출 확대로 소비확대 유도
민간 투자(I)	국유기업 M&A 펀드	민간 자금이 국유기업 구조조정에 참여하여 구조조정의 비용을 절감하고 투자를 유도
정부 지출(G)	PPP 펀드	다양한 자금을 활용하여 정부지출의 효율성과 지속가능성을 높임
대외 부문(NX)	위안화 국제화, 신용평가사의 국제화 등	국제 금융시스템의 룰 메이커로 대외 금융경쟁력을 확보
혁신 역량(+α)	대기업 주도 벤처캐피탈	대기업이 필요한 혁신을 빠른 시간에 이룰 수 있도록 유도하여 혁신 경쟁력 강화

중국에서 정부지출의 효율성을 높이는 것은 경제성장에 기여할 것으로 보인다.

11장에서는 대외부문과 관련된 중국 금융의 변화로 글로벌 금융시스템의 룰 메이커(rule maker)로 도약하고자 하는 움직임을 설명하고자 한다. 과거 중국이 글로벌 금융시스템의 룰을 추종하는 입장에서 향후 글로벌 금융시스템의 룰을 만들어 나가는 입장으로 변신할 수 있다면, 이는 중국 경제성장에 크게 기여할 수 있을 것으로 보이기 때문이다. 이 책에서는 그 사례로 중국 신용평가사의 국제화와 글로벌 금융 국제표준을 만들어 나가는 가능성에 대해서 살펴보았다.

(다) 대기업 주도 벤처캐피탈의 혁신 금융 가능성

마지막으로 혁신과 관련된 금융의 역할은 매우 초기 단계이기 때문에 이 장에서 간단하게 설명하고자 한다.

중국의 기업들이 글로벌 최첨단 기업으로 발전하기 위해서는 혁신역량이 매우 중요하다. 하지만 중국의 기존 금융시스템이 이러한 혁신역량을 효율적으로 유도하기는 쉽지 않아 보인다. 다만 대기업이 중심이 되는 벤처캐피탈과 같은 사례는 혁신금융 부문에서 상당히 주목할 필요가 있다고 보인다.

중국의 벤처캐피탈은 길지 않은 역사를 가지고 있음에도 불구하고 이미 미국에 이어 세계 2위의 규모로 발전하였다. 특히 미국식 벤처캐피탈의 생태계를 빠르게 모방하면서 발전하고 있어서, 효율성이 매우 높다고 평가된다. 이는 벤처캐피탈이 경제성장의 신성장 산업의 육성을 통한 경제성장의 원동력 제공 역할을 효율적으로 수행할 가능성이 있다는 것을 의미한다.

당초 중국 벤처캐피탈은 외국계 벤처캐피탈(VC)에 대해서 시장을 개방하면서 2005년 VC 모집금액이 311억 위안(달러를 위안화로 환산한 금액)이었으며, 반면 중국 위안화 VC 모집금액은 11억 위안에 불과하였다. 하지만 2008년 글로벌 금융위기를 계기로 외국계 VC의 투자자금 조달과 중국내 투자가 급감하였고, 반면 중국 내에서 위안화 VC 모집금액은 급격히 증가하였다. 2015년 위안화 VC 투자자금은 1396억 위안이 모집되었고, 달러 VC 투자자금도 600억 위안이 모집되었다.

중국 벤처캐피탈의 성장 과정에서 주목할 필요가 있는 것은 중국 본토 대기업이 벤처캐피탈 투자에 적극적으로 나서고 있다는 것이다. 중국에서는 모회사가 비금융 대기업인 벤처캐피탈 회사를 CVC(Corporate Venture Capital: 公司创业投资 또는 企业风险投资)라고 한다. 중국 칭커연구센터(清科研究中心)의 데이터베이스에 따르면[2] 중국 내에서 2015년 12월 말 기준으로 투자건수가 적어도 4건 이상인 벤처캐피탈 수는 1,341개이며, 그중에서 모회사가 비금융 대기업인 CVC는 78개

〈표 7-2〉 중국 CVC 투자 사례와 투자회수 사례 통계

업종	투자건수	비중(%)	투자회수건	비중(%)	회수성공률
인터넷 +	662	35.7	92	26.9	13.9 %
서비스업	373	20.1	48	14.0	12.9 %
전통제조업	359	19.4	67	19.6	18.7 %
첨단 설비산업	266	14.4	72	21.1	27.1 %
기타	146	7.9	49	14.3	33.6 %
비공개	47	2.5	14	4.1	29.8 %
합계	1,853	100	342	100	18.5 %

자료: 傅嘉成 외(2016), p.33 재인용

이다. 이들 78개 CVC가 투자한 벤처캐피탈은 1,853개이며, 그중에서 투자회수 건수는 342건에 달한다. CVC가 전체 중국 벤처캐피탈에서 차지하는 비율은 5.8%이며, 이는 미국 벤처캐피탈 시장에서 CVC가 차지하는 비중 7.3%(2009년 기준)에 비해서는 낮은 수준이지만 CVC가 매우 빠르게 성장하고 있는 상황에서 향후 CVC의 역할은 더욱 확대될 전망이다.

중국내 CVC는 인터넷 관련 업종에 대한 투자가 전체 투자건 중에서 36%로 가장 많고, 그 다음은 서비스업 20% 순이다.

이들 CVC들의 전략 중 두드러진 특징은 모회사 대기업의 전략적 확장 영역이나 플랫폼 구축에 필요한 산업에 대한 스타트업 투자를 통해 모회사 중심의 생태계 구축을 이룩하고 있다는 것이다. 예를 들면 B.A.T.(바이두, 알리바바, 텐센트) 같은 온라인 플랫폼을 구축한 대기업이 다양한 서비스산업이나 신규 성장산업에 대한 스타트업 투자를 확대하고 그중에서 성공적인 사업영역을 자신의 플랫폼에 포함하여 신규 시장을 구축하거나 M&A를 통해 자회사로 편입하는 방식으로 플랫폼 생태계를 강화하고 있는 것이다.

또한 기술혁신을 위해 CVC가 이용되는 경우도 있다. 예를 들면 드론 산업에서 전세계 상업용 드론의 70%를 차지하고 있는 DJI(Dajiang Innovation : 大疆創新科技)는 2015년 5월 드론 관련 기술 및 서비스 분야에 대한 스타트업 투자를 전문으로 하는 7,500억 달러 규모의 "스카이 펀드"를 설립하여 DJI 기술과 플랫폼이 전세계 드론 산업의 생태계를 주도하겠다는 목표를 추구하고 있다. 이 "스카이 펀드"는 항공기술 이외에도 인공지능, 시각센서, 드론 촬영 및 영상처리, 지도 등의 관련 기술 및 서비스 산업 분야의 스타트업 기술에 투자하고 있다.

이러한 CVC들은 기존 중국 정부 주도의 벤처캐피탈 투자보다 효율적이고, 기술혁신이 기업의 성장에 직접적으로 연결될 수 있다는 측면에서 향후 중국 CVC들의 성과와 추세에 대한 지속적인 연구가 필요할 것이다.

참고문헌

- 이치훈 (2016), "중국경제 진단과 우리경제에 주는 시사점", 예산정책연구, 5권1호: 12-49
- 傅嘉成 宋硯秋 (2016), "中国企业风险投资(CVC)投资策略与投资绩效的实证研究投资策略", 《投资研究》2016年06期 期刊: 29-44

Endnotes

1) 중국통계연감의 3-19항목 3대요소의 GDP기여도(三大需求对国内生产总值增长的贡献率和拉动)
2) 傅嘉成 宋硯秋(2016)

제8장

핀테크 소비자금융 은행

1. 중국 핀테크 금융업의 성장

1) 핀테크 금융업의 발전

전 세계적으로 정보통신과 금융을 결합한 핀테크(FinTech) 산업이 비약적으로 성장하고 있다. 최근 핀테크는 모바일 금융 플랫폼을 통해 금융 서비스 비용을 획기적으로 절감하였고, 기존 은행의 업무영역과는 차별화된 새로운 금융서비스를 도입하면서 빠르게 성장하고 있다.

핀테크의 업무 영역은 초기 온라인 지급결제나 온라인 송금에서 최근에는 대출과 자금 중개, 개인자산관리, 보험 등 전통적인 금융업의 고유영역으로까지 확대되고 있다. 더구나 빅데이터 분석과 인공지능 기술의 발전으로 신용평가, 자금운용 등의 역량이 강화되고 있기 때문에 향후 핀테크 금융업의 발전 가능성은 매우 크다고 평가된다.

2) 중국 핀테크 금융업의 규모와 특징[1]

(가) 제3자 지급결제 중심의 온라인 지급결제

중국의 핀테크 금융업의 거래금액은 2016년 4,400억 달러로 전망되어 미국(7700억 달러)에 이어 세계 2위를 기록할 것으로 예상될 만큼 급성장하고 있다.

그 중 가장 큰 비중을 차지하는 온라인 지급결제 시장은 알리바바나 텐센트와 같은 비(非)금융 온라인 전문회사가 주도하고 있다. 6장에서 언급한 바와 같이 모바일 지급결제 시장의 73%를 알리바바 알리페이가 차지하고 있고, 2위는 텐센트로 17%를 차지하고 있다.

또한 〈표 6-7〉에서 보듯이 2011년에서 2015년 사이 제3자 지급결제 중 인터넷 지급결제의 연평균 증가율은 53%에 달했고, 모바일 지급결제는 211%에 달하는 급성장세를 보이고 있다. 2015년 말 기준으로 제3자 지급결제 시장은 인터넷 지급결제가 11조9,000억 위안(약 2,000조 위안), 모바일 지급결제 규모가 9조3,000억 위안(약 1,500조원) 규모이다.

(나) 무료 송금 기반의 텐센트 웨이신

중국 최대의 온라인 메신저(SNS)인 'QQ'와 '웨이신(WeChat)'을 보유하고 있는 텐센트는 온라인 메신저를 이용한 무료송금을 기반으로 핀테크 금융업이 성장하고 있다. 모바일 기반의 메신저 웨이신은 한국의 '카카오톡'과 같이 많은 중국인들이 광범위하게 이용하고 있다.

텐센트는 2013년부터 웨이신 이용자 간의 소액 온라인 무료 송금 서비스를 도입하였다. 은행 온라인 송금의 경우 은행간 송금이나 타지역 송금에 대해 송금 수수료가 부과되는 반면 웨이신을 이용하는 경우는 소액 송금에 대해서 송금수수료가 완전히 면제되었기 때문에 선풍적인 인기를 얻게 되었다.

웨이신 메신저 상에 등록된 친구에 대해서 모바일을 이용하여 간단한 비밀번호 입력만으로 송금이 가능한 매우 간편한 방식으로 단기간에 이용자 수가 급증하였다. 대부분의 이용자들이 웨이신 계좌를 가지고 있기 때문에 상대방의 은행 계좌 번호를 몰라도 송금이 가능하였다. 혹은 오프라인상에서 상대방 계좌의 QR 코드 촬영으로도 소액 송금이 가능하기 때문에 상점이나 노점상에서의 결제로도 활용되고 있다.

이러한 소액 무료 송금 서비스는 점차 더 편리한 서비스로 발전하고 있다. 예를 들면 음식점 등에서 비용을 각자 부담하는 더치페이가 일반적으로 많이 사용되는 중국의 젊은 층들을 겨냥한 '**더치페이 돈지갑(AA收款)**'[1]이 빠르게 보급되었다.

웨이신의 메신저를 이용한 송금이 보편화되면서 온라인으로 세뱃돈(홍빠오)을 주고받는 것도 보편화되었다. '**웨이신홍바오(微信红包)**'는 2014년 도입된 서비스로

---

1 AA방식이란 중국에서 더치페이방식을 지칭한다. 과거에는 더치페이를 위해 음식점 직원이 복잡하게 잔돈을 계산하거나 여러번 카드결제를 해야 하는 불편함이 있었다. 반면 AA돈지갑 앱의 경우 음식점 등에서 한 명이 카드로 결제하면 다른 사람들이 얼마를 송금해야 하는지 계산기 기능이 있고, 현장에서 송금을 확인할 수 있어서 젊은 층에서 매우 광범위하게 사용되었다.

200위안(한화 약 3만5천원) 이하에 대해서는 무료로 편리하게 송금이 이루어진다. 최근에는 기업들이 고객 마케팅으로 웨이신홍바오를 활용하고 있다. 기업들이 고객에게 소액의 세배돈을 제공하면서 기업홍보에 활용하고 있는 것이다.

이러한 모바일 송금 서비스의 확대로 웨이신 계좌에 일정 금액을 예치하는 것이 보편화되었다. 이는 비(非)금융사인 텐센트의 웨이신 계좌가 일종의 은행 예금 계좌처럼 활용될 수도 있다는 것을 보여준 것이다.

(다) 온라인 자산운용상품을 활용한 예금기반 확대

6장에서 언급한 바와 같이 알리바바는 자신의 모바일 플랫폼을 통해 2013년 6월부터 온라인 자산운용 펀드상품인 '위어바오(余额宝)'를 판매하기 시작하였다. 위어바오는 출시 이후 엄청난 선풍적인 인기를 얻으면서 급성장하였고, 중국 내 온라인 MMF 자산운용상품을 확대하는 데 기여하였다.

위어바오는 은행예금에 비해 리스크는 높지 않지만 수익률은 매우 높은 자산운용상품이었다. 또한 은행예금만큼이나 편리하게 결제 기능을 수행하면서 젊은 층들을 중심으로 은행 예금을 대체하는 효과가 나타났다.

비(非)금융사의 전자상거래 결제를 위한 알리페이 계좌가 은행 요구불 예금을 대체할 수도 있다는 것을 상징적으로 보여준 것이다.

(라) 온라인 핀테크 대출, P2P, 크라우드 펀딩

중국의 핀테크 금융업은 소액대출 영역으로까지 빠르게 발전하고 있다. 가장 대표적인 대출 영역은 텐센트의 위뱅크나 알리바바의 마이뱅크와 같이 신설된 핀테크 민영은행을 통한 소액대출 확대이다. 이에 대해서는 다음 절에서 보다 자세히 설명하고 한다.

또한 주목할 필요가 있는 것은 온라인 P2P 대출[2]의 확대이다. P2P 대출 플랫폼은 2010년 대비 2015년 말 260배가 증가하는 급성장세를 보였다. P2P 대출 실행

---

2 P2P 대출이란 Peer to Peer 대출을 지칭하는 용어이다. 금융기관을 거치지 않고 온라인 플랫폼에서 개인과 개인 간의 직접적인 자금 대출이 이루어지는 금융거래를 지칭한다.

금액도 2015년 9,750억 위안(약 167조원)으로 2010년 이래 연평균 증가율이 528%에 달하는 급성장세를 보였다.

P2P 온라인 대출 플랫폼에서는 자금의 공급자와 수요자 양쪽의 정보 상호교환, 중재(撮合), 신용평가, 법률적인 수속대리 등의 중개업무 서비스를 제공한다. 중국의 대표적인 P2P 대출 플랫폼으로는 이신(宜信)[3]과 런런다이(人人貸)[4] 등이 있다.

〈표 8 – 1〉 중국의 P2P 대출 증가 추이

	2010	2011	2012	2013	2014	2015	연평균 증가율(%)
P2P 대출 플랫폼 수(개)	10	50	200	800	1,575	3,657	225.6
P2P 대출 실행액(억 위안)	1	31	212	1,058	2,528	9,750	527.8
P2P 대출 잔액(억 위안)	1	12	56	268	1,036	5,582	461.5

자료: 清科研究中心(2015)[5] 零壹财经[6], 서봉교(2016), p.27 재인용

온라인 플랫폼을 기반으로 불특정 다수를 대상으로 자금을 모집하는 크라우드펀딩[7]도 증가하고 있다. 대표적인 플랫폼으로는 텐스훼이(天使汇 : AngelCrunch) 등이 있다.

---

3 http://www.creditease.cn/index.html 이신은 2006년 설립된 회사로 P2P 신용대출 서비스를 제공하는 플랫폼이다. 이신그룹은 자산관리, 신용평가, 신용 데이터 서비스 등을 종합적으로 관리하는 회사이다.

4 http://www.renrendai.com/ 런런다이는 2014년 1월 1일 설립된 P2P 신용대출 서비스 플랫폼이다. 런런다이는 스스로 하는 금융이라는 뜻으로, 중국3A신용평가사와 인터넷 회사가 중심이 되어 설립되었다. 2014년 대출금액이 37억 위안, 누적 대출금액이 60억 위안에 달하고 등록 회원수는 100만 명에 달한다.

5 清科研究中心(2015), 2015年中国互联网金融行业投资研究报告, 2015年4月

6 http://01caijing.baijia.baidu.com/article/286273

7 크라우드 펀딩(Crowd Funding)은 대중으로부터 자금을 모은다는 뜻으로 소셜미디어나 인터넷 등의 매체를 활용해 자금을 모으는 투자방식을 지칭한다.

2. 핀테크 온라인은행의 소액 개인대출[2)]

1) 텐센트의 위뱅크

(가) 텐센트의 금융업 경쟁 우위

중국 최대의 인터넷 회사인 텐센트(Tencent, 중국명 텅쉰: 腾讯)는 2014년 12월 "웨이중은행(WeBank: 微众银行; 이하 위뱅크)"이라는 핀테크 온라인 은행을 설립하였다.[8]

텐센트는 중국 최대의 메신저 'QQ'와 '웨이신'을 보유하고 있다. 이들 회원수는 8억 명 수준으로 알려져 있다. 이런 소셜 네트워크서비스 분야의 독보적인 우위를 기반으로 다양한 인기 있는 컨텐츠를 보유하고 있다. 예를 들면 QR 코드를 이용한 편리한 소액 무료 웨이신 계좌이체, 더치페이 돈지갑, 송금＋예금＋금융투자에 강점을 가진 재테크 상품 리차이통(微信理财通), 모바일결제 시장의 20%를 차지하는 "위챗페이(Wechat-pay)" 등이다.

(나) 중소은행의 대출 중개 서비스

텐센트는 2015년부터 모바일 대출 플랫폼 웨이리다이(微粒贷)를 출시하였고, 낮은 대출 이자율과 편리성으로 텐센트 위뱅크의 소액 개인대출을 중심으로 선풍적인 인기를 얻고 있다.

주목할 필요가 있는 것은 텐센트의 소액 개인대출이 선풍적인 인기를 얻으면서 2015년 9월부터는 웨이리다이 대출의 80%를 텐센트와 협력 계약을 체결한 25개 중소형 상업은행의 대출을 중개하는 형태로 영업이 이루어지고 있다는 것이다. 텐센트의 웨이리다이 대출 플랫폼을 이용하여 텐센트가 대출을 실시하고, 그 대출 자금을 협력 계약을 체결한 중소형 상업은행에서 조달하는 형태이다. 텐센트는

---

8 위뱅크의 정식 명칭은 深圳前海微众银行股份有限公司이고, 홈페이지는 www.webank.com 이다.

협력 계약을 체결한 중소형 상업은행의 대출을 중개하면서 이자수익을 7:3(은행: 텐센트)으로 배분하고 있다고 한다.

텐센트의 중소형 상업은행 대출 중개 업무는 더욱 확대되고 있으며, 협력 계약을 체결한 중소형 상업은행의 수도 2016년 40여 개로 확대되었다. 이는 은행들이 텐센트와 같은 온라인 대출 중개 플랫폼의 단순한 자금공급 기능만을 제공하는 형태로 전환될 수도 있다는 것을 의미하는 매우 중요한 변화로 향후 추이를 주시할 필요가 있다.

텐센트 위뱅크가 소액 대출 사업을 시작한 지 1년 만에 누적 대출 금액이 400억 위안(약 6조6,800억원)에 달하였다. 2016년 5월 15일까지 1년 만에 웨이리다이 신용공여자(授信) 수는 3,000만 명에 달한 것이다.

평균 건당 대출 금액은 8,000위안(약 134만원) 전후였다. 대출 지역은 전국 31개 성, 549개 도시에 고르게 분포되어 있다. 고객의 64.8%는 25세에서 35세 사이이고, 전문대학교 이상의 학력자가 72%를 차지하였다. 대출 신청과정에서 대출심사에 걸리는 시간은 평균 2.4초이고, 대출 자금이 고객의 계좌로 이체되는 데 걸리는 시간은 평균 40초였다.

2016년말 기준으로 위뱅크의 자산 규모는 520억 위안(약 8조9,000억원)으로 전년 대비 440%가 성장하였다. 대표적인 대출 플랫폼인 웨이리다이를 이용한 고객은 7,000만 명으로 폭발적으로 증가하였다. 또한 온라인 플랫폼을 이용한 자동차 대출 웨이처다이(微车贷)도 출시하여 2016년 말 대출 잔액이 55억 위안에 달했다.

위뱅크는 2016년 연초 대비 2016년 말의 신용대출 규모가 7배가 증가하였지만, 부실대출 비율은 0.32%에 불과하다.

2) 알리바바의 마이뱅크

(가) 알리바바의 금융업 경쟁 우위

중국 최대의 온라인 전자상거래 회사인 알리바바는 2015년 6월 마이뱅크(MYbank; 중국명 아리온라인은행(阿里网商银行)를 설립하였다.

1999년 설립된 알리바바는 당초 전자상거래 회사로 출발하였으나, 2003년 온라인 전자상거래 지급결제 분야에 진출한 이후 이 분야에서 절대적인 우위를 차지하였다. 알리바바의 알리페이(중국명 즈푸바오)는 인터넷 지급결제뿐만 아니라 모바일 지급결제 분야에서도 절대적인 우위를 차지하였다. 2015년 기준으로 모바일 지급결제 시장의 73%를 차지하고 있다.

이러한 온라인 지급결제 서비스의 경험과 데이터의 축적이 혁신적인 경쟁력을 갖춘 우수한 핀테크 금융사로 발전할 수 있는 기반이 되었다.

알리바바는 2007년부터 은행들과 연계하여 자신의 온라인 전자상거래 플랫폼을 통해 소액대출을 중개하는 서비스를 제공하여 금융사업의 경험을 축적하였다. 당시 알리바바와 C2C 전자상거래 플랫폼 '타오바오(淘宝)'[9]를 통해 '자체적으로 보유하고 있었던' 개인과 기업의 거래 신용정보 데이터 베이스는 이후 알리바바 금융사업의 핵심 경쟁력이 될 수 있었다.

(나) 알리바바의 금융사업 발전 경과

2010년 알리바바는 자회사로 소액대출회사를 설립하였고, 은행과 결별하여 독자적인 대출영업을 시작하였다. 이러한 독자적인 대출영업을 시작하면서 알리바바가 본격적으로 금융사업을 확대하였다. 2010년 6월 저장성에 알리바바 소액대출회사를 설립하였고, 2011년 6월에는 충칭시에서도 소액대출회사를 설립하였다.

초기에 알리바바는 기존 일반은행에서 중시하지 않는 소형기업을 대상으로 저(低)금리의 소액신용대출을 제공하면서 급성장하였다. 당시 알리바바 전자상거래에 대한 정보와 2007년 이후 대출중개를 통해 축적한 기업과 개인의 거래 및 신용정보 데이터 베이스를 바탕으로 자체적인 신용평가 시스템을 구축하였다. 이

---

9 타오바오(淘宝: www.taobao.com)는 2003년, 알리바바가 기존 알리바바 전자상거래 플랫폼에서 개인 간 전자상거래(C2C: Consumer to Consumer) 사이트 및 플랫폼을 독립시켜 구축한 개인 전자상거래 플랫폼이다.

를 통해 리스크를 최소화하면서도 상대적으로 금리가 낮은 무담보 대출이 가능하였다.

또한 알리바바의 기존 온라인 플랫폼의 알리페이 계좌를 이용하여 금융 거래가 이루어지기 때문에 처리과정, 자금수취가 매우 빠르고 거래수수료가 획기적으로 절감되었다.

알리바바는 2013년 6월부터 위어바오 자산운용상품을 온라인 플랫폼을 통해 판매하기 시작하였다. 위어바오는 모바일을 이용하여 매우 편리하게 이용할 수 있는 자산운용상품이면서도 수익률이 6~7%로 높았기 때문에 6개월 만에 가입자 수가 1억5,000만 명으로 증가할 정도로 폭발적인 인기를 얻었다.

6장에서 설명한 바와 같이 알리바바의 위어바오는 사실상 온라인 전자상거래의 지급결제 계좌로만 제한적으로 활용되었던 알리페이 계좌를 수익률 높은 예금 계좌로 활용하도록 유도하여 큰 인기를 얻었고 급성장할 수 있었다. 당시 많은 사람들이 여유 돈을 은행 요구불 계좌에서 알리페이 위어바오 계좌로 이전하기 시작하였다.

이러한 예금기반이 알리바바가 본격적인 핀테크 온라인 은행사업을 시작하는

〈표 8-2〉 알리바바의 금융사업 포트폴리오 발전 경과

시기	사업 분야	자회사 명	주요 내용
2004	지급결제	알리페이 (Alipay: 支付宝)	알리바바 그룹내 지급결제 플랫폼, 오프라인 결제 결합(온라인 지급결제)
2007	소액 자기자본 대출	알리 파이낸스 (阿里金融)	알리바바, T-mall 등에 입점한 업체 대상으로 소액 대출(자기자본 대출)
2013	자산운용 상품	위어바오 (余额宝)	알리페이 계정내 잔여금액 중 위어바오 이체금액을 MMF에 투자(예금 기반)
2013	인터넷 보험	중안 온라인보험 (众安在线保险)	알리바바, 텐센트, 핑안(平安)보험사가 투자(온라인 보험상품)
2014	모바일 은행	저장온라인은행 (浙江网商银行)	2015년 알리바바 온라인 마이뱅크로 (阿里网商银行:MYbank) 출범(예금＋대출)

자료: 관련 자료 바탕으로 저자 정리

데 중요한 기반이 될 수 있었다.

나아가 2015년 6월 알리바바는 마이뱅크를 설립하였다. 알리바바는 마이뱅크 설립 이후 개인 소액대출을 강화하는 등 기존 은행들과는 차별화된 전략을 추진하고 있다. 알리바바의 마윈(馬雲) 회장이 과거 3만 위안의 소액대출을 받지 못하고 고생했던 경험을 바탕으로 소액대출에 적극적으로 나서고 있다는 유명한 일화를 마케팅으로 활용하고 있다.

2015년 말 기준으로 알리바바의 마이뱅크 대출업무 중에서 기업 대출은 전체 대출의 19%, 개인 대출이 전체 대출의 81%를 차지하고 있다. 2015년 12월 말까지 기준으로 부실 대출 비율은 0.2%에 불과하였다.

(다) 알리바바 은행의 소액 개인대출 금융업

알리바바 마이뱅크는 2015년 4월 21일 온라인 결제시스템 알리페이와 연계된 소액대출 플랫폼 "마이지에베이(蚂蚁借呗)"를 출시하였다. 마이지에베이는 1년 만에 누적 대출 금액이 492억 위안(약 8조2,000억원)이고 신용공여자 수는 3,000만 명에 달하였다.

마이지에베이는 온라인 대출이라는 특성 때문에 90% 이상의 고객이 80년대 생이나 90년대 생(生)의 젊은 고객층이었다. 지역별로는 광둥(广东)성이 16%로 가장 많았고, 저장(浙江) 14%, 장수(江苏) 9%, 푸젠(福建) 7%, 상하이(上海) 6% 순이었다.

나아가 알리바바는 2015년 4월부터 온라인 전자상거래 플랫폼 텐먀오(天猫), 타오바오(淘宝)의 구매자들을 대상으로 온라인 전자상거래 대출 플랫폼 "마이화베이(蚂蚁花呗)"도 출시하였다. 마이지에베이가 대출금의 현금 인출이 가능한 것과는 달리, 마이화베이는 현금 인출은 불가능하고 온라인 상품 구매 시 결제를 위한 대출로만 사용이 가능하다.

마이화베이는 출시 이후 반년 만에 150만 명의 고객이 이용하였다. 2015년 11월 11일 중국 최대의 온라인 전자상거래 할인행사 '광군절(光棍節)' 하루 만에 화

〈표 8-3〉 중국 온라인 소액대출 상품과 대출 이자율

회사 명	상품 명	이자율 및 대출 금액
텐센트 (腾讯)	웨이리다이 (微粒贷)	• 웨이중 은행, QQ钱包 고객 • 500~20만 위안, 20개월 미만 / 최고 연 18%
알리바바 (芝麻信用)	지에베이 (借呗)	• 알리바바 芝麻 점수 600점 이상 고객 • 1,000~5만 위안, 12개월 미만 / 최고 연 16.4%
징동(京东) (빠른 배송으로 유명)	징동바이티아오 (京东白条)	• 인터넷 상거래 구매 고객 • 1.5만 元, 30일 결제 이월 / 신용도 따라 무이자 • 24개월 미만 / 최고 연 18%

자료: 각사 온라인 사이트에서 저자 검색, 서봉교(2016), p.47 재인용

베이 대출플랫폼은 6,048만 건이 거래되었고, 알리페이 전체 거래 금액의 8.5%를 차지하였다.[3]

마이화베이 대출 금액은 500위안에서 5만 위안 사이이고, 대출을 통해 구매한 상품으로는 화장품, 악세사리, 스킨메이크업, 핸드백, 여성 구두가 전체의 20% 이상을 차지하였다.

3) 스마트폰 가전업체 샤오미의 핀테크 온라인 은행

2016년 6월, 모바일 스마트폰 중심의 종합가전업체이자 독자적인 모바일 스마트폰 운영시스템(MIUI) 개발회사인 "샤오미(小米)" 역시 핀테크 온라인 전문은행 설립 인가를 취득하였다.[4]

샤오미는 전자상거래(알리바바)나 SNS(텐센트) 등 기존 온라인 전자상거래 플랫폼의 강력한 지배력을 보유한 거대 온라인 서비스 기업들과는 다른 형태의 핀테크 전략을 추진해야 할 것으로 예상된다.

샤오미는 가성비(cost performance ratio)가 높은 스마트폰 단말기를 출시하여 제품 출시 3년이라는 단시간 내에 중국 내 스마트폰 점유율 1위를 달성하였고, 이 스마트폰에 독자적인 모바일 운영시스템(MIUI)을 장착하였다. 샤오미는 이러한 스마트폰 단말기의 우위를 바탕으로 스마트폰 주변기기뿐만 아니라 공기청정기,

오디오, CCTV 등 주변 생활가전 분야까지 결합하는 모바일 가전 생태계를 창출하고 젊은 남성들을 중심으로 마니아 층을 형성하였다.

따라서 샤오미가 구상하는 핀테크 온라인 전문은행의 성공은 이러한 샤오미의 생태계를 적극 지지하는 1억 명 이상의 샤오미 팬들(미펀: 米粉)에게 어떠한 경쟁력 있고 차별화된 금융서비스를 제공할 수 있을 수 있을 것인가에 달려 있다고 예상된다.

3. 중국정부의 금융규제 완화와 핀테크

1) 점진적 규제완화를 통한 핀테크 산업 발전

(가) 비(非)금융사의 금융업 진출에 대한 규제 완화

중국 핀테크 산업의 발전에서 두드러진 특징은 중국 정부의 재정지원을 통한 육성보다는 점진적 규제완화가 두드러진다는 것이었다.

중국정부의 핀테크 산업 육성 정책은 기본적으로 타 분야에서 상당한 성과를 달성한 비금융회사가 금융혁신을 주도할 수 있도록 기존 은행들의 독점영역에 대한 진입장벽을 완화하는 등 규제완화를 적극적으로 추진하는 것이었다. 규제완화와 이를 통한 경쟁을 통해 새로운 플레이어(new player)가 금융혁신을 주도하도록 유도하는 방식인 것이다.

현재 중국의 핀테크 금융혁신을 주도하고 있는 알리바바나 텐센트 등의 ICT 분야의 대기업들은 대부분 이러한 정부의 금융업 진입장벽 완화에 따른 기회를 활용하면서 성장하였다. 중국에서는 한국과는 달리 금융업이 주력업종이 아닌 기업이 금융산업에 진출하는 데 특별한 금지 규정이 없기 때문에 금융업에 진출하는 혁신적인 새로운 플레이어가 금융회사가 아닌 경우가 많은 것이다. 기존의 금융사가 아니라 비금융사가 자신들의 분야에서 확보한 경쟁우위를 바탕으로 새롭게 은행업에 진출하는 것은 금융업의 새로운 혁신을 촉진하는 긍정적인 기능이 있음에 주목할 필요가 있다.

(나) '열린 접근법'과 사후적 규제제도 보완

동시에 중국정부는 이러한 금융제도 개혁을 추진하는 과정에서 발생하는 문제들에 대해서는 사후적으로 법 제도적인 미비점을 보완해 나가는 '실용주의적인 정책'을 사용하였다.

중국 정부가 새로운 핀테크 산업이 등장할 때 선택한 규제 적용의 '열린 접근법'은 빠르게 변화 발전하는 시대의 새로운 핀테크 산업 육성정책으로 효과를 발휘하였다. 구체적으로는 일부 시범 지역이나 기업에 대해 기존의 엄격한 규제의 예외를 인정하고, 이러한 실험을 통해 나타난 성과와 문제점을 바탕으로 사후적으로 법률을 보완하는 것이다.

예를 들면 중국정부는 지난 수년간 핀테크 금융업의 발전을 적극 지지하였고, 이 과정에서 발생할 수 있는 다양한 문제들을 사후적으로 보완하고 있다. 결과적으로 핀테크 금융업과 관련되어 개인 금융정보 보호, 온라인 금융의 보안 강화 문제, 금융실명제 등 관련 규제환경을 충분히 갖추지 못한 상황에서 핀테크 금융업이 발전하였다. 하지만 핀테크 금융업이 발전함에 따라 사후적으로 관련 제도를 정비하였는데, 기본적으로 기존 핀테크 금융업의 발전을 상당히 지지하는 형태로 법 개정이 추진되고 있다. 또한 2015년 하반기 이후 P2P 대출 부실 문제가 심화되면서 부실 P2P 플랫폼에 대한 단속을 강화하여 많은 P2P 플랫폼을 정리하기도 하였다. 하지만 전반적인 P2P 산업 발전 정책 방향성은 유지하였다.

물론 이러한 사후적 규제제도 보완을 비판하는 시각도 있다. 하지만 중국내 자금조달 상황이 과거에 비해 원활하게 진행되면서 일부 부실한 핀테크 금융사들의 구조조정이 큰 문제를 야기하지 않고 원만하게 진행되었다. 오히려 중국정부가 통제할 수 있는 범위 내에서 시범적으로 제도를 시행해 가는 과정에서 규제제도를 준비하는 **"유연하고 책임감 있는 태도"**가 핀테크 산업을 빠르게 발전시켜 왔다는 긍정적인 측면을 주목해야 한다.

반면 중국의 금융보안 문제는 핀테크 사업자들에게 "사후적인 보안책임"을 부과하고 있다. 사전적인 보안검사를 통해 금융사들의 사후적인 보안책임이 약한 한국과는 다른 형태의 규제가 적용되는 것이다. 따라서 알리바바는 보안관련 기술에 많은 투자를 하여 온라인 금융 보안관련 기술부문에서 세계 최고 수준으로 발전하였다고 평가된다. 이러한 실험적이고 예외적인 무규제(無規制)의 '열린 접근법'은 선제적으로 다양한 경험을 축적하게 하는 장점이 있었다.

주목할 필요가 있는 것은 **금융당국도 이러한 실험을 통해 사후적으로 법률을 보완할 수 있도록 하여 혁신을 장려**하였다는 것이다. 중국에서는 지방정부나 특구(特區)에서 이러한 예외적인 실험을 추진하는 관련 담당자의 책임과 성공에 따른 보상을 명확히 하여 혁신을 장려하고 있다. 나아가 특정 지역이나 기업에 대한 실험적인 규제완화가 성공적이라고 평가되면 이를 사후적으로 중앙정부 차원의 전국적인 법률로 제정하는 경우가 많았다.

(다) 플랫폼 선점을 통한 경쟁력 확보

최근의 핀테크 산업은 관련 플랫폼을 통해 일종의 **"생태계"**를 형성하는 경우가 많다. 이러한 플랫폼을 바탕으로 하는 생태계는 그 안에서 스스로 학습하고 진화 발전하는 특징을 가지고 있다.

중국 정부의 이러한 '열린 접근법'으로 빠르게 시장을 확대하고 서비스 경험을 축적한 선발 기업들이 플랫폼을 통한 생태계의 형성을 통해 경쟁력을 확보하여 세계적인 기업으로 성장할 수 있는 기회를 제공하였다.

특히 중국 내수시장은 매우 광범위하기 때문에 중국 내수시장을 선점하여 서비스 경험과 고객 정보를 축적한 선발 업체가 추가적인 투자와 연구개발을 통해 세계적인 수준의 핀테크 기업으로 빠르게 부상하고 있다는 측면을 주목할 필요가 있다.

(라) '보편혜택 금융'이라는 명분으로 기득권 반발에 대응

중국이 이러한 금융시스템의 전환을 추진하는 과정에서 '보편혜택금융(普惠金融; 서민금융)'이라는 정책 명분을 확보하였기 때문에, 기득권을 침해당하는 기존 금융사들의 반발을 극복하고 새로운 산업이 성장할 수 있는 수익기반을 조성할 수 있었다.

신규 산업 등장 시 중국정부가 정책방향을 명확히 하고 기득권을 가진 기존 금융사들의 반발이나 개인정보, 보안 등 많은 문제점들을 사후적으로 보완하는 형태로 정책을 추진하면서 금융사들의 자발적인 혁신을 유도한 것이다.

예를 들면 기존 금융사, 특히 은행들은 핀테크 신규 사업자가 자신들이 가지고 있던 수익 기반을 침해하는 데 반발하기도 하였지만, 중국정부가 보편혜택금융이라는 강력한 명분을 제시하여 정책을 추진하였기 때문에 핀테크 신규 사업자와 업무 영역을 조정하였다. 따라서 기존 금융사들도 신규 사업자의 진입을 저지하기보다는 자체적인 혁신을 통해 자신들의 경쟁력을 높이는 데 주력하였다. 앞에서 언급한 알리바바 위어바오가 도입되었을 때 바로 이러한 정부의 정책조정으로 논란을 최소화하고 관련 산업이 빠르게 발전할 수 있었던 것이다.

2) 핀테크 금융업 육성에 대한 중국정부의 정책적 의도

(가) 중국 핀테크 금융업 육성의 필요성

핀테크 금융업의 성장은 중국정부의 입장에서는 통제하고 예측하기 어려운 새로운 변수가 그만큼 증가하게 되었다는 것을 의미한다. 그렇다면 왜 중국정부는 이러한 새로운 변수의 도입을 제약하지 않고 오히려 유도하고 있는 것으로 보이는 것인가? 이는 중국 금융시스템의 특성을 이해하는 데 상당히 중요한 연구주제이다.

저자는 그 이유로 첫째, 중국정부의 "소비자금융 육성의 정치 – 경제적 필요성"이 그만큼 컸다는 측면을 주목할 필요가 있다고 생각한다. 소비자금융의 육성을 통한 경제성장 원동력 마련은 중국 경제가 직면한 가장 중요한 과제이다.

또한 그 필요성에는 경제적인 성장률과 같은 가시적인 성과의 필요성뿐만이

아니라 '빈부격차의 축소'나 '국유기업에 투자자금이 집중되는 문제의 해소'와 같은 정치–사회적인 필요성도 포함되어 있는 것으로 보인다. 예를 들면 중국정부는 개인 창업에 대한 자금조달이나 낮은 이자율의 생활자금 대출을 확대하는 금융정책의 중요성을 지속적으로 강조하고 있다. 중국정부는 핀테크 금융업이 이러한 역할을 보완하도록 유도할 것으로 판단된다.

둘째, 여전히 낙후되어 있는 "중국 금융업 혁신의 필요성"이 그만큼 컸다는 의미로 해석할 수 있다. 지난 수십 년 간 중국정부 주도로 금융시스템의 전환이 추진되었는데, 그 핵심은 과거 계획금융 시스템의 비효율성을 시장금융 시스템의 효율성으로 전환하는 것이다. 하지만 국유기업과 국유은행 간의 구조적인 비효율성은 여전히 중국 금융시스템의 구조적인 문제점으로 남아있다.

중국정부는 이를 새롭고 효율적인 금융부문의 도입을 통한 중국 금융시스템 내부의 경쟁을 통해 일정정도 '개선'하고자 하는 것으로 판단된다. 이를 위해 핀테크 온라인 은행이 일정 정도 기여하는 측면이 있을 것이다.

셋째, 중국정부는 이러한 새로운 민영은행의 도입에도 불구하고 기존 중국 금융시스템의 안정성이나 중국정부의 경제시스템에 대한 통제력을 상실할 가능성이 크지 않다고 판단하고 있다고 보인다. 이는 중국정부와 국유기업 그리고 대형상업은행 중심의 국유은행 시스템이 확고하고 안정적으로 유지되고 있는 상황에서 이 시스템과 "이원화된 금융시스템"을 도입하는 방식이기 때문이다.

새로운 민영은행은 주로 개인 소비자대출을 중심으로 기업, 특히 국유기업 대출 중심의 기존 금융시스템과는 차별화되기 때문이다. 과거 시스템 전환의 경험을 통해 이러한 이원화된 금융시스템의 도입이 중국정부와 국유기업 그리고 국유은행으로 연결되는 기존 금융부문을 위협하는 것이 아니라 효율성 개선에 기여할 수 있을 것으로 판단할 수 있을 것이다.

마지막으로 신설 민영은행을 글로벌 최첨단 혁신 금융부문인 모바일 핀테크 산업 중심으로 육성하고자 하는 정책적 의지로 해석할 수도 있다. 기존 중국 금융사들은 여전히 선진 글로벌 금융사들에 비해 낙후되어 있다. 중국정부와 국유기업 그리고 국유은행의 관계가 지속되는 한 이러한 낙후성이 단기간에 개선될 가능성도 크지 않다. 하지만 핀테크 금융부문은 전 세계적으로 새롭게 시작하는 금융부문이기 때문에 단기간에 "세계 일류 핀테크 금융사로 도약"할 수 있는 가능성이 존재한다.

더구나 중국 내 핀테크 금융업의 규모만으로도 기존 글로벌 금융사들과 경쟁할 수 있는 고객기반이 확보될 수 있다는 것은 중국 금융사가 가질 수 있는 매우 중요한 글로벌 경쟁력이다. 중국정부는 중국의 신설 민영은행이 핀테크 금융의 혁신을 주도하여 글로벌 금융사들과 경쟁할 수 있는 세계적인 금융사로 성장하기를 희망할 것이다.

나아가 위안화 국제화의 기회를 활용하여 중국을 넘어서 동남아시아 혹은 세계로 진출하는 글로벌 핀테크 금융사로 성장할 수 있기를 희망할 수도 있을 것이다. 예를 들면 중국과 위안화 직거래가 구축된 주변 국가에서 알리바바의 온라인 전자상거래 플랫폼을 이용하여 소액 상품을 위안화로 결제하는 것은 매우 새로운 형태의 위안화 국제화 방식이 될 수도 있을 것이다. 향후 알리바바의 알리페이를 이용한 국제결제 방식이 신용카드를 이용한 국제결제 방식보다 비용 측면에서 어느 정도의 비교 우위를 확보하고 장점을 가지는지 주목할 필요가 있을 것이다.

특히 알리바바는 온라인 전자상거래 플랫폼에서 독보적인 장점을 가지면서 이를 바탕으로 물류, 문화 컨텐츠, 교육 등 다양한 분야로 활발하게 진출하고 있다. 이러한 알리바바가 플랫폼 우위를 바탕으로 물류와 문화, 금융을 포괄하는 융복합 글로벌 기업으로 성장할 가능성에도 주목할 필요가 있을 것이다.

(나) 신설 민영 핀테크 은행의 도전과 한계

이처럼 텐센트의 위뱅크나 알리바바의 마이뱅크가 단기간에 급성장하고 있지만, 과연 이들이 세계적인 규모의 핀테크 은행으로 발전할 수 있을 것인지에 대해서는 여전히 많은 의문이 제기되고 있는 것도 사실이다.

첫째, 금융업의 기본은 신뢰(trust)이다. 중국의 기존 국유은행들의 경우 정부의 정책과 제도로 이를 구축하였고, 글로벌 금융사들은 이러한 신뢰를 구축하는데 수십 년, 수백 년의 시간이 필요했었다. 이것이 이들의 '브랜드파워'이다.

하지만 중국의 신설 핀테크 은행들은 금융업에 대한 경험과 신뢰를 구축하는 시간이 부족하였다. 비록 이렇게 부족한 '시간'을 광범위한 중국 지역의 '공간'을 이용하여 극복하기 위해 노력하고 있지만, 결코 쉽지 않은 일일 것이다.

더구나 이들 금융사에 대한 신뢰는 중국이라는 지역적 한계를 넘어서기에는 너무나 부족한 것도 사실이다. 중국 금융사에 대한 국제적인 신뢰는 결국 중국이라는 국가에 대한 신뢰가 주변 국가에서 어느 정도나 확보될 수 있을 것인가와 밀접한 관계가 있다는 측면에서 향후 변화를 주목할 필요가 있다.

둘째, 금융업의 기본은 또한 안정성(stability)이다. 오랜 시간 동안의 경험과 노하우가 축적되어 안정적인 사업모델이나 리스크 관리 능력을 가지고 있다는 것이 글로벌 금융사들의 장점이다. 하지만 모바일 기반의 핀테크 금융업은 완전히 새로운 금융업의 모델이기 때문에 새로운 경험과 노하우가 축적되어 안정성을 확보하는데 시간이 필요할 것이라는 비판이 존재한다.

비록 알리바바가 지난 십여 년 간의 금융업 경험과 세계 최고 수준의 온라인 금융거래의 보안 기술을 확보하였다고 하지만, 예상하지 못한 대규모 보안문제가 발생할 가능성에 대한 문제는 지속적으로 제기되고 있다. 만약 이러한 보안문제가 발생한다면 핀테크 금융업 전반의 안정성에 대한 불신으로 관련 산업을 급격히 위축시킬 수 있는 가능성도 배제할 수 없다.

마지막으로 비록 이들 신설 핀테크 은행들이 개인대출 위주의 소비자금융을 기반으로 빠르게 성장하고 있지만, 전체 금융업에서 차지하는 비중은 여전히 매우 낮은 상황이다. 이들이 보다 대형 금융사로 성장하는 과정에서 기업대출 영역으로 영업 범위를 확대하여 간다면, 이는 기존 금융사들과의 충돌로 이어질 수밖에 없는 한계가 있을 것이다.

이런 측면에서 향후 중국정부가 이들 신설 핀테크 민영은행의 성장을 어느 정도까지 용인하고 기존 국유은행 성격의 대형 상업은행과의 관계를 어떻게 조정해나갈 것인지는 중국 금융시스템의 특성을 이해하는 데 상당히 흥미로운 연구주제가 될 수 있을 것이다.

참고문헌

- 서봉교, 최낙섭 (2014), "중국 新금융상품, 위어바오의 성장과 중국 은행 자금조달 구조의 변화",『동북아경제연구』, 26권 3호: 97-129
- 서봉교 (2015), "중국의 핀테크 금융혁신과 온라인은행의 특징",『동북아경제연구』, 27권 4호
- 서봉교 (2016),『중국 핀테크 산업 성장과 규제완화』, 한국경제연구원, 정책연구 2016-27
- 임재호 (2016), "샤오미의 은행업 진출의 의미와 시사점",『월간 금융경제동향』
- 清科研究中心 (2015),『2015年中国互联网金融行业投资研究报告』, 2015年4月

Endnotes

1) 이 장은 서봉교(2016), p. 22~28의 내용을 재구성하였다.
2) 이 장의 내용은 서봉교(2016)의 내용을 바탕으로 일부 수정하였다.
3) 每日经济新闻(2016), "双11一天放发6048万笔消费信贷, 蚂蚁花呗怎么做到的？秘笈是资产证券化", 2015年11月13日
http://finance.ifeng.com/a/20151113/14067249_0.shtml
4) 임재호(2016), "샤오미의 은행업 진출의 의미와 시사점",『월간 금융경제동향』, 6권 7호, 이슈브리프, 우리금융경영연구소: 20-23

제 9 장

국유기업 구조조정과 M&A 펀드[1]

1. 중국의 공급과잉과 구조조정 문제

1) 중국 산업 구조조정

현재 중국에서는 전통 제조업 기업, 특히 국유기업의 공급과잉 문제를 해소하기 위한 "산업 구조조정(Industrial Restructuring)"이 매우 중요한 이슈이다. 2016년 3월에 열린 중국의 전국인민대표대회에서 리커창 총리는 좀비기업[1]이라는 강경한 단어까지 사용하면서 부실한 국유기업을 퇴출시키는 강력한 기업 구조조정을 추진하겠다는 의지를 밝혔다.

이처럼 중국 정부가 기업 구조조정을 강력하게 추진하는 이유는 중국경제의 대표적인 구조적 불안요인인 ① 생산설비 과잉문제, ② 기업채무 과다문제, ③ 은행 부실채권 증가 문제가 그만큼 심각한 수준이라는 의미로 해석할 수 있다. 중국은 글로벌 금융위기 직후인 2008년에서 2010년 사이에 금리인하와 대규모 재정투자를 통해 9% 이상의 고도성장을 유지하는 데 성공하였다. 하지만 이 과정에서 적극적으로 투자에 나섰던 기업들, 특히 국유기업들의 채무가 다시 급증하였다. 또한 국유기업의 비중이 높은 전통산업의 설비과잉 문제가 심화되었다.

이는 2012년 이후의 은행권 부실채권 증가로 연결되고 있다. 공급과잉에 직면한 중국기업들의 부실채권으로 중국 은행들이 심각한 금융위기에 직면할 수 있고, 이로 인해 중국이 경제위기에 직면할 것이라는 우려는 여러 연구들에서 제시되고 있다. 예를 들면 은행권의 경우 현재 부실채권 비중이 아직은 1.67%(2015년 말 기준)로 낮은 상황이지만 향후 대량의 기업 구조조정으로 은행의 건전성 악화와 신용등급 하락을 초래할 가능성이 있다는 의견이 제시되기도 한다.

이러한 이유로 기업 구조조정에 대한 중국정부의 필요성이 증가하였고, 시진핑

---

[1] 좀비의 중국어는 장스(僵尸; 강시)이다. 좀비기업은 중국에서 강시기업(僵尸企业)이라고 지칭된다.

국가주석은 '공급측 개혁(reform of the supply front)'[2] 정책을 제시하였다. '공급측 개혁'은 13차 5개년 규획에서 핵심 과제로 제시되고 있으며, 그 핵심이 바로 이러한 과잉생산설비를 해소하기 위한 기업의 M&A와 구조조정이다.

〈표 9-1〉 중국 '공급측 개혁'의 5대 정책 과제

구분	주요 내용
과잉생산설비 해소	• 시장화 발전에 맞춰 기업청산 제도 시행, 신속한 파산·청산 심사 진행 • 재정세무 지원 폭 확대, 불량자산의 처리, 실업자 재취업 및 사회보장제도 완비 추진 • 기업 합병 및 구조조정을 통해 과잉생산 해소
기업원가 절감	• 제도적 거래 비용 감소 • 불합리한 세금감면, 제조업 증치세율의 인하 방안 모색 • 5대 사회보험과 주택공적금의 간소화 및 결합 방안 연구 • 금리 자유화를 적극 추진하여 실물경제 활성화 • 기업의 재무비용, 전기요금에 대한 가격개혁을 통해 기업원가 절감 • 유통체제 개혁 추진과 물류비용 절감
부동산 재고 해소	• 농민공의 시민화(市民化)를 통해 효과적인 부동산 수요 확대 • 공공 임대주택의 적용대상 확대 • 주택 장기임대 수요 형성 • 부동산업의 합병과 재편을 통해 구조조정 가속화
금융리스크 최소화	• 지방정부 채무리스크를 효과적으로 해소하고 지방채 치환 사업을 지속 추진, 지방정부의 채권발행 방식 개선 • 감독관리를 강화하고 융자방식을 규범화하여 전문적인 금융리스크 관리를 통한 불법 자금 모금 억제 • 리스크 모니터링 경보 강화
유효공급확대	• 기업의 기술 및 설비 개선 지원, 기업의 채무부담 감소 • 빈곤퇴치를 위한 지속적인 정책적, 재정적 지원 • 농산품의 효과적인 공급 보장, 식량안전 확보

자료: KIEP 북경사무소(2016), p.8

2 공급측개혁(供給側改革) 정책은 2015년 11월 10일 개최된 중앙재경 영도소조(中央財經領導小組) 11차 회의에서 시진핑 주석이 '공급측 개혁'을 처음 언급하면서 시작되었다. 이후 2015년 12월 개최된 중앙경제공작회의(中央經濟工作會議)에서 '공급측 개혁'이 정식으로 경제정책 기조로 확립되었다(KIEP 북경사무소, 2016).

2) 중국 산업 구조조정의 어려움

하지만 산업 구조조정은 결코 쉬운 일은 아니다. 구조조정을 추진하는 과정에서 대량의 실업[3]과 경제성장률 둔화 문제가 발생할 수 있기 때문이다. 현재 중국정부가 추진하고 있는 산업 구조조정에 대해서 다음과 같은 문제점이 지적되고 있다.[2]

첫째, 산업 구조조정을 정부가 주도하고 있다. 중앙정부가 구조조정 대상 산업의 선정(철강과 석탄), 산업별 퇴출기준 등을 제시하고, 지방정부에게 그 이행 실적을 제시하도록 하는 방식이다. 이 과정에서 채권자인 은행은 단순히 구조조정의 결과 발생하게 될 부실채권을 처리하는 것으로 역할이 한정된다.

둘째, 중국 산업 전반에 과잉설비와 좀비기업이 만연하고 있는 상황에서 철강과 석탄 산업만의 구조조정으로는 한계가 있다. 예를 들면 중국 상장회사 중 2012년에서 2014년 3년간 연속 적자인 기업이 256개 회사에 달하며, 이들 중 상당수가 은행대출, 증자, 정부 보조금에 의존하여 생존하고 있다. 이런 상황에서 전체 광공업 매출에서 8.1%만을 차지하는 철강과 석탄 산업의 구조조정 추진만으로는 산업 전반의 좀비기업 문제 해결에는 한계가 있다.

셋째, 중국 기업의 파산 절차가 비효율적이다. 기업 파산에 대한 정부의 재정적 지원이 없으면 파산신청이 급감하고, 파산절차에도 2년~3년이 소요되는 문제가 있기 때문에 한계기업이 대규모 정리되기 위해서는 상당한 시간이 소요될 가능성이 크다.

마지막으로 기업 구조조정이 정부의 재정 건전성과 은행의 건전성에 악영향을 미친다. 정부는 기업 구조조정 과정에서 발생하는 실업문제 해결을 위해 이미 1,000억 위안(약 17조원)의 재정지출을 약속하였고, 향후 추가적인 재정지출 가능성도 높다. 또한 국유기업 파산에 따른 국유자산 손실 가능성도 높다.

---

3 중국정부는 철강과 석탄 산업을 기업 구조조정 대상 산업으로 명확히 하면서 한계기업의 퇴출 과정에서 발생할 수 있는 노동자 실업문제를 해결하기 위해 1,000억 위안의 예산을 특별 배정하겠다고 밝히고 있다. 이는 이번 기업 구조조정에 대한 중국정부의 의지가 그만큼 강하다는 것을 의미한다(지만수, 2016, p.6).

3) 구조조정의 규모 vs. 비용

중국 국유기업 비중이 높은 "전통산업 부문의 심각한 공급과잉 문제"와 이로 인한 "국유기업의 부실 가능성"이 높다는 것은 중국 금융시스템에 내재된 가장 심각한 리스크 요인이 분명하다. 더구나 뉴노멀 시대 중국의 경제성장률 둔화가 불가피한 상황에서 적절하게 이러한 구조조정을 완료하지 못할 경우 금융시스템의 리스크가 전면적인 체제 위기로 확대될 가능성도 배제할 수 없다.

하지만 이러한 구조조정에서 중요한 것은 단순히 부실채권의 규모가 아니라 부실채권을 해결하는 비용(cost)의 문제라는 것은 여러 나라들의 국가위기 경험을 통해서 알 수 있다. 물론 부실채권의 규모가 커지면서 비용이 증가하는 것이 상식적이지만 이 관계는 결코 정비례하지는 않았다. 예를 들면 비슷한 규모의 부실채권이라도 국제 금융환경이나 국가의 위기관리 시스템이 취약해지면서 구조조정에 필요한 비용이 급격히 증가한 경우가 적지 않았다. 부실채권의 규모가 크지 않음에도 구조조정에 필요한 자금조달 비용을 너무 많이 지불하여 오히려 심각한 경제위기에 직면하기도 하였다.

비록 현재 중국의 부실채권의 규모가 매우 큰 것은 사실이지만, 중국경제가 이를 적절한 비용으로 운용 또는 연장(roll-over)해 나가거나 외부의 자금을 저렴한 비용으로 조달할 수 있다면 위기로 연결되지는 않는다. 반면 중국정부의 재정자금으로 구조조정 비용을 감당하지 못하거나, 국제금융 시장에서 중국이 갑자기 자금을 조달하기가 매우 어려워질 경우 심각한 경제위기로 이어질 수 있는 것이다.

중국정부도 동아시아 금융위기 등 주변 국가들의 국가위기를 통해 이를 충분히 인지하고 있을 것이다. 중국정부가 여전히 자본계정의 외환거래를 제한하고 자본시장을 통제하고 있는 것도 중국 금융시스템에 내재된 이러한 구조적인 문제점을 고려하고 있을 것이다. 자본시장을 완전히 개방하여 외부 충격을 감당하기에는 중국 금융시스템이 많은 부문에서 여전히 취약하다고 생각하고 있기 때문일 것이다.

그렇다면 중국정부가 추진하는 기업 구조조정에서 정부의 역할을 보조하고 은행들의 부실채권 문제를 완화시켜줄 수 있는 방법은 무엇인가? 혹은 구조조정의 처리 비용을 낮출 수 있는 방법은 무엇인가? 최근 주목받고 있는 민간자금이 참여하는 구조조정 M&A 펀드가 이러한 역할을 보조할 수 있을 것인지 살펴보도록 하자.

2. 중국의 구조조정 M&A 펀드

1) M&A 펀드의 개념과 유형

기업 인수합병 펀드(이하 M&A 펀드)란 사모(私募)펀드의 한 종류이다. 사모펀드란 통상 소수의 투자자[4]들로부터 비(非)공개 방법으로 투자자금을 모집하기 때문에, 불특정 다수를 상대로 투자자금을 모집하는 일반 공모(公募)펀드에 비해서 ① 비(非)전형적인 투자, ② 고수익 지향적인 투자, ③ 적극적인 투자 운용전략 구사 등이 가능하다.

사모펀드는 통상적으로 사모투자펀드(PEF; Private Equity Fund: 私募股权基金), 사모뮤추얼펀드(Private mutual fund),[5] 헤지펀드(Hedge fund)[6]로 분류할 수 있다.

---

4 한국에서는 〈간접투자자산 운용업법(2008년)〉에서 50인 이하의 투자자를 대상하는 모집하는 펀드를 사모투자전문회사로 지칭한다. 사모투자전문회사의 사원은 1인 이상의 무한책임사원(GP; general partner)과 1인 이상의 유한책임사원(LP; limited partner)으로 하되, 사원의 총수는 30인 이하로 한다(144조). 중국에서도 사모펀드는 49인 이하의 투자자로 구성되는 것으로 정의된다.

5 **뮤추얼펀드**는 유가증권 투자를 목적으로 설립된 사모투자전문회사로 주식발행을 통해 투자자를 모집하고 모집된 투자자산을 전문적인 운용회사에 맡겨 그 운용 수익을 투자자에게 배당금의 형태로 되돌려준다(두산백과). 뮤추얼펀드는 결산 만기(보통 1년) 전에는 돈을 찾을 수 없는 폐쇄형과 만기 전에 언제든지 돈을 찾을 수 있는 개방형이 있는데, 한국에서는 폐쇄형만 허용하고 있다. 대신 거래소나 코스닥 시장에 단일 종목으로 거래되고 있는 뮤추얼 펀드의 매매를 통해 자금을 회수할 수 있다.

6 **헤지펀드**는 소수의 투자자로부터 자금을 모집하여 운영하는 사모펀드의 일종으로, 시장의 흐름에 따라 상대적으로 높은 수익을 추구하는 일반 펀드와 달리 다양한 시장환경 속에서도 절대수익을 창출하려는 목적을 가진 펀드를 지칭한다. 시장 상황이 좋지 않을 때에도 높은 수익을 추구하는 펀드이다. 한국에서는 헤지펀드를 허용하지 않고 있다.

〈표 9-2〉 **사모투자펀드(PEF)의 분류**

구분	분류	주요 특징
M&A 펀드 (바이아웃; Buy-out 펀드)	Turn-around (기업회생 펀드)	재무 구조나 영업이 부실한 기업을 회생시키기 위한 투자. 일명 구조조정 펀드
	LBO, MBO	현직 임원이나 제3자가 회사인수를 위해 외부자금 차입 (leverage)을 통해 투자하는 펀드 Leverage Buy-Out / Management Buy-Out
	Replacement Capital	기존 주주로부터 주식을 대량 매입하기 위한 투자
Venture Capital (벤처 캐피탈)	Seed Capital (씨드 캐피탈)	기업 설립 전(前)의 연구개발 단계에 투자하는 경우
	Start-Up (스타트 업)	기업 설립 초기 단계의 벤처 기업에 투자하는 경우
	Mezzanine (메자닌)	기업 공개 前단계에 있는 벤처기업의 전환사채 (CB; Convertible Bond) 등에 투자하는 경우
Vulture Fund (벌처 펀드)	Distressed Fund (디스트레스드 펀드)	파산이나 파산직전 기업의 저가 자산을 투자대상으로 하여 일확천금을 노리는 투자

자료: 저자 정리

　그중 사모투자펀드(PEF)는 다시 'M&A 펀드(幷購基金)'와 벤처캐피탈 펀드(Venture Capital fund), 부실자산매입 펀드(vulture fund; 벌처 펀드) 등으로 분류할 수 있다. 그러나 이러한 분류는 법률에 의해 명확히 구분된 것은 아니고, 시장에서의 운용전략에 따른 개념적 분류로 투자시기와 전략의 변화에 따라 혼용되어 사용되기도 한다.[7]

---

7 ① 'M&A 펀드'는 주로 자산가치가 低평가된 투자대상 기업(非상장기업 또는 상장기업)의 지분취득을 통해 경영권을 획득하여, 인력 재배치나 자산매각 등 구조조정을 통해 기업가치(company value)를 극대화한 이후 주식매각이나 기업공개(IPO) 등을 통해 수익을 회수하는 장기투자전문펀드이다. 이런 측면에서 M&A 펀드는 다른 말로는 바이아웃 펀드(buy-out fund)라고도 불린다. ② 'M&A펀드'와 유사한 형태의 사모투자펀드(PEF)인 벤처캐피탈(VC) 펀드는 투자대상 기업이 주로 설립 이전 또는 기업공개(IPO) 이전 단계에 있는 기업이다. ③ 부실자산 매입펀드(벌처 펀드: Vulture Fund)는 파산이나 파산직전 기업의 저가 자산에 투자하여 일확천금을 노리는 투자를 지칭한다.

2) 중국 M&A 펀드의 발전

(가) 초기 외국계 사모펀드의 중국 진출

중국은 1995년 중국기업의 해외진출을 지원하고, 외국 투자자를 중국 국유기업 개혁에 활용하기 위해 〈해외산업투자기금 설립에 관한 법〉[8]을 도입하면서 글로벌 사모펀드인 KKR이 중국에 진출하는 것을 허용하였다.

하지만 본격적인 발전은 2000년대 이후 중국의 WTO 가입(2001년 12월)에 따른 금융시장 개방과 국유기업의 지배구조(corporate governance) 전환정책이 본격화된 이후이다. 특히 은행과 대형 국유기업의 지배구조 전환을 위해 중국정부는 해외 전략적 투자자(foreign strategic investors)에게 지분 일부를 매각하는 정책을 추진하였는데, 이 과정에서 해외 M&A 펀드가 중국 은행이나 대형 국유기업의 지분에 투자하기 시작하였다.[9]

2006년에는 〈외국계 투자자의 중국 국내 기업 M&A에 관한 법률〉[3]이 제정되어 외국계 M&A 펀드에 대한 규제를 일부 도입하였으나, 외국계 자본의 중국 기업

---

8 이 법률은 중국 非은행금융사나 非금융사가 해외에 단독으로 혹은 해외 투자펀드와 공동으로 산업투자기금을 설립하는 것과 관련된 법률이다. 3조에서 해외투자기금이 중국 국내에서 활동하기 위해서는 인민은행과 국무원의 비준을 받아야 한다고 규정하였다. 〈设立境外中国产业投资基金管理办法〉, 中国人民银行, 1995年8月

9 ① 2004년 6월 미국계 글로벌 PEF인 뉴브릿지캐피탈(Newbridge Capital; 新桥投资)이 12억5300만 위안으로 션전시 정부산하의 기관들이 보유하고 있던 션전파잔은행(深圳发展银行)의 지분 17.89%를 인수하여 1대 주주가 되었다. 이는 외국계 글로벌 PEF가 중국 상업은행의 지분을 인수한 최초의 사건이었다. 뉴브릿지캐피탈은 1994년 미국 TPG(Texas Pacific Group), Blum Capital, ACON Investment가 공동으로 설립한 신흥시장 투자전문 PEF이다. ② 2004년 말에는 미국계 PEF인 월버그 핀커스(Warburg Pincus; 华平投资集团)가 중국계 중신캐피탈(中信资本 : CITIC Capital)과 헤이룽장천능투자(黑龙江辰能投资)와 연합하여 20억3,500만 위안으로 국유 제약회사인 하야오(哈药)그룹의 지분 55%를 인수하였다. 이는 외국계 글로벌 PEF가 중국 대형 국유기업의 지분을 인수한 최초의 사건이었다. ③ 2005년 10월에는 미국계 글로벌 PEF인 칼라일 그룹(The Carlyle Group; 凯雷投资集团)이 쉬공기계(徐工机械)의 지분 85%를 인수하기 위해 3년 동안 협상을 했으나 결국 인수에 실패하기도 하였다. 칼라일 그룹(The Carlyle Group)은 1987년 워싱턴에서 설립된 글로벌 PEF로 전 세계 1,700여 명의 직원과 35개 영업점을 가지고 있으며, 130개 이상의 펀드를 운영하고 있다.

에 대한 M&A는 지속적으로 확대되었다.[10] 이에 따라 당시 중국에서는 외국계 자본의 중국 기업 인수에 따른 중국 내수시장 잠식과 국부유출의 우려가 제기되기도 하였다.

(나) 중국계 M&A 펀드의 발전

외국계 PEF의 중국진출이 확대되면서 이에 대응할 수 있는 중국계 M&A 펀드의 육성 필요성이 점차 증가하였다. 최초의 중국계 M&A 펀드는 2003년 설립된 "홍이투자(弘毅投资)펀드"였다. 2007년에는 "중신캐피탈(中信资本)"이 4억2,500만 달러의 자본금으로 중국 국유기업 M&A 전문 펀드를 설립하였다.

2007년 12월에는 국제표준 유한책임사원(LP; Limited Partner) 방식으로 설립된 "호프펀드(厚朴基金)"가 25억 달러의 자본금을 모집하여 중국 국유기업 M&A와 중국 기업 해외진출의 전략적 파트너 역할을 담당하는 투자전문 펀드로 설립되었다. 호프펀드의 설립자인 팡펑레이(方风雷)는 원래 골드만삭스의 중국인 파트너이자, 중국국제금융공사(中国国际金融公司; CICC; China International Capital Corporation)의 부 최고경영자(副总裁), 중국 골드만삭스–가오화증권사(高盛高华证券)의 대표이사(董事长)였다.

---

10 2006년 외국계 M&A 펀드의 주요 투자사례는 다음과 같다. ① 골드만삭스(高盛)가 중국계 딩휘이투자(鼎晖投资)와 연합하여 쐉훼이그룹(双汇集团)의 지분 100%를 인수하였다. 골드만삭스(Goldman Sachs)는 1869년 뉴욕 월스트리트에 설립된 다국적 투자은행으로 2013년 기준 전 세계 31,700명의 직원과 24개국에 지사를 보유하고 있다. ② CCMP가 카이디전력(凯迪电力环保)의 지분 70%를 인수하였다. CCMP는 1984년에 설립한 글로벌 사모펀드사로 160억 규모의 펀드를 운영 중이다. 미국의 유명 은행인 제이피모건의 자회사인 아시아 제이피모건파트너스(J.P.Morgan Partners Asia)가 전신(前身)으로 2005년 분사되며 사명을 변경하였다 ③ PAG가 하오하즈그룹(好孩子集团)의 지분 67.5%를 인수하였다. PAG는 2002년 홍콩에 설립된 아시아 최대 독립대체투자관리사로 150억 달러 규모의 사모펀드, 부동산펀드, 헤지펀드를 운영 중이다. ④ 월버그–핀커스가 중국투자자와 함께 산둥중쉔(山东中轩)의 지분 98%를 인수하였다. ⑤ CVC가 지상무예(吉象木业)의 지분 85%를 인수하였다. CVC는 1981년 런던에서 설립된 글로벌 사모펀드 겸 투자자문사로 전 세계 20여 개의 지사를 운영하며 300여 건의 투자를 진행해왔고, 현재 710억 달러 규모의 자금을 운용 중이다.

(다) 중국 M&A 펀드의 규모

　중국의 M&A 펀드(并购基金)는 2000년대 중반 이후 빠른 속도로 발전하기 시작하였다. 칭커연구센터(清科研究中心)의 통계자료에 따르면 2006년부터 2015년 사이에 중국계 M&A 펀드는 모두 418개가 설립되었다. 그중 모집자금 규모를 공개한 M&A 펀드는 모두 327개인데, 이들의 모집자금 규모는 1,829억9,200만 위안(약 32조2,000억원)에 달한다.

　특히 2015년 한해에만 185개의 M&A 펀드가 신설되었고, 모집자금 규모는 843억 위안(약 14조8,200억원)으로 역대 최대 규모이다. 2014년에 비해 설립 펀드의 수나 모집자금 규모가 모두 2배 가까이 증가하는 급성장세를 보이고 있다.

　이렇게 설립된 M&A 펀드들은 2007년에서 2015년 사이에 중국 내에서 총 131건의 M&A 투자를 성사시켰다. 투자금액은 총 504억700만 위안(약 8조8,600억원)에 달했다.

　[그림 9-2]에서 보듯이 지난 수년간의 M&A 펀드 투자에서 2차례의 M&A 투자 붐이 있었다. 첫 번째 투자 붐은 2010년 이후 나타났다. 이는 2010년 국무원이

[그림 9-1] **중국 M&A 펀드의 수와 모집자금 추이**　　　　　(단위: 개, 억 위안)

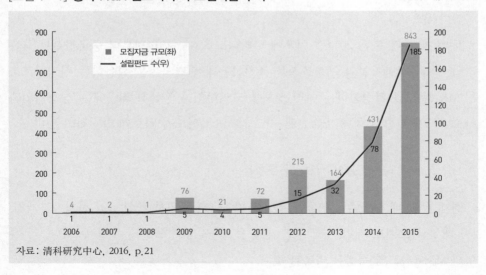

자료: 清科研究中心, 2016, p.21

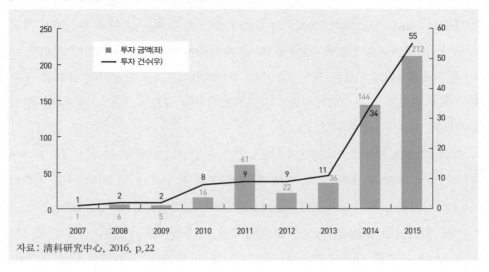

[그림 9-2] **중국 M&A 펀드의 투자 건수와 투자 금액 추이**   (단위: 개, 억 위안)

자료: 清科研究中心, 2016, p.22

〈기업 M&A 촉진에 대한 법률〉[4]을 발표하여 M&A 투자에 대한 우호적인 환경을 조성한 것이 중요한 배경이 되었다. 이 법률에서는 민간자본의 투자영역, 지분제한 등의 규제를 완화하였고(3조 3항), 기업 M&A 과정에서 PEF(股权投资基金) 및 산업투자펀드(产业投资基金) 등이 적극적으로 참여하여 금융방면에서 지원하도록 하였다(4조 3항).

두 번째 투자 붐은 2014년 이후에 나타나고 있다. 2014년부터 중국정부는 국유기업, 특히 상장기업의 구조조정을 촉진하는데 민간자본을 활용하는 산업구조조정 M&A펀드를 활성화하는 여러 정책을 도입하였다.[5] 특히 최근에는 '상장기업과 사모펀드가 결합된 형태(上市企业+PE)'의 M&A 펀드가 빠르게 발전하고 있다.

3) 중국 M&A 펀드의 유형과 특징

현재 중국 내 M&A는 그 설립 특징에 따라 (1) 증권사 계열, (2) 산업자본계열, (3) 대형 사모펀드 계열, (4) 은행 계열 등 4가지 유형으로 분류될 수 있다. 각 유형의 M&A 펀드의 특징은 다음과 같다.

유형 구분	특징	사례
증권사 계열	증권사가 펀드관리 회사에 지분을 참여하거나 산하에 100% 지분의 펀드를 설립	中信并购基金, 光大产业并购基金, 海通开元并购基金 等
산업자본 계열	대형 산업자본이 LP로 투자하고, 사모펀드와 연합하여 펀드 설립	渤海产业投资基金, 舟山船舶产业 等
대형 사모펀드 계열	대형 사모펀드가 주도하여 해외 M&A 등을 추진하는 펀드 설립	弘毅五期基金, 鼎辉中国美元基金 等
은행 계열	은행이 해외에 설립한 투자 자(子)회사를 통해 중국 내 펀드 설립	工银国际并购基金, 湖北农银一号基金 等

자료: 万格(2013), p.43, 清科研究中心(2016), p.25 바탕으로 저자 재정리

(가) 증권사 계열: 가장 전형적인 M&A 펀드

중국정부는 2010년 8월 〈기업 M&A 촉진에 대한 법률〉을 발표하여 M&A에 우호적인 환경을 형성하였다.[11] 이후 증권감독관리위원회(CSRC)는 2011년 7월 〈증권사의 직접투자 업무에 대한 관리 지침〉[6]을 발표하였고, 2012년 11월 증권협회가 〈증권사의 직접투자 업무 범위〉[12]를 발표하였다. 이를 통해 증권회사의 자회사나 그 산하 기구는 직접투자펀드를 설립하고 관리할 수 있게 되었다.

이 정책이 도입된 이후 가장 먼저 중신증권사(中信证券)가 M&A 펀드를 설립하였다. 중신증권은 산하에 "중신M&A펀드관리회사(中信并购基金管理有限公司)"라는 직접투자 자회사를 설립하고, 100억 위안(약 1조7,600억원) 규모의 "중신산업

---

11 이 법률의 주요 내용은 적극적으로 사회 여러 부문의 여유자금을 기업 구조조정에 활용하여 산업구조의 고도화와 경제성장에 기여하도록 한다는 내용이다. 특히 국유부문뿐만 아니라 '민영부문(多种所有制经济)'의 투자자금을 적극적으로 활용하고자 하였다(2조 1항).

12 〈증권사의 직접투자 업무 범위〉에 대한 법률에서는 직접투자펀드의 종류를 지분투자펀드(股权投资基金), 창업투자펀드(创业投资基金; Venture Capital Fund), M&A 펀드(并购基金 ; Buy-out Fund), 메자닌 펀드(夹层资本; Mezzanine Capital Fund) 등으로 구분하고 있다(19조). 이후 2014년 1월 수정된 동일 법률에서는 직접투자펀드가 기업 채권과, 단기융자채권에 투자할 수 있도록 하면서 채권투자펀드(债权投资基金) 유형을 추가하였다. 〈证券公司直接投资业务规范〉, 中国证券业协会, 2012年 213号

M&A펀드(中信产业并购基金)"를 조성하였다. 중진증권사(中金证券)도 산하에 자회사를 설립하여 50억(약 880억원) 규모의 "중진쟈타이산업구조조정펀드(中金佳泰产业整合基金)"를 조성하였다. 반면 해외 M&A 펀드와 연합하여 펀드를 설립한 경우도 있다. 광다증권사(光大证券)는 글로벌 M&A 펀드의 거물인 로스차일드(Roth-schild) 가문과 전략적 제휴를 체결하고 M&A 펀드를 설립하였다.[7]

(나) 산업자본 계열: 대형 산업자본의 LP 참여

중국정부는 중국 산업의 구조조정을 촉진하기 위해 비(非)금융 대형 산업자본이 M&A 펀드에 참여하도록 유도하였다. 이를 위해 기존 대형 제조업체 등 비(非)금융 산업자본이 유한책임사원(LP; Limited Partner) 형태로 M&A 펀드에 참여하는 것을 허용하였다. 보통 이러한 M&A 펀드를 운영하는 책임을 지는 무한책임사원(GP; General Partner)은 기존 또는 신설 사모펀드(PE)가 담당한다.

비(非)금융 산업자본은 보통 전체 M&A 펀드의 지분 중 20% 내외의 소수 지분을 출자하고, 나머지 자본금은 펀드 운용 GP가 외부 차입이나 채권 발행 등을 통해 조달한다. 이러한 산업자본 참여 형태의 M&A 펀드는 그 자본 출자를 통한 지분인수, 구조조정을 거쳐 마지막 단계에서 여러 방법으로 출자금의 회수, 중도에서 투자자금을 회수하는 과정 등이 규범화, 시장화되어 있지 못하다. 따라서 산업 전체의 구조조정을 목적으로 장기 투자형태로 운용되고 있으며, 여러 시범적인 운영방식이 활용되고 있다.[8]

산업자본 계열의 M&A 펀드의 사례로는 50억 위안 규모의 "보하이산업투자펀드(渤海产业投资基金)"나 "조우샨선박산업M&A펀드(舟山船舶产业并购基金)" 등이 있다.

(다) 대형 사모펀드 계열: 중국기업의 해외 M&A 지원

중국정부는 국내 산업의 구조조정뿐만 아니라 중국기업의 해외진출(走出去)을 금융측면에서 지원하고 관련 금융투자사업 기회를 활용하기 위해서도 M&A 펀드를 적극적으로 육성하고 있다. 중국 사모펀드 중에서는 이미 2000년대 초중반부터 설립되어 수년간의 운영 경험을 통해 다양한 역량을 축적한 대형 사모펀드들이 존재한다.

이러한 대형 사모펀드들은 대부분 중국정부와 직간접적으로 밀접한 관계를 가지고 있고, **이러한 기반을 바탕으로 일찍부터 글로벌 금융사들이나 글로벌 투자자들과 공동으로 투자회사를 설립하면서 선진적인 금융역량을 축적**하였다. 이러한 선진 금융역량과 글로벌 네트워크는 중국기업이 해외진출을 추진할 때 "역외 M&A(cross border M&A)" 등 다양한 금융 지원을 제공하는 역량으로 활용되고 있다.

가장 대표적인 사례는 2003년 설립된 "홍이투자(弘毅投资)펀드"관리회사[13]와 "딩휘이투자(鼎晖投资)펀드"관리회사[14]가 있다.

(라) 은행계열: 최근 주목받고 있는 대형은행의 해외 자회사 이용 방식

중국 M&A 펀드와 관련하여 최근 새롭게 주목받고 있는 유형은 중국계 대형은행이 해외 특히, 홍콩에 설립한 투자은행 자회사를 통해 중국 국내에서 M&A 펀드를 설립하는 경우이다.

---

13 현재 홍이투자는 5개의 달러 펀드, 2개의 위안화 펀드와 1개의 위안화 메자닌 펀드를 운용하고 있고, 총 투자자본금은 460억 위안(약 8조원)이다. 홍이투자의 주요 출자자들을 살펴보면 중국 정부와의 관계를 짐작할 수 있다. 주요 출자자로는 한국의 국민연금과 유사한 중국사회보장기금(全国社保基金)이 있다. 또한 중국생명보험사(中国人寿; China Life Insurance)도 국유보험사의 성격을 가지고 있다. 또한 렌샹지주회사(联想控股)도 대표적인 대형 국유기업의 지주회사이다. 이러한 국유부문 중국측 파트너와 합작한 외국측 파트너는 세계적인 역량을 갖춘 글로벌 투자자들이다. 주요 외국측 파트너로는 골드만 삭스, 테마섹(Temasek), 스탠포드 대학기금 등이다.

14 딩휘이투자는 1억 달러(약 1,200억원)의 해외투자펀드와 3억 위안의 위안화 펀드를 운용하고 있다. 딩휘이투자는 2002년 설립되었는데, 원래 중국국제금융회사(中国国际金融有限公司: CICC: China International Capital Corporation)의 직접투자부서가 독립 펀드관리회사로 분리되면서 설립되었다. CICC는 1995년 설립되어 중국정부를 대표하여 해외투자를 담당하는 중국 최초이자 최대의 투자은행이다. 딩휘이투자의 주요 외국인 투자자로는 싱가포르정부투자공사(Government of Singapore Investment Corporation), 주리히금융그룹(Zurich Financial Service Group) 등이다. 중국측 투자자로는 중국기술투자담보회사(中国经济技术投资担保公司)와 멍뉴(蒙牛) 등 대기업이다.

[그림 9-3] 공상은행 工商국제M&A펀드의 구조

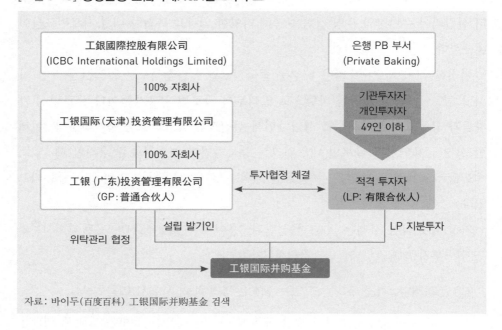

자료 : 바이두(百度百科) 工银国际并购基金 검색

　　대표적인 사례가 공상은행의 국제M&A펀드(工银国际并购基金)로 펀드 규모는 5억 위안이다. 이 펀드의 구성은 다음의 [그림 9-3]과 같다. 이를 자세히 살펴보자.

　　공상은행의 홍콩 자회사인 공상국제지주회사(工银国际控股有限公司)는 100% 지분으로 중국 톈진에 공상국제투자관리회사(工银国际天津投资有限管理公司)를 설립하였다. 이 회사는 다시 100% 지분으로 광동에 공상투자관리회사(工商广东投资有限管理公司)를 설립하였는데, 이 회사가 공상국제M&A펀드의 운용에서 무한책임사원(GP; General Partner; 普通合伙人)이 된다. 이후 기관투자자나 개인투자자 등 다양한 지분투자자들을 모집하여 이들을 유한책임사원(LP: Limited Partner; 有限合伙人)으로 참여시켜서 M&A펀드를 설립하였다.[9]

　　이처럼 새롭게 등장하는 공상국제M&A펀드와 같은 대형 은행계열의 펀드가 가진 차별성은 투자자들에게 대형 은행으로서 **"M&A 펀드의 브랜드 신뢰도"**를 확보하기 용이하다는 점이 될 것이다. 이런 측면에서 향후 '중국의 개인 거액자산가 등이 유한책임사원으로 참여하는 추세' 등을 주목할 필요가 있을 것이다.[15] 이러한 형태의 M&A펀드는 중국 국내의 M&A투자뿐만 아니라 중국투자자들의 해외 자산 투자 등의 수단으로 활용될 가능성도 있기 때문이다.

3. 국유기업 구조조정의 민간참여와 '민영화' 정책

1) 중국 M&A 펀드와 국유기업 민영화

지금까지 살펴본 중국의 M&A 펀드는 국유기업이 위주인 전통적인 제조업 부문의 구조조정에 비국유 민간자금이 참여하도록 허용한다는 의미가 있다. 이는 지금까지 중국정부가 국유기업의 소유 – 지배구조 전환 과정에서도 전면적인 민영화를 허용하지 않았지만, 이제는 일종의 '민영화' 또는 "혼합소유제" 형태의 정책을 추진한다는 의미로 해석할 수도 있다.

현재 구조조정이 진행되고 있거나 진행이 예정되어 있는 산업 부문은 전통적으로 국유기업이 전체 산업에서 절대적인 위치를 차지하고 있거나 독과점을 형성하여 장악하고 있었던 산업이 많다. 이런 산업영역에서 민간 자본이 참여하는 M&A 펀드가 경영권을 인수하여 구조조정을 추진하도록 하는 것은 일종의 국유기업 민영화 방식으로 이해할 수 있다.

다만 이러한 국유기업 민영화 과정에서도 중국정부의 영향력이 간접적으로 행

---

15 특히 중국의 개인 자산가들은 지금까지 주로 부동산 투자를 통해 부를 축적하였다. 하지만 이들에게 부동산이 아니라 독과점으로 운영되고 있는 전통 제조업 분야의 국유기업에 투자할 수 있는 기회를 제공한다는 측면에서 M&A 펀드의 가능성에 주목할 필요가 있다. 중국의 경제성장 속도가 둔화되는 상황에서 부동산 투자가 아닌 새로운 투자 수단으로 전통적인 제조업의 M&A가 주목받을 가능성이 있는 것이다. 더구나 중국정부도 적극적으로 이러한 M&A를 지원하고 있는 상황에서 좋은 투자기회를 포착할 수 있는 가능성이 크다는 것은 분명하다.

사될 수 있는 대형 금융기관이 M&A펀드에 주도적으로 참여하고 있는 것은 매우 흥미로운 현상이다.

그럼에도 불구하고 M&A펀드가 구조조정 대상 국유기업의 경영권을 직접적으로 장악하여 구조조정, 매각, 정리 등을 진행하거나 추가적인 투자를 통해 경영을 정상화하여 기업 가치를 극대화하는 방식은 과거 중국정부가 주도했던 국유기업 구조조정 방식과는 전혀 다른 방식이 될 가능성이 있다.

이처럼 국유기업의 구조조정을 통한 민영화를 통해 경제의 효율성을 높이고 경제성장의 원동력을 확보할 수 있다는 것은 국유기업의 비중이 매우 높은 중국만이 가질 수 있는 국가경쟁력이다.

2) 국유기업 구조조정과 M&A 펀드의 역할

향후 중국정부가 새로운 국유기업 구조조정 방식으로 제시하고 있는 M&A 펀드를 통한 국유기업 구조조정 방식이 과거의 국유기업 개혁 시도들과 차별화될 수 있을 것인지는 상당히 흥미로운 연구주제가 될 수 있다. 특히 중국의 M&A 펀드가 중국의 구조조정 과정에서 다음과 같은 역할을 할 수 있을 것인지 보다 면밀하게 검토할 필요가 있다.

첫째, M&A펀드는 국유기업의 효율성 개선과정에서 자금조달의 주체를 정부부문에서 민간부문으로 전환하는 효과가 있기 때문에 보다 시장 지향적인 산업 및 기업 구조조정을 유도할 수 있을 것이다. 물론 중국 M&A펀드 중에는 중국정부와 직간접적인 연계가 있는 경우가 많다. 하지만 M&A펀드 자체가 독립적이고 시장 원리에 의해서 운용되기 때문에 정부가 주도하여 추진하는 국유기업 구조조정보다는 훨씬 빠르고 시장 지향적으로 구조조정이 진행될 수 있을 것이다.

둘째, M&A펀드에 민간 금융자금을 조달하여 중국정부가 추진하는 산업 구조조정에 참여하여 정부의 재정적인 부담을 완화시켜 주는 효과가 기대된다. 2015년 한해에만 중국 내에서 843억 위안의 M&A펀드가 모집되었다. 이는 중국정부가 현재 구조조정 과정(실업자 문제 해결을 위한 재원)에 투입하겠다고 발표한 정부재원 투자금액 1,000억 위안과 비슷한 금액이다.

셋째, M&A펀드는 국유기업의 지분을 인수하는 것이기 때문에 국유기업의 지배구조를 직접적으로 개선하는 효과가 있을 것이다. 과거 은행들이 국유기업의 이사나 감사의 파견을 통해 간접적으로 지배구조를 개선하였던 경우와 달리 M&A펀드가 경영권을 직접적으로 장악하여 구조조정, 매각, 정리 등을 진행하거나 추가적인 투자 등을 통해 경영을 정상화하여 기업 가치를 극대화하는 방식은 과거와는 전혀 다른 국유기업 전환 방식이 될 것이다.

마지막으로 M&A펀드는 중국 국내 투자자금뿐만 아니라 글로벌 투자자금을 견인하는 플랫폼으로 기능하면서 현재 중국이 직면한 심각한 공급과잉의 위기 국면을 원활하게 극복할 수 있도록 지원할 가능성도 있을 것이다. 중국은 다른 어떤 지역보다도 경제성장률이 높고 광범위한 내수시장을 보유하고 있기 때문에 글로벌 투자자들의 관심이 집중되어 왔다. 중국이 외국인 투자자들에게 중국 국내투자, 특히 중국 내 자본시장에 대한 기회를 제공했던 QFII나 RQFII 등은 많은 외국 투자자들의 투자자금을 견인해왔다. 현재 중국정부가 추진하고 있는 '상장 국유기업과 M&A펀드를 결합한 형태(上市企業+PE)도 외국 투자자들의 중국 주식시장에 대한 투자 기회가 확대된 것으로 이해할 수 있다.

참고문헌

- 서봉교, 이현태, 박준기 (2016), "중국 M&A 펀드의 특징과 중국 산업구조조정에 대한 영향",『현대중국연구』, 18집1호 : 121-163
- 지만수 (2016), "중국 기업 구조조정 정책의 주요 내용과 평가",『금융연구원 주간 금융 브리프』, 2016년25권16호
- KIEP 북경사무소 (2016), "공급측개혁의 주요 내용과 전망",『KIEP 북경사무소 브리핑』, Vol. 19 No. 1 2016년2월3일
- 万格 (2013), 中国特色并购基金加速发展,『信息技术时代』, 2013年05期；42-44
- 清科研究中心 (2016),『2016年中国并购基金发展研究报告』, 清科研究中心

Endnotes

1) 이 장의 내용은 서봉교 외(2016) "중국 M&A 펀드의 특징과 중국 산업구조조정에 대한 영향"의 내용을 바탕으로 수정한 것이다.

2) 지만수(2016), pp.8~9

3) 〈关于外国投资者并购境内企业的规定〉商务部, 2006年 공표, 2009年 6号 수정

4) 〈关于促进企业兼并重组的意见〉, 国务院, 2010年 27号

5) 2014년 국무원은 기업 M&A 시장환경을 개선하기 위한 의견(〈关于进一步优化企业兼并重组市场环境的意见〉国务院, 2014年 14号)을 발표하였다. 증권감독관리위원회는 상장기업 중요 자산 구조조정 관리 방법(〈上市公司重大资产重组管理办法〉2014年 中国证监会令第109号)을 발표하였다. 은행감독관리위원회는 상업은행의 M&A 관련 대출에 대한 리스크 관리 지침(〈商业银行并购贷款风险管理指引〉2015年 银监发 5号)을 발표하였다.

6) 〈证券公司直接投资业务监管指引〉. 证监会, 2011年 7月

7) 万格, 2013; p.44

8) 万格, 2013; p.43

9) 바이두(百度百科) 검색
http://wenku.baidu.com/link?url=iba1vfoixjHbMwF_FzirdkRq8dv9wE0TDg_DPVJVS4xRjdNRiYun2KvMPZre5IKnizzegDwEfabeE9QPJLszhQSFg9xXi4QjEpUK5T4PZDC

제 10 장

정부지출과 '일대일로', PPP 펀드

1. 정부지출과 경제성장

1) 효율적인 정부지출과 경제성장

(가) 중국의 도로와 고속철도 건설

저성장 시대에는 효율적인 정부지출이 더욱 필요하다. 과거 고속성장 시대에 정부가 주도하여 대규모 사회간접자본 투자를 실시하여 경제의 유발효과를 창출하는 경우가 많았다.

하지만 저성장 시대에는

① 이러한 경제 유발효과를 기대할 수 있는 적절한 사회간접자본 투자를 찾기도 어렵고,

② 이를 위한 재정 자금을 확보하는 것도 쉽지 않기 때문이다.

중국도 과거 경기부양을 위한 정부주도의 대규모 사회간접자본 투자를 통해 경제성장을 이끈 경험이 있다.

첫째, 1997년 동아시아 금융위기 이후 수출이 둔화되면서 중국정부는 경기 부양을 위해 대규모 '도로건설' 사업을 중심으로 정부지출을 확대하였다. 2000년대 초에는 이러한 대규모 도로건설을 두고 '자동차가 몇 대 다니지도 않는 비효율적인 재정투자로 중국이 경제위기에 직면할 것'이라는 비판도 있었다.

하지만 몇 년 지나지 않아 그 도로들은 중국에서 생산된 엄청난 차들로 메워졌다. 중국은 세계 최대의 자동차 소비국이면서 생산국으로 부상하였다. 정부지출을 통한 대규모 도로건설이 중국 자동차 산업을 견인하는 역할을 했던 것이다.

둘째, 2008년 글로벌 금융위기 이후 다시 중국의 수출이 둔화되면서 중국정부 주도의 대규모 재정투자가 집중된 부문은 '고속철도' 부문이다. 고속철도는 중국을 일일 생활권으로 변화시켰고, 유통의 혁신을 가져왔다.

2000년대 중반까지 중국은 물류 – 유통 분야가 상당히 낙후되어 있다고 평가되었다. 하지만 이제 그 넓은 중국 전역에 당일 배송이 가능한 물류 시스템이 구축되었

다. 이러한 물류 – 유통 부문의 혁신은 산업전반의 변화와 혁신을 가속화하고 있다.

과거 중국 전역에서 고속철도 건설이 한창 진행될 당시 언론에서는 고속철도 일부 구간의 붕괴사건이나 부정부패 사건에 주목하였다. 하지만 어느새 중국은 당시의 고속철도 건설 경험을 통해 동남아 등 주변 국가에 대한 고속철도 수출사업을 활발하게 추진할 만큼 경쟁력을 축적하였다고 한다.

(나) 지방정부의 비효율적인 정부지출 문제

하지만 중국에서 경기부양을 위한 정부지출이 비효율적으로 추진되는 사례도 적지 않았다. 4장에서 언급한 바와 같이 중국의 지방정부는 2008년 글로벌 금융위기 이후 융자플랫폼을 통해 금융권에서 대규모 대출을 받았다. 하지만 당시 지방정부가 추진했던 공공사업이 비효율적으로 추진되면서 상당한 규모의 적자가 누적되고 있는 부작용이 나타나고 있다.

물론 이런 비효율적인 정부지출은 중국만의 문제는 아니다. 다른 나라에서도 지방정부의 비효율적인 정부지출이 경제성장의 걸림돌이 되었던 사례가 많다. 예를 들면 일본은 지방 국회의원 선거와 연계되어 비효율적인 공공투자가 많이 집행되었고, 그 부작용으로 비효율적인 도로건설(일명 다람쥐와 곰만 다니는 도로)이나 중복 투자된 지방 공항 문제 등이 나타났다. 이러한 비효율적인 정부지출로 일본의 재정적자 문제는 매우 심각한 상황이 되었다.

(다) '일대일로' 관련 정부지출

이제 중국의 성장 단계는 상당히 성숙단계로 진입하고 있다. 고속 성장단계에서 중저속의 성장단계로 진입하면서 필요한 사회간접자본의 건설이 어느 정도 완료되어 가고 있다. 이는 중국정부가 다시 대규모 사회간접자본 투자를 통한 경기부양 방법을 선택하고자 한다면 과거와 같은 충분한 산업 유발효과를 가져올 수 있는 사회간접자본 투자항목이 명확하게 보이지 않는다는 것을 의미한다.

이런 상황에서 최근 중국정부는 '일대일로' 관련 정책을 적극적으로 추진하고 있으며, 이 정책의 핵심은 중국과 주변 지역을 연계하는 대규모 사회간접자본의 건설을 통해 중국경제의 장기적인 성장원동력을 확보하겠다는 것이다.

'일대일로' 관련 정부지출이 과거 도로건설이나 고속철도 건설과 같이 중국 경제성장의 원동력이 될 것인지, 아니면 비효율적인 정부지출로 중국 경제성장의 걸림돌이 될 것인지는 매우 중요한 이슈이다. 다음 절에서는 이를 자세히 살펴보자.

2) '일대일로'와 사회간접자본 투자[1]

(가) '일대일로' 구상의 내용

최근 중국정부는 '일대일로(一帶一路)' 정책을 적극적으로 추진하고 있다. 실크로드나 해상실크로드는 중국 당(唐) 왕조나 명(明) 왕조 전성기, 전 세계 최강대국이었던 중국의 위상을 대표하는 상징적인 의미가 있다. 이제 중국이 다시 과거의 영광을 재현하고자 추진하는 '일대일로' 구상은 실로 거대하다.

'일대일로'에서 '일대(一帶: One Belt)'는 육상으로 중국의 중서부지역에서 서아시아, 중앙아시아를 경유하여 유럽으로 통하는 "실크로드 경제벨트(丝绸之路经济带)"를 의미한다. 일로(一路: One Road)는 해상으로 중국 남부지역과 동남아 말라카 해협과 미얀마, 스리랑카를 거쳐 북아프리카와 유럽의 항구를 연결하는 거대한 해상통로인 "21세기 해양 실크로드(21世纪海上丝绸之路)"를 구축한다는 내용이다.

특히 '일대일로' 구상은 단순히 중국과 이들 나라들을 내륙과 해상의 라인으로 연결하는 것만이 아니다. 이들 중국의 주변지역에 대한

① 사회간접자본(SOC) 확대를 통해

② 산업단지를 조성하고,

③ 물류 확대를 통한 국제 경제회랑(corridor)을 건설하고, 궁극적으로

④ 중국과 이들 주변국들과의 자유무역지대를 확장하는 것이 '일대일로'의 원대한 구상이다.

이러한 구상이 완전히 실현되기 위해서는 향후 수십 년의 시간이 필요할 것이다. 그런데 정말 그 구상이 중국이 계획하는 것처럼 실현될 경우에는 중국과 주변

60여 개국이 포함된 거대한 통합경제권이 형성될 수 있다. 현재 기준으로 전세계 인구의 60% 이상에 달하는 44억 명의 인구와 전 세계 GDP의 30% 이상에 달하는 22조 달러 규모의 경제권이 하나로 통합되는 것이다. 향후 이들 지역의 경제성장률이 지금의 선진국보다 높을 것이라는 것은 자명하기 때문에 전 세계 GDP에서 일대일로 관련 지역이 차지하는 비중은 더욱 가파르게 상승할 것이다.

(나) '일대일로' 사회간접자본 투자의 기대효과

중국은 장기적인 경제성장 원동력을 마련할 수 있는 효과적인 공공투자 방안으로 주변국에 대한 사회간접자본 투자확대를 확대하고 있다.

첫째, 중국정부는 '일대일로' 정책을 통해 중국내 산업의 공급과잉 문제를 해결할 수 있을 것으로 기대하고 있다. 중국 주변국의 사회건설자본 투자확대는 중국내 철강, 시멘트 등 공급과잉 상태인 건설업 등의 수요증가로 이어질 것이다.

뿐만 아니라 이들 주변국에 대한 사회건설자본 확대로 인한 일자리 창출과 경제성장은 궁극적으로 이들 지역의 내수시장 확대로 이어질 것이다. 중국은 '일대일로' 투자대상 지역에서 에너지, 원자재, 농산품 등을 수입하고, 동시에 이들 지역의 내수소비 확대에 따른 중국 제조업의 수출증대 효과를 기대하고 있다.

둘째, 중국은 유럽과의 원활한 교역로 확대에 따른 중국 서부 내륙지역의 경기부양 효과 등의 추가적인 유발효과를 기대하고 있다. 이 경우 이들 중국 주변국과 연결하기 위한 중국 내 낙후된 서부 내륙지역이나 ASEAN 지역에 인접한 남부 지역 등 각 지역의 사회건설자본 투자확대도 충분한 산업유발 효과를 기대할 수 있을 것이다.

현재 중국 내에서 구체화 되고 있는 '일대일로' 관련 투자 프로젝트만도 1조400억 위안(1,630억 달러)이고, 2015년 양회(兩會)에 보고된 해외에서 진행되거나 확정된 '일대일로' 투자 프로젝트도 525억 달러에 달한다. 중국은 '일대일로' 추진으로 GDP의 추가적인 성장률이 2015년에만도 0.25%포인트에 달할 것으로 기대하고 있다.

2. '일대일로'의 자금조달 문제[2)]

1) 일대일로 자금조달 모델

(가) 일대일로와 열린 금융협력 모델

중국 정부는 '일대일로' 원칙의 하나로 "상호원원(互利共贏)"의 원칙을 제시하고, 이를 관련 국가들과의 양자 협력 또는 다자간 국제금융 협력을 통해 자금을 조달하고자 하고 있다. "열린 협력모델(开放式合作模式)"이라는 것은 '일대일로' 구상이 전 세계 모두에게 개방되어 있고, 어떠한 조건이나 진입장벽으로 참여를 배제하지 않는다는 것이다.

하지만 이러한 추상적인 이상과는 달리 현실에서 여러 국가나 투자자들이 실제로 '일대일로' 관련 사업에 참여하기는 결코 쉽지 않다. 앞에서도 언급하였듯이 사회간접자본 투자의 특성이 투자규모는 큰 반면 투자회수 기간이 길고, 투자 기대수익률이 낮기 때문이다.

중국 정부는 주변국에 대한 '일대일로' 사회간접자본 투자가 절대로 무상원조 성격의 **'지원'이 아니라는 점을 강조**하고 있다. 시장경제의 편익과 비용을 원칙으로 사회간접자본 투자가 이루어져야 한다는 것을 강조하는 것이다. 이런 측면에서 때로는 중국의 '지원'을 기대하는 주변 국가들과 투자관련 마찰이 발생하기도 한다.

그렇다면 중국은 어떻게 일대일로 관련 자금조달을 준비하고 있는가? 대체적으로 중국 정부는

(1) 국제 개발금융기구를 활용하거나

(2) 관민 합작의 PPP 방식을 활용하거나

(3) 위안화 국제화를 통해 자금을 조달하고자 하는 것으로 판단된다.

이에 대해 보다 자세히 살펴보자.

(나) 국제 개발금융기구 모델

첫 번째 자금조달 방법은 정부주도의 "국제 개발금융기구(International Development Financial Institution)"를 설립하는 것이다. 중국정부는 ① 2014년 11월 400억 달러 규모로 실크로드 펀드(丝路基金: Silk Road Fund)[1]를 조성하였다. ② BRICS 국가신개발은행(金砖国家新开发银行) 또는 NDB(BRICS New Development Bank)로 지칭되는 국제 개발금융기구도 2015년 7월 출범하였는데, 전체 자금 1000억 달러 중에서 중국은 410억 달러를 출자하였다. ③ 2015년 3월 열린 〈아세안 지역의 해상실크로드 사업에 대한 금융지원 세미나〉에서는 상하이협력기구(上海合作组织: Shanghai Cooperation Organisation)를 확대하기로 하였고, 중국정부는 추가로 50억 달러의 자금을 출자하였다. ④ 뿐만 아니라 중국 – 아세안은행연합(中國 – 東盟銀行聯合)의 논의나, 아프리카 지역에 대한 국가개발원조(ODA: Official Development Assistance: 官方开发援助) 확대도 '일대일로'와 연결될 수 있다.

⑤ 무엇보다도 최근 전 세계적으로 가장 주목받으면서 '일대일로' 구상을 실현하는 대표적인 국제금융협력 기구로 등장한 것은 아시아인프라개발은행(AIIB: Asian Infrastructure Investment Bank; 亚洲基础设施投资银行) 일명, AIIB이다.

다자간 국제금융 협력사업을 위한 투자자금의 플랫폼 역할을 담당하는 AIIB는 2013년 10월 시진핑 중국주석이 ASEAN 지역의 사회간접자본 건설지원을 위한 다자간 협력기구 설립을 주창하면서 시작되었고, 2015년 6월 29일 정식 출범하였다.

하지만 현재 AIIB의 자본금 규모 1,000억 달러는 '일대일로' 전체 투자자금 수요에 비해서 극히 일부에 불과하다. 자본금의 수배에 달하는 차입금을 활용하고, 투자회수 자금을 재투자한다고 가정하더라도 '일대일로' 사업의 극히 일부 투자자금만을 조달할 수 있을 것이다. 중국정부가 주도하고 있는 실크로드펀드나 BRICS국가신개발은행, 상하이협력기구 등의 다른 국제개발금융기구 자금의 일부를 '일대일로' 자금조달에 동원한다고 해도 자금조달 규모는 여전히 부족한 상황이다.

---

1 실크로드 펀드의 자본금은 중국정부의 외환보유고, 중국투자공사, 중국수출입은행, 개발금융의 지분이 각각 65%, 15%, 15%, 5%로 구성되었다(張萊楠, 2015).

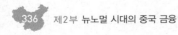

이 때문에 AIIB와 같은 국제개발금융기구가 '일대일로' 관련 자금조달에서 단독으로 직접적인 자금을 대출하기보다는 다른 형태로 운영되어야 한다는 의견이 제기되고 있다.[2] 예를 들면 정부나 국제개발금융기구와 같은 관(官: Public)이 민간(民: Private)과 함께 자금을 조달하는 역할을 수행해야만 한다는 것이다.

(다) 관민합작, PPP 모델

최근 중국 내에서 '일대일로' 자금조달과 관련해서 가장 활발하게 논의되고 있는 금융 자금조달모델은 "관민합작(公共私营合作: PPP: Public-Private Partnership)", 일명 PPP 모델이다.

원래 PPP 모델은 공적인 개발원조 기관과 민간 기업이 함께 개발도상국의 공공사업과 수익사업을 추진하기 위해 만들어진 제도로 이미 독일[3]이나 선진국 등에서도 사용되는 방법이다. 중국 내에서는 도시 기반시설 건설이나 공공서비스 사업 추진을 위해 90년대 중반 이후 공업단지 건설 등 다양한 분야에서 일부 추진되고 있었다.[3)]

관민합작 형태로 '일대일로' 프로젝트를 추진할 경우 민간 금융자원을 조달하여 공공부문의 재원마련 부담을 경감할 수 있는 장점이 있기 때문에 중국정부는 '일대일로' 금융자금 조달 모델로 PPP 모델을 적극적으로 추진하고 있다. 뿐만 아니라 '일대일로'에 투입된 투자자금의 회수가 어려워질 경우에도 투자를 담당했던 금융사들의 부실문제가 국가 전체의 경제위기로 연결되는 문제를 방지할 수 있는 장점이 있다.

---

2 이런 의미에서 AIIB의 운영방식과 다른 다자개발은행(MDB)의 운영방식의 차이에 대한 연구도 활발하게 진행되고 있다. 예를 들면 중국정부는 거듭 AIIB가 기존 MDB와 달리 신속한 의사결정 방식, 내정불간섭 원칙, 인프라 투자 집중, 상호소통(互聯互通) 등을 기본으로 운영될 것이라고 밝히고 있다(최필수, 2015; 산업통상자원부 – KOTRA 세미나, 2015년12월2일).

3 PPP는 독일 내 민·관 협력으로서 민간 기업의 개발도상국 진출 및 사업기회 제공을 확대하기 위하여 만든 지원제도이다. KfW 및 GTZ는 공적개발원조의 실행기관으로서 독일의 민간 기업과 함께 PPP에 공동으로 참여하고 있다. 즉 KfW와 GTZ는 각각 금융 및 기술협력을 지원하고 해외시장 개척을 희망하는 민간 기업의 자본과 사업경험을 담당하고 있다. [네이버 지식백과] (개발원조 관련 국제기구 지식정보원, 2009년 7월 31일)

〈표 10 - 1〉 관민합작 모델 운용방식별 주요 내용 및 특징

구분	내용 및 특징
건설 - 운영 - 권리 이전 (Build-Operate-Transfer: BOT)	• 민간 또는 특수목적회사가 새로 추진하는 사업의 설계, 융자, 건설, 운영, 시설유지보수, 서비스 제공 등 제반분야를 책임 • 민간 또는 특수목적회사가 건설 및 운영비용 부담 • 시설준공 후 계약기간 동안 사업의 소유권 또는 운영권을 민간 또는 특수목적회사가 보유 • 계약기간 만료 후 사업에 대한 권리를 공공에 이전 • 계약기간 20~30년
건설 - 소유 - 운영 (Build-Own-Operate: BOO)	• 기본적으로 BOT와 동일 • 단, 계약기간 만료 후에도 민간 또는 특수목적회사가 사업에 대한 권리를 계속 확보

자료: 2014년 재정부 〈정부 및 사회자본 합작모델 운영 가이드라인〉, 송영현, p.5 재인용

원래 관민합작 모델을 운영하는 형태는 여러 형태가 있을 수 있다. 이러한 여러 운영방식 중에서 '일대일로' 사업은 기본적으로 신규 사회간접자본의 건설과 밀접한 연관이 있기 때문에 BOT 방식과 BOO 방식이 가장 중점적으로 논의되고 있다.

구체적인 운영 모델을 예를 들면 AIIB를 '일대일로' 프로젝트의 직접적인 투자자금 대출은행이라기보다는 '일대일로'의 원활한 진행을 돕는 지원기구의 성격으로 운영하는 것이다. 가장 간단한 형태의 운영 모델을 예로 들자면 ASEAN 지역의 A국가와 중국의 B건설사가 중국의 C은행에서 대출을 받아서 A국가의 도로건설 프로젝트를 추진한다고 할 때 AIIB는 그 프로젝트의 투자보증을 제공하여 저금리로 투자자금을 조달하도록 하는 역할을 수행하는 형태가 가능하다.

물론 보다 복잡한 형태의 자금조달도 가능한데, 예를 들면 중국의 B건설사가 A국가 도로건설 프로젝트를 위한 자금을 투자자들에게서 조달하여 홍콩에 특수목적회사[4]를 설립할 때 AIIB가 이에 일부 자금을 출자하는 형태도 가능하다.

하지만 이러한 관민합작 자금조달로 '일대일로'를 추진할 때 가장 중요한 문제

---

4 특수목적회사(SPC: Special Purpose Company 또는 SPV: Special Purpose Vehicle 또는 SPE: Special Purpose Entity)란 특정한 사업을 추진하기 위해 일시적으로 만들어진 임시 회사조직을 의미한다. 물리적인 실체가 없이 서류상 법적인 회사로 존재하는 경우가 많다.

는 "어떻게 민간의 참여를 유도 하는가" 문제이다. 민간의 참여를 유도하기 위해 민간부문에게 너무 많은 인센티브를 제공하는 것은 자칫 부정부패 문제로 이어질 수 있다는 사실은 지금까지 수많은 사례를 통해서 경험하였기 때문이다. 반면 인센티브가 너무 적다면 사업 추진이 원활하게 진행되지 못한다.

사실 중국 기업이나 중국 금융사들을 '일대일로'에 참여시키는 것은 현재 중국 정부의 중국금융사들에 대한 영향력을 고려한다면 별로 어렵지 않은 일이다. 지금도 중국 금융사들의 가장 중요한 화두는 '어떻게 일대일로 정책을 적극적으로 지원할 수 있을 것인가'이다. 중국정부의 전략적 목표에 부응하기 위해 중국의 기업들과 은행들은 매우 적극적으로 노력하고 있다.

예를 들면 중국은행(BOK)은 2014년 중국은행의 가장 두드러진 성과를 위안화 국제화와 일대일로 전략에 기여한 것으로 평가하였다. 중국은행의 2014년 해외 신규대출 증가율은 21%로 중국국내 대출 증가율 10%를 두 배 이상 상회하였다. 중국국가개발은행(國家開發銀行), 중국수출입은행(進出口銀行) 같은 정책은행의 경우는 더욱 열심이다. 하지만 이들을 진정한 민간금융부문이라고 할 수는 없다.

'일대일로' 자금조달에서 진정한 민간부문의 참여란 결국 글로벌 투자자금의 참여를 의미한다. 이때 가장 중요한 것은 '일대일로'의 어떤 프로젝트는 민간이 매우 적극적으로 참여하기를 원할 것이지만, 어떤 프로젝트는 참여를 꺼릴 것이라는 사실이다. 예를 들면 시장성이 높은 ASEAN 지역의 특정 항만건설 프로젝트는 투자기대수익률이 높아 민간 투자자금들이 적극적으로 참여할 것이지만, 시장성이 낮은 중앙아시아 지역의 도로건설 프로젝트에는 민간 투자자금들이 참여를 꺼릴 것이다.

이 문제를 해결하기 위해 중국정부가 제시한 원칙이 바로 앞에서 언급한 "열린 금융지원(开放式金融支持)" 원칙과 철저한 "프로젝트 베이스(Project Base)"의 사업추진 원칙이다. 다시 말해 '일대일로'의 커다란 구상 內에 계획되어 있는 여러 프로젝트들을 철저하게 시장원칙에 의거하여 프로젝트 단위로 추진한다는 것이다.

[그림 10-1] PPP 모델에서 프로젝트 파이낸싱과 특수목적회사의 개념도

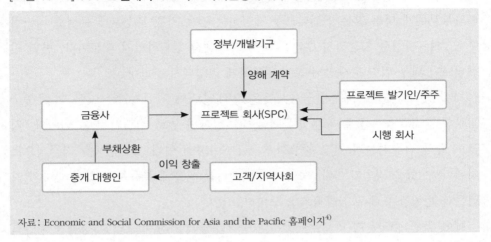

자료: Economic and Social Commission for Asia and the Pacific 홈페이지[4]

이에 따라 수익성이 높을 것으로 예상되는 프로젝트들에는 민간 투자자들이 프로젝트 파이낸싱(Project Financing)에 경쟁적으로 참여하여 낮은 이자율로도 자금을 조달하여 특수목적회사를 쉽게 세워서 사업을 추진할 수 있을 것이다. 반면 수익성이 낮을 것으로 예상되는 중동지역의 도로건설 프로젝트 같은 경우는 민간 투자자들의 참여를 유도할 수 있도록 공적인 부문에서 지원하거나 공적인 부문에서 참여를 확대할 수 있을 것이다.

이러한 추진전략은 중국정부가 전형적으로 사용하는 점진적으로 상황에 맞추어 준비해나가는 실용적인 추진전략이다. 따라서 현 단계에서는 전체적으로 법제화된 지원조건이나 절차가 없는 것이 어쩌면 당연한 것이고, 프로젝트들을 추진해 나가면서 이러한 조건들이 상황에 맞추어 제시될 것이다. 또한 이와 동시에 현재 중국 국내적인 법률 제도적인 제약뿐만 아니라 투자관련 국가들의 법률제도, 국제법률 제도적인 보완장치 마련도 활발하게 진행될 것이다.[5]

---

5 南锦林(2015)에 따르면 현재 BOT 방식의 PPP 투자에서는 프로젝트 발기인이나 주주의 이익 회수 리스크, 설계 완공 미비 리스크, 환율 리스크, 경영권 보호 리스크, 시장가격 변동 리스크, 정치적인 리스크 등이 존재한다. 이러한 문제를 법제도적인 혹은 정부간 협약 등을 통해 효과적으로 보완하는 것이 반드시 필요하다(南锦林, 2015, p.48).

3. PPP 펀드와 지방정부 지출

1) 지방정부 지출 확대의 문제점

전통적으로 중국 정부는 투자확대, 특히 정부 주도의 투자확대를 통한 성장 방식을 지속해 왔다. 중국정부가 성장방식에서 정부나 기업의 투자를 줄이고 내수 위주의 성장으로 전환하고자 노력하고 있지만 결코 쉽지 않은 일이었다.

2015년 이후 중국의 경제성장률이 크게 둔화되면서 경제 운용 기본방향이 긴축에서 완화로 전환되었다. 당시 예상외로 심각한 경기둔화 국면에서 중국정부는 다시 정부지출 확대를 통해 경기 부양을 추진할 수밖에 없었다.

하지만 2008년 글로벌 금융위기 이후 대규모 정부지출 확대를 통한 경기부양 정책을 추진하는 과정에서 지방정부 융자플랫폼 부실이나 비효율적인 부동산 개발과 같은 문제가 심화되었다. 이러한 비효율적인 지방정부 지출은 4장에서 설명한 바와 같이 지방정부의 재정악화 나아가 중국 금융시스템 전반의 부실문제 심화로 연결되었다. 만약 또다시 지방정부의 비효율적인 정부지출이 부동산 거품이나 금융부실로 이어진다면 이는 단순한 지방정부의 재정위기 확대가 아니라 궁극적으로 중국의 전반적인 시스템 위기로 확산될 수도 있을 것이다.

그렇지만 중국은 민간부문의 역할이 충분하지 못한 상황이기 때문에 경기부양을 위해 지방정부 지출이 경제성장에서 반드시 필요한 것도 사실이다. 따라서 **"효율적이고 지속가능한 지방정부 지출"**을 가능하게 할 수 있는 방안이 활발하게 논의되고 있다. 최근 중국정부는 두 가지 방법으로 이러한 지방정부 지출의 효율성을 높이기 위해 노력하고 있다.

첫 번째 방법은 만기가 도래하는 융자플랫폼의 대출을 보다 낮은 금리의 지방정부 채권으로 전환하는 방법이다. 중국정부는 2014년 이후 적극적으로 이러한 융자플랫폼 대출의 지방정부 채권 전환을 진행하고 있다. 이러한 전환은 비교적 원만하게 진행되면서, 금융 위기의 가능성을 낮추고 있다고 평가된다. 또한 이러한 지방정부 채권전환은 지방정부의 재정난을 완화시키면서 추가적인 재정집행의 여력을 확보해주고 있다.

두 번째 방법으로는 지방정부가 담당하고 있었던 부동산개발이나 사회간접자본 건설에 민간투자자금이나 국유기업의 자본의 참여를 유도하여 공동으로 공공서비스를 제공하는 관민합작(官民合作)모델, 일명 PPP 방식이 사용되고 있다.

이에 대해서 보다 자세히 살펴보자.

2) PPP 방식의 지방정부지출

앞에서 언급하였듯이 PPP 방식이라는 것은 "정부(官)"와 "민간 조직 또는 민간 자본(民)"이 상호 협력하여, 공공 서비스를 제공하거나 사회간접자본 등을 건설하는 것을 지칭한다.

중국정부는 최근 정책적으로 정부와 민간이 함께 참여하는 PPP 모델로 정부지출을 추진하는 것을 적극 장려하고 있다. 2013년 11월, 18기 3중전회(中全會: 중국 공산당전국대표대회)에서 "민간 자본이 특허경영(特許經營: Licensed Business) 등 다양한 방식으로 도시 기초건설사업에 투자하고 운영하는 것을 허용"하였다. **'특허경영'**이란 사회간접자본 건설 이후 일정한 계약기간 동안 사업의 소유권이나 운영권을 참여한 민간 자본이 보유하면서 경영활동을 진행하는 것으로 앞절에서 언급한 BOT 방식이나 BOO 방식을 의미한다.

2014년 10월 2일에는 국무원의 〈지방정부 부채관리강화에 대한 의견〉[5]에서 PPP 방식을 사용하여, 정부가 민간투자자들의 투자를 유인하기 위해 장기적이고 "안정적인 수익(稳定收益)"을 보장해야 한다고 제시하였다. 구체적인 유인정책으로는 ① 특허경영, ② 합리적인 가격책정(사업자의 수익이 보장되는 요금책정)뿐만 아니라 ③ 재정보조(财政补贴) 등의 방법까지 제시하고 있다.

2015년 5월 19일 국무원과 재정부, 발전개혁위원회(发改委), 인민은행이 공동으로 〈공공서비스 영역에서 정부와 민간자본의 합작(PPP) 모델을 확대하는 것에 관한 지도의견〉[6]을 발표하였다.

이러한 중국정부의 PPP 프로젝트의 적극적인 정책추진 의지로 최근 중국 내 PPP 방식의 사회간접자본 건설은 크게 증가하고 있다. 2016년 9월 기준으로 중국에서 추진되고 있는 PPP 프로젝트는 1만 건이 넘고, 금액은 12조4,600억 위안(약 2,100조원)이 넘는다.[6]

3) PPP 활성화 유도 펀드

(가) PPP 활성화 유도 펀드의 도입

한편 중국정부는 PPP 방식의 지방정부 공공사업 추진에서 **"민간자본 혹은 사회자본"**의 참여를 유도하기 위해 PPP를 지원하기 위한 PPP 유도 펀드도 도입하고 있다. 민간자본이 공공사업에 참여할 수 있는 유인을 제공하기 위해 공공자금을 투입하고 있는 것이다. 이러한 민간자본의 공공사업 투자는 지방정부의 공공사업 투자 효율성을 높이는데 기여할 수 있을 것으로 기대된다. 한편 PPP 유도 펀드의 참여에서 민간자본이라는 용어는 종종 사회자본(社會資本)이라는 용어와 혼용되어 사용된다. 이를 구분하자면 민간자본이라는 용어보다는 사회자본이라는 용어에서 국유기업이나 국유금융사, 지방정부 산하의 투자회사 등의 공공적인 성격이 강조되고 있는 경향이 있다. 하지만 이러한 구분은 명확하게 정의되어 있기 보다는 혼용되어 사용되는 경우도 있다.

중국 재정부가 출자하여 "중국정부와 민간자본의 합작융자 지원 펀드(中國政府和社會資本合作融資支持基金)"를 설립하여, ① 민간자본이 프로젝트에 참여할 때 자금지원을 용이하게 하고 다양한 장려 보조 정책을 도입하며, ② 지방정부 융자 플랫폼(地方融資平台)의 전환(轉型)과 지방정부와 민간자본의 합작(PPP) 프로젝

---

6 중국 재정부가 운용하고 있는 전국 PPP 종합정보 플랫폼에 따르면 2016년 9월까지 접수된 PPP 프로젝트는 총 1만471건, 약 12조4,600억 위안 규모이다. 이 중 도시 시정(市政)관련 투자와 교통, 도시개발, 관광, 환경부문이 각각 3,705건, 1,270건, 635건, 592건, 576건 순으로 많다. '發改委'에 접수된 PPP 프로젝트도 총 5,000건이 넘고 투자규모는 5조6,000억 위안이다. 최근 2년간 재정부와 '發改委'는 각각 3차례 PPP 시범 프로젝트 리스트를 발표하였다. KIEP 북경사무소(2017), p.6

트를 장려하고 유도하였다.

여기서 특히 공공서비스나 사회간접자본 투자에서 PPP를 활성화를 위해, 사모펀드(PEF: Private Equity Fund)형식의 PPP 펀드(PPP基金)를 활용하는 방식이 주목받고 있다.

PPP 펀드에는 ① PPP 활성화를 유도하기 위한 펀드 (PPP引导基金, 이하 PPP 활성화 유도펀드), ② 정부, ③ 민간 자본이 투자에 참여하여 형성된다.

특히 중국 정부 주도로 설립된 "PPP 활성화 유도 펀드"는 민간자본의 PPP 참여 활성화를 유도하기 위해 노력하는 역할을 담당한다. PPP 활성화 유도 펀드를 통해 상급(上级)정부는 PPP 프로젝트에 적극적으로 참여할 수 있도록 유도하고, 현재 프로젝트 진행에 존재하는 여러 어려움을 해결하기 위해 노력해야 한다고 규정하고 있다.

(나) 'PPP 활성화 유도 펀드'의 규모와 현황

2015년 9월 재정부는 "1,800억 위안(약 31조원)" 규모의 PPP 활성화 유도 펀드를 설립하고 향후 민간 자본이 공공서비스 영역의 PPP 프로젝트에 참여할 수 있도록 유도하도록 하였다. 또한 2016년 3월 정부공작보고에서 리커창 총리는 "PPP 모델을 완비하고, 1,800억 위안의 PPP 활성화 유도펀드가 엄격하게 법에 따라 이행되고, 민간자본의 사회 참여 열정을 충분히 발휘하도록" 제시하였다.

주된 투자 유도 영역 중에서 도시 기초건설 투자 영역은 민간자본이 도시의 상수도, 난방공급, 가스공급, 오수 및 쓰레기 처리, 쓰레기 자원화 이용 및 처리, 도시 종합 파이프라인 건설, 공원 건설 및 관련 서비스, 공공 교통 시설, 주차장 설비 등의 항목, 시설의 건설 후에는 특허경영 방식을 통해 수익을 획득할 수 있도록 한다고 제시하였다.[7]

---

7 구체적인 활용 사례는 만약 PPP로 추진되는 정부지출 공공사업의 수익이 낮을 때는 정부가 재정 보조를 통해 수익을 보전한다. 또한 교통 영역은 민간 자본이 철도건설에 참여하는 것을 장려하고, 민간자본에게 철도 경영권의 일부를 개방하여 수익을 획득하게 한다. 민간자본이 도시궤도 교통(지하철 등)과 고속철도 건설에 참여하는 것을 장려한다. 민간자본이 수운(水运), 항공업의 기초건설 투자에 참여하는 것을 허가하는 등의 내용이 포함되어 있다.

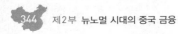

〈표 10-2〉 중국 내 설립된 PPP 유도 펀드(2016년 3월 기준)

2015/05	财政部	中央引导示范性PPP基金	500亿	国家级
2016/03	财政部	政企合作投资基金	1800亿	国家级
2015/06	河南省财政厅	河南省PPP开发基金	50亿	省级
2015/06	江苏省财政厅	江苏省PPP融资支持基金	100亿	省级
2015/07	山东省财政厅	山东省政府和社会资本合作发展基金	800亿	省级
2015/09	云南省财政厅	云南省PPP融资支持基金	50亿	省级
2015/12	四川省财政厅	四川省PPP投资引导基金	50亿	省级
2015/10	新疆维吾尔自治区财政厅	新疆维吾尔自治区PPP引导基金	1000亿	省级
2015/12	贵州省财政厅	贵州金砖PPP省级母基金(贵州省金砖城市一号基金)	200亿	省级
2016/02	山西省财政厅	山西省改善城市人居环境PPP投资引导基金	144亿	省级
2016/03	福建省财政厅	福建省PPP引导基金(拟设立)	200亿	省级
2016/03	浙江省财政厅	浙江省基础设施投资(含PPP)基金	100亿	省级
2016/03	黑龙江省财政厅	黑龙江省PPP融资支持基金	1340亿	省级
2015/12	河北省财政厅	京津冀协同发展基金	100亿	区域级
2015/12	阿克苏地区财政局	阿克苏地区PPP引导基金	1亿	区域级
2015/09	江门市财政局	江门PPP融资基金	不详	市县级
2016/01	常山县财政局	常山县政府和社会资本合作(PPP)引导基金	3亿	市县级
2015/12	宁波市财政局	宁波市PPP投资基金	250亿	市县级
2016/03	吉林市财政局	吉林市PPP引导基金	50亿	市县级
2016/3	青岛市财政局	青岛市政府和社会资本合作发展基金	300亿	市县级

자료: 中国引导基金PPP模式专题研究报告(2016), p.15 재인용

(다) 'PPP 활성화 유도 펀드'와 국유기업의 사회간접자본 운영

이처럼 지방정부가 추진하는 사회간접자본 투자에 민간자본이 참여하는 PPP 형태의 투자가 활성화될 경우 자금조달의 비용을 낮추고, 정부의 재정부담을 완화하면서도 지속적으로 경제성장에 필요한 정부투자가 추진될 수 있을 것이다.

하지만 중국정부가 PPP 형태의 사회간접자본 투자에 민간자본의 참여를 유도

하기 위해 PPP 활성화 유도 펀드와 같은 정책적인 특혜를 제공한다는 측면에서 두 가지 고려해야 할 사항이 있다.

첫째는 정부가 제공하는 혜택이 민간의 참여를 유도하기에 충분하지 않을 경우, 정부가 이를 사실상 강제하는 형태로 PPP 프로젝트에 참여 시키는 가능성에 대한 문제이다. 지방정부, 특히 낙후된 지방정부가 추진하는 도로건설 등의 사회간접자본 투자는 수익성이 매우 낮을 수밖에 없다. 이러한 프로젝트에 민간 자본의 참여를 강제한다면 정부의 부담을 민간부문으로 이전하는 문제가 발생한다.

앞에서 언급하였듯이 PPP 프로젝트에 참여하는 민간자본은 종종 사회자본이라는 용어와 혼용되어 사용되는데, 사회자본이라는 의미는 국유기업이나 국유 금융사의 투자자금을 의미하는 경향이 있다. 만약 국유기업이나 국유 금융사의 투자자금이 비효율적인 사회간접자본 투자에 동원되는 형태로 PPP 형태의 투자가 이루어진다면 장기적으로 정부 재정부실이 금융부실로 이전되는 부작용이 발생할 수 있을 것이다.

둘째, 반대로 중국정부가 PPP 형태의 사회간접자본 투자에 민간자본 혹은 사회자본의 참여를 유도하기 위해 너무 많은 혜택을 제공하는 경우에는 부정부패 문제로 이어질 수도 있다. 예를 들면 지하철이나 고속도로 건설에 지방정부와 특수한 관계가 구축된 특정 국유기업이 참여하고, 이들이 수익을 얻기 위해 지하철 요금이나 톨게이트 비용을 과도하게 책정하는 것을 정부가 용인하는 경우를 생각해 볼 수 있다. 혹은 사회간접자본의 운영 손실을 지방정부 재원으로 보전하는 계약을 체결하면서 PPP 투자에 참여한 국유 금융사의 안정적인 수익을 보장해 주는 경우도 있을 수 있을 것이다.

이 경우 국유기업이나 국유 금융사에게 이러한 혜택을 제공하는 것이 타당한 것인지의 문제가 대두될 수 있을 것이다. 나아가 국유기업이나 국유 금융사 이외에 중국내 순수 민간자본, 혹은 외국계 자본의 PPP 형태의 사회간접자본 투자 참여에 대해서는 어떤 정책을 추진할 것인지도 중요한 이슈가 될 수 있을 것이다.

참고문헌

- 서봉교, 최낙섭, 이현태 (2016), "중국 일대일로 금융자금조달 모델에 관한 연구", 『한중 사회과학연구』, 14권2호 : 25-57
- 송영현 (2015), "중국 민관협력(Public Private Partnership) 지역개발 현황 및 시사점", 인천발전연구원, 한중 DB 『INChinaBrief』 Vol293, 2015년6월29일
- KIEP 북경사무소, "최근 중국의 민관협력사업(PPP) 추진 현황 및 평가와 전망", 『KIEP 북경사무소 브리핑』, 2017년1월11일 Vol. 20, No. 1
- 张茉楠 (2015), "亚投行应为推进"一带一路"PPP融资模式发挥先导作用"《中国经济周刊》, 2015年28期 : 22-23
- 清科研究中心 (2016), 『中国引导基金PPP模式专题研究报告』, 清科研究中心

Endnotes

1) 이 절의 내용은 서봉교 외(2016), "중국 일대일로 금융자금조달 모델에 관한 연구" 논문을 바탕으로 수정하였다.
2) 이 절의 내용은 서봉교 외(2016), "중국 일대일로 금융자금조달 모델에 관한 연구" 논문을 바탕으로 수정하였다.
3) 송영현(2015), "중국 민관협력(Public Private Partnership:PPP) 지역개발 현황 및 시사점", 인천발전연구원 한중DB INChinaBrief Vol.293. 2015.06.29
4) http://www.unescap.org/ttdw/ppp/ppp_primer/21_ppp_structure.html
5) 〈关于加强地方政府性债务管理的意见〉, 国务院发(2014), 43号文
6) 〈关于在公共服务领域推广政府和社会资本合作模式指导意见〉, 国办发 (2015), 42号

제 11 장

국제금융 룰 메이커로서의 역량 강화

1. 새로운 국제금융 질서의 형성

1) 국제 금융질서의 재편과 중국 금융사의 글로벌 역량 강화

미국 달러 중심의 현 국제금융 질서에서 중국의 부상이 어떤 변화를 가져올 것인지는 수년 전부터 상당히 논란이 되어왔던 이슈이다. 중국 금융시스템의 낙후성에 대한 비관적인 시각에도 불구하고 지난 수년간 중국은 국제금융 질서에 대한 영향력을 확대하고 있다. 물론 이 과정에서 중국은 기존 국제금융 질서에 영향력이 큰 미국 등 선진국과 적지 않은 마찰을 경험하기도 하였다. 예를 들면 중국 주도의 AIIB 설립과 관련하여 미국이 다른 나라들의 AIIB 참여를 견제하기도 하였다. 하지만 중국은 미국 등과 직접적인 마찰은 피하면서도 국제 금융질서의 재편에 영향력을 확대하고 있다.

국제 금융질서의 재편 과정에서 중국의 부상과 관련하여 가장 주목할 필요가 있는 것은 5장에서 언급한 바와 같이 '위안화 국제화'의 추진이다. 이미 위안화는 2015년 11월 IMF의 SDR에 10.92%의 비율로 편입될 정도로 국제 통용화폐로 급부상하고 있다. 미국 달러화(41.73%), 유로화(30.93%)에 이어 편입 비율에서 세계 3위를 차지하였다.

또한 10장에서 언급한 중국이 AIIB(아시아인프라개발은행)와 같은 국제 금융기구의 설립을 주도하고 대규모 자금을 출자하고 있는 것도 국제 금융질서의 재편 과정에서 매우 주목할 필요가 있는 것이다.

물론 중국이 국제 금융질서의 재편 과정에서 영향력을 확대한다고 해도 앞으로 상당 기간 현재의 미국과 같은 절대적인 영향력을 행사한다는 것은 어려울 것이다. 하지만 주목할 필요가 있는 것은 중국정부가 국제 금융질서에 대한 영향력이 커지는 과정에서 중국 금융사들의 국제 경쟁력을 확대할 수 있도록 적극적으로 노력하고 있다는 사실이다.

실질적으로 위안화 국제화나 AIIB와 같은 국제금융 질서의 변화는 기존 국제금용 질서에서 상대적으로 불리한 입장이었던 중국 금융사들이 보다 유리한 입장이 될 수 있는 기회를 제공하고 있다. 그리고 이를 통해 중국 금융사들의 국제 경쟁력도 상당히 강화되고 있다는 측면을 주목할 필요가 있는 것이다.

2) 자본 수출국으로의 전환과 룰 메이커

중국이 글로벌 국제금융 질서의 룰을 따라가던 입장에서 이제는 적극적으로 중국과 중국의 금융사들에게 유리한 국제금융 질서의 룰을 제정하려는 입장으로 바뀌고 있는 원동력은 중국의 경제적 역량 강화이다. 중국의 GDP 규모나 내수시장의 규모, 외환보유고 등의 경제적 역량은 국제사회에서 다양한 분야에서 영향력을 확대하는 원동력이 되고 있다. 중국이 국제금융 질서의 룰을 제정하는 입장으로 변화되고 있는 사례를 통해 이를 분석해보자.

중국은 과거 경제성장을 위해 외국의 투자 자본을 필요로 하던 국가였다. 따라서 글로벌 투자자들이 요구하는 국제금융 질서를 일정정도 수용할 수밖에 없었다. 하자만 이제 중국은 해외에 자본을 수출하는 국가로 변화되고 있다.

예를 들면 '일대일로'와 관련된 많은 해외 투자와 중국 기업의 해외진출이 진행되고 있다. 또한 중국은 글로벌 금융위기로 어려움을 겪고 있던 국가와 통화 스왑을 체결하거나 이들 국가의 채권을 매입하였다. 이제는 중국이 해외에 자금을 투자하거나 다른 국가들에게 자금을 빌려줄 수 있는 입장으로 바뀐 것이다.

이처럼 중국이 **'자본 수출국'**으로 변화되면서 국제금융 시장에서의 영향력이 확대되고, 중국이 원하는 국제금융 질서를 수립해나갈 수 있는 원동력이 마련된 것이다.

과거의 역사를 돌이켜 볼 때 이러한 전망이 결코 허황된 것은 아니다. 20세기 중반 미국이 세계의 주요한 채권국으로 부상했던 당시 미국은 국제금융 질서의 룰 메이커로 부상할 수 있었다. 미국이 유럽과 다른 개발도상국들에게 자금을 지원해주는 과정에서 달러 중심의 국제금융 질서가 공고화될 수 있었고, 미국의 금융사들이 글로벌 금융시장을 주도할 수 있게 되었다.

이제 중국이 전 세계적으로 매우 중요한 채권국으로 전환되고 있기 때문에 향후, 중국의 '자본 수출'과 관련된 상당한 국제금융 수요가 창출될 수 있을 것이다. 중국 기업이나 중국 금융사들의 해외 투자나 해외 국채 인수, 중국 정부의 대외 차관 제공 등의 수요는 지속적으로 확대될 것이다. 중국정부가 이러한 기회를 활용하여 국제금융 질서의 재편 과정에서 영향력을 확대할 가능성에 주목할 필요가 있는 것이다.

이제 중국 신용평가회사의 국제화 사례를 통해 글로벌 룰 메이커로 성장하기 위해 노력하고 있는 중국과 중국 금융사들의 사례를 살펴보고자 한다.

2. 중국 신용평가 산업과 글로벌 빅3 신용평가사[1]

1) 중국 신용평가 산업과 글로벌 신용평가사

(가) 중국 신용평가사 국제화의 필요성 대두

신용평가(credit rating: 信用評級) 제도는 기업어음, 회사채 등 특정 유가증권이나 특정채무의 원리금이 발행조건대로 상환될 수 있는 가능성에 대하여 신용평가사가 분석과 평가를 하고 그 결과를 일정한 기호, 즉 '신용평가등급'으로 표시하여 투자자와 금융기관 등 이해관계자에게 공시하는 제도이다. 신용평가사는 기업 및 금융기관의 신용위험을 공시함으로써 자본시장에 막대한 파급효과를 지닐 뿐 아니라 금융감독 목적으로도 사용되는 등 그 중요성이 크다.

2000년대 중반 이후 중국 기업들의 해외진출(走出去)이 확대되면서, 국제 자본 시장에서 회사채 발행이나 해외상장 형태로 금융 자금을 조달하는 경우가 증가하고 있다. 특히 중국기업들의 위안화 역외 채권발행은 2009년 이후 홍콩을 중심으로 급격하게 증가하였다.

중국 기업들이 자국에서 자금을 조달하던 상황과 달리 국제 자본시장에서 자금을 조달하면서 중국기업들의 대외 신용도 문제가 매우 중요해지고 있다. 하지만 중국 국내의 신용평가 시스템에 대한 국제 신뢰도가 낮기 때문에 중국기업들의 해외 채권발행에서 신용도 불신(不信), 소위 차이나 디스카운트(China Discount) 문제가 발생하였다.

이러한 문제에 대해서 중국정부나 학계에서는 현재의 글로벌 신용평가 시스템이 미국 중심의 글로벌 빅3 신용평가사들에 의해 주도되고 있기 때문에 상대적으로 중국에게 불리할 수 있다고 판단한다. 이에 따라 중국정부는 중국 신용평가회사가 국제 평가시스템에 주도적으로 참여하는 신용평가사의 국제화를 통해 이를 해결하고자 노력하고 있다.[1]

(나) 글로벌 신용평가 시스템의 빅3 독과점 문제

현재 글로벌 빅3(무디스, S&P,[2] 피치) 국제 신용평가사들은 전 세계 각국의 신용평가사들과 파트너 관계 또는 전략적 제휴 관계를 구축하고 있어 사실상 독과점 상태로 운영되고 있다.

예를 들면 아시아의 경우 무디스는 중국(中誠信 49%), 한국(한국신용평가 50%+1), 인도(ICRA 55%)의 신용평가 시장에서 50% 전후의 지분을 인수한 현지 합작 신용평가회사를 통해 각 지역 신용평가 시장을 과점하고 있다. 피치의 경우도 중국(聯合 49%), 한국(한국기업평가 74%), 말레이시아(RAM)에서 합작 파트너를 구축하고 있다. S&P는 중국(上海新世紀), 대만(中華信評 51%), 인도(CRISIL: 67.8%),

---

1 예를 들면 뭇凡(2012)는 중국이 이미 전 세계적으로 매우 중요한 채권국(債權國)이 되고 있기 때문에, 향후 중국의 해외 투자와 관련한 거대한 신용평가 수요가 창출될 수 있을 것이라고 주장한다. 또한 그는 중국 기업이나 중국 금융사들의 해외 투자나 해외 국채 인수, 중국 정부의 대외 차관 제공 등의 수요는 지속적으로 확대될 것이라고 전망한다. 따라서 향후 중국이 해외 투자나 해외 대출 등의 형태로 중국의 자본이 해외로 진출하는 과정에서 기존 글로벌 빅3 국제 신용평가에만 의존하지 말 것을 주장하였다.

2 무디스는 1909년 존 무디(John Moody)가 세웠으며, 스탠더드 앤 푸어스(S&P)는 Poor's사와 Standard Statistics사가 1941년에 합병하여 설립되었다.

〈표 11-1〉 국제 신용평가사의 글로벌 파트너 전략

	무디스(Moody's)	S&P (스탠더드 앤 푸어스)	피치(Fitch)
유럽 등	러시아 - MIRA : 51% 이집트 - MERIS : 35% 이스라엘 - Midroog : 51%	이스라엘 - Maalot 100%	
남미	페루 - Equilibrium	칠레 - Feller rate	페루 - Apouo & Asociados : 35%
아시아	중국 - 中誠信 : 49% 한국 - 한국신용평가 50%+1 인도 - ICRA 55%	중국 - 上海新世紀 : 대만 - 中華信評 51% 인도 - CRISIL : 67.8% 말레이시아 - RAM 8.2% 태국 - TRIS 5% 인도네시아 - PEFINDO	중국 - 聯合 : 49% 한국 - 한국기업평가 74% 말레이시아 - RAM 5%

자료: 范思雯(2014), p56. 재인용[3]

말레이시아(RAM), 태국(TRIS), 인도네시아에 합작 파트너 관계를 구축하고 있다.

따라서 글로벌 국제 신용평가사들은 파트너 관계를 구축한 해당 국가의 신용평가 산업의 국제경쟁력을 키우는 전략보다는 자신들의 글로벌 비즈니스에 유리한 전략을 채택할 수밖에 없다.

이러한 현재의 글로벌 국제신용평가 시스템의 구조적인 문제점은 2000년 중반 이후 중국 기업들의 해외진출, 일명 조우추취(走出去)가 활발하게 진행되는 과정에서 부각되기 시작하였다. 중국기업들이 해외에서 자금조달을 확대하면서 이들 국제신용평가사들에게 신용평가를 받는 과정에서 중국 금융당국은 불만이 커지고 있는 것이다. 국제신용평가사들이 중국과 중국기업의 신용도를 낮게 책정하는 것은 해외에서 자금을 조달하는 중국 기업들이 국제 자본시장에서 더 많은 비용을 지불해야 한다는 것을 의미하기 때문이다.

---

3 国际信用评级市场准入标准及本土评级机构的国际化出路

2) 중국 신용평가 산업의 현황과 문제점

(가) 중국 신용평가 시스템 구축이 늦어진 이유

중국의 신용평가 제도는 다른 나라에 비해 매우 늦게 발전하기 시작하였다. 중국정부는 국유기업 지원이나 원활한 산업정책 추진을 위해 정책금융을 집중적으로 추진하였다. 이를 위해 국유은행 등 간접금융기구를 통한 자금조달 시스템을 선호하였기 때문이다.

중국인민은행의 통계에 따르면 중국 전체사회고정자산투자에서 기업이 채권발행과 주식발행으로 조달한 직접금융의 비중은 2003년에는 3%대였고, 2014년에도 18% 정도에 불과하였다.[2] 하지만 이로 인해 국유상업은행의 부실채권이 증가하는 등 중국 금융시스템이 낙후되는 문제가 누적되었다.

이에 따라 중국 금융당국은 자본시장의 발전을 위해 1984년부터 일부 국유기업의 채권 발행을 통한 금융자금 조달을 허용하기 시작하다. 이런 과정에서 기업채 발행 기업의 신용등급을 평가할 필요가 있었고, 신용평가사의 설립이 필요하였다. 1987년 3월 27일 국무원은 기업채 시장의 건전한 발전을 위한 신용평가사 설립에 관한 조례인 〈기업채관리임시실행조례〉[3]를 제정하였다. 이에 따라 1988년 중국 최초의 신용평가사인 "상하이 위엔동(上海遠東)"이 설립되었다. 하지만 당시 대부분의 신용평가사들은 중앙은행인 중국인민은행의 하부 조직의 성격으로 각 성(省) 단위에서 난립되어 설립되었고, 운영지역도 제한되고 있었다.

보다 본격적인 중국 신용평가 산업의 발전은 1997년 12월 중국인민은행이 〈기업채신용평가업무자격에 관한 통지〉[4]를 발표하면서 가능해졌다. 이에 따라 각 성 단위에 난립되어 있던 신용평가사들 중에서 "중국청신(中诚信)", "다공(大公)" 등 9개 신용평가사[4]에 대해서 타 지역의 기업채권을 평가할 수 있는 자격을 부여하였다. 이로 인해 영업지역의 지역제한 문제가 일정 정도 해결되었고, 본격적인 신용

---

4 당시 9개 신용평가사들은 중국청신(誠信)유한회사, 다공(大公)국제신용평가유한회사, 선전(深圳)시신용평가회사, 윈난(雲南)신용평가회사, 창청(長城)신용평가유한회사, 상하이신스지(新世紀)투자서비스유한회사, 랴오닝(遼寧)신용평가회사와 푸젠(福建)신용평가위원회였다.

평가 산업의 발전을 위한 기틀을 마련하였다. 하지만 2000년대 중반 이전까지는 주로 국유기업 중심의 기업채 평가나 대출기업에 대한 사후 기업평가의 성격이 강했다.[5]

〈표 11 - 2〉 중국의 주요 신용평가사 명단과 특징 예시

회사명	주요 특징
중청신국제(中诚信国际) 신용평가	• Moody's 투자 서비스 회사의 구성원(지분 49%) • 중국 상무부 승인 / 중국 发改委 관리
리엔허(연합) 신용평가(联合资信)	• 피치 신용 등급 평가사의 지분(49%) 참여 • 등록자본금 3,000만 위안
다공(大公) 국제 신용등급평가	• 세계 최초로 중국 국가신용 정보를 전 세계에 공급하는 非서구 국제 신용 등급평가 기관
상하이 신스지(新世纪 : 신세기) 신용평가	• S&P와 기술서비스 합작 관계 구축 • 1992년 설립
선전 펑위엔(붕원: 鹏远) 신용평가	• 전국 600여 채권발행 기업의 채권 신용등급 평가 • 1993년 설립
동방진청(금성:东方金诚) 국제신용평가	• 2005년 설립, 자본금 1.2억 위안 • 은행간 채권시장 및 기업채권 신용평가
다화(대화: 大华) 국제신용평가	• 상하이시 공상행정관리국에 등록 • 등록자본금 5,000만 위안
상하이 위엔동(원동: 远东) 신용평가	• 중국 내에서 허가하고, 발행한 신용평가업무의 모든 자격을 보유
저장 안보얼(安博尔) 신용평가	• 베이징대학 중국신용연구개발 센터가 설립 • 등록 자본금 1,000만 위안
상하이 원예(远誉) 기업 신용·자산관리 주식회사	• 인터넷 영업망이 가장 발달
베이징 궈상(국상:国商) 국제신용평가	• 국제상업용 인터넷 데이터베이스 구축
중국 채권신용평가 (中债资信评估)	• 2010년 설립, 등록자본금 5,000만 위안 • 자산증권화 평가업무 전문

자료 : 각사 홈페이지, 인터넷 기사를 바탕으로 저자 정리

5 2001년에서 2004년 신용평가사의 주요업무는 기업채 평가와 대출기업 평가였으며, 평가 받은 채권은 60여 개였고, 발행규모도 1,500억 위안 수준에 불과하였다(김은화, 2013, p.2).

2000년대 중반부터 중국 금융당국이 단기 채권시장, 중기어음, 민영기업의 회사채 등의 금융상품을 도입하면서 신용평가 산업은 본격적으로 성장하기 시작하였다. 중국 금융당국도 중국 전역을 영업범위로 하는 기업채권에 대한 신용평가사의 자격을 부여하기 시작하였다.

우선 2007년 공개시장을 통한 회사채 발행에 대한 법률로 〈회사채발행임시방법〉[5]을 공표하였고, 이후 5개 신용평가회사가 주식시장에서 신용평가업무에 종사하는 자격을 인정받게 되었다. 2007년의 회사채 발행 허용은 민영기업이 자본시장을 통해 투자자금을 조달하는 것이 본격화되었다는 것을 의미한다. 이때 전국적인 영업범위를 가지고 회사채 신용평가가 가능한 신용평가사로 선정된 5대 신용평가사들은 "중국청신신용평가사(中诚信: ChengXin)", "다공(大公)", "리엔허(联合)", "상하이신스지(上海新世纪)", "위엔둥(远东: Far East)"이고, 이들은 지금까지 중국을 대표하는 신용평가사로 성장하였다.[6]

(나) 글로벌 신용평가사의 중국 신용평가업 진출

중국은 2006년부터 신용평가업의 경쟁력 강화를 위해 글로벌 신용평가사들의 지분참여를 허용하기 시작하였다. 2006년 미국의 무디스(Moody's)는 중국청신(诚信)의 지분 49%를 인수하면서, 7년 후에는 51% 지분을 확보하기로 계약을 체결하였다. 2007년에는 피치(Fitch)가 리엔허(聯合)신용평가사의 지분 49%를 인수하면서 최대 주주로 경영권을 장악하기로 하였다.

2008년에는 스탠더드 앤 푸어스(S&P)가 상하이 신스지(新世紀)와 전략적 제휴를 체결하고, 교육훈련과 연구기구 설립 등 신용평가에 필요한 기술적 협력을 강화하기로 하였다. 이에 따라 글로벌 신용평가사들이 사실상 중국 신용평가 시장

6 郭婷婷(2015)에 따르면 2012년 중국인민은행에 등록된 중국내 신용평가사들은 모두 78개에 달했다. 하지만 기업신용 평가업무가 일부 신용평가사에 매우 집중되어 있는데, 2014년 5대 상위 신용평가 이외에 비교적 규모가 큰 신용평가사인 동방진청(東方金星)은 19개 회사채 평가만을 담당한 반면 중청신(中诚信), 다공(大公), 리엔허(联合) 등 5대 상위 신용평가사의 경우 500개 이상의 회사채 평가를 담당하였다(郭婷婷, 2015, p.91). 이는 중국의 신용평가 시장이 5대 상위 신용평가사에 집중된 사실상 과점 시장이라는 것을 의미한다.

의 2/3를 장악하게 되었다.

하지만 이러한 글로벌 신용평가사들의 중국 신용평가업 진출에도 불구하고 중국 신용평가 시스템은 여전히 낙후되면서 중국 내부적으로 많은 비판이 제기되기도 하였다. 중국이 건전한 신용평가 시스템을 구축해야 할 시기에 맹목적으로 글로벌 신용평가사들을 추종한 결과 오히려 중국 신용평가시장을 글로벌 신용평가사들에게 뺏기는 결과만 초래하였다는 것이다.[6]

이에 따라 중국정부는 중국 신용평가사의 해외진출을 통한 경쟁력 확보를 통해 중국 신용평가업의 발전을 추구하는 정책을 추진하고 있다. 다음에는 대표적인 중국 신용평가사의 국제화 사례인 '다공'을 살펴보자.

3) 중국 신용평가사 "다공"의 국제화 사례

중국의 대표적인 신용평가회사인 "다공 국제신용등급평가 주식회사(大公国际资信评估有限公司 : DAGONG Global Credit Rating Co.)"는 최근 가장 활발하게 해외진출을 추진하고 있는 신용평가사이다. 다공 신용평가사는 1994년 설립되었고, 2014년 말 기준으로 현재 국내 법인과 지점이 중국내 34개, 해외에 2개(홍콩과 유럽)가 있으며, 직원 수는 600여 명에 달한다.[7]

다공은 2010년 7월부터 전 세계 50개 국가에 대한 국가 신용등급(sovereign credit rating : 主權評級) 평가를 실시하였다. 이는 非서방국가로서는 처음이었다. 또한 다공은 자신들이 독자적으로 개발한 "새로운 신용등급 표준"을 채택하였고, 이를 바탕으로 기존 글로벌 3대 신용평가사들과는 차별화를 시도하고 있다.

2011년 7월 이러한 새로운 등급 표준으로 말레이시아 2대 금융그룹 산하의 상업은행에 대한 신용평가를 실시하여 AA 등급을 책정하였는데, 이것이 다공의 국제금융회사에 대한 최초의 신용평가 국제 위탁업무였다. 다공이 자체적으로 보유하고 있는 신용등급 기준에 따르면 미국, 영국, 프랑스 등 18개 국가의 신용등급

---

7 http://www.dagongcredit.com/

이 글로벌 3대 신용평가사들의 신용등급보다 낮다. 반면 중국, 러시아, 브라질, 인도 등 9개 국가는 글로벌 3대 신용평가사들의 신용등급보다 높다.[7]

　다공 신용평가사가 국제화를 빠르게 추진할 수 있었던 배경에는 기존 글로벌 빅3 국제 신용평가사에 대한 국제사회의 불만도 크게 작용하였다. 2011년 3월과 9월 러시아가 S&P와 무디스에게 국가 신용등급을 강등당하는 과정에서 불공정한 대우를 받았다는 불만이 제기되었다. 이에 따라 2011년 11월 러시아는 중국 다공과 국가 신용평가 업무계약을 채택하였고, 국가 신용등급 책정을 의뢰하였다. 다공 신용평가사는 자신들의 자체 신용평가 기준에 의거하여 2012년 4월 26일 러시아의 국가 신용등급을 책정하면서 러시아 국내시장과 외환시장의 신용등급을 BB+와 BB-로 책정하였다. 특히 향후 신용등급의 전망을 '안정적'으로 채택하였다. 반면 S&P는 동일한 국가의 신용등급의 전망을 '부정적'으로 더 낮게 평가하였다.[8] 이후 다공의 국제 신용등급 책정은 더욱 확대되고 있는데, 전 세계 10여 개 국가들이 다공 국제신용평가사에 대해서 국가 신용등급 평가업무 협약을 위탁하였다.[8]

　다공은 신용평가 업무의 국제화를 위해 해외 법인의 설립을 가속화하고 있다. 2010년부터 홍콩을 중심으로 국제 신용평가 시장에 진출하기 위해 홍콩 법인을 설립하였다. 2012년 유럽 해외시장 개척을 위해 유럽본사를 이탈리아에 설립하였다. 2011년 11월에는 포르투갈 3대 은행인 BES銀行의 신용평가 업무 위탁을 받았고, 2013년에 6월에는 ESMA 표준을 획득하였다.[9] 또한 2015년 말레이시아, 러시아, 싱가포르에 해외 영업점을 차례로 개설하면서 국제화를 가속화하고 있다고 한다. 특히 다공국제는 '일대일로' 관련 해외투자 사업에 매우 적극적으로 참여할 계획이라고 한다.

---

8 신용평가 등급이 '안정적'이라는 것은 향후 신용평가 등급이 유지될 것이라는 전망이고, 반면 '부정적'이라는 것은 향후 신용평가 등급이 현행보다 낮아질 것이라는 전망이다.

3. 중국 내수시장 기반과 국제금융 룰 메이커 파워

1) 중국 표준과 국제 표준

앞에서 살펴본 국제신용평가 사례는 중국정부가 국제금융의 룰 메이커로 발전하는 하나의 사례가 될 수도 있지만, 반대로 의미없는 헛된 노력이 될 가능성도 충분히 있다. 결국은 국제금융 시장에서 다공의 신용등급에 대한 신뢰를 확보할 수 있을 것인가의 여부에 달려 있는 것이다.

금융은 결국 신뢰(credit)을 확보하는 문제이며, 현재 글로벌 빅3 국제신용평가사들과 같은 글로벌 금융사들은 지난 수십 년간 국제금융 시장에서 신뢰를 축적하였다. 중국이 단기간에 이러한 국제금융 시장에서의 신뢰를 확보하여 새로운 국제금융의 룰 메이커로 등장한다는 것은 결코 쉬운 일이 아니다.

하지만 주목할 필요가 있는 것은 중국은 **"시간적"**으로는 이러한 글로벌 금융사들을 추격하기에 많은 제약이 있지만, 이를 단기간에 극복할 수 있는 **"공간적"**인 장점을 보유하고 있다는 측면이다. 바로 중국의 풍부한 내수시장이다.

중국은 전 세계 인구의 1/4에 달하는 엄청난 내수시장을 확보하고 있다. 이러한 내수시장을 무기로 제조업분야에서 중국만의 표준을 채택하여 짧은 시간에 글로벌 경쟁력을 확보한 경험이 있다.

금융 분야에서도 중국이 국제금융 질서를 수용하면서 국제금융사들에게 '로열티'를 지불하기보다는 중국 표준의 국제금융 질서를 구축하고, 이를 중국 금융사들이 장악하는 것이 중국정부가 원하는 것일 수도 있을 것이다. 전 세계 인구의 1/4이 사용하는 금융시스템 표준은 이미 국제 금융표준이 될 가능성이 매우 높은 것이기 때문이다.

물론 이러한 시나리오는 저자의 지나친 논리적인 비약과 상상일 수도 있을 것이다. 하지만 다음에서 설명하는 바와 같이 중국에서는 글로벌 국제결제 시스템으로 보편적으로 활용되고 있는 신용카드보다 알리바바의 알리페이를 국제결제

시스템으로 적극적으로 사용하고 있는 것은 이러한 전망의 근거 중 하나일 수 있다고 생각한다.

2) 신용카드 국제결제와 알리페이 국제결제

현재의 국제결제는 비자(VISA)나 마스터(MASTER) 같은 글로벌 신용카드사들이 시스템을 구축하였고, 전 세계 금융사들, 궁극적으로는 금융 소비자들이 이들에게 적지 않은 '로열티'를 지급하고 있다.

중국 역시 신용카드 산업이 발전하면서 비자와 마스터가 중국 은행들과 연계하여 국제결제 신용카드를 도입하였다.

그런데 최근 홍콩이나 동남아 등 주변 국가를 여행하는 많은 중국인들이 국제결제 수단으로 알리바바의 알리페이 국제결제 시스템을 이용하고 있다. 6장에서 언급한 바와 같이 알리페이 모바일 결제시스템은 이미 중국에서 보편적인 지급결제 수단으로 보급되어 대부분의 사람들이 사용하고 있다. 그런데 이제는 중국을 넘어 홍콩 등 주변 국가에서도 알리페이 사용이 확대되고 있는 것이다.

현재는 이들 지역을 여행하는 중국인들이 알리페이 결제시스템을 이용하고 있지만 향후 이들 국가에서 알리페이 결제시스템 사용이 확대될 가능성도 있다. 예를 들면 동남아 지역에서 알리바바의 온라인 전자 상거래 플랫폼인 타오바오 상품의 구매와 배송을 국제결제로 처리할 때 알리페이 국제결제 시스템이 활용될 수 있을 것이다.

뿐만 아니라 알리바바는 2014년 중국의 유투브라 지칭되는 중국 최대의 동영상 문화 서비스 플랫폼인 '요쿠투도우(優酷土豆)'를 인수하였다. 향후 중국 문화산업이 발전하면서 동남아 지역 등에서 알리바바의 플랫폼을 이용하여 문화 컨텐츠를 구매할 때 국제결제 수단으로 알리페이가 활용될 수도 있을 것이다.

이처럼 알리페이가 국제결제 수단으로 사용이 확대되고 있는 배경으로는 ① 지난 수년간 중국이 홍콩 등 주변국가 사이에 위안화 직거래 시스템이 구축되면서 위안화 기반의 알리페이가 이들 국가에서 편리하게 통용될 수 있는 기반이 구축되었기 때문이다. 더구나 ② 카드발급이나 영수증 관리 등의 비용이 필요한 기존 신용카드 국제결제의 수수료보다 알리페이의 국제결제 수수료가 저렴하기 때문에 소액 국제결제에서도 경쟁력을 가질 수 있다. 나아가 ③ 알리페이를 이용한 국제결제 시 부가가치세 환급 서비스를 자동으로 해주는 '글로벌 텍스 프리'[9] 서비스까지 제공할 정도로 알리바바는 국제결제 분야를 선점하겠다는 의지가 강하다.

3) 중국의 금융 국제표준 의지와 한-중 금융협력 가능성

지난 수년간 한국과 중국은 많은 금융협력 사업을 추진해 왔다. 그중에서는 상당한 성과를 얻은 분야도 있지만, 기대만큼의 성과를 나타내지 못한 분야도 적지 않다.

저자는 이 책의 마지막에서 향후 한-중 금융협력에서 한국이 고민해야 하는 중요한 이슈 하나를 제시하고자 한다. 앞에서 살펴본 바와 같이 중국은 향후 국제금융질서의 룰 메이커로 도약하고자 하지만, 결국 중요한 것은 국제사회의 신뢰를 확보하는 것이다.

중국이 국제사회의 신뢰를 확보하는 과정에서 한국이 제공하는 신뢰는 매우 중요한 의미를 가진다. 한국의 입장에서는 크게 중요하지 않을 수 있지만,[10] 중국의

---

9 알리바바는 2014년 10월부터 중국인들이 알리페이 결제 시스템을 이용하여 해외에서 쇼핑을 했을 때 한국에서 부과된 부가가치세(VAT)와 개별소비세를 중국인들에게 알리페이 계좌로 자동적으로 돌려주는 환급업무를 대행해주는 서비스를 시작하였다. 이전까지는 중국인들이 한국의 면세점이 아닌 백화점 등에서 쇼핑한 물품의 경우 공항내 세금 환급센터에서 중국 쇼핑객들이 개별적으로 세금을 환급받아야 했지만, 줄을 길게 서는 등 불편함이 많았다. 알리바바가 이러한 "글로벌 텍스프리" 업무를 시작한 것은 한국을 방문하는 중국인 관광객들의 해외결제와, 한국과 중국 간의 국제결제 업무를 선점하겠다는 의도로 파악된다. 서봉교(2016), p.192

10 예를 들면 한국이 중국과 원-위안화 직거래를 체결했을 당시 한국과 중국의 무역 규모에서 원-위안화 직거래의 비중이 크지 않았기 때문에 한국에 미치는 경제적 영향은 미미한 것으로 분석되었다고 한다. 하지만 당시 중국 언론에서는 이를 한국이 중국의 위안화 국제화를 지지하는 사건으로 해석하였다는 점을 주목할 필요가 있다. 저자는 그 기사를 접하면서 2000년대 중반 한국이 중국에 대해서 '시장경제 지위'를 부여했던 사건이 생각났다. 중국에게 '시장경제 지위'를 인정하

입장에서는 매우 중요한 의미가 있는 이 카드를 잘 활용하는 것이 향후 한국과 중국의 금융협력을 강화하고 한국의 입지를 강화할 수 있는 좋은 방법이 될 수 있을 것이다.

는 것은 중국에서의 수입품에 대해 반덤핑 관세를 부여하는 데 불리한 측면이 있다. 하지만 당시 한국은 중국에 대해 수출이 많고 수입은 적었기 때문에 '시장경제 지위'를 부여한다고 해서 큰 영향이 없었다. 하지만 미국 등 선진국은 중국에게 '시장경제 지위'를 부여하지 않고, 이를 통상 압력의 수단으로 활용하고 있었다. 중국은 한국조차 인정한 '시장경제 지위'를 인정해야 한다고 미국 등 선진국에게 요구하였다고 한다. 이는 '시장경제 지위'를 인정하는 것이 당시 한국이 생각했던 것보다 더 큰 의미가 있는 카드가 될 수 있었다는 것을 의미한다.

참고문헌

- 김은화 (2013), "중국의 신용평가산업 현황", 『중국금융시장 포커스』 2013년 봄호, 자본시장 연구원
- 서봉교 (2010), "중국과 한국의 개인 신용정보제도 비교와 중국 신용카드 시장에 대한 시사점", 『현대중국연구』, Vol. 11 No. 2 : 89-122
- 서봉교 (2016), 『중국 핀테크 산업 성장과 규제완화』, 한국경제연구원, 정책연구 2016-27
- 서봉교 (2017), "중국 신용평가사의 국제화 사례와 한국 신용평가 산업에 대한 의미", 『현대중국연구』, Vol. 19 No. 3
- 吳凡 (2012), "中国评级业拓展国际话语权", 《中国新闻周刊》, 2012年 第33期 : 54-56
- 范思雯 (2014), "国际信用评级市场准入标准及本土评级机构的国际化出路", 《地方财政研究》, 2014年 第09期 : 53-67
- 郭婷婷 (2015), "我国信用评级行业现状及前景分析", 《上海金融学院学报》, 2015年 第03期 : 90-96

Endnotes

1) 이 장의 내용은 서봉교(2017) 내용을 재구성하였다.
2) 中國金融穩定報告(2015), p.89
3) 〈企業債管理臨時實行條例〉
4) 〈關與企業債信用評價業務資格通知〉
5) 〈公司債發行臨時方法〉
6) 袁凱(2015), p.174
7) 范思雯(2014)
8) 吳凡(2012)
9) 范思雯(2014), p.62

찾아보기

저자 약력

서봉교

서울대학교(중어중문학 학사)
서울대학교 대학원(경제학 석사, 박사)
중국 칭화대학교 대학원(경제경영학 박사)
LG 경제연구원 중국경제 담당 선임연구원
삼성 금융연구원 중국금융 담당 수석연구원
현) 동덕여자대학교 중국학과 교수

주요논저

서봉교, 이현태, 박준기(2016), " 중국 M&A 펀드의 특징과 중국 산업구조조정에 대한 영향", 『현대중국연구』, 18집
　　1호 : 121-163
서봉교(2016), 『중국 핀테크 산업 성장과 규제완화』, 한국경제연구원, 정책연구 2016-27
서봉교(2015), "중국의 핀테크 금융혁신과 온라인은행의 특징", 『동북아경제연구』, 27권 4호 : 163-199
서봉교, 정영록(2015), "중국의 위안화 직거래 해외 사례와 특징－시장의 반응과 전략을 중심으로－", 『동북아경제
　　연구』, 27권 1호 : 87-117
서봉교, 최낙섭(2014), "중국 新금융상품, 위어바오의 성장과 중국 은행 자금조달 구조의 변화", 『동북아경제연구』,
　　26권 3호 : 97-129
서봉교(2014), "중국 은행별 국제화 전략의 특징과 시사점", 『현대중국연구』, 16집1호, : 189-233
외 다수의 논문과 프로젝트 및 저서

중국 경제와 금융의 이해 - 국유은행과 핀테크 은행의 공존

발행일   2018년 1월 15일 초판인쇄
          2018년 1월 30일 초판발행
지은이   서봉교
발행인   황인욱
발행처   圖書出版 오래
주 소   서울특별시 마포구 토정로 222, 406호(신수동, 한국출판콘텐츠센터)
전 화   02-797-8786, 8787, 070-4109-9966
팩 스   02-797-9911
이메일   orebook@naver.com
홈페이지 www.orebook.com
출판신고번호   제2016-000355호
ISBN   979-11-5829-032-0 (93320)
가 격   20,000원